普通高校公共体育教程

高　谊　主编

南開大學出版社

天　津

图书在版编目(CIP)数据

普通高校公共体育教程 / 高谊主编. —天津：南开大学出版社，2020.9
ISBN 978-7-310-05957-7

Ⅰ. ①普… Ⅱ. ①高… Ⅲ. ①体育－高等学校－教材
Ⅳ. ①G807.4

中国版本图书馆 CIP 数据核字(2020)第 160798 号

普通高校公共体育教程
PUTONG GAOXIAO GONGGONG TIYU JIAOCHENG

南开大学出版社出版发行
出版人:陈　敬
地址:天津市南开区卫津路 94 号　邮政编码:300071
营销部电话:(022)23508339　营销部传真:(022)23508542
http://www.nkup.com.cn

天津泰宇印务有限公司印刷　全国各地新华书店经销
2020 年 9 月第 1 版　2020 年 9 月第 1 次印刷
260×185 毫米　16 开本　24.75 印张　2 插页　598 千字
定价:66.00 元

如遇图书印装质量问题,请与本社营销部联系调换,电话:(022)23507125

《普通高校公共体育教程》

编写委员会（排名不分先后）

主　编：高　谊

副主编：袁　晖　张　鹤　张秀丽

编　委：赵润新　吴立迎　杨向东　齐春燕　王来东　邱明强

游江波　杨　洁　张　丽　张　梅　李洪国　谢玉波

郭汶豪　宁　津　杜　晶　李　亮　杨　明　王　娟

刘翔宇　杨　兰　刘慧青　颜丽丽　葛胜楠　冯永丽

霍　焰　朱　琳　王洪生　曹红娟　张惠欣　李兰忠

张　伟　商思源　朱家琪　王　瑞　金　睿　张永荣

马春波　邢　迪　孟宪禹

目　录

第一章　田　径 …… 1
第一节　跑 …… 1
一、短距离跑 …… 1
二、接力跑 …… 2
三、中长距离跑 …… 3
四、跨栏跑 …… 3
第二节　跳跃 …… 5
一、跳高 …… 5
二、跳远 …… 6
第三节　投掷 …… 8
一、抛实心球 …… 8
二、推铅球 …… 9
三、侧向滑步推铅球技术 …… 9
第二章　足　球 …… 11
第一节　足球运动简介 …… 11
一、足球运动在高校中的发展 …… 11
二、足球竞赛的制度与规则 …… 11
第二节　足球基本技术 …… 15
一、踢球技术 …… 15
二、运球技术 …… 18
三、停球技术 …… 18
四、头顶球技术 …… 21
五、守门员基本技术 …… 22
六、掷界外球技术 …… 24
七、抢截技术 …… 25
第三节　足球基本战术 …… 26
一、基础战术 …… 26
二、比赛阵形 …… 28
三、攻守战术 …… 29
第三章　篮　球 …… 31
第一节　篮球竞赛规则与赛事简介 …… 31
一、篮球竞赛规则 …… 31
二、主要篮球赛事简介 …… 32
第二节　篮球基本技术 …… 33

一、篮球场上的跑、停、转......33
二、篮球的传接球与突破技术......35
三、篮球的投篮技术......36
四、篮球的运球技术......37
五、篮球的防守技术......38
六、抢篮板球技术......39
第三节 篮球基本战术......40
一、战术基础配合......40
二、常用的篮球战术......41
第四章 排 球......44
第一节 排球运动的特点及其规则简介......44
一、排球运动的特点......44
二、排球竞赛规则......45
第二节 排球基本技术......46
一、准备姿势和移动......46
二、发球......47
三、垫球......48
四、传球......49
五、扣球......50
六、拦网......51
第三节 排球基本战术......52
一、排球比赛战术与比赛阵形......52
二、战术打法......53
第四节 软式排球简介......56
一、发球......56
二、垫球......56
三、传球......57
四、扣球......57
五、拦网......57
第五章 网 球......59
第一节 网球运动简介......59
一、著名网球赛事介绍......59
二、网球的场地与设备......60
第二节 网球基本技术......61
一、基本步法......61
二、基本握拍法......62
三、发球与接发球技术......63
四、抽球技术......66
五、截击技术......69

六、高压球技术……71

第六章 乒乓球……73

第一节 乒乓球运动基本知识……73

一、乒乓球的打法类型……73

二、乒乓球拍的选择与保养……74

三、乒乓球的比赛方法……74

第二节 乒乓球基本技术……75

一、握拍技术……75

二、基本站位和准备姿势……76

三、基本步法……76

四、发球与接发球……77

五、推挡……79

六、攻球……80

七、搓球……81

第三节 乒乓球基本战术……83

一、发球抢攻战术……83

二、对攻战术……84

三、接发球抢攻战术……84

四、搓攻战术……85

五、拉攻战术……85

第七章 羽毛球……86

第一节 羽毛球运动基本知识……86

一、羽毛球运动的作用……86

二、羽毛球的打法类型……86

第二节 羽毛球基本技术……87

一、握拍技术……87

二、基本步法……88

三、发球技术……89

四、接发球站位……90

五、前场击球技术……91

六、中场击球技术……94

七、后场击球技术……95

八、羽毛球基本技术的练习方法……97

第八章 健美操……99

第一节 健美操运动的特点、创编原则与方法……99

一、健美操运动的分类、特点及锻炼目的……99

二、健身健美操创编原则……100

三、健美操的创编步骤与记录方法……101

第二节 健美操动作教学……102

一、健美操基本手型和基本徒手动作 102
二、健美操的基本步法 104
第九章　体育舞蹈 106
第一节　体育舞蹈简介 106
一、体育舞蹈的特点和分类 106
二、各舞种的特点 107
三、体育舞蹈比赛场地 109
四、角度与方位、舞程向与舞程线 109
五、体育舞蹈的评判要素 110
第二节　体育舞蹈的编排 111
一、编排的依据 111
二、编排的要素 112
三、团体舞的编排 113
第三节　体育舞蹈基本技术 113
一、摩登舞 113
二、拉丁舞 115
第十章　健　美 118
第一节　健美训练常识 118
一、健美训练的原则与方法 118
二、常用健美训练方法与训练计划的制定 120
三、健美比赛评判标准与比赛程序 121
第二节　发达身体各部位的练习动作 122
一、胸部肌肉练习动作 122
二、肩部肌肉练习动作 125
三、臂部肌肉练习动作 127
四、背部肌肉练习动作 134
五、腹部肌肉练习动作 136
六、腿部肌肉练习动作 138
第十一章　游　泳 141
第一节　游泳基本知识 141
一、游泳运动的起源及在中国的发展 141
二、主要游泳比赛及比赛规则简介 141
三、个人混合泳与混合泳接力的区别 142
四、游泳安全与卫生知识 142
五、游泳出现异常情况的处理 144
第二节　熟悉水性练习 144
一、踩水的基本技术 144
二、熟悉水性技术 145
第三节　四种泳式 148

一、蛙泳 149
二、自由泳 151
三、仰泳 154
四、蝶泳 157
第四节 游泳的基本技术动作练习方法 160
一、蛙泳基本技术动作练习 160
二、自由泳基本技术动作练习 165
三、仰泳基本技术动作练习 170
四、蝶泳基本技术动作练习 173
第五节 游泳技术动作诊断 176
一、蛙泳技术动作诊断 176
二、自由泳技术动作诊断 177
三、仰泳技术动作诊断 177
四、蝶泳技术动作诊断 178
第六节 游泳出发与转身技术简介 179
一、出发技术 179
二、转身技术 180
第十二章 武 术 183
第一节 中国武术与武术课程 183
一、中国武术的派别及特点 183
二、武侠小说中的中国武术 183
三、武术课程的教学要求与考核标准 184
四、大学生学习武术应该注意的问题 184
第二节 拳术基本功与基本动作 185
一、拳术基本功练习 185
二、拳术基本动作 190
第三节 太极拳与太极剑 194
一、太极拳入门知识 194
二、太极剑的基本动作 197
第四节 武术散打 198
一、散打的准备姿势和基本步法 198
二、散打拳法 199
三、散打腿法 201
四、散打摔法 204
五、散打中常见的损伤及其预防 205
第五节 女子防身 205
一、女子防身基本技法 206
二、女子防身实用技法 208

第十三章 跆拳道 211
第一节 跆拳道基础知识与练习方法 211
一、竞技跆拳道比赛的方法与规则 211
二、大学生与跆拳道运动 213
三、跆拳道练习方法 215
第二节 竞技跆拳道基本技术 217
一、腿的技术 217
二、手的技术 223
第三节 跆拳道品势 227
一、准备姿势 227
二、动作方法 227
三、收势 229
第十四章 瑜 伽 230
第一节 瑜伽基础知识 230
一、瑜伽的特点 230
二、瑜伽的作用 231
三、瑜伽练习方法 231
四、练习瑜伽的注意事项 233
第二节 瑜伽实践教学 234
一、单人瑜伽练习 234
二、双人瑜伽与瑜伽提斯简介 246
第十五章 中国象棋 251
第一节 中国象棋概况 251
一、怎样尽快提高棋艺水平 251
二、象棋子力价值和行棋规定 252
三、规则简介 254
第二节 实用残局 254
第三节 基本杀法 256
一、闷宫杀法 257
二、卧槽马杀法 258
三、马后炮杀法 260
第四节 中局战术 261
一、闪击战术 261
二、先弃后取战术 263
三、谋子战术 264
第五节 开局常识 266
一、开局的划分 266
二、开局的重要性 266
三、开局的简单分类 266

四、开局的基本原则……267
第十六章　国际象棋……268
第一节　国际象棋基础知识……268
一、棋盘与坐标记录法……268
二、棋子……270
三、兵的升变、王车易位与吃过路兵……274
四、胜负与和棋……277
第二节　杀单王……280
一、双车杀单王……280
二、单后杀单王……282
三、单车杀单王……283
四、双象杀单王……285
第三节　王兵残局……286
一、兵的方形区……286
二、对王……288
三、关键格……289
四、适应点……292
第十七章　素质拓展训练……294
第一节　拓展训练概述……294
一、拓展训练的起源……294
二、拓展训练的概念……294
三、高校拓展课程理论基础……295
第二节　拓展项目介绍……296
一、地面项目……296
二、中低空项目……299
三、高空项目……301
第十八章　啦啦操……302
第一节　啦啦操运动简介……302
一、啦啦操运动的发展……302
二、啦啦操运动的分类……302
三、啦啦操运动的特点……303
四、啦啦操运动的锻炼价值……304
五、啦啦操竞赛的评判标准……304
六、啦啦操组织与赛事……304
第二节　啦啦操基本技术与套路编排……305
一、啦啦操的基本技术……305
二、啦啦操的套路编排……306
第十九章　击 剑……307
第一节　击剑运动简述……307

一、击剑运动发展简史 307
二、比赛场地 307
三、剑种分类 307
四、竞赛规则 309
第二节 击剑基本技术 310
一、手上技术 310
二、实战姿势 311
三、击剑步伐 312
第二十章 健康理论与体育法规 314
第一节 体育与健康 314
一、体育锻炼对人身心健康的影响 314
二、体能的分类 315
三、锻炼计划的制订与锻炼方法的选择 316
第二节 运动处方及其制定方法 321
一、运动处方概述 321
二、运动处方制定流程 322
三、运动处方制定依据 323
第三节 耐力运动处方的制定和实施 327
一、制定耐力运动处方应了解的基本概念 327
二、耐力运动处方的制定 328
三、耐力运动处方的实施 331
第四节 运动减肥处方的制定和实施 333
一、运动减肥处方的制定 333
二、运动减肥处方的要点 335
三、运动减肥的认识误区 335
第五节 肌肉力量运动处方的制定和实施 336
一、肌肉力量的测定 336
二、肌肉力量锻炼的手段方法 336
三、肌肉力量运动处方的制定 337
第六节 柔韧性运动处方的制定和实施 341
一、柔韧性的重要性和分类 341
二、柔韧性的评定 344
三、柔韧性练习的方法和手段 344
四、柔韧性运动处方的制定 344
第七节 运动伤病的预防与处理 347
一、运动损伤的预防与处置 347
二、常见的运动性疾病与处置 353
第八节 大学生体质健康标准测试 354
一、说明 355

二、单项指标与权重 355
三、评分表 356
第九节　体育法规 360
一、《中华人民共和国体育法》（2016 年修正本） 360
二、《学校体育工作条例》（2017 年修正本） 363
三、《学生伤害事故处理办法》（2010 年修正本） 366
四、《中共中央 国务院关于加强青少年体育增强青少年体质的意见》 370
五、《国务院办公厅转发教育部等部门关于进一步加强学校体育工作若干意见的通知》 374
六、《教育部关于印发〈高等学校体育工作基本标准〉的通知》 377
七、《国家学生体质健康标准（2014 年修订）》（节选） 379

第一章　田　径

田径运动包括竞走、跑、跳跃、投掷以及由跑、跳跃、投掷的部分项目组成的全能运动。其中，以时间计算成绩的项目称为径赛，以高度、距离长度计算成绩的称为田赛。

田径运动的场地、设备和器材比较简单，锻炼形式多样，练习时较少受人数、时间、性别和季节等条件的限制，便于广泛开展。田径运动可以全面提高人的身体素质，促进人体的新陈代谢，改善内脏器官的机能，提高人体健康水平和工作能力，培养勇敢、果断、坚韧、顽强的意志品质。

第一节　跑

一、短距离跑

短距离跑又称短跑，是田径运动的基础项目，它具有速度快、时间短、强度大的特点，是典型的以无氧代谢为主的运动项目。短跑包括100米跑、200米跑和400米跑三种。短跑全程技术可分为起跑、起跑后的加速跑、途中跑和终点跑四个紧密相连的部分。

（一）起跑

起跑是对发令信号做出迅速的反应，使身体迅速摆脱静止状态并在尽可能短的时间内获得一个较大的向前冲力，为起跑后的加速跑创造有利条件。《田径竞赛规则》规定，400米（含）以下的短跑比赛必须使用起跑器，并采用蹲踞式起跑。起跑包括“各就位”“预备”“鸣枪”（或下达“跑”的口令）三个环节。

（二）起跑后的加速跑

起跑后的加速跑是指从前脚蹬离起跑器到途中跑之前的加速跑动过程，其任务是在较短的距离内（通常为20米左右），尽快达到较高速度，迅速转入途中跑。起跑后的加速跑的技术要求为“三个逐渐”：步长逐渐加大、上体逐渐抬起、两脚落点逐渐靠近一条直线。

（三）途中跑

途中跑是短跑全程跑中距离最长、速度最快的一段，其任务是继续发挥并保持高速度跑动。跑的动作结构分为后蹬与前摆、腾空、着地缓冲三个阶段。

（四）终点跑

终点跑的任务是尽力保持途中跑的高速度跑过终点。终点跑包括终点跑技术和撞线技术。

（五）弯道跑

短跑中的200米跑和400米跑，有一半以上距离是在弯道上进行的，和直道相比弯道跑技术有相应变化。

（1）弯道起跑和起跑后的加速跑的技术特点。为了便于加速，起跑后应尽可能有一段直线跑进距离。因此，弯道起跑器的安装位置应靠近外侧分道线并正对内侧分道线的切点方向。起跑时，双手撑在起跑线后5～10厘米处。在弯道起跑后的加速跑阶段，上体要早些抬起，以利于跑入弯道时和在继续跑进中，保持身体平衡。

（2）弯道跑的技术特点。弯道跑时，为了克服产生的离心力，整个身体应向内倾斜。摆动腿前摆时，左膝稍向外展，右膝稍向内扣，并加大右腿前摆的幅度。左脚以前脚掌外侧着地，右脚以前脚掌内侧着地。左臂摆动幅度较小，靠近体侧摆动；右臂摆动幅度和力量都稍大，且前摆时稍向左前方，后摆时肘关节稍向外。弯道跑技术的变化程度与跑的速度和弯道半径有关，速度越快、半径越小，则身体倾斜及其他技术变化程度越大。

二、接力跑

接力跑是田径径赛项目中规定人数、限定距离，并以接力棒为传接工具的集体项目。接力比赛是田径运动赛场上最引人关注和令人兴奋的项目，由于是在高速运动中完成传接棒的任务，队员间的默契配合、团结协作、相互鼓励是非常重要的。接力跑成绩的好坏，不仅决定于每个队员跑的成绩，而且在很大程度上取决于队员之间的配合程度和传接棒技术的好坏。

（一）4×100米接力跑

1. 起跑

（1）持棒起跑。第1棒运动员采用蹲踞式起跑，通常用右手持棒，以中指、无名指和小指握住棒的末端，用大拇指和食指分开撑地，但接力棒不得触及起跑线或起跑线前地面。其起跑技术与短跑的起跑技术基本相同。

（2）接棒人起跑。第2、3、4棒运动员在预跑线以内自己确定的起跑位置上，用站立式或一手撑地的半蹲踞式起跑。第2、4棒运动员应站在各自跑道的外侧用左手准备接棒，第3棒运动员则应站在自己跑道的内侧用右手准备接棒。

2. 传接棒方法

传接棒的方法有上挑式和下压式两种。

（1）上挑式。接棒人的手臂自然向后伸出，掌心向后，虎口张开朝下，传棒人将棒由下向上传入接棒人的手中。这种传接棒方法的优点是传接棒运动员的手臂动作比较自然，因而传接棒速度快，并容易掌握；缺点是接棒运动员接棒后，手已握在接力棒的中段或前段，不利于下一棒的传接，并容易造成掉棒。

（2）下压式。接棒人的手臂后伸，掌心向上，虎口张开朝后，拇指向内，其余四指并拢向外，传棒人将棒前端由上向前下传入接棒人手中。这种传接棒方法的优点是接棒人接棒时握住棒的一端，在下一次传棒时就把棒的另一端送到接棒人手中，能够充分利用接力棒的长度和接棒运动员手臂的长度。

3. 传接棒的时机与位置

传接棒应该在传棒人跑速不下降和接棒人已发挥出接近自己最高跑速，两人相距约1.5米，跑速相等的瞬间完成。这个时机的位置应以距接力区前沿4～5米处为宜。

（二）4×400米接力跑

第1棒运动员用蹲踞式起跑，第2、3、4棒运动员用站立式起跑。传接棒方法可采用上挑式，也可以采用下压式，但都是右手传棒，左手接棒。因此，第2、3棒运动员在途中跑时，应将接力棒由左手换到右手。

三、中长距离跑

中长距离跑简称中长跑，是指距离在800米到10000米之间的跑步运动。中跑的比赛项目有800米跑、1500米跑和3000米跑，长跑的比赛项目有5000米跑和10000米跑。中长跑是以有氧代谢为主的耐力性和周期性的运动项目，其作为竞技项目出现，已有一百多年的历史，开始只重视提高耐力，采用较大步幅的"摆动式"跑法。中长跑发展至今，除了重视耐力外，对速度的要求越来越高。现在中长跑技术已朝着步频加快、步幅相对缩短、节奏性强、尽量减少能量消耗的方向发展。

中长跑还是一项具有较大健身价值的运动项目。经常参加中长跑锻炼，能提高呼吸、循环系统的机能，发展耐力素质，培养坚毅、顽强的意志和勇于克服困难的精神。现代医学观察和研究证明，中长跑还具有预防和治疗某些慢性疾病、增强体质、提高健康水平和延年益寿的作用。由于中长跑锻炼较少受性别、年龄、场地、器材、季节等条件的限制，因此，在世界范围内群众性的健康长跑活动得到了广泛开展。

中长跑是耐力性运动项目，它要求运动员在跑时既能保持一定速度，又能跑得持久。因此，中长跑技术总的要求是：动作轻松自然，身体重心移动平稳，节奏性强，肌肉用力和放松交替能力好，在全程跑中保持技术动作不变形——这样既有实效性，又能节省能量消耗。即使是锻炼身体的健康长跑，也应该采用正确的技术进行练习，以减少运动损伤的发生。

四、跨栏跑

跨栏跑是由障碍跑演变而来的，起源于牧羊人的劳动和生活。我国跨栏跑运动经历了较长时间的发展。中华人民共和国成立后第一个男子110米栏的全国纪录是1956年由周连立创造的，成绩仅为16.6秒。20世纪60年代是中国跨栏跑项目发展突飞猛进的年代。1965年，崔麟创造了13.5秒的全国纪录，是当年世界最好成绩。1991年，李彤在第3届世界田径锦标赛上获男子110米跨栏跑第8名，其13.37秒的成绩为当年世界第10名。在第28届奥运会上，刘翔以12.91秒的成绩平了这个项目的世界纪录并获得金牌。

（一）跨栏跑技术

跨栏跑是在快跑中依次跨过按一定距离、一定高度设置在跑道上的栏架以比赛速度的项目。各项跨栏跑都属于在短时间内持续高速运动的极限强度项目，是田径运动项目中技术较复杂且对运动员身体条件与素质要求较高、节奏较强的短距离赛跑项目之一。

1. 直道栏技术（男、女110米栏）

（1）起跑和第一个栏前的加速跑。迅速而准确的起跑和加速跑在全程跨栏跑中占有重要地位，起跑的任务不仅是尽快地发挥速度，而且要在加速跑中顺利地跨过第一个栏，为建立良好节奏打下基础。

大多数运动员从起跑线到跨第一个栏要用 8 步，起跑时需将起跨腿放在前起跑器踏板上，步幅大、速度快的运动员起跑把摆动腿放在前起跑器踏板上。跨栏运动员必须在起跑后第 4～5 步形成正常的途中跑姿势。因为受第一个栏前固定距离和固定步数的制约，步频是这段距离速度的决定因素。

（2）过栏。过栏是在高速跑中完成“跨栏步”动作，包括起跨、腾空和下栏着地等动作阶段。合理的过栏技术应该节时省力，速度快，并能为栏间跑创造有利条件，因此，应符合以下几点要求：第一，过栏速度虽低于栏间跑速度，但相差不大，跑与跨动作连贯，有良好的节奏；第二，起跨时减小腾空角度以获得较大的水平速度，缩短腾空时间；第三，起跨和栏后着地保持高姿支撑，减小栏间跑与过栏时身体重心的起伏；第四，动作连贯、积极、协调、平衡，符合直线性要求，既有一定动作幅度，又有较高的速度。

（3）栏间跑。栏间跑必须保持良好的短跑技术，但此时的加速度是靠步频来完成的。栏间三步的节奏是第一步小、第二步最大、第三步小于第二步。

（4）冲刺跑。运动员跨过最后一个栏后应保持良好的短跑姿势冲过终点。

2. 弯道栏技术（男、女 400 米栏）

（1）起跑到第一个栏前的加速跑。起跑姿势同 400 米跑。从起跑到第一个栏通常要用 22～26 步，保持较准确的步长并以适合自己的速度跨过栏架对全程跑有重要意义。

（2）过栏。运动员过栏时身体前倾幅度较小，因为全程跑的距离长，过栏时对节省体力的要求更为突出，跨栏步的大小因运动员技术水平和栏间跑步数不同而有明显差别。一般起跨点距栏 2.1～2.3 米，下栏点距栏 1.5 米左右。

（3）栏间跑。大多数男运动员栏间跑 15 步，女运动员跑 17 步。栏前 3 步和栏后 3 步必须稳定准确，调整步伐不应在这几步进行。

（4）全程跑及速度分配。在保持栏间节奏合理和顺利过栏的前提下，全程采用“匀速跑”对全程跑的成绩比较有利，前、后 200 米的用时差保持在 2～3 秒。

（二）跨栏跑技术练习

1. 摆动腿屈腿摆动和直腿下栏技术

（1）原地攻摆练习。栏前站立，面对栏架，摆动腿屈膝高抬大腿，膝超过栏的高度，迅速前摆小腿，接着积极下压大腿，使脚在靠近栏处下落，摆动腿直腿还原，熟练后连续做。

（2）走步中做摆动腿“鞭打”攻摆动作，强调大腿高抬下压，熟练后走一步完成一次。

（3）先走后慢跑中做摆动腿经栏上（起跨腿不过栏）的“鞭打”练习。

2. 起跨腿过栏技术

（1）原地提拉起跨腿过栏。双手扶肋木（或墙壁）站立，在体侧距肋木（或墙壁）1～1.2 米处横放一架栏，做起跨腿提拉练习。亦可将栏架纵放，栏架由低向高斜向放置，起跨腿经栏上做滑行提拉动作。

（2）走动中连续做“跨栏步”。

（3）慢跑中做起跨腿栏侧过栏，可逐渐减少步数，如由 5 步减至 3 步再减至 1 步。

3. 学习有节奏的跨栏跑

（1）缩短栏间距离，用 3 步或 5 步跨过放倒的栏架，弯道栏练习 5 步、7 步过栏。

（2）用 8～9 步助跑跨过 4～5 个低栏架，可尝试不同的栏间距离。

（3）同上，逐渐过渡到标准栏高。

4. 蹲踞式起跑过栏

（1）学会安装起跑器，掌握合理的起跑技术，尝试起跑过栏（可降低栏高）。

（2）蹲踞式起跑，跨过 3～5 个栏，以改进起跑技术和起跑后的加速跑技术。弯道起跑用 22～25 步。

5. 改进全程跨栏跑完整技术

（1）站立式或蹲踞式起跑跨过缩短栏间距离的 6～8 栏。

（2）站立式或蹲踞式起跑跨过降低高度的 5～8 栏。

（3）标准栏高的半程反复做跨过栏技术练习。

第二节 跳跃

一、跳高

早在 1864 年，英国就把跳高列为正式比赛项目。目前，背越式已被公认为最先进的跳高技术，男子跳高世界纪录为 2.45 米，由古巴运动员索托马约尔创造，女子跳高世界纪录为 2.09 米，由保加利亚运动员科斯塔迪诺娃保持。

我国跳高运动员在世界跳高史上也曾取得辉煌的成绩。1957 年，我国运动员郑风荣以剪式跳法跳过 1.77 米的高度，创造了当时的女子跳高世界纪录。1970 年，倪志钦用俯卧式跳法跳出 2.29 米的成绩，改写了当时的男子跳高世界纪录。1983 年至 1984 年，朱建华采用背越式跳法接连创造了 2.37 米、2.38 米、2.39 米的世界纪录。

（一）跳高技术及动作方法

跳高是田径运动中克服垂直障碍的跳跃项目。完整的跳高过程可以分为助跑、起跳、腾空过杆和落地四个部分。

1. 助跑

助跑的目的是使运动员以一种与自己的力量和技术相协调的速度进入最理想的起跳位置。助跑的作用是可使运动员获得一定的水平速度，借以提高起跳的速度，增强起跳的力量，并为起跳创造有利条件。

（1）跨越式跳高。跨越式跳高的助跑是直线助跑并且与横杆成 35～45 度角，起跳点到横杆垂直线的距离一般为 60～80 厘米。助跑的步数用步法测定，即走出的步数是助跑步数的 2 倍减 2。

（2）背越式跳高。背越式跳高的助跑路线一般呈“J”形，即直线加弧线。背越式跳高丈量步点的方法为走步丈量弧线法。

2. 起跳

起跳的任务是充分利用助跑的水平速度，使人体获得最大的腾起高度，为过杆创造有利条件。

（1）跨越式跳高的起跳采用直腿摆动。起跳时为了更好地向上起跳，发挥制动作用，在起跳前最后一步，上体要后仰，并且将起跳脚踏在身前。左脚起跳的从右侧助跑，右脚起跳的从左侧助跑。

（2）背越式跳高的起跳采用屈腿摆动。背越式跳高用远离横杆的脚起跳，起跳时用起跳脚脚跟外侧先接触地面向前滚动并全脚着地，结合起跳腿的蹬伸，摆动腿一侧的髋带动大腿迅速向前方异侧肩方向屈膝摆动，带动骨盆扭转。同时，两臂配合腿的动作向上提肩、提髋、摆臂。

3. 过杆

过杆是指在最大限度获得腾空高度的情况下，以最有利的姿势，使身体各部位依次合理地越过横杆。不论采取哪种跳高技术，运动员在空中的运动情况主要是由起跳的性质（腾空瞬间的重心高度、速度和角动量）直接决定的。

4. 落地

落地技术在跳高中对成绩虽然没有直接影响，但是合理的落地技术可以使身体得到较好的缓冲，减轻冲击，避免受伤，节省体力；同时，掌握了正确的落地技术，可使过杆时不犹豫，能够集中精力做好起跳和过杆动作。

（二）跳高技术教学

1. 教学步骤

（1）学习起跳技术，先学习迈起跳腿、摆摆动腿和摆臂等分解动作，再学习起跳时各部位动作的配合技术。

（2）学习起跳前的最后两步助跑，再与起跳相结合，然后逐渐延长助跑的距离，使助跑技术与起跳技术紧密结合起来。还可以将整个助跑分段单独进行练习。

（3）学习自己选定的过杆姿势，学习哪一种过杆技术，主要是根据助跑与起跳技术掌握的程度，特别是起跳技术和身体素质的水平，因为起跳与过杆是互相关联的，许多过杆技术的错误都是由起跳技术不正确引起的。

（4）延长助跑距离，并且把这个距离固定下来，确定助跑节奏，改进各个阶段的技术细节。

2. 跨越式跳高的练习步骤和方法

（1）上一步助跑起跳摆腿、摆臂练习。

（2）原地或上一步起跳跨越横杆或橡皮筋。

（3）助跑起跳，用摆动腿直摆触及高悬物。

（4）助跑 3～4 步半程跑跨越低横杆或橡皮筋。

（5）确定助跑方向、起跳点，半程助跑跨越横杆。

（6）确定助跑节奏，改进各个阶段的技术细节，全程助跑跨越横杆。

二、跳远

跳远又名急行跳远，是田径运动中开展最早的项目之一。在男子跳远史上最伟大、最有影响力的运动员是美国的欧文斯和比蒙。欧文斯在 20 世纪 30 年代用蹲踞式首破 8 米大关，以 8.13 米的成绩创造世界纪录并保持了 25 年；比蒙在 1968 年墨西哥奥运会上，用走步式奇迹般地跳出 8.90 米的世界纪录，并保持了 23 年，直到 1991 年 8 月 30 日在东京奥运会上才被美国的麦克·鲍威尔以 8.95 米的成绩打破。女子跳远在 1948 年第 14 届奥运会上被列入正式比赛项目。女子跳远一直为欧洲人所垄断，1988 年 6 月前民主德国运动员齐斯特雅科娃以 7.52 米的成绩创造了女子跳远的世界纪录并保持至今。

目前，我国男子跳远的全国纪录是在 2019 年由李金哲创造的 8.47 米，女子跳远目前最好成绩是在 1993 年由姚伟丽创造的 7.01 米。

（一）跳远技术及动作方法

跳远是跳跃运动中比较简单的项目，跳的距离取决于助跑速度、起跳高度及身体在空中停留时间，反映出合理、平稳和正确落地的连贯而又完整的动作姿势。从教学角度来分析，可把跳远分成助跑、起跳、腾空和落地四个阶段。

1. 助跑和步点丈量

正确合理的助跑技术，能够最大限度地发挥水平速度，并使之与快速踏跳技术相结合，以获得最大腾空初。度和腾起角度。要求助跑快、踏板准、动作稳。

（1）预备姿势。助跑出发前的预备姿势直接影响助跑的稳定性与准确性。出发时的预备姿势有两种，一是站立式起动出发，一是走几步或走跳结合踩上第一标志点。

（2）设置标志。设置标志，是为了跳完以后检查助跑是否正确，而不应作为助跑时调整步伐的标志。

（3）助跑距离的选择。助跑距离的选择要根据个人的加速能力来调整确定，高水平运动员助跑距离有延长的趋势。这是根据在起跳的一瞬间助跑速度必须达到最大速度这一需要而定的。

助跑距离男子一般为 35～40 米（18～24 步），女子一般为 25～35 米（16～20 步）。其中，大学生一般为 20～30 米（14～16 步）。

（4）助跑节奏。助跑节奏主要是指跳远运动员发挥助跑水平速度到最高速度，并合理地与快速起跳相结合的能力与方式。一种方式是助跑一开始就积极加速，另一种方式是逐渐平稳地加速。

（5）助跑距离的丈量。助跑距离有两种丈量方法。一种是从踏跳板前沿开始，以站立式起跑姿势，向助跑起点按助跑的节奏和速度跑至所需的步数，最后一步（起跳脚落地点）即为起点。然后从起点以同样节奏、速度、步数进行反复练习调整，确定助跑距离。另一种是练习者先根据自身的速度水平，在跑道上或助跑道上试跑，确定适合的步数后丈量出助跑距离，并以此距离在助跑道上反复练习、调试，做最后确定。

2. 起跳

起跳是在因助跑获得的身体的水平速度、向前的惯性尽量少受损失的条件下，发挥最大起跳力量，加快上升速度，使身体达到最高的高度。起跳前的最后一步要小些，为摆动腿的积极蹬摆和起跳腿的积极下压打好基础。

3. 腾空

腾空的任务是保持身体平衡，防止回旋和后倒，为合理伸腿落地创造条件。在动作技术上要保持上体正直、腿臂协调配合。在起跳后，摆动腿高抬前移，小腿放松，屈膝，起跳腿在身后，上体伸直，髋关节向前送出，两臂继续做起跳时的动作，保持身体在空中的平衡。

4. 落地

跳远的最佳落地应该是充分利用身体重心的腾空抛物线轨迹使两脚落得更远，尽可能加大脚与重心之间的水平距离，着地时身体不后倒。落地方法有两种：折叠式和滑坐式。

（二）跳远教学步骤和方法

1. 蹲踞式跳远的教学法

（1）使学生建立正确的蹲踞式跳远的技术概念。

（2）使学生基本掌握正确的助跑节奏和踏跳相结合的技术。

（3）教会学生基本掌握空中和落地结合动作技术。

（4）指导学生改进蹲踞式跳远技术。

2. 挺身式跳远的教学法

（1）使学生初步建立正确的挺身式跳远的技术概念。

（2）使学生基本掌握正确的助跑和踏跳相结合的技术。

（3）指导学生基本掌握空中和落地结合动作技术。

（4）指导学生改进挺身式跳远技术。

第三节　投掷

一、抛实心球

（一）动作要求

双手持球于头后，两脚开立，原地用力将实心球从头后向前抛出。握球和持球是抛实心球完整技术的组成部分，对抛实心球的方向、力量和速度都有影响。练习中要充分发挥手指力量对实心球的作用，保证球的稳定性，尽力控制球的方向。

1. 握球

双手五指自然分开，手呈半球状，将实心球完全放在手掌中，两手大拇指相对，小指护于实心球底部，这样可以防止球滑动，利于手指用力。

2. 持球

将球握好，持于体前下方，双臂伸直放松，预摆后将球持于头后，肩关节尽可能后伸，屈肘放松。

（二）技术要点

1. 站位

站位的正确与否将直接影响技术的发挥，因此，站位要正确。站位分为两种：两脚前后站位，两脚开立与肩同宽，重心落在后腿上，这种站法有利于全身协调用力；两脚左右站位，两脚开立与肩同宽，重心在两腿上，这种站法要求腰腹力量好。

2. 支撑

支撑要牢固，便于腿部发力，双脚不能离开地面，蹬地时，两腿稍屈，如采用前后站位，后腿要发力蹬地，蹬地方向应和发力方向一致。

3. 发力

发力包括“送”“挺”和“挥打”三个动作。送：包括发力时送髋、上体向前送、手臂在发力前应向头后远端送，以加大做功半径。挺：在发力后胸部充分前挺，使人上体与球形成超越器械。挥打：要求两臂特别是小臂快速挥动，将实心球从头的上方“打”出，要求以胸带臂、快速有力。

4. 避免出线犯规

站位时前脚与投掷线之间留一定距离。球出手后，以前脚用力制动和支撑。

二、推铅球

（一）握球与持球

握球和持球是推铅球完整技术的组成部分，对推铅球的方向、力量、速度都有一定影响。正确握球和持球可以充分发挥手指与腕关节力量，保持球的稳定性。握球和持球姿势如下。

1. 握球

五指自然分开，把铅球放在食指、中指和无名指的指根上，大拇指和小指扶于球的两侧，手腕背屈，这样可以防止球体滑动，便于手指与手腕充分用力。手指、手腕力量弱的人可以采用食指、中指和无名指靠拢，大拇指和小指扶球两侧的握法，这种握法可避免推球时挫伤手指，是女同学更多采用的握法。

2. 持球

将球放在锁骨窝处，贴着颈部，持球臂屈肘，掌心向前，持球臂的大臂同肩齐平或略低于肩。

（二）预备姿势

预备姿势是推铅球的准备动作，它对后面技术的运用起着很重要的作用。身体侧对投掷方向，两脚开立与肩同宽，左脚尖与右脚跟在一条直线上，右腿自然放松弯曲，身体向右扭紧，重心落在右腿上，略低头含胸，左臂自然上举，两眼看正前方 2～3 米的地方。身体应自然放松，上体稍向右倾倒与下肢保持扭紧状态，为最后用力做准备。

（三）用力姿势

推球时，右腿快速有力地蹬地、送髋，上体和髋转向投掷方向，上体抬起，在转髋之后重心移至前腿时，左臂向体侧摆动，转头展胸，躯干做鞭打动作，右肩积极前送，右臂快速有力推球。当球将出手时，快速有力地屈腕，手指拨球，加快出手速度。推球角度一般为 38～42 度。

铅球离手后，两腿交换弯曲，降低重心，缓冲向前冲力，维持身体平衡，防止出圈犯规。

三、侧向滑步推铅球技术

滑步是为了使球获得尽可能大的水平速度，并为最后用力创造条件，是提高成绩所必须掌握的技术。滑步和原地技术又是紧密联系的。不论如何滑步，最后都要回到原地推这个技术动作上来，才能完成推铅球的过程。因此，在学习中要注意两者的有机结合。

（一）基本技术

1. 握球和持球

侧向滑步推铅球的握球技术和持球技术同原地推铅球技术。

2. 预备姿势

预备姿势有高姿势和低姿势两种。

（1）高姿势。持球后，身体侧对投掷区，站在投掷圈后沿，两脚开立 30～40 厘米，右脚外侧靠近投掷圈内沿，左脚尖着地，膝部自然弯曲，上体正直放松，左臂自然上举，重心落在右腿上。

（2）低姿势。两脚左右开立，略宽于肩。两腿弯曲，上体前屈。其余同上。

3. 滑步

在滑步前，左腿可做一至两次的预摆，然后左腿平稳缓慢地向上摆起，右腿弯曲，无论高姿势还是低姿势，当左腿回收向右腿靠近时，臀部微向投掷方向移动，使身体重心移离支撑点，便于滑步和避免在滑步中身体起伏，此时，左腿快速有力地向抵趾板方向摆出，同时右腿蹬地，推动身体移动。左腿快速摆动和右腿用力蹬伸动作要协调配合。右腿蹬地后迅速拉收，膝和大腿内扣，前脚掌落在圆圈中心附近，与投掷方向成 90 度角。右腿落地后，左腿积极下落，脚尖稍向外转，带动髋部微向左移动，左脚前脚掌内侧与投掷方向约成 45 度角。两脚着地相隔时间愈短愈好，保证迅速过渡到最后用力。两脚着地后，距离稍宽于肩，左脚尖与右脚跟在一条直线上，这样有利于两脚支撑，充分发挥蹬地力量。

在滑步中，左臂和左肩内扣，头部始终保持原有姿势，切勿向左转动，保持上体和下肢处于扭紧状态，重心起伏要小，身体在滑步中要平稳。

4. 最后用力

最后用力是推铅球技术的关键之一，与滑步紧密相连，其任务是充分利用滑步所获得的速度，结合最后用力中身体各部分发挥的力量，通过臂、手腕和手指作用于铅球上。其要领如下：最后用力和滑步紧密结合，不能停顿；身体各部分用力顺序要正确、连贯；左侧支撑要牢固，保证躯干“鞭打”动作效果；完整动作应做到滑步结束后，身体回到原地预备状态。

（二）练习方法

在进行滑步练习时，要和原地推铅球技术相结合，才能保证动作质量和练习的效果，两者相辅相成，紧密衔接。

1. 徒手练习法

（1）以低姿预备姿势做左腿的收摆练习（原地）。

（2）以低姿预备姿势做左腿收摆带动身体前移，重心落在两腿之间。

（3）拉收右腿练习。低姿势，右腿用力向左腿着地位置快速拉收，同时，左腿向体侧迈出一步，两脚几乎同时着地，恢复到预备姿势，反复做。

（4）右腿蹬地和收腿结合左腿的收摆练习，完成滑步。

（5）反复做完整的侧向滑步练习。

2. 持球练习法

（1）持轻的器械做分解动作练习，体会发力要领。

（2）持轻的器械做完整侧向滑步练习，结合最后用力，反复做。

（3）持标准球做完整侧向滑步推铅球技术练习（在圈内），注意用力顺序，不要犯规。

第二章　足　球

第一节　足球运动简介

一、足球运动在高校中的发展

（一）十一人制足球运动

中国大学生足球联赛是由教育部、中国足协、中国大学生体协联合组织的全国性大学生十一人制足球赛事，举办大学生足球联赛的目的和意义主要是丰富高校学生的体育文化生活，普及高校足球运动，提高高校的足球运动水平，为培养高素质的足球人才、体育人才创造良好的氛围。大学生足球联赛是实现中国足球振兴的基础工程之一，通过联赛能够为大学的体育活动赢得社会各界更广泛的支持。

（二）五人制足球运动

全国大学生五人制足球赛于 2003 年开始举办。在近几年的李宁杯比赛中，全国有十几个省市 300 多所高校参加，共有 350 余支高校代表队的 5000 多名运动员参加了各个阶段的比赛，比赛场次达到 1000 多场，现场观众总计超过 100 万人次。在目前我国学校体育设施差和学生足球基础相对薄弱的情况下，五人制足球赛以场地器材简单、运动强度大、技术要求高、比赛易组织、观赏性强等特点，在学校和学生中迅速广泛地开展起来。

二、足球竞赛的制度与规则

（一）足球运动竞赛的制度

1. 循环制

循环制可分为单循环、双循环和分组循环三种。

单循环就是所有参加比赛的队伍，在比赛中都要相遇一次，最后按各队在单循环赛中的全部比赛成绩排定名次；双循环就是所有参赛的队伍在比赛中都要相遇两次，即进行两次单循环，最后按各队在双循环赛中全部比赛成绩排定名次；分组循环就是将参赛的队伍分成若干个小组，各组先进行单循环，排出小组名次后，再按竞赛规程规定的方法进行第二阶段的比赛，最后排定名次。

2. 淘汰制

淘汰制有单淘汰、双淘汰和主客场淘汰三种。

在比赛中失败一次即失去比赛资格的方法称单淘汰，失败两次即失去比赛资格的方法称双淘汰，按主客场两次比赛成绩之和进行比较而失败的队即失去比赛资格的方法称主客场淘汰制。

3. 混合制

混合制是在一次竞赛中分为两个阶段进行，前一阶段采用循环制，后一阶段采用淘汰制；或先采用淘汰制，后采用循环制。常用的是先循环、后淘汰的混合制，如世界杯足球赛就是采用这种方法。

（二）十一人制足球竞赛规则

1. 比赛场地

十一人制足球比赛场地应为长方形，其长度不得多于 120 米或少于 90 米，宽度不得多于 90 米或少于 45 米。在任何情况下，长度必须超过宽度。

2. 越位

队员处于越位位置指队员较球和最后第二名对方队员更接近于对方球门线。下列情况除外：该队员在本方半场内，该队员齐平于最后第二名对方队员，该队员齐平于最后两名对方队员。

3. 犯规与不正当行为

犯规与不正当行为包括：踢或企图踢对方队员；绊摔或企图绊摔对方队员；跳向对方队员；冲撞对方队员；打或企图打对方队员；推对方队员；拉扯对方队员；向对方吐唾沫；故意手球（守门员在本方罚球区内除外）；为了得到对球的控制而抢截对方队员时，于触球前触及对方队员。

以上情况都应判由对方在犯规地点踢直接任意球。如果守方队员在本方罚球区内故意违反上述十项中的任何一项者，应判罚球点球。

4. 任意球

任意球分直接任意球（可以直接射入犯规队球门得分）及间接任意球（不得直接射门得分，除非球在进入球门以前曾被其他队员踢或触及）两种。踢任意球时，须将球放定。踢任意球的队员将球踢出后，在球经其他队员踢或触及前，不得再次触球。足球规则对踢任意球的地点做出如下规定：守方在本方球门区内踢任意球时，可以在球门区内的任何地点执行；凡攻方在对方球门区内踢间接任意球时，应在距犯规地点最近的、与球门线平行的球门区线上执行；直接任意球直接踢进本方球门，判对方踢角球；间接任意球直接踢进对方球门，判对方踢球门球；间接任意球直接踢进本方球门，判对方踢角球。

以下情况判间接任意球：比赛中守门员在本方罚球区内以手控制球后在球发出前持球超过 6 秒；发出球后未经其他队员触球，再次用手触球；用手触及同队队员故意踢给他的球；用手触及同队队员直接掷入的界外球。队员犯有下列行为中的任何一项者，在犯规地点踢间接任意球：裁判员认为其动作带有危险性；阻挡对方队员；阻挡对方守门员从手中发球。

5. 黄牌警告

球员有下列行为之一，会受到黄牌警告：犯有非体育行为；以语言或行动表示异议；连续违反规则；延误比赛重新开始；当以角球或任意球重新开始比赛时，不退出规定的距离；未得到裁判员的许可进入或重新进入比赛场地；未得到裁判员的许可故意离开比赛场地。

6. 红牌

球员有下列行为之一，会得到红牌：严重犯规；有暴力行为；向对方或其他任何人吐唾沫；用故意手球破坏对方的进球或明显的进球得分机会；用可判任意球或点球的犯规，破坏对方向本方球门移动的明显的进球得分机会；使用无理的、侮辱的、辱骂的语言及动作；在同一场比赛中得到第二次黄牌警告。

7. 罚点球

罚点球应从罚球点上踢出，必须明确主罚队员。踢球时除主罚队员和对方守门员外，其他队员均应在该罚球区外及比赛场内，并至少距罚球点 9.15 米。对方守门员在球被踢出时，至少有一只脚站在两门柱间的球门线上。主罚队员必须将球向前踢出，在其他队员踢或触及球前不得再次触球。当球滚动，比赛即恢复。罚点球可直接射门得分。如守方队员犯规，则球未罚中应重罚；如攻方队员犯规，则球罚中无效，应重罚。

8. 掷界外球

当球的整体不论在地面或空中越出边线时，应由出界前最后触球队员的对方队员，在球出界处掷向场内任何方向。掷球时，掷球队员必须面向球场，任何一只脚的一部分站立在边线上或边线外，不得全部离地，用双手将球从头后经头顶掷入场内。球一进场内比赛立即恢复。掷球队员在球被其他队员踢或触及前，不得再次触球。掷界外球不得直接掷入球门得分。

9. 球门球

球门球可直接射门得分。当球的整体不论在地面或空中越出球门线时，最后触球的为攻方队员，由防守方在球门区内的任何地点发球，球门球直接踢出球门区后比赛才恢复。

10. 角球

角球可直接射门得分。当球的整体不论在地面或空中越出球门线，而最后触球的为守方队员时，由攻方队员将球放在离球出界处较近的角球区内踢角球。

（三）五人制足球竞赛规则

1. 比赛场地

球场应为长方形，边线的长度必须大于球门线的长度。球场长度最长 42 米，最短 25 米；宽度最长 25 米，最短 15 米。

2. 球员人数

一场比赛应由两队参加，每队上场球员不可多于 5 人，其中必须有一人是守门员。替补球员至多 7 人。在比赛时，替换球员的次数没有限制。一名已经被替换出场的球员，可以再进场替换另一名球员。比赛进行中或在死球时都可以替换球员。

3. 比赛时间与暂停次数

比赛分为两个时间相等的半场，上、下半场各 20 分钟。上、下半场的比赛时间，可延长至踢完点球为止。中场休息时间不得超过 15 分钟。比赛球队有权利要求 1 分钟暂停，上、下半场各一次。只有球队教练有权向计时员要求 1 分钟暂停。可在任何时间要求暂停，但是只有当本方球队控球时才给予执行暂停。球队在上半场未要求暂停，下半场也只可要求一次暂停。

4. 对犯规及不正当行为的判罚

球员有以下 6 种犯规之一，应判由对方罚直接任意球：踢或企图踢对方球员；绊摔或企图绊摔对方球员；跳向对方球员；冲撞对方球员（即使是用肩膀也不允许）；殴打或企图殴打对方球员；推对方球员。

5. 任意球

任意球有直接任意球与间接任意球两种类型。无论是踢直接任意球还是间接任意球时，球必须静止。踢任意球的球员，在球触及另一球员之前，不得与球再次接触。踢任意球时，所有对方球员必须距离球至少 5 米，直到球进入比赛中。如果某一球队踢任意球，时间超过 4 秒，则由对方球队踢间接任意球。

6. 点球

当球在比赛中，一球员在己方的罚球区内有以下 10 种犯规之一，不论当时球在何处，都应判罚球点球：踢或企图踢对方球员；绊摔或企图绊摔对方球员；跳向对方球员；冲撞对方球员（即使是用肩膀也不允许）；殴打或企图殴打对方球员；推对方球员；拉扯对方球员；向对方球员吐口水；向正在踢球或意图踢球的对方球员铲球（守门员在己方罚球区内铲球不算犯规，除非动作拙劣、鲁莽或使用暴力）；故意用手触球（守门员在己方罚球区内用手触球不算犯规）。

7. 黄牌

球员有以下 7 种犯规之一，应被警告并举黄牌：有非运动精神行为；用言语或动作表示异议；连续地违反规则；延误重新开始比赛；踢角球、界外球、任意球或掷球门球重新开始比赛时，不退出规定的必要距离；未得裁判允许即进场或再进场，或违反替换球员程序；未得裁判允许即故意离开球场。球员违反上述规则，如果没有其他更严重的犯规，除了警告犯规球员之外，还应判由对方在犯规地点罚间接任意球。如果犯规地点在罚球区内，则踢间接任意球的地点是在罚球区线上最接近犯规发生地点的位置。如果没有更严重的犯规，该队员只被黄牌警告。

8. 红牌

球员有以下 7 种犯规之一，应被判罚离场并举红牌：严重犯规；粗鲁行为；向对方球员或其他任何人吐口水；故意用手触球，阻止对方球队进球或失去明显的进球机会（守门员在己方罚球区内不受本条限制）；防守队员故意犯规，裁判员判任意球（或罚球点球），但由于该防守队员的犯规使进攻队员失去明显的进球机会；口出无礼、侮辱或谩骂言语；在同一场比赛第二次被黄牌警告。

9. 累计犯规与判罚点球

两队在各个半场从第六次累计犯规开始，被判罚任意球。当球在比赛中，一球队在己方罚球区内，违犯判罚直接任意球的犯规之一，应判罚点球；罚点球直接进入球门，可算进球。一般犯规罚界外球，踢界外球是重新开始比赛的一种方法。踢界外球，不能直接得分。

10. 掷球门球

掷球门球是重新开始比赛的一种方法。掷球门球进球，不能直接得分。如果守门员在得球后 4 秒内，未掷出球门球，则由对方踢间接任意球，踢球的地点是在罚球区线上最接近违规发生位置的地点。

11. 角球

角球是重新开始比赛的一种方法。角球直接进入球门，可算进球。下列情况判定为角球：当整个球体越出球门线，无论是在地面或空中，依据规则并未进球，而球最后触及守方球员，则判角球。踢角球的球员在得球后 4 秒内，未踢出角球，则判给对方间接任意球，地点是在角球区弧线。

12. 踢点球决胜负

当比赛为平局时，根据比赛的竞赛规程规定，采用在罚球点踢球的方法分出胜负。每队各踢 5 球，两队球员轮流踢球。

第二节　足球基本技术

一、踢球技术

（一）踢球

踢球是指运动员有目的地用脚把球踢向预定目标的技术，主要用于传球和射门。踢球的方法很多，动作方法也有所不同，但是每一种踢法都是由助跑、支撑脚站位、踢球腿的摆动、脚触球和踢球后的随前动作五个环节组成。其中，支撑脚站位、踢球腿的摆动、脚触球是主要环节。

助跑：助跑是指踢球前的跑动。

支撑脚站位：支撑脚的位置要以踢球腿的摆动能达到最大的摆幅、发挥最大的速度和有利于踢球脚准确地接触球的合适部位为原则。

踢球腿的摆动：击球力量的大小由多方面的因素决定，而主要取决于踢球腿的摆动。

脚触球：包括踢球脚的部位和踢球的部位。

踢球后的随前动作：踢球后随着腿的前摆和送髋，使身体重心向前移动，以维持身体的平衡。

（二）踢球技术动作方法

踢球的方法很多，主要有脚内侧踢球、脚背正面踢球、脚背内侧踢球、脚背外侧踢球，以及脚尖踢球和脚跟踢球。

1. 脚内侧踢定位球动作方法

直线助跑，支撑前的最后一步稍大些，支撑脚站在球的侧面约 15 厘米处，脚尖正对出球方向，支撑腿膝关节微屈。在支撑脚着地时，踢球腿大腿带动小腿由后向前摆动，在前摆的过程中大腿外展，当膝关节的摆动接近球的正上方时小腿做爆发式摆动，在触球前将脚跟送出使得脚内侧部位所形成的平面与出球方向垂直，踢球脚脚底与地面平行，脚尖微微翘起，踝关节功能性地紧张使脚型固定，触（击）球后身体跟随移动，踢球腿随球前摆。

脚内侧踢定位球易犯错误：

（1）支撑脚上前不积极，身体侧转，动作不协调，造成踢球腿前摆无力；

（2）踢球腿膝盖外展不够，脚尖没有微翘起；

（3）摆腿动作太紧张，出现直腿扫球动作；

（4）触球部位偏下，踝关节放松，脚掌内翻，造成出球偏高和不稳定；

（5）判断空中来球落点不好，支撑脚的站位不当；

（6）摆动腿摆动过早或过晚，造成踢球部位不正确；

（7）击球点靠前或靠后，传球不到位；

（8）向左右传球时支撑脚站的位置不对，找不好击球点；

（9）摆腿击球时间不当，出现踢空现象；

（10）踢球的部位不准，传球不到位。

脚内侧踢各种方向来的地滚球时应注意的问题：

（1）脚触球瞬间，支撑脚与球的相对位置能否保证与踢定位球时基本相同；

（2）出球方向应考虑球与脚接触时的入射角及球运行的速度；

（3）由于来球方向不同，踢球腿摆动多数依靠小腿爆发式的摆动。

2. 脚背正面踢球（正脚背踢球）动作方法

脚背正面踢球由于其解剖特点，摆幅相对较大，加之用脚背踢球接触面（与球）相对较大，因而踢球力量也大，准确性也较强。但受以上因素影响，出球的方向及性质相对变化也较小。在比赛中经常使用脚背正面踢定位球、地滚球、空中球、反弹球及倒钩球。球的性质多为不旋转的直线球，但也可用来踢抽击性前旋球。

脚背正面踢球易犯错误：

（1）踢定位球时，支撑脚的位置靠后，造成踢球时身体后仰，踢球的后下部，出球偏高；

（2）踢球腿前摆时，小腿过早前摆，造成直腿踢球，出球无力；

（3）摆腿方向不正，造成脚触球部位不准；

（4）踢球时，因怕脚尖触地，脚背不敢绷直，造成脚趾触球；

（5）踢反弹球时，判断来球落点不好，支撑脚的站位不当；

（6）摆动腿摆动过早或过晚，造成踢球部位不正确；

（7）击球点靠前或靠后，传球不到位；

（8）身体重心前移不够，上体后仰；

（9）踢空中球时，摆腿过早或过晚，造成漏踢；

（10）支撑脚脚尖没有对着出球方向，限制了身体的扭转。

3. 脚背内侧踢球（内脚背踢球）动作方法

这是一种用第一跖骨及跖趾关节部位触击球的踢球方法。其技术结构与前两类踢球方法相同，但技术细节则有所区别。

（1）脚背内侧踢定位球。斜线助跑，助跑方向与出球方向约成 45 度角，最后一步稍大，以支撑脚脚底积极着地，脚尖指向出球方向，距球内侧后方 20～25 厘米，膝关节微屈。在支撑同时，踢球腿已完成后摆，并开始以髋关节为轴，大腿带动小腿由后向前摆动，当大腿摆至与支撑腿接近同一平面时，小腿做爆发式摆动，此时脚尖外转、脚背绷直，以脚背内侧部位触击球。击球后踢球腿及身体继续随球向前。

（2）脚背内侧踢各种方向来的地滚球。根据来球的速度、运行轨迹，选好击球时的位置并及时移动到位。在选择支撑点时应考虑来球的情况和摆腿的速度，以保证脚触球的瞬间，球与脚的相对位置仍能保持规定要求。

（3）脚背内侧踢反弹球。根据来球的落点及时移动到位，在球离地（反弹）的瞬间踢球，其他的动作要求与踢定位球相同。这种踢球方法多用于踢侧方或侧前方来的空中下落的球。

（4）脚背内侧踢凌空球。根据来球速度、运行轨迹，选好击球点及时移动到位，身体侧对出球方向，用来球方向的异侧脚支撑，支撑脚脚尖指向出球方向，身体向支撑脚一侧倾斜，展腹。支撑脚站位后，踢球腿大腿带动小腿由后向前摆动，当大腿摆至接近与击球点成一条直线时，小腿做爆发式摆动，用脚背内侧击球的中部。同时身体向出球方向扭转，眼睛始终注视球。击球后，踢球腿顺势前摆以维持身体平衡。

（5）脚背内侧踢弧线定位球。踢弧线球时，脚背内侧部位击球的后中部，摆腿的方向不通过球心，沿弧线前摆，触球的瞬间，踝关节用力向内转，使球侧旋沿弧线运行。

脚背内侧踢球易犯错误：

（1）踢定位球时，支撑脚的位置偏后，踢球时上体后仰，把球踢高；

（2）踢球脚脚尖外转不够，接触部位不正确；

（3）没有直向出球方向摆腿，形成划弧动作以致出球点偏外；

（4）踢弧线球时，踝关节用力过大或过小；

（5）踢球时击球部位过薄，造成出球没有力量；

（6）踢球时击球部位过厚，造成出球的旋转速度慢、旋转弧度过小；

（7）踢球时没有沿球面弧形摆动，影响球的旋转效果；

（8）转身踢球时，支撑脚的脚尖没有指向出球方向；

（9）转身和踢球动作不连贯，在转身的同时，摆动腿没有积极跟随前摆；

（10）转身时，上体没有前倾；

（11）踢凌空球时摆腿过早或过晚，造成漏踢；

（12）支撑脚脚尖没有对着出球方向，限制了身体的扭转；

（13）上体倾斜不够，造成踢球时腿朝斜上方挥摆，击在球的中下部，出球偏高；

（14）踢反弹球时，判断来球落点不准确，支撑脚的站位不当；

（15）摆动腿摆动过早或过晚，造成踢球部位不正确；

（16）击球点靠前或靠后；

（17）身体重心前移不够，上体后仰；

（18）搓踢过顶球，踢球脚没有插进球底部，造成脚触球部位不正确；

（19）击球点不在球的后下部，使球不能产生回旋。

脚背内侧踢各种方向来的地滚球时应注意的问题：

（1）根据来球的速度、运行路线，选好击球时的位置并及时移动到位；

（2）在选择支撑点时应根据来球的情况和摆腿的速度，球与脚的相对位置要符合动作方法要求，以保证脚击球的正确性。

（三）踢球技术练习方法

做各种踢球技术动作的模仿练习，原地无球做助跑和支撑脚站位练习，过渡到完整技术动作模仿练习。

两人一组，一人用脚底踩球，另一人做踢固定球技术动作练习。踢球时力量要适当，主要体会踢球节奏、支撑脚位置、摆动腿和脚触球部位的准确性。

对墙踢球，距墙 4～6 米踢定位球，主要体会踢球的力量和准确性。

两人一组，相距 10～12 米做踢球练习，先踢定位球，过渡到踢活动球，距离由近到远。

两人一组，相距 8～10 米自抛踢反弹球练习，体会踢球时间和踢球部位。

踢准练习，两人相距 20 米，中间摆放一跨栏架，用各种脚法踢球使之穿过栏架，练习踢球准确性，提高射门能力。

两人一组跑动中传球：在慢跑的同时，相互传球，主要用脚内侧、脚背内侧和脚背外侧传，体会支撑脚的位置和传球时间。

综合练习，分队比赛，运用各种脚法传球、射门，在实践中掌握技术要求，提高技术。

二、运球技术

运球是运动员在跑动中有目的地用脚的连续推、拨球使其处在自己控制之下的触球动作。在攻守的对抗中，运用运球可以变换进攻速度和改变比赛节奏，在对方紧逼和密集防守的情况下，运用运球可以摆脱对手的阻截和争抢或诱使对手离开防守位置而暴露空当，为传球或射门创造有利时机。

（一）运球的部位与方法

运球分为脚背正面运球、脚背内侧运球、脚背外侧运球等。

1. 运球方法

（1）脚背正面运球的动作方法。自然放松跑动，上体稍前倾，步幅适中。运球腿提起时，膝关节微屈，脚尖向下，在向前迈步的过程中以脚背正面推球前进。

（2）脚背内侧运球的动作方法。自然放松跑动，步幅稍小，上体稍前倾并向运球方向扭转，运球腿提起，脚尖稍外转，在迈步前伸着地前，以脚背内侧推、拨球前进。

（3）脚背外侧运球的动作方法。自然放松跑动，上体稍前倾，步幅适中，运球脚提起，脚尖稍内转，在迈步前伸着地前，用脚背外侧推、拨球前进。

2. 常用的运球动作

（1）拨球。是指用脚踝的扭拨动作，以脚背内侧或脚背外侧触球，使球向侧方或侧前方运动。用脚背内侧拨球的动作称“里拨”，用脚背外侧拨球称“外拨”。

（2）扣球。是指用突然转身和脚腕急转扣压动作以脚背内侧或脚背外侧触球，使球向侧后方停下或改变方向运行。用脚背内侧扣球的动作称“里扣”，用脚背外侧扣球称“外扣”。

（3）拉球。是指用脚掌由前向后或由左（右）向右（左）拖拉球的动作。

（4）挑球。一般是指用脚背与脚尖翘起上挑的动作，使球向前上改变方向。

运球时易犯错误：

（1）运球时只是低头看球，未随时观察场上情况，以致不能及时完成传球或射门；

（2）运球时不是推、拨球而是踢、击球，导致球离身体过远，失去控制；

（3）支撑脚离球过远，身体后仰，触球后，身体重心不能随球前移；

（4）脚背外侧运球时，身体重心过高或臀部后坐；

（5）脚尖不内转，脚触球的部位不准确。

（二）运球技术练习方法

在慢速中用单脚推或拨球前进，初步掌握之后进行双脚交替运球；运球绕障碍、标杆，间距为 2～3 米；沿中圈运球前进和多人多球在中圈内运球；运球接力赛；两人一组一球，先甲、乙交换运球和休息，然后甲运球乙消极抢截，一段时间后二人交换练习；快速运球过人、射门。

三、停球技术

停球是指运动员有目的地用身体的合理部位，把运行中的球停挡在所需要的控制范围内的动作。比赛中常用的有脚内侧停球、脚外侧停球、脚底停球、胸部停球、脚背停球、大腿停球等。

（一）停球的部位和方法

1. 脚内侧停球

脚内侧停球分为停地滚球、停反弹球与停空中球。

（1）停地滚球。根据来球路线和选择的停球位置，及时移动到位。支撑脚正对来球，膝关节微屈。停球腿屈膝外展并前迎，脚尖翘起，在脚与球接触前的刹那开始后撤，后撤过程中用脚内侧接触球，把球控制在衔接下一个动作需要的位置上。

（2）停反弹球。根据来球的落点和落地时间及时移动到位，支撑脚踏在球落点的侧前方，膝关节弯曲，上体前倾并向停球方向微转。停球脚提起，膝关节外转，踝关节放松，脚尖勾起，用脚内侧对准球的反弹角度。当脚接触球的一刹那，停球腿放松，脚内侧挡压球的中上部，使球停下来。

（3）停空中球。根据来球的路线和选择的停球位置，及时移动到位。支撑脚正对来球，停球脚的大腿高抬，膝关节弯曲，上体侧转，脚内侧对准来球。在球与脚接触的一瞬间，脚迅速向下拉球，把球停在身前。

脚内侧停球易犯错误：

（1）触球时，停球脚的踝关节过于紧张，不利于缓冲，导致球停得离身体过远；

（2）停地滚球时，脚离地过高，使球从脚下漏掉；

（3）停反弹球时，没能很好判断球的落点和反弹后球的运行路线，漏过球或停不稳；

（4）停空中球时，因判断不好球在空中运行的路线，而举腿过早或过晚造成漏接；

（5）停旋转球时，因判断不好球的旋转速度和运行路线及旋转球的特点，造成停球时间和停球落点失误；

（6）因判断不好球的运行路线和球的落点，停球时将球卡在接球点上；

（7）没能将球停到预想的位置上，影响下一个动作的衔接；

（8）停球后身体不能及时随球移动，导致不能很好地控制球。

2. 脚背外侧停球

（1）脚背外侧正面停地滚球技术动作方法。支撑腿膝关节微屈，将接球点放在停球腿一侧，停球脚稍提起，屈膝，膝关节和脚内转，脚内翻使小腿和脚背外侧与地面成一定角度，以脚外侧正对来球，脚离地面约半个球的高度，在支撑脚的前侧接触球的侧后方（偏支撑脚的一侧）。接触球时，大腿要向接球后球运行的方向推送，脚外侧轻拨，把球停在侧前方或侧方，同时身体随球移动。

（2）脚背外侧停反弹球技术动作方法。面对来球，根据球的落点及时移动到位，支撑脚站在来球落点的侧后方，膝关节微屈，停球脚稍提起，脚内翻，使停球腿的小腿与地面成一定角度，踝关节放松。当球刚弹离地面时，用脚外侧触球的侧上部，把球停在体侧。

脚背外侧停球易犯错误：

（1）停地滚球时球从脚下漏过，主要原因是未掌握好脚的触球部位及距离地面的高度；

（2）停反弹球时球从脚下漏过，原因是未能准确判断球的落点和从地面反弹的路线；

（3）停球时将球卡死在接球点，影响下一个动作的衔接，原因是触球的部位过高；

（4）停球后，未能将球停在理想的位置上，原因是缓冲、加力或触球时所形成的反射角不当；

（5）停球后身体不能及时跟上，影响控制球。

3. 脚底停球

脚底停球分为停地滚球与停反弹球。

（1）停地滚球。根据来球路线及时移动到位，支撑脚踏在球的侧后方，膝关节微屈，脚尖正对来球，同时停球脚提起，膝关节自然弯曲，脚尖翘起高于脚跟，脚跟离地面稍低于球，踝关节放松，用前脚掌挡压球的中上部。

（2）停反弹球。动作方法和停地滚球基本相同。停球腿屈膝抬起，当球落地的刹那，脚尖上翘，小腿前伸，使脚掌处在球的反弹路线上，触压球的后上部。

脚底停球易犯错误：

（1）停球脚抬起过高，用脚掌踩球，使球漏过或停球不稳；

（2）踝关节过于紧张，停球不稳；

（3）停反弹球时，落点和落地时间判断不准确，使球漏过。

4. 胸部停球

胸部是人体较高的部位，对高空球能较早地进行控制，并且由于面积大、有弹性，容易较稳地停好球，用胸部能停高球和平球。胸部停球有收胸停球和挺胸停球两种动作。

（1）收胸停球。两脚前后开立，两臂自然张开，挺胸迎球。当球与胸部接触时，迅速缩胸、收腹，以缓冲来球力量，把球停在脚下，以便进一步控制球。

（2）挺胸停球。两脚前后开立，两膝微屈，胸部向上挺出，使上体略后仰迎下落的来球。当球与胸部接触之际，把球微微弹起。球下落时，把球直接踢出或控制住。

胸部停球易犯错误：

（1）停球时，对球在空中的位置判断不准，未能用正确部位接触球；

（2）收胸停球时，收胸和收腹过晚，未能缓冲来球力量；

（3）没有收下颚；

（4）身体过于紧张，不能很好控制球。

5. 脚背正面停球

看准来球，选好支撑脚位置。停球脚提起迎球，以脚背对准下落的球，当球与脚背接触之际，迅速下拉，使球和脚一起落下。

脚背正面停空中球易犯错误：

（1）触球时，踝关节过于紧张，导致球停得离身体过远；

（2）球接触脚背的后上部，缓冲不了来球力量；

（3）停球脚下撤太晚，使球不能随脚下撤。

6. 大腿停球

停球时高抬大腿使其与地面平行，以大腿中部对准下落的球，当球与大腿接触时，迅速放松下撤，使球落在身前控制范围以内。

大腿停球易犯错误：

（1）停球腿过于紧张，不能较好地缓冲来球力量；

（2）停球腿下撤过早，使球不能随腿下撤。

（二）停球的练习方法

1. 原地停球练习

（1）两人面对面相距 10 米，相互传地滚球，接球一方练习停地滚球。

（2）两人面对面相距 10～15 米，甲向乙身前用手抛球，乙可练习各种停球。

2. 移动中停球练习

（1）两人面对面相距 10～15 米，甲传球乙停球。先传脚下球，然后向两侧传，接球者在跑动中停球。

（2）两人面对面相距 10～15 米，甲掷球乙停球，甲掷向乙的身前和两侧，乙跑动中完成停反弹球和空中球。

（3）两人面对面相距 10～15 米踢球，接球一方练习各种停球。

（4）两人相距不同距离，传球推进，练习各种停球。

四、头顶球技术

头顶球是足球运动中有目的地用头的前额骨把球击向预定目标的动作。在当代激烈的足球比赛中，头顶球是争夺空中球的有效手段。头顶球可以将高空球直接传出或射门，它在进攻和防守中都起着重要作用。

（一）头顶球的部位和方法

头顶球分为前额正面顶球和前额侧面顶球。这两个部位都可以做原地顶球、跑动中顶球和跳起顶球，具体技术要领如下。

1. 原地前额正面顶球

根据来球路线及时移动到位，身体正对来球，两脚前后（或左右）开立，膝关节微屈，上体稍后仰，重心放在后脚上，两臂微屈自然张开，眼睛注视来球。当球运行到身体垂直部位前的刹那，后脚用力蹬地，身体重心由后脚移向前脚的同时迅速向前摆体，收下颌，在触球瞬间面颈部做爆发式振摆，用前额正面顶球的后中部，上体随球继续前摆。

2. 原地跳起前额正面顶球

根据来球路线及时移动到位，准备起跳时，两腿屈膝，重心下降，然后两脚同时用力蹬地，向上跳起，上升过程中挺胸、展腹，两臂自然张开，眼睛注视来球。跳起接近最高点准备顶球时，身体成背弓。球运行到身体的垂直部位前的刹那，快速收腹、折体前屈并甩头，用前额正面将球顶出。顶球后两腿同时自然屈膝、屈踝落地。

3. 助跑单脚起跳前额正面顶球

根据来球路线及时移动到位，助跑的最后一步要稍大些并用力蹬地，使身体向上腾起，跳起上升过程中身体成背弓。球运行到身体垂直部位前的刹那，快速收腹、折体前屈并甩头，用前额正面将球顶出。顶球后两腿自然屈膝、屈踝落地。

4. 原地前额侧面顶球

根据来球路线及时移动到位，两脚前后开立（出球方向的同侧脚在前），两膝微屈，上体和头部稍向出球的相反方向回旋侧屈，身体重心落在后脚上，两臂自然屈肘张开，眼睛注视来球。球运行到出球方向同侧肩上方前的刹那，后脚用力蹬地，上体迅速向出球方向扭摆，同时用力甩头，以前额侧面击球的后中部。

5. 跳起前额侧面顶球

跳起前额侧面顶球分为原地跳起顶球和助跑跳起顶球。其移动和起跳动作与前额正面顶球的移动和起跳动作相同。但是，不论是原地跳起顶球还是助跑跳起顶球，都要在跳起上升过程中上体向出球的相反方向回旋侧屈，侧对来球。在跳起接近最高点时，上体急速向出球方向扭摆，甩头，在头到达最高点时用前额侧面将球顶出。顶球后，两腿屈膝、屈踝落地。

头顶球易犯错误：

（1）顶球时闭眼、缩头、缩脖，不敢主动迎击球，球与头接触的部位不对；

（2）顶球时“耸肩”；

（3）顶球点选择不正确，导致顶不到球或只是蹭击球；

（4）击球的用力摆体动作过早或只用颈力，顶出球无力、顶不远；

（5）跳起顶球或跑动顶球时，判断不好球的运行路线和球的落点，击球时间掌握不好；

（6）侧额顶球时容易顶在头的侧面。

（二）头顶球的练习方法

两人一组，相对站立，一人举球至另一人面前与头同高，另一人做原地摆体，用前额顶球，要求看球顶球。

两人一组，相距 10 米左右，一人抛球，另一人顶球。

三人一组，站成三角形，各相距 10 米，一人抛，一人顶，一人接，连续循环。

接抛球或角球，顶球射门。

三人一球一组，甲抛高球，乙、丙争顶。

五、守门员基本技术

守门员技术分为无球技术和有球技术两大类。无球技术主要有准备姿势和移动动作，有球技术主要有接球、扑接球、拳击球、托球、掷球和踢自抛球等。

（一）守门员无球技术动作和方法

准备姿势：两脚左右开立，约与肩同宽，两腿自然屈膝并稍内扣，脚跟稍提起，身体重心落在脚前掌上，上体稍前倾。两臂自然屈肘置于体前，手指自然张开，掌心向下，眼睛注视来球。

移动步法：为了尽早截获对方向球门前传来的球或接住对方射来的球，守门员必须根据比赛中球和队员的位置变化，随时调整自己的位置。向左右调整位置的移动，一般采用侧滑步或交叉步这两种步法。

（二）守门员有球技术动作和方法

1. 接地滚球

有直腿式和单腿跪撑式两种动作。

（1）直腿式接球。准备接球时，两腿直膝自然开立，脚尖正对来球，上体前屈，两臂并肘前迎，两手小指相对靠近，手掌对球，在手触球的刹那，随球后撤并屈肘、屈腕，两臂靠近把球抱于胸前。

（2）单腿跪撑式接球。准备接球时，身体正对来球，两脚左右开立，一腿深屈支撑身体，另一腿膝盖内转似跪撑，膝盖接近地面并靠近深屈腿的脚跟，上体前屈，手臂下垂，两手小指相对，手掌对准来球并稍前迎。在手触球的刹那，两手随球后撤并屈肘、屈腕，两臂靠近将球抱于胸前，然后起立。

2. 接平直球

身体正对来球，两脚左右开立，上体微屈，两臂稍下垂并肘前迎，两手小指相靠，手掌对球。在手触球的刹那，两臂随球后撤并屈肘，顺势将球抱于胸前。

3. 接高球

接高球时，面对来球，两臂上伸，两手拇指相对成八字形相靠，手指微屈，手掌对球。在手触球的刹那，手指、手腕适当用力将球接住，并顺势屈肘、下引、转腕将球抱于胸前。接两侧高球时，判断落点抢点起跳，两臂上伸迎球，接球时，手、臂弯曲，将球抱于胸前。

4. 扑接球

接地滚球时，踏跳脚用力蹬地，向球扑出，两手接球的同时将球抱于胸前，团身护球。扑空中球时，蹬地跳出，身体跃起腾空，与地面平行，两臂伸出将球接住。前臂、肩、上体、下肢依次触地，团身护球。

5. 拳击球

在没有把握接住射来的球或对手猛烈冲门等情况下，为了避免接球脱手，常采用拳击球。单拳击球时，屈肘握拳于胸前，在跳起接近最高点即将触到球的刹那，快速出拳，以拳面将球击向预定的目标。双拳击球时，双臂屈肘握拳于胸前，两拳靠拢，拳心相对，在跳起接近最高点即将触到球的刹那，双拳同时快速冲击，以拳面将球击向预定的目标。

6. 托球

托球通常是在来球弧度较大，且又是奔向球门横梁的情况下，守门员跳起接球把握不大时运用。跳起准备托球时，全身伸展成背弓，一臂快速上伸，掌心向上，用手掌前部和手指用力将球向后上方托起，使球越过球门横梁。

7. 掷球

为了争取时间组织快速反击，守门员经常把获得的球用手掷给同伴。掷球有单手肩上掷球、单手低手掷球及勾手掷球等动作。单手肩上掷球时，两脚前后开立，两膝稍屈，单手持球屈臂于肩上。掷球前持球手臂后引，同时身体随之回旋侧转，重心移至后脚，掷球时利用后脚向后蹬地、转体和挥臂的力量，甩腕将球掷向预定目标。

8. 抛踢球

抛踢球是守门员把获得的球传给远距离的同伴常用的动作。抛踢球分为踢自抛下落空中球和踢自抛反弹球两种动作。踢自抛下落空中球和踢自抛反弹球的动作与脚背正面踢空中球和踢反弹球的动作基本相同，但是，由于要求把球踢得远，守门员都是向前方踢球。

守门员技术动作方法易犯错误：

（1）接地滚球时屈臂收球不夹肘，使球从臂间漏掉；

（2）引撤缓冲时机不好，缓冲效果差；

（3）接平球时，手臂没有前伸引撤，球直接触击胸部；

（4）接球时手指过分弯曲，手型太小，导致接球不稳；

（5）接高球时肘外张，影响接球手型；

（6）接球手型后仰，拇指间距过大，接球脱手或漏球；

（7）跳起接球时，时机掌握不好，影响接球效果；

（8）侧扑地滚球迎球侧跨步时，上体不做压扑动作，影响倒地速度；

（9）接球手臂伸出不一致，影响接球手型，导致接球不稳；

（10）倒地时肘关节外展，导致受伤并影响控球的稳定性；

（11）鱼跃扑接侧面平高球，侧蹬发力时，身体重心侧移速度慢，影响蹬离速度，腾起效果差；

（12）腾空后团身，降落速度快，影响腾空接球动作的完成；

（13）接球手型不正确，导致接球不稳或脱手；

（14）拳击球时用手掌前部托球，力度不够；

（15）伸臂和顶托动作脱节，影响动作发力；

（16）双拳击球时，起跳时机把握不好，不能准确击球；

（17）冲击拳面不正或出球点没掌握好，影响击球的力量和方向；

（18）发球时引球侧身转体不够，影响抛球力量；

（19）出球时缺乏甩腕投球动作，控制不好出球方向；

（20）踢高抛球时击球时间掌握不好，击球部位不正确，踢出的球达不到理想位置。

（三）守门员技术练习方法

做好接球准备，按教师手势向前后左右移动。移动时身体重心不要起伏太大，做好随时出击的准备。

在垫子上做各种扑球练习。

一人守门，另一人在罚点球点掷球或踢各种球。守门员练习接扑球。

前锋射门，守门员练习各种接球和扑各方向来球。

六、掷界外球技术

掷界外球是指运动员将比赛中越出边线的球，按照规则的规定用双手掷入场内预定位置的动作。

（一）掷界外球的方法

掷界外球分为原地掷界外球和助跑掷界外球两种。

1. 原地掷界外球

两手自然张开持球，虎口相对，略靠球的后方。两脚左右或前后开立，直臂将球举至头后上方，上体后仰成背弓，膝关节弯曲。掷球时，两脚蹬地，收腹向前屈体，两臂急速前摆，用力将球掷出。掷球后，后脚可沿地面向前滑动。但两脚均不得离地或踏入场内。

2. 助跑掷界外球

双手持球于胸前，在助跑跨最后一步时，上体后仰成背弓，同时将球举至头后。掷球时的动作与原地掷界外球相同。

掷界外球易犯错误：

（1）近距离掷球时，易出现动作不连续而造成的违例；

（2）远距离掷球时，易出现两臂不均匀而形成单臂掷球的错误动作；

（3）掷出的球弧度过大从而影响球掷出的距离，出球无力；

（4）掷界外球时，双脚跳起离地，造成违例；

（5）掷界外球时，双手持球没有过头，造成违例；

（6）助跑掷界外球时，动作脱节和掷球后身体过分随前形成单脚离地。

（二）掷界外球的练习方法

（1）掷实心球。

（2）两人一组，对面掷球。

（3）掷远测验。

七、抢截技术

抢截技术是一种积极有效的防守手段。抢截是防守技术的综合体现，是用争夺、堵截、破坏等方式延缓或阻拦对方的进攻。一旦把球争夺过来，就意味着组织进攻的开始。掌握和不断提高抢截技术有助于快速反击。抢截技术可分为断球、逼（堵）球、抢球、捅（破坏）球四种，抢截球的方法有正面、侧面、后面抢截三种。

（一）四种抢截技术

1. 断球

断球是指球由对方传出，在空中运行或在地面滚动时，把球抢断过来。因此在断球之前，要判断好对方的传球方向、落点和球速。断球时，要根据球的不同方向、高度和速度，使用头、胸、腹和脚等部位把球断过来。

2. 逼（堵）球

逼（堵）球通常在没有把握抢夺球的情况下运用。在以少防多的局面下，进行堵截可以减慢对方进攻的速度，使本方队员有充裕的时间进行回防。

3. 抢球

抢球是指球在对方控制范围内或双方有同等的抢球机会时争抢球。

4. 捅（破坏）球

比赛时，防守队不可能把每个球都抢截过来，为了不让对方掌握住球，在不得已的情况下可把球踢出，破坏对方有组织的进攻即为捅（破坏）球。

（二）抢截球的三种方法

1. 正面抢截

在对方带球队员迎面而来时可采用这种抢截方法。

动作方法：两脚前后稍开立，两膝稍屈，身体重心下降，并平均落在两脚上，面向对手。当对手带球脚触球后即将着地或刚刚着地时，立即抢球。抢球脚的脚弓对正球，并跨出一步，膝关节弯曲，上体前倾，身体重心移至抢球脚上。如对方已有准备，在双方脚同时触球时，脚触球后要顺势向上提拉，使球从对方脚背滚过，身体迅速跟上，把球控制住。双方上体接触时，抢球人可用合理部位冲撞对方，使之失去平衡，将球控制在自己脚下。

2. 侧面抢截

当防守队员与带球队员并肩跑动，或二人争夺迎面来球时双方都可采用这种抢截方法。

动作方法：当与对方平行跑动争球时，身体重心要降低，两臂贴紧身体。在对方靠近自己的脚离地时，可用肩和上臂做合理的冲撞动作，使对方身体失去平衡，从而把球抢过来。

3. 后面抢截（铲球）

后面抢截（铲球）是抢截技术中较难的一种，一般在用其他方法抢不到球时才运用铲球。铲球有两种方法：一种是脚掌铲球，另一种是脚尖或脚背铲球。

抢截球时易犯错误：

（1）正面堵抢时，易因堵抢触球部位不准确而造成失误；

（2）身体重心不能及时移向抢球脚和抢球脚的踝关节不够紧张，导致抢球无力而徒劳；

（3）支撑脚没有迅速跟上，影响衔接下一个动作；

（4）抢球的时机掌握得不好，出脚稍早或稍晚导致抢球失败；

（5）当双方同时接触球时，未能及时提拉球而被对方抢先提拉球，造成堵抢失误；

（6）抢球脚抬得过高，造成犯规；

（7）侧面抢球冲撞时，冲撞动作不正确造成犯规；

（8）冲撞时机选择不当，不是在对方靠近自己一侧的脚离地时进行冲撞，因而没有效果；

（9）冲撞时用手或肘、肩推对方造成犯规；

（10）铲球时不是从侧后方或侧方铲球，而是从正后方铲球；

（11）铲球脚离地面超过球的高度，易伤害对手，造成犯规。

（三）抢截球技术练习方法

（1）两人一球，球放在中间，两人面对面站立，均离球一步，同时做跨步用脚内侧抢球的模仿练习。

（2）两人一球，甲脚前放一个球，乙做跨步抢球的模仿练习。

（3）两人一球，甲做慢速运球，乙迎面上去做跨步抢球，练习同时夹住球的提拉动作。

（4）两人一组，相距 4 米，中间放一球，按教师的口令两人同时做跨步抢球及同时夹住球的提拉动作。

（5）两人一组，相距 7～8 米，一人直线运球，另一人做正面跨步抢球。

（6）两人一组，并肩慢跑观察对手身体重心移动，练习掌握冲撞时间和冲撞动作。

（7）两人一球，一人直线运球，另一人从侧面冲撞抢球。

（8）每人一球，对静止球做铲球练习。

第三节　足球基本战术

在足球比赛中，根据双方的实力和自身的特点，运动员充分发挥技术、体力、意志和集体力量，为战胜对方而采取的手段和谋略，称为足球战术。

足球战术分为进攻战术和防守战术，在这两种战术中又各有个人战术和集体战术。个人战术是指个人在比赛中配合全队攻守战术而采取的动作和方法。集体战术是指在比赛中，两个或两个以上队员为完成全队攻守战术任务而采取的协同动作和配合方法。个人战术是集体战术的组成部分，集体战术是一系列个人战术的综合。集体战术一般分为定位球战术、比赛阵形和攻守战术。

一、基础战术

基础战术是集体战术的基础，是个人技术的合理运用。传球、摆脱对手跑空位、运球过人、射门等动作是进攻中的基础战术动作。而封锁、抢截是防守中的基础战术动作。

（一）“二过一”战术配合

1. 斜传、直插“二过一”

这种配合一般由后面队员 10 号发动，第一次传球要传出快速脚下球，便于 11 号接应。这时的关键在于 10 号快速直向插上，11 号根据 10 号的速度和防守者的位置，及时把球传到有利空当（见图 2-1）。在禁区前，两人之间默契地完成这样的配合，可以直接威胁对方大门。

2. 横传、直传、斜插“二过一”

这种配合是在对方基本站好位置的情况下采用的渗透性传球。先故意把球横传，来扰乱防守、拉大防区，当 8 号传球后迅速插上时，9 号根据 8 号的速度，迅速把球传到有利空当（见图 2-2）。

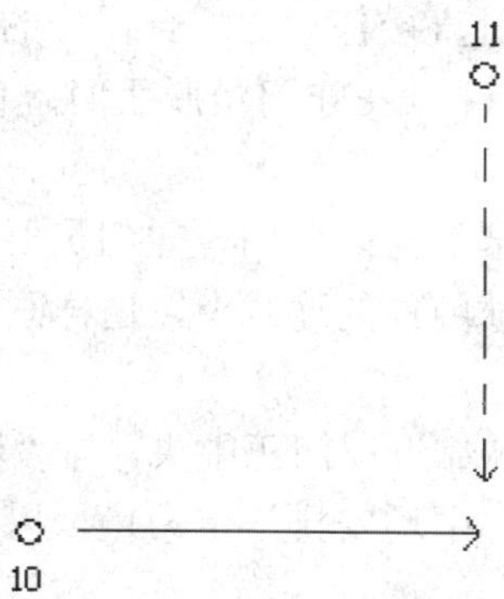

图 2-1

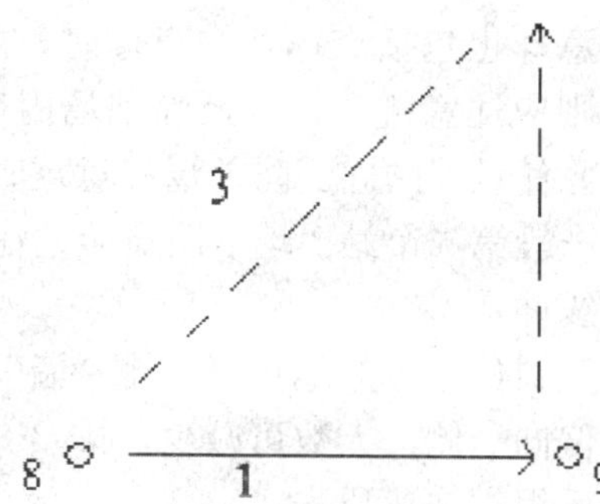

图 2-2

3. 回传、直插“二过一”

这种配合又可称为回传反切“二过一”，一般在对方采用紧逼盯人防守时使用（见图 2-3）。

4. 交叉掩护“二过一”

当对方采取紧逼盯人防守时，为了拉开对方的防线，掩护本方队员突破而采用。10 号故意向中路运球吸引对方 3 号上来防守，这时 9 号同伴插上，10 号拨球给 9 号，两人在防守者前交叉换位。9 号接球后迅速运球直捣球门（见图 2-4）。

5. 踢墙式“二过一”

这种方法在队员间靠得较近时使用。持球人快速运球，接近防守人时及时向接应队员传球。接球人起到一面墙的作用。6 号向“墙”传球后，立即越过对手插入空当接球（见图 2-5）。

图 2-3

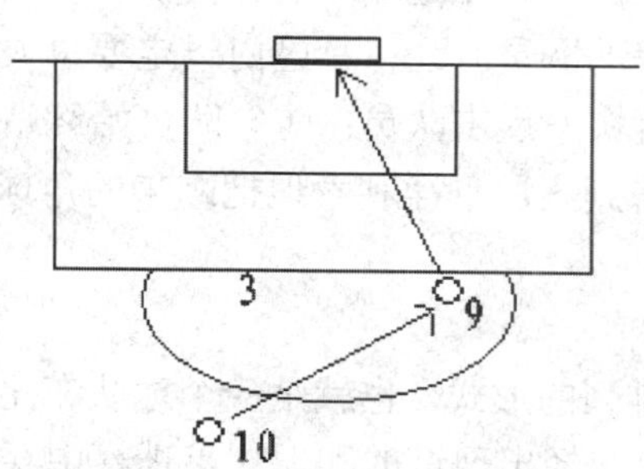

图 2-4

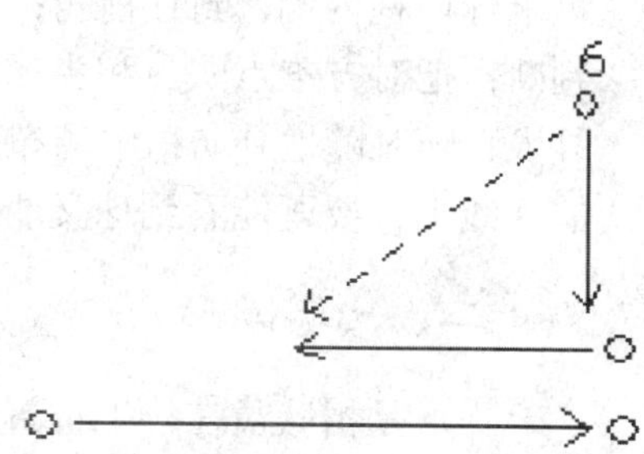

图 2-5

（二）定位球战术

定位球战术是指在死球状态下的攻守战术，包括任意球、角球、掷界外球、球门球和中线开球战术。定位球战术在现代足球比赛中起着重要的作用，有时甚至能决定一场比赛的胜负。

1. 任意球

可以直接踢入球门得分的叫直接任意球，罚球者直接射门进球不算得分的叫间接任意球。

（1）任意球进攻。前场任意球进攻，是现代足球破门得分的重要手段之一。

任意球在比赛中常用的进攻方式有直接射门（直接任意球）和配合射门。直接任意球可以一脚射门得分，只要能一脚射门，就不要再打配合，以免错失得分良机；如果不能直接射门或有更好的传球空当，也一定要抓住，通过直接任意球配合得分的机会。

任意球也包括点球。罚点球时，主罚队员应注意在守门员脱手时球的补射，其他进攻队员则应注意碰球门柱反弹回场内球的补射。

（2）任意球防守。防前场任意球时必须组“墙”封闭球门，守门员要指挥组“墙”的位置。一般第二个站“墙”队员应站在球与一侧球门柱的连线上，这样既可防直线射门又可防弧线球。

按照罚任意球的地点确定排“墙”人数，如球靠近球门正中央，排“墙”人数为 5～6 人；如偏向一侧，人数可减少，排 3～4 人即可。中场安排一定力量，以便在对方罚任意球失败后组织快速反击。

2. 角球

角球是一种特殊的直接任意球，既可直接射门得分，又可组织配合射门，因而角球是易于破门得分的锐利武器之一。

（1）角球进攻。除直接射门得分外，角球进攻有两种配合：一种是直接把球发到禁区以内；另一种是通过角球区附近传球配合，再把球传到禁区内。进攻队员在禁区内站位包抄角球的原则是力争获得更多的进攻点，拉大进攻的宽度与深度。要在球门区近侧角、罚球点和罚球区远角构成三点进攻，在后面还要配备后备接应的队员准备进攻。

把本队身材高大、善争头球的队员，如中卫或其他位置的队员，安排在后角包抄。主罚队员将高球吊向他，往往可破门得分。前角队员可直接射门得分，也可以把球过渡到后角，再由后角队员射门。

（2）角球防守。防守角球主要靠合理的站位和盯人防守，一般原则是：靠近角球区的边锋站到角球区和球门的连线上，干扰对方发球，使其发出的角球不到位；一名后卫站在近端球门柱内侧，封住前角；守门员站在远端球门柱内侧，有利于观察全局，做出正确的判断；把对方重点队员和头球好的队员盯死；禁区内一定要每人盯一人，最好是中后卫不盯人，随时随地补防；中场布置快速反击队员；防守队员始终站在被防队员和球门线中点的连线上，要既能看到球又能看到人，干净利索地把踢来的角球踢出禁区。

二、比赛阵形

阵形是指队员在场上位置排列的形式，也就是一个球队在比赛中，为了实现总体计划而配备攻守力量的布阵。历史上曾经出现过的和现代足球赛中经常采用的比赛阵形有以下几种。

1. 起源阵形

起源阵形包括“九锋一卫”“六锋四卫”和“塔式”三种。1863 年，英国人创造了第一种足球比赛阵形——“九锋一卫”式。随着技术水平的提高，一名后卫难以抵挡九名前锋的进攻，为了使攻守力量达到相对平衡，1870 年，苏格兰人创造了“六锋四卫”式阵形。接着，英国人又创造了“塔式”阵形，使攻守力量更趋平衡。

2. 过渡阵形

过渡阵形包括“WM”“334”和“424”阵形。1930 年，英国人查普曼创造了“WM”阵形，使攻守人数的分布达到均衡状态。1953 年，匈牙利人运用“334”（四前锋）阵形战胜了足坛霸主英国队，并在第十五届奥运会足球赛中夺冠。1958 年，巴西人创造的攻守平衡的“424”阵形，助其夺取了第六届、第七届、第九届世界杯冠军。

3. 现代阵形

现代阵形包括两大类：一类是“424”阵形的变体，如“433”“442”“4123”；另一类是具有未来阵形味道的阵式，即总体型全攻全守打法。“424”变体阵形产生于 20 世纪 60 年代末，现代足球中场争夺愈来愈重要、激烈，在实战中人们广泛地应用“424”阵形的变体阵形。1974 年，以荷兰队为代表的全攻全守型打法，就是“352”阵形。

三、攻守战术

攻守战术是指队员在进攻和防守中，为完成整体战术配合所采用的分工配合方法。进攻和防守都不是孤立进行的，必须做到攻中有守、守中有攻，以适应现代足球比赛攻守转变的快节奏。

（一）进攻战术

为了最终实现射门得分，场上队员有意识地传球和跑位所组成的战术方法，称为进攻战术。

1. 进攻战术的原则

（1）宽度原则。指进攻者尽可能利用场地宽度，使防守队员被迫扩大横向防守，拉开和制造更多的空当便于进攻。这一原则要求进攻队既能发动边路进攻，又要善于中路突破，边路和中路进攻交替进行，始终针对对方防守薄弱环节组织进攻。

（2）渗透原则。这是指横向拉开对方防线后的纵向进攻，即在中前场稳妥地向前推进时，伺机采用快速渗透性传球，创造射门得分机会。掌握好快慢相间的比赛节奏，是一支足球队成熟的标志。它是足球比赛的艺术，是在长期训练与比赛中逐步形成的。

成功的战术配合是建立在多变和突然性基础上的，稳步推进中暗藏着杀机，一旦拉开空当，便突然攻击，使对手措手不及，最终得分。战术运用要灵活多变，变换速度、方向和进攻的节奏，还要创造性地发挥个人特长，制造更多的射门机会。一支优秀的足球队要掌握几种比赛节奏，不等对方完全适应，就又改变了进攻节奏，使本队永远掌握场上的主动权。

2. 进攻战术方法

（1）按进攻方向可分为边路进攻和中路进攻。边路进攻，一般是指在进攻的最后阶段，发生在前场禁区线以外区域的进攻。边路进攻意在利用宽度原则，拉开防线，创造中路包抄射门得分的机会。结束边路进攻常见的方式有两种，一是通过配合或个人运球突破下底传中，二是通过配合或个人突破直接射门得分。中路进攻，一般是指进攻最后阶段发生在前场中间区域的进攻。中间地带正对球门，一旦突破防线，便可直接威胁球门。但这一区域又是对方重兵密集保护地区，因此，中路突破要比边路突破难度大。中间地带由于射门角度最大，是攻守争夺最激烈的地区。结束中路进攻的方式有两种，一是个人突破直接射门，二是接配合传球射门得分。

（2）按进攻推进速度可分为快速反击和层次进攻。快速反击，是指积极拼抢中一旦得球，趁对方立足未稳，把球快速、准确地输送给处于有利位置的中、前场队员，迅速发动进攻。从前场发动进攻首先要考虑中路反击，这样能尽快插入对方的腹地，抢先射门得分。层次进攻，是指有组织、有步骤、层层推进的一种进攻方式。这是经常采用的打法，当从后场得球，对方又很快地退守回防时，就只能稳妥地处理球，逐步布阵发动层次进攻。这种打法成功的要诀是讲究比赛节奏，充分利用进攻的宽度原则与渗透原则，打法细腻，且队员具备优良的身体素质。

（二）防守战术

建立在个人防守和局部防守战术基础上的整体防守战术配合，称为防守战术。

1. 防守战术原则

（1）延缓原则。即延缓对方的进攻速度，为本队争取时间，组织防守布局。进攻失球后，离球近的队员立即抢截和阻挡对手传球，其他队员封死传球路线或回防，阻止对方快速反击。

（2）平衡原则。这是指参加防守的人数与进攻队员人数保持等量。有球地区派人封堵，其他人员回撤，尽快使防守人数等同或多于进攻队，防止攻方以多打少，造成被动局面。

防守的最关键地区是禁区附近的中间地带，要集中“大将”把守，把该区域出现的有球、无球进攻队员全部牢牢盯死，竭尽全力阻拦和扼制进攻队员任何可能的射门机会。

2. 防守战术方法

（1）人盯人防守。在防守时除自由人外，其他每个防守队员盯住一个进攻队员，自由人的任务是补位和指挥，其他队员则要严密控制住被盯人的各种行动，使其传球、接应产生困难，从而使其攻势减弱。人盯人防守有其自身的缺点，如一旦被突破，导致以少防多，就会处于被动挨打的局面。另外，容易因对方有目的、有意识的策动造成空当而进行攻击。现代足球比赛中，单纯人盯人防守已无人采用了。

（2）区域盯人防守。每个队员防守一个区域，当进攻者进入其防区时就积极防守，严密盯人。区域盯人防守，同样需要一个自由人（一般为中卫）发挥补位和指挥作用。当某区域盯人防守失败时，邻近区域队员应及时补位，保证整体防线稳固。

（3）混合防守。这是人盯人防守和区域盯人防守两种形式相结合的打法。混合防守的优点在于汲取两者的长处，弥补了两者的不足。运用混合防守战术的要点是：当进攻队员交叉换位时，防守队员互换盯人，位置不变；首先重视对持球人的紧逼，距球近和距球门近的队员也要紧逼防守对手，其他人则守区域；对方突出队员要有专人盯死；自由中卫不盯人，专门负责指挥和补位。

第三章　篮　球

篮球运动是1891年由美国体育教师史密斯博士发明的，于1895年传入中国。篮球运动是一项综合性的体育运动，特别是现代篮球，技战术已经发展得比较完善，其速度快、对抗性强、投篮命中率高、队员高大而灵活等特点使比赛极具观赏性。

现代篮球运动的发展趋势是快、高、全、准。“快”就是指快速，要求运动员的观察、判断、反应更加敏锐，技术、战术运用更加合理。“高”是指队员所能控制的空间高度，主要表现为运动员的平均身高有较大增长，因此高空配合有新的发展，例如空中接力、扣篮等。“全”是指全队的全面和个人的全面，全队的全面是指全队战术形式多样，全队实力平均，个人的全面表现为技术高超、作风顽强，良好的身体素质和篮球意识的高度统一，攻防兼备。“准”是指投篮命中率高，现代篮球比赛的投篮命中率有的已达60%以上。

第一节　篮球竞赛规则与赛事简介

一、篮球竞赛规则

（一）违例及其处理

违例就是违犯规则的行为。其罚则是：宣判违例后即成死球，该队失去球权控制。除干扰球和罚球违例有特别规定外，其他违例都由对方在违例就近的边线外掷界外球。常出现的违例有以下几种：带球跑、非法运球、脚踢球和拳击球、球回后场、干扰球、使球出界、罚球违例、跳球违例、违犯时间规则的违例（3秒违例、5秒违例、8秒违例、24秒违例）等。

（二）侵人犯规及其处理

侵人犯规是指在球进入比赛状态时，队员发生不合理的身体接触（无论活球还是死球）。

侵人犯规的处理方法包括以下几种。

（1）正在做投篮动作的队员发生了侵人犯规时，登记该队员犯规次数，并累计在全队每半时7次（或每节4次）犯规之内。若球投中，得分有效，再加罚1次；若球未投中，根据投篮地点判给投篮队员2次或3次罚球。

（2）没有做投篮动作的队员发生了侵人犯规时，登记该队员犯规次数，并累计在全队每半时7次（或每节4次）犯规之内，由对方在犯规就近的边线掷界外球。若本队每半时的犯规数超过 7 次（或每节 4 次），则由对方执行 2 次罚球。

（3）违反体育道德犯规是指裁判员认定的队员蓄意对持球或不持球的对方队员造成的侵人犯规。处理方法为：登记该队员的犯规次数，累计在全队每半时 7 次（或每节 4 次）犯规之内；判给对方 2 次罚球和 1 次在边线的中点处掷界外球；若对投篮队员进行了违反体育道德犯规，投中有效，再判给 1 次罚球和 1 次在边线中点处掷界外球，若未投中，根据投篮地点判给投篮队员 2 次或 3 次罚球和 1 次边线中点处掷界外球。

（4）取消比赛资格的犯规是指全部十分恶劣的、不道德的行为。发生此类犯规时，判令犯规队员去本队休息室并在比赛期间留在那里，或也可选择离开体育馆。罚则同违反体育道德犯规。

（5）双方犯规是指两名对抗的队员大约同时互相犯规的情况。罚则是登记每位犯规队员 1 次侵人犯规，累计在全队每半时 7 次（或每节 4 次）犯规之内。由控制球或拥有球权的队掷界外球。双方球队都没有控制球则进行跳球。

（三）技术犯规及其处理

技术犯规是与对方球员不发生身体接触而违犯规则的行为和道德方面的犯规。

（1）队员技术犯规及其处理：在比赛中，队员如果同裁判员谈话、接触没有礼貌，或出现不尊重的语言和举动，或故意拖延比赛时间妨碍比赛进行，或被判犯规不按规则要求举手等，都应判技术犯规。处理方法为：登记该队员犯规次数，累计在全队每半时 7 次（或每节 4 次）犯规之内，判给对方队员 2 次罚球和随后的球权。一名球员两次技术犯规将被取消比赛资格。

（2）教练员、助理教练员和替补队员技术犯规及其处理：在比赛中，教练员、助理教练员和替补队员随意进入球场或离开球队席，跟随比赛的移动而指挥比赛，或不听裁判员劝告，或与裁判员和对方人员谈话没有礼貌，或大喊大叫妨碍比赛顺利进行等，都应判为技术犯规。处理方法为：将犯规登记在该队教练员名下，累计在该队教练员 3 次犯规之内，由对方罚球 2 次并在边线的中点处掷界外球。

二、主要篮球赛事简介

（一）美国职业篮球联赛（NBA）

“NBA”（National Basketball Association）是美国职业篮球联赛的缩写。美国职业篮球联赛是世界上公认的最高水平的篮球比赛，它云集了美国国内和世界其他各地最优秀的篮球运动员。美国职业篮球联赛在进入 20 世纪 80 年代后才真正迎来快速发展阶段。到 20 世纪 90 年代，美国职业篮球联赛跨入了“公牛王朝”。1984 年，迈克尔·乔丹在选秀时被芝加哥公牛队选中，乔丹以娴熟的球技完成了“飞人”的演绎，创造了 8 年内两次三连冠的神话，美国职业篮球联赛进入历史的巅峰时期。60 多年来，美国职业篮球联赛不但注重自身的发展和完善，同时也吸收和联合其他篮球联盟的球星，并借鉴其他职业体育运动成功的经验，通过市场和球星的竞争发展壮大起来。

（二）中国职业篮球联赛（CBA）

中国篮球协会（以下简称“中国篮协”）于 1956 年 6 月在北京成立，是中华全国体育总会下的单项体育协会之一，是中国篮球运动的全国性群众组织。1995 年 10 月，中国篮协拉开了中国篮球职业化改革的序幕，12 月正式推出跨年度的全国男篮 12 支甲级队主客场联赛。截至2000年，在中国篮协注册的球队有男队43支，女队42支，运动员998人，教练员172人。

国家体育总局篮球运动管理中心对中国篮球运动项目进行全面管理。目前由篮球运动管理中心负责组织或参加的国内外重大篮球赛事包括：由国际奥委会主办的奥运会篮球赛，每4年举办一次；由国际篮联主办的世界篮球锦标赛，每4年举办一次；由亚洲运动联合会主办的亚运会篮球赛，每4年举办一次；由亚洲篮球联合会主办的亚洲篮球锦标赛，每2年举办一次；中国全国运动会篮球赛，每4年举办一次；由国家体育总局篮球运动管理中心主办的中国男子篮球职业联赛（China Basketball Association，缩写：CBA），每年举办。

（三）中国大学生篮球联赛（CUBA）

“CUBA”（China University Basketball Association）是中国大学生篮球联赛的简称，1998年首次举行。中国大学生篮球联赛以育人为宗旨，以弘扬篮球文化为特色，以推动中国篮球运动的普及与提高为己任，加快中国篮球运动的发展及与国际接轨的步伐，促进高校素质教育和校园体育文化的发展，在中国篮坛开辟了一条新路。中国大学生篮球联赛首次举行后仅几年，就在全国高校形成燎原之势，吸引了数百万中国大学生，并在社会上产生了很大的影响。参加中国大学生篮球联赛的运动员必须是未在中国职业篮球联赛注册的，并在中国大学生篮球联赛注册的在校大学生。比赛时间是每年9月至来年5月，比赛分基层预赛、分区赛和决赛三个阶段。

（四）“三对三”篮球赛

三人篮球赛只用标准篮球场的一半，同五人篮球赛相比可提供多出一倍的场地，在同一时间内参与竞赛的人员增多，可以充分发挥场地的使用效率。三人篮球赛对于参与者的速度、耐力、弹跳、灵巧性等身体素质的提高起着良好的作用。

三人篮球赛采用三局两胜制，每局7分钟；每局比赛终了，比分相同时采用罚球决出胜负；三分线内投中得1分，三分线外投中得2分；比赛中进攻队员抢到篮板球可继续进攻，防守队员抢到篮板球必须运或传出三分线外方可进攻；球出界和队员犯规后都在中圈处发球；发生争球时由防守一方发球；比赛中各队都没有暂停时间；进攻方投中后，由防守方发球。其余比赛规则按照国际篮联的《篮球竞赛规则》执行。

第二节　篮球基本技术

一、篮球场上的跑、停、转

打篮球，首先要掌握篮球场上特有的跑动特点：跑得快，停得牢，转动自如。篮球运动中的传球、接球、运球、投篮等技术，很多情况下都是在跑动中完成的，若不掌握篮球场上的跑动技术，在做上述技术动作时就会手脚不能协调配合。因此，学会篮球场上的跑、停、转动作，不但能帮助我们尽快地掌握其他技术动作，还可以使我们打起球来轻松自如，动作灵活多变。它们是篮球运动中重要的基础技术，在篮球运动术语中被统称为“移动技术”。

（一）篮球场上的跑

篮球场上的跑，要忽快忽慢，时左时右，随时能够变换速度与方向。跑的路线大都是弧线或折线。跑的方法很多，下面仅介绍起动、变方向跑和侧身跑三种。

1. 起动

在进攻中突然快速起动，是摆脱防守的有效方法。防守时，迅速起动是为了保持或抢占有利位置，防住对手或抢球、捅球、断球。起动时，首先上体和重心迅速向行进方向倾移，同时，以异侧脚（或后脚）的前脚掌内侧用力蹬地，并充分利用蹬地的反作用力迅速向跑动方向前进。起动后的前两三步，两脚的前脚掌要短促而迅速地连续蹬地，在最短的距离内把速度充分发挥出来。

要领：上体和重心迅速向行进方向倾移，异侧脚的前脚掌内侧用力而快速地蹬地。

2. 变方向跑

变方向跑是队员在跑动中利用突然改变行进方向来甩开防守队员的一种方法。跑动路线是折线。变方向跑中（以从左向右变方向跑为例），当左脚向左前方跑出一步后脚着地时，脚尖稍向内扣，并用左脚前脚掌内侧用力蹬地，随之腰部扭转，上体向右前倾，转移重心，右脚向右前方迈出一小步，随后，左脚迅速向右前方跨出一大步，继续加速跑动。向另一侧变方向时，动作相反，方法一样。

要领：支撑脚前脚掌内侧蹬地，上体转动同时重心转移，跨步积极快速。

3. 侧身跑

比赛中，队员在跑动时，为了更好地观察场上情况和抢占空间位置以把防守人挡在身后，经常采用侧身跑。这种跑的动作方法是向前跑动时，头部和上体放松地转向球的方向，而脚尖和肩部对着前进的方向，既要保持跑速，又要看球和并注意场上情况。

要领：脚尖和肩部对着前进方向，眼睛注视球和场上情况。

（二）篮球场上的急停

急停是指队员在快速奔跑中突然停住。急停也是进攻队员摆脱防守人的一种手段。因为两个人都在跑动中，进攻队员突然停住，而防守队员还在跑动，在这一瞬间就加大了攻守队员之间的距离，进攻队员就可乘机摆脱防守。急停技术掌握得越好，就会把防守队员甩得越远，创造的进攻机会也就越多。

完成急停动作有两种方法：一种是急停时向前跑两步使身体停住，这种叫两步急停，也叫跨步急停；另一种是向前进方向跳一步使身体停住，这叫作一步急停，也叫跳步急停。具体动作方法及运用如下。

1. 跨步急停

队员在快速跑动中急停时，先向前跨出一步，用全脚着地抵住地面，迅速屈膝，同时身体稍后仰，减缓向前的冲力；跨出第二步时，脚尖稍向内转，用脚掌内侧蹬地，两膝弯曲，身体侧转（右脚跨第一步，则身体右转），微向前倾，重心在两脚之间，两臂自然张开，协助维持身体平衡。

要领：臂部后坐，脚掌内侧用力蹬地。

2. 跳步急停

队员在慢跑中，用单脚（或双脚）跳起（离地不高），上体稍向后仰，两脚同时落地，落地时两膝弯曲，两肘自然张开，保持身体平衡。

要领：落地屈膝降重心，两脚内侧用力蹬地。

3. 急停的运用

进攻队员在跑动中，如果防守队员紧紧跟随而无法摆脱，就可用急停把防守人甩开，从而创造接球进攻的机会。跨步急停多用于对付紧逼防守。例如快跑中用跨步急停甩开防守进行跳投或传球，还可在运球中用急停、急起突破对手。

跳步急停多用在进攻队员突破前的接球。如当进攻队员距离防守人员较远，则可利用跳步急停主动靠近防守队员接球，以便为传球、突破和跳投创造条件。做策应的内线队员在背向篮筐接球时，也可用跳步急停接球，以便于用任何一脚作中枢脚转身进攻。

（三）篮球场上的转身

转身是队员以一脚作中枢脚，另一脚围绕中枢脚向前或向后跨出，改变原来的身体方向、站位，借以抢占有利位置和摆脱防守的一种方法。转身在比赛中运用非常广泛，运用熟练的转身技术可以更多地获得接球、运球、传球和投篮的机会。

二、篮球的传接球与突破技术

（一）篮球的传接球技术

传球和接球是篮球比赛中运用最多的技术。它是队员之间相互联系、相互配合，组织进攻，实现战术的手段，也是培养队员团结协作，充分发挥集体力量的重要环节。随着篮球技术的发展和为适应篮球比赛千变万化的需求，传球方式越来越多。下面介绍几种比赛中常用的传接球技术。

1. 双手胸前传球和接球

（1）双手胸前传球。两手五指自然分开，大拇指相对成八字形，用指根以上部位持球的侧后方，手心空出。两肘自然弯曲于体侧，将球置于胸前部位。身体保持基本站立姿势，眼睛注视传球目标。传球时，后脚蹬地，身体重心前移，同时前臂短促前伸，手腕急促向上翻转，以手腕的抖动和大拇指、食指、中指向传球方向的用力弹拨将球传出。

要领：迅速伸臂，手腕急促地翻转，大拇指下压，食指和中指用力拨球。

（2）双手接球。接球时，两眼注视来球方向，用脚步调整接球位置，并向来球的方向迎上去，两臂向来球方向伸出，五指自然分开，两大拇指成八字构成一个半球形。当手指刚接触到球时，两臂随球后引，缓冲来球的力量，两臂顺势回收，握球于胸前，保持基本站立姿势。

要领：两眼注视来球，伸手迎球，手指触球后引；接高于腰部的球时，手指向上，手心向前，两大拇指成八字形；接低于腰部的球时，手指向下，手心向着来球方向，两小拇指相对成八字形。

2. 单手肩上传球

单手肩上传球是单手传球中的一种最基本的方法。这种传球力量大，球飞行的速度快，经常用于中远距离的传球。

以右手传球为例，双手持球于胸前，两脚平行开立。传球时，左脚向传球方向迈出半步，同时将球引到右肩上，右上臂与地面近似平行，前臂与地面近似垂直。手腕后屈，右手托球的后下方。右肩对着传球方向，身体重心落在右脚上。传球时，右脚蹬地，转腰、转肩带动右臂，使肘领先，前臂迅速前甩，手腕迅速前扣，最后通过食指、中指、无名指用力弹拨将球传出。球出手后，随着重心前移，右脚向前迈出半步，保持基本站立姿势。

要领：肘领先，迅速甩小臂，以手腕和手指控制球的方向。

3. 反弹传球

反弹传球是传球人把球掷向地面，通过击地反弹越过防守者使同伴接到球的一种方法。

反弹传球包括单手反弹传球和双手反弹传球，其动作方法与单、双手直接传球方法基本相同，只是传球时用力的方向不同。反弹传球的击地点，要根据防守人的位置而定，一般击地点应选择在防守人的脚侧，这样防守人不易阻截球，更能保证传球的安全。球的反弹高度最好是在接球人的腰部。

（二）篮球的突破技术

1. 交叉步突破

以右脚作中枢脚从防守人的左侧突破为例。两脚左右分开站立，两膝微屈，上体稍前倾，双手持球于胸前。突破时，左脚前脚掌内侧用力蹬地，同时，上体迅速前倾并右转，右膝前移下压，左肩对着前进方向，带动左脚向右前方迅速跨出，在跨左脚的同时，右手向左脚的侧前方推放球，右脚脚掌急剧蹬地上步超越对手。

要领：跨步脚的前脚掌内侧用力蹬地，转体探肩，中枢脚的膝前移下压。球推至跨步脚的侧前方。

2. 同侧步突破

以左脚作中枢脚从防守人的左侧突破为例。两脚斜前开立，两膝微屈，双手持球于胸前。突破时，左脚的前脚掌内侧用力蹬地，上体向右侧前方倾斜，右脚迅速向防守人的左侧跨出，同时上体稍右转，右手向右脚的侧前方推放球，当球离手后，中枢脚继续用力蹬地，快速上步超越对手，接着用右手运球前进。

要领：左脚掌内侧用力蹬地，上体迅速前倾并右转，肩领先，球落点在右脚的侧前方。

三、篮球的投篮技术

投篮是队员在进攻中得分的最主要手段，是篮球运动的主要进攻技术，是组成战术的重要环节。投篮方法很多，可以分为原地投篮、跑动上篮和跳起投篮等。

（一）原地单手肩上投篮

以右手投篮为例。右手持球于肩上，五指自然分开，托球的后下方，手心略空出，手腕后翻，球的重心投影落在食指和中指之间的指根部位。前臂与地面接近垂直，左手扶球的左侧。两腿微屈，右脚略前于左脚，身体的重量落在两脚的脚掌上。眼睛注视篮圈的前沿或碰板点。投篮时，右臂随腿的蹬伸，右肘上提并充分向前上方伸展，同时，手腕迅速前压（扣腕）使球从食指、中指指端旋转着飞出。球出手后，身体自然伸展。

要领：脚掌蹬地，向前上方提肘伸臂，迅速、突然地扣腕以及食指、中指用力拨球。

（二）原地双手胸前投篮

两脚左右或前后站立，两腿弯曲，上体稍前倾，肩关节放松，两肘自然下垂。双手五指自然分开，握住球的两侧稍后部位，两大拇指相对成八字形，手心略空出，手腕放松，持球于胸前。眼睛注视篮圈的前沿或碰板点。投篮时，两脚蹬地，两臂向前上方伸出，随着上下肢的伸展，两手腕外翻，使球通过大拇指、食指、中指指端飞出。球出手后，全身自然伸展。

要领：两脚前脚掌蹬地，臂向前上方伸出，手腕外翻，大拇指、食指、中指拨球。

（三）跑动上篮

跑动上篮简称上篮或跑篮，也叫行进间投篮，一般常说的“三步上篮”就是指的这一种。

1. 单手高手上篮（以右手投篮为例）

跑动中右脚向前跨出一大步，同时伸出双手接球。接球后右脚落地，左脚向前跨出一步，并用力踏跳，同时右腿弯曲前摆，大腿尽量高抬。此时双手迅速将球举至右肩上，右手五指自然分开，手指根以上部位触球，手心空出，手腕后屈托球。左手扶球保护，肩膀放松，肘下垂，眼睛注视篮圈或碰板点。跳到最高点，右腿迅速下压伸展的同时，左手离开球，右肘上提，右手托球向上，用伸腕和食指、中指的弹拨力量将球投出。

要领：接球前的一步跨得要大，两脚腾空或右脚落地时接球；左脚迈的一步要小，以便上跳；跳起到最高点，提肘，迅速伸臂，食指、中指用力拨球。

2. 单手低手上篮

单手低手上篮步法与单手高手上篮基本相同，其区别在于低手上篮时第二步跨得大一些，起跳的方向略微向前。以右手投篮为例：接球后，左脚踏地的同时，双手持球由体侧向前上方伸出，左手自然离开球，右手托球，手心向上，并充分向篮圈前沿举球，跳到最高点时，用微微屈肘和手腕上挑的动作，使球向前旋转从食指和中指指端滚出。

要领：踏跳脚用力向前上方跳起，跳到最高点时向前上方伸臂、屈腕、手指上挑，使球向前旋转入篮。

（四）跳起投篮

跳起单手肩上投篮的方法与原地单手肩上投篮基本相同，其区别是前者要跳起在空中将球投出。正因为这样，就要特别注意运用手、臂、腰、腹的力量。

1. 上步起跳单手肩上投篮

以右手投篮为例。投篮队员左脚向前跨步的同时，双手接球，并置于胸腹之前，左腿弯曲，脚着地后，右脚迅速向前并步，两脚用力蹬地起跳。在两脚用力蹬地垂直向上起跳的同时，目视篮圈前沿，双手迅速举球于右肩上，腰腹用力，保持身体平衡。当身体接近最高点且处于稳定的一刹那，迅速提肘向上伸臂，用右手手腕和手指的力量将球投出。

要领：注意力集中，垂直起跳，保持身体平衡。

2. 不上步起跳单手肩上投篮

这种投篮在接球之后不做上步动作，直接突然原地起跳。这种投篮的方法是：向前跳步接球急停（或原地接球），双手持球于胸腹之间，两脚落地后立即用力踏跳，使身体垂直腾起，同时双手迅速举球于右肩上，腰腹用力，保持身体平衡。当身体腾空接近最高点且处于相对稳定的一刹那，迅速提肘伸臂，用右手手腕和手指的力量将球投出。

要领：同上步起跳单手肩上投篮。

四、篮球的运球技术

运球是比赛中突破防守、发动快攻、组织进攻配合、调整位置以及寻找有利时机进行传球和投篮所必需的技术。

（一）运球技术的基本动作

五指自然张开，掌心不触球，虎口冲前。上体稍前倾，眼睛观察全场。按拍球时，以肘部为轴，前臂和指、腕向下用力，球反弹起来要控制在腰部高度。按拍球有力，向下按拍时，手臂要伸直，当球由地面弹起时再随球向上移动。

（二）主要运球技术

（1）运球快跑。手在肘外，虎口冲前，手在球的后上方，向前下方用力推按球，球保持在腰部高度。运球快跑时，球要控制在身体侧面、脚的外面，以免脚踝踢到防守人。手在肘的外侧，手臂向前下方用力推按球，使球与奔跑者同速、反弹有力，使手感灵敏。上体稍前倾，眼观四周。

（2）体前变向运球。以左手运球变方向从右边突破为例，左手运球向前遇防守时，右脚蹬地上体向左，似要加速突破，诱使防守者右移重心。左脚左跨时要以脚内侧先着地，随即用力蹬地上体向右倾，左臂迅速向右腿外侧加力推按球使之变向。左手向右推按球时，要低运并有力，身体重心降低。左手变向推按球以后，右手要迎球，继续向前推按球，不要等球反弹过高。右手控制球，向前推按的同时，跨左腿蹬右脚。左脚要向前方跨步，即跨在防守队员的左侧后，这样左腿就能保护球。

（3）运球后转身。运球中与防守者靠近时，可后转身运球以保护球。

要领：转身要快，换左手运球时要向前推按球，注意防守队员从后面掏走或打掉球。

（4）运球急停急起（以右手为例）。快速运球急停时，右脚跟先着地，右膝屈，臀后坐，右手按拍球的上部。左脚跨出时以左脚掌内侧先着地制动，手按在球上部，重心落在右脚。重心刚一落在右脚，右脚立即蹬地，上体迅速前倾，右手向前推球，身体同时向前，右脚用力蹬地的同时左脚快速前跨，超过对手。

要领：要停得住、起得快，用速度的变化造成两人重心移动的时间差，甩掉防守人。

（5）胯下运球变向。当防守队员从正面迎前抢球时，将球从两腿之间拍向身后。右手向身后按拍球时，左手张开五指，手指向下，伸直手臂，掌心迎着来球。左手触球以后，可从左侧向前突破。

要领：胯下向后拍球的击地点要在重心垂线之后，拍球要有力；左手要张开五指，指尖向下；左手触球，右脚蹬地，上体左倾，左手运球突破。

（6）背后变方向运球。背后变方向运球是一种在身体背后改变运球方向的运球方法。当运球队员运球的一侧被对手堵截，对手的身体重心又偏于有球的一侧时，运球队员可用背后运球来改变前进的方向，超越对手。

以右手运球向左侧变方向为例，右手运球接近对手时，向前迈左脚，使球处于两腿之间以保护球。变方向时，右脚向前迈出，同时重心随之前移，用右手触球的右后侧，掌心指向左前方，使球处在身体的右后方。当左脚向前迈时，右手从背后向左前方按拍球，使球反弹到左侧，左手迅速迎球，右脚继续向前迈进，上体向左转，右肩向前压，用左手运球快速超越对手。

要领：用右手将球拉向背后，按拍球的右侧后方，同时右脚向前跨出，转体探肩。

五、篮球的防守技术

篮球场上的防守有人盯人、区域联防、区域盯人、混合防守等战术，但构成全队防守战术的基础是个人防守技术。有了良好的个人防守技术，才能有好的全队防守战术。

（一）防守的基本姿势与侧滑步

两脚开立略比肩宽，屈膝降低重心，两臂张开，直腰含胸，上体稍前倾。向左侧滑步时，左脚向左跨步，左脚落地的同时右脚蹬地滑动。滑步时始终保持屈膝降低重心的姿势，身体保持重心平稳，不能上下起伏。

（二）前滑步

右臂、右腿在前，左臂、左腿在后，右（前）脚向前跨出一小步，落地后，左（后）脚随着向前滑步，保持身体重心在两腿之间。

（三）防守的攻击步与打球动作

采用低重心的姿势防守，右臂、右脚在前。当防守人看到进攻人持球比较暴露时，则迅速将右脚向前跨一步，同时右手由下向上打球，动作要突然、快速。重心要低，防守人未打到球时，前脚迅速蹬地，两脚向后滑步防守，以防止对方突破，对方投篮时，再上步防守。

（四）防守投篮的基本姿势和位置

防守人面向持球人，距离约 1 米，两脚斜前后开立，前脚（右脚）位于持球人和篮筐之间的直线上，前脚（右脚）的同侧（右侧）手臂上举，封投篮，后脚（左脚）同侧的手臂（左手臂）向侧下伸出。当持球人做突破动作时，防守人迅速降低重心，撤步封堵突破路线。

（五）防接球基本姿势和位置

防守人保持低重心防守姿势，当进攻者企图向底线到距离篮筐较近而且有威胁的位置移动去接球时，防守人紧逼进攻者，靠球侧手臂（左臂）伸出防止接球；当进攻者离开有威胁的区域接到球时，防守人要快速占据既能防止对手投篮，又能防止对手突破的位置；当对手持球突破时，防守人要用滑步占据防守位置。

（六）防运球突破

防守人保持着低重心的防守姿势，与进攻者的距离应既能防投篮又能防突破，当进攻者向右晃，做跨步假动作后，向左运球突破时，防守人以侧滑步移动，始终保持抢占能够堵截球的位置，迫使进攻者向另一侧边线运球，不让进攻者向篮下运球。

（七）对进攻人运球时和运球停止后的防守

在进攻者运球开始时，防守者的前脚应对准进攻者的躯干，另一只脚在斜后方，这种偏向于一侧的防守位置，便于保护一侧，并有目的地迫使进攻者向另一侧运球。当进攻者向右侧运球时，防守者应先移动左脚，用滑步进行防守。

当进攻者停止运球时，防守者立即向前，两脚平行开立，逼近对方给予其压力，但应注意防止犯规。

六、抢篮板球技术

抢篮板球是在投篮不中时，双方在篮下抢球的技术。有抢进攻篮板球和抢防守篮板球两种。前者也叫前场篮板球，是在对方的篮下争抢。后者也叫后场篮板球，是在本方的篮下争抢。

（一）怎样判断篮板球的反弹方向

篮板球反弹的方向与投篮的距离、角度、弧度、力量、落点等都有密切的关系。一般来说，投篮的距离与反弹的距离成正比。即投篮距离远，球反弹的距离就远；投篮距离近，球反弹的距离也近。

投篮的角度不同，反弹的方向也不同，一般有下列三种情况：在与篮板成 45 度角的区域投篮时，球反弹出来，一般要落在投篮队员所在地的0～90度区域内；在中间地带投篮，球反弹出来，一般要落在正面的区域；在端线的一角投篮时，球反弹出来，一般要落在投篮队员0～45度区域内。

投篮的弧度不同，球反弹的落点也不同。如投篮的弧度高，球多撞在篮圈的上沿，反弹高，落点离篮筐较近。如果投篮的弧度低，球多碰在篮圈外沿或对侧的内沿，球反弹出来则离篮较远。擦板球反弹的力量小，落点离篮较近。在比赛中要根据当时的情况，观察、判断、抢占有利的位置来拼抢篮板球。

（二）怎样抢防守篮板球

抢防守篮板球时，关键在"挡人"，就是要利用身体合理地挡住进攻队员向篮下冲抢篮板球的路线，使自己抢占有利的位置。

（三）怎样抢进攻篮板球

抢进攻篮板球时，要强调"冲抢"，突出"冲"字。起动要快，当球在空中飞行还没有触及篮圈时，就要判断球可能反弹的方向，利用突然、快速的移动或借助于闪、晃等假动作，绕过防守队员，冲向篮下抢占有利位置起跳。起跳多采用上步起跳和跑动中单脚起跳。跳起在空中的动作和抢防守篮板球相同。抢到球后，应立即投篮。如不能投篮，应迅速将球传给同伴，以便重新组织进攻。

第三节 篮球基本战术

篮球战术是篮球比赛中队员所运用的攻守方法的总称，是队员个人技术的合理运用和队员之间协调配合的组织形式。使用战术是为了更好地发挥队员的技术与特长制约对方，力争掌握比赛的主动权，争取比赛的胜利。

一、战术基础配合

战术基础配合是指两三个人之间有目的、有组织合作行动的方法。它包括进攻与防守两个部分，是组成全队攻守战术的基础，也是培养运动员篮球意识的重要手段。只有熟练地掌握与运用战术基础配合，才能使全队战术配合更加灵活多变，更加有效地发挥作用。

（一）进攻基础配合

1. 传切配合

传切配合是进攻队员之间利用传球和切入技术所组成的简单配合。切入队员要根据情况掌握切入时机，果断、快速地摆脱对手切入篮下，同时注意接同伴的传球。传球队员要利用瞄篮、突破、运球或假动作吸引来牵制对手，当切入队员摆脱对手处于有利位置时，应及时、准确地将球传给切入队员。

2. 突分配合

突分配合是有球队员持球突破后，主动或应变地利用传球与同伴配合的方法。突破动作要突然、快速，在突破过程中要随时观察场上攻、守队员行动和位置的变化，既要做好投篮的准备，又要能够及时、准确地传球给同伴。

3. 掩护配合

掩护配合是掩护队员采用的合理动作，即用自己的身体挡住同伴的防守者的移动路线，使同伴借以摆脱防守，或利用同伴的身体和位置使自己摆脱防守。给同伴做掩护时，掩护队员要突然跑到同伴的防守者的移动路线上，与其保持适当的距离，两脚开立，双膝微屈，两臂屈肘于胸前，上体稍前倾，扩大掩护面积。当同伴利用掩护摆脱防守后，掩护队员应随着防守者的移动，转身切入，准备抢篮板球或接球。

（二）防守基础配合

1. “关门”配合

“关门”是两个防守队员靠拢协同防守突破的配合方法。防守队员应积极封堵进攻者的突破路线，临近突破一侧的防守队员要及时向同伴靠拢进行“关门”，不给突破者留有通过的空隙。

2. 交换配合

交换配合是为了破坏进攻队员的掩护配合，防守队员之间彼此及时地相互交换自己所防守的对手的一种配合方法。交换防守时，防守掩护者的队员要主动发出换人信号，双方准备换防。两防守队员要到位交换、及时换防。运用交换防守后，应在适当的时机再换防，以免在个人防守力量对比上处于劣势。

二、常用的篮球战术

（一）快攻与防守快攻

1. 快攻

快攻是由防守转入进攻时，以最快的速度、最短的时间，在对方尚未部署及防守之前，创造人数上、位置上的优势，果断而合理地进行攻击的一种快速进攻战术。

（1）快攻的要求。全队要有积极的快攻意识，并掌握快攻的发动时机；由守转攻时，每个队员都要积极行动，快下要协同一致，并保持纵深分散队形，以展开迅速的快攻；获球队员和掷界外球队员，要敏锐地观察同伴的行动，要先远后近，传好第一传。在快攻中，应以传球为主，结合运球突破，加快进攻速度；快攻结束时，不要降低速度，要果断进行攻篮和跟进抢篮板球。

（2）快攻的形式。包括长传快攻、短传结合运球推进快攻与运球突破快攻等。

2. 防守快攻

防守快攻包含防快攻的发动与接应，防快攻的推进，防快攻的结束三个部分。

（二）半场人盯人防守与进攻半场人盯人防守

1. 半场人盯人防守

人盯人防守是每个防守队员盯住一个进攻队员，并要协助同伴进行集体防守的全队防守战术。它的基本原则是：以盯人为主，经常保持在对手与球篮之间的有利位置上，及时协助同伴形成集体防守。

（1）基本要求。由攻转守时，每个队员都要迅速退回后场，找到防守对象，组成集体防守。根据对手、球、球篮选择有利位置，做到：有球紧，无球松；近球紧，远球松；近篮紧，远篮松。积极移动，控制对手，做到球、人、区兼顾，与同伴协防，破坏对方进攻配合，加强防守的集体性。

（2）防守特点。按防守范围，半场人盯人防守可分为半场缩小（离篮 7 米左右）人盯人防守和半场扩大（离篮 8～10 米）人盯人防守，二者不仅在防守区控制范围上有差异，而且在防守的重点上也有不同。半场缩小人盯人防守用于对付中远距离投篮不太准，而突破和篮下攻击能力较强的对手。半场扩大人盯人防守则用于对付外围投篮较准、突破与篮下进攻能力较弱和后卫控制、支配球能力较弱的对手。

（3）练习方法。明确半场人盯人防守的概念和基本原则，掌握半场人盯人防守的基本要求和方法，然后转入防守方法练习，先练半场缩小人盯人防守，后练半场扩大人盯人防守；加强个人防守的责任感，不断改进防守战术及运用，提高个人防守能力；重视防守合作意识的培养，充分运用防守基本配合方法，提高全队的集体防守能力；在消极进攻的情况下，根据缩小或扩大人盯人防守的要求，随着进攻队的人、球移动，选择有利的防守位置；在教学比赛中，提高集体防守质量，发现问题及时分析总结，不断提高。

2. 进攻半场人盯人防守战术

进攻半场人盯人防守战术是由各种传切、突分、掩护、策应等基础配合组成的全队战术。

（1）基本要求。进入进攻半场后，应合理地组织进攻队形，迅速落位；要充分利用基础配合及其变化来创造进攻机会，要正面进攻与侧面进攻、内线进攻与外围进攻、主动进攻与辅助进攻相结合，扩大攻击面，增加攻击点；组织进攻时，要根据防守情况，攻其薄弱环节，有目的地穿插、换位，制造对方防守漏防，同时注重速度，讲究节奏，快慢结合，动静结合，在运动中配合；组织拼抢前场篮板球，注意攻守平衡，保证攻守转换的速度。

（2）练习方法。在无防守或消极防守的情况下进行战术分解练习，掌握配合方法；通过两个或两个以上进攻基础配合的组合练习，进行全队无防守或消极防守情况下的战术练习；在半场积极防守情况下练习。对进攻队和防守队都应提出一定的任务和要求，并通过教学比赛，检查和提高两队进攻战术运用的质量。

（三）区域联防与进攻区域联防

1. 区域联防

区域联防是由进攻转入防守时，防守队员退回后场，每个队员分工负责防守一定的区域，严密防守进入该区域的球和进攻队员，并与同伴协同防守，用一定的队形，把每个防守区域有机连接起来。

（1）区域联防的基本要求。各位队员必须认真负责自己的防区，积极阻挠进入防区的进攻队员的行动，并联合进行防守；要以防守球为重点，随球的转移而经常调整位置；做到人球兼顾，不让对方持球队员突破和传球给内线防区；对进入罚球区附近或穿过罚球区的进攻队员，必须严加防守，切断其接球路线，不让其轻易接球、传球或投球，加强篮下区域防守；每个防守队员要彼此照应，随时准备协防、换位、越区、“护送”等，互相帮助，加强防守的集体性。

（2）区域联防的形式。区域联防常用的阵式有 “212”“32”“23”“131” 等。

2. 进攻区域联防

进攻区域联防是针对区域联防的特点、队形、方法和变化所采用的进攻战术。

（1）进攻区域联防的基本要求。由防守转入进攻时，应首先争取快攻，趁对方立足未稳、尚未组织好防守之时进行攻击；根据对方区域联防队形，采用针对性落位队形，组织对薄弱地区的进攻；运用传球、移动、中远距离投篮等进攻技术，通过“人动”“球动”

打乱对方防守队形；运用声东击西、内外结合、以多打少等方法，创造投篮机会进行攻击；要组织拼抢篮板球，争夺二次进攻机会，同时还要保持攻守平衡，准备及时退防。

（2）进攻区域联防的队形。进攻区域联防的常用阵式有“131”“212”“221”“122”“14”等。

（四）区域紧逼与进攻区域紧逼

1 区域紧逼

区域紧逼是防守队按预定的战术阵式分区落位，守区盯人，连续组织封堵夹击，力争获得控球权的防守战术。它具有区域联防和人盯人防守的优点，实现了在区域中紧逼盯人，在紧逼盯人中守区，是一种具有攻击性的整体防守方法，也是两大防守战术体系综合发展而形成的防守战术系统。

根据区域紧逼防守范围和落位队形的不同组合，该防守战术可构成防守重点不同的战术阵式，主要有“1211”“122”“221”和“212”等。

2. 进攻区域紧逼

进攻区域紧逼是针对区域紧逼的特点所采用的一种进攻战术。随着区域紧逼防守的出现，进攻区域紧逼经过多年的实践、改进和发展，已由主要依靠个人运球突破推进的方法逐步发展出快速三角推进、回传跟进、弱侧反跑、中区策应和突分接应等配合打法，并逐渐形成一套完整有效的进攻区域紧逼的方法。

进攻区域紧逼战术按进攻区域的大小不同，可分为进攻全场区域紧逼、进攻四分之三区域紧逼和进攻半场紧逼三种类型的战术，针对防守的各种阵式，可采用“1211”“122”“1121”和“212”等各种不同落位阵式的进攻方法。进攻区域紧逼常用快速转移球展开进攻的方法，即在对方形成区域紧逼阵式前，以快速的越区传球来攻破。

（五）综合防守与进攻综合防守

1. 综合防守

综合防守战术是在一场篮球比赛中把人盯人防守和区域防守等防守战术综合为一体并应变运用的一种特殊的防守战术。综合防守具有两个明显的特点：一是针对性强，表现为分工明确，防守重点突出，能较合理地组织全队的防守力量，能有效地控制对方核心队员和有技术特长的队员，夺取比赛的主动权；二是变化多样，不易被进攻队识破，从而迫使对方改变进攻战术，打乱其习惯部署，能有效地控制比赛速度和节奏，使对方陷于被动，时效性较强。

2. 进攻综合防守方法

在比赛中，进攻综合防守要针对综合防守战术的特点，抓住攻守转换阶段对方的漏洞，采取“以静制动”“以动制动”“交换位置”等策略来进攻综合防守。

进攻综合防守的方法包括对位进攻法、掩护进攻法、大范围穿插移动进攻法等。进攻综合防守的战术配合方法很多，应该在运动员全面掌握各种进攻战术和提高战术意识的前提下，逐步适应打破锋、卫队员的界限后运用，使他们在比赛中一方面能履行自己基本位置上的特殊职责，另一方面在战术需要时又能相互替代，以增强进攻综合防守战术的机动灵活性与进攻的攻击性。

第四章　排　球

第一节　排球运动的特点及其规则简介

一、排球运动的特点

（一）排球运动简介

排球的正式比赛是在队与队之间进行的，两队各 6 名队员在长 18 米、宽 9 米的场地进行集体攻防对抗。比赛进行时每队场上只能保持 6 名队员，各队可设 1 名“自由人”替换场上任何一位后排的队员。比赛场地由一条中线分为两个均等的场区，中线上空架有一定高度的球网。女子比赛网高 2.24 米，男子比赛网高 2.43 米。

比赛自后排右边的队员在场地下方发球区内发球，使球通过网区直接跃过球网开始。根据规则，除拦网触球外每方最多击球 3 次就要过网，除拦网外 1 名队员不得连续击球两次。比赛不间断地进行直至球落地、出界或某一队员犯规形成死球，为一比赛回合。场上 6 名队员分前后排站位，一方获发球权后，全队 6 名队员必须按顺时针方向轮转一个位置，由轮到后排右边（即站位于 1 号位）的队员发球。

正规比赛采用 5 局 3 胜制，即最多打满 5 局，先胜 3 局的队取得比赛的胜利。全场比赛采用每球得分制。第 1 局至第 4 局为 25 分制，第 5 局为 15 分制，先取得最高分的一方胜一局，如果第 1 局至第 4 局出现 24 平，第 5 局出现 14 平，那么一方须超出对方 2 分为胜一局，没有最高分限制。

（二）排球运动的特点

（1）大众排球与竞技排球开展广泛性特点。排球运动场地设施简单，比赛规则容易掌握，可在正规的场地上开展，也可在非正规的场地上开展，运动量可自主掌握，因而可以适应不同年龄、不同性别、不同体质、不同爱好、不同训练程度的人，大众排球完全可以作为人们的一种休闲运动。

（2）技术的全面性与高度技巧性特点。由于规则规定的位置轮转要求，每名运动员都要掌握在前排的扣、拦和在后排的传、垫球技术和发球技术，即技术要求的全面性。击球时间的短暂、击球空间的多变要求运动员在技术动作的完成中具有较强的应变能力，同时要求有高度的技巧性。

（3）对抗的激烈和攻防技术的两重性特点。排球是多种技术运用中都可以得分也能失分的项目。特别是采用每球得分制之后，比赛更加激烈。而激烈的对抗又是在攻守的不断转换中完成的。这种转换体现出排球比赛攻中有防、防中有攻的特点。因此，每项技术都具有攻防的两重性。

（4）个体效应与严密的集体性特点。排球比赛是集体比赛项目，除发球外其各种技术的发挥都是在集体配合中进行的。没有集体配合的保障，再好的技术也发挥不出来，没有严谨的集体配合，就无法发挥出战术水平。而集体配合整体水平的提高同样需要每个个体水平提升来带动。水平越高的队，集体配合就越紧密。

二、排球竞赛规则

（一）发球犯规

发球犯规包括：发球次序错误；发球队员在击球时或击球起跳时踏及场区（包括端线）或发球区以外地面；发球队员在第一裁判鸣哨 8 秒钟内未将球击出；球未被抛起或持球手未清楚撤离就击球；双手击球或单手将球抛出、推出；将球抛起准备发球却未击球。

（二）位置错误犯规

位置错误犯规包括：

（1）发球队员击球时，场上其他队员的脚的全部或部分未站在本场区内。

（2）发球队员击球时，场上队员未按“每一名前排队员至少有一只脚的一部分比同列后排队员的双脚距中线更近”的规定站位。

（3）发球队员击球时，场上队员未按“每一名左边（右边）队员至少有一脚的一部分比同排中间队员的双脚距左（右）边线更近”的规定站位。

（三）击球犯规

击球犯规包括：

（1）连击犯规。排球比赛时运动员身体任何部分均可触球，但一名队员（拦网队员除外）连续击球两次或球连续触及其身体的不同部位即为连击犯规。但在第一次击球时，允许在同一击球动作中，球连续触及该队员身体的不同部位。

（2）持球犯规。排球运动员在比赛中身体任何部分均可触球，但球必须被击出，不得接住或抛出，否则即为持球犯规。

（3）4 次击球犯规。一个队连续触球 4 次（拦网除外）为 4 次击球犯规。队员不论是主动击球还是被动触及，均算该队员击球一次。

（4）拦网犯规。包括过网拦网犯规、后排队员拦网犯规、拦发球犯规和从标志杆外伸入对方空间拦网犯规几种情况。在对方进攻性击球前或击球时，在对方空间拦网触球为过网拦网犯规。判断过网拦网的依据是进攻队员与拦网队员触球时间的先后。后排队员靠近球网，将手伸向高于球网处阻拦对方来球并触及球，为后排队员拦网犯规。

（5）进攻性击球犯规。后排队员在前场区内或踏及进攻线（或其延长线），击整体高于球网上沿的球，并使球的整体从规定的过网区通过球网上空或触及对方拦网队员，则为后排队员进攻性击球犯规。

另外，队员在球网附近的犯规包括过网击球犯规、过中线犯规、触网犯规和网下穿越进入对方空间妨碍对方比赛犯规等。双方队员或同队队员可以同时触球。同队的 2 名或 2 名以上队员同时触到球，被计为 2 次或 2 次以上击球（拦网人除外）。双方队员在网上同时击球后，如果球落入场内，应继续比赛，获得球的一方仍可击球 3 次。

（四）暂停和换人

排球每局比赛中，每队最多可以请求 2 次暂停和 6 人次换人。暂停时间为 30 秒。大型正式比赛第 1 局至第 4 局，每局另外有两次时间各为 60 秒的技术暂停，当领先队达到 8 分和 16 分时自动执行。决胜局（第 5 局）没有技术暂停，每队在该局中可请求两次 30 秒的自由暂停。

（五）自由防守队员的有关规定

排球比赛的各队可以在最后确认的 12 名队员中选择一名作为自由防守队员。自由防守队员须身着有别于其他队员颜色的服装。比赛前，自由防守队员必须登记在记分表上，并在旁边注明“L”字样，其号码必须登记在第一局上场阵容位置表上。自由防守队员在任何位置上（包括比赛场区和无障碍区）都不得将高于球网的球直接击入对方场地完成进攻性击球。自由防守队员不得发球、拦网或试图拦网。自由防守队员在前场区进行上手传球且所传球的整体高于球网上沿时，其同伴不得对该球进行进攻性击球。

第二节　排球基本技术

一、准备姿势和移动

（一）准备姿势

在排球比赛中，每一个动作的结束都应该是下一个动作的开始，所以准备姿势是面对场上随时发生的变化，以及运用各项技战术不可缺少的前提和条件，它的目的是迅速起动、快速移动接近球，为此必须根据预先判断做出各种准备姿势。

（1）稍蹲准备姿势。稍蹲准备姿势适用于前排队员拦网或扣球助跑之前。技术要点为：拦网时，面对球网，两脚平行开立，约同肩宽，两膝稍屈，稍提脚跟；屈肘，两手抬起置于胸前。准备扣球时，距离球网 3 米左右，两臂稍屈，眼睛盯住来球，两脚左右开立，两膝微屈，上体稍前倾（见图 4-1）。

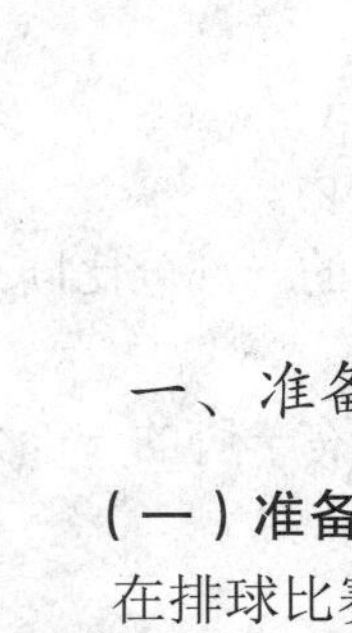

图 4-1

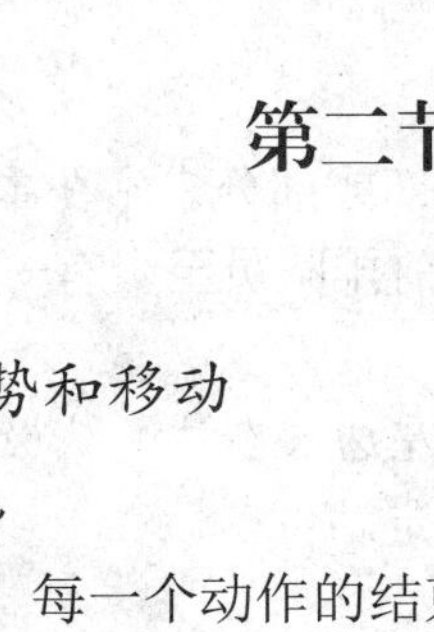

图 4-2

（2）半蹲准备姿势。半蹲准备姿势适用于接发球和防守时的准备。技术要点为：两脚自然开立，稍比肩宽，脚跟稍提起，膝关节弯曲（膝的垂直线在脚尖前），上体自然前倾，重心向前，全身放松，两臂自然弯曲置于腹前。

（3）低蹲准备姿势。低蹲准备姿势适用于防守重扣时的准备，有利于接速度快、力量大的来球。技术要点为：防守时，两脚左右开立，略比肩宽，膝关节屈至 90 度，脚跟提起，上体前倾，肩的垂直线过膝，膝的垂直线过脚，两臂自然弯曲置于腹前（见图 4-2）。

（二）移动

在排球比赛中，落在队员所站位置上的来球很少，大部分来球都需要队员通过快速移动去触球。只有移动到位，才能顺利完成击球动作。因此，移动也就成了排球技术中很重要的基本动作。常用的移动步法有跨步、交叉步、跑步。

（1）跨步。适用于接身体前后左右 2 米以内的来球。技术要点（以向右侧移动为例）：在正确的准备姿势基础上，先跨出右脚，左脚也随之靠拢并步，如果跨出一步仍不到位，可连续跨步、并步，最后跨出一大步进行制动。前后移动接球，根据自身习惯选择先跨出左脚或右脚，后脚跟上准备击球。

（2）交叉步。交叉步适用于接在身体两侧的更远的来球，技术要点（以向右移动为例）：右脚向右侧跨出一步，左脚从前面向右交叉迈出一步，右脚再向右迈出一大步，同时身体转向来球方向，准备击球。

（3）跑步。跑步适用于接落在离身体较远地方的来球，技术要点为：向着球的落点方向全力奔跑，一边跑一边降低重心，最后跨出两三大步，用脚外侧着地，用力制动，以脚为轴，转动身体，面向球击出方向。

二、发球

发球是比赛的开始，是一项很重要的基本技术，也是唯一不受对方队员干扰的技术。发球的主要技术有：上手飘球、勾手飘球、上手大力发球、跳发球、下手发球。发球技术动作强调 4 个“固定”：站位固定、抛球固定、击球手型固定、击球动作固定。不同发球技术动作要点如下（以下均以右手击球为例）。

（一）上手飘球

准备姿势：面对球网，两脚自然开立，左脚在前，左手持球于身前。

抛球：用抬臂和手掌的平托力量上送，将球平稳地垂直抛于右肩的前上方，高度适中。

挥臂：球抛起的同时，右臂抬起，屈肘后引。击球前手臂自后向前做直线运动，快速挥臂，击球时，五指并拢，手腕稍后仰，用掌根击球下部，作用力通过球的重心。

击球：击球瞬间，手指、手腕紧张，手型固定，不加推压动作，快速用力，力量集中，击球时手臂要有突停动作。用力越集中、短促，越易造成球的飘动。击球后，迅速入场比赛。

（二）跳起上手飘球

队员发飘球时可以利用跳起发飘球。这种发球不需要全力起跳。跳起发飘球可以增高发球点，增强发球的攻击性。等球抛至最高点时，队员也跳至最高点击球。击球时动作与上手飘球相同，使作用力通过球的重心，从而使球不旋转向前飞行，达到攻击目的。

以上两种发飘球动作方法：击球手型为五指并拢、手腕稍后仰，以掌根击球后中下部，击球动作为手臂自后向前直线挥臂。

（三）跳发大力球

准备姿势：发球队员自然站在端线外 3～4 米处，以保证助跑起跳时不踏端线，单手或双手持球于腹前。

抛球：单手或双手将球高抛于右肩前上方，落点在端线附近。

起跳挥臂：球抛起的同时做两步或三步起跳，两臂在体侧划弧摆动，全身协调用力蹬地跳起。身体腾空后，挺身展腹，使身体成反弓状。右臂屈肘上举，手掌自然张开。当跳至最高点时，以猛烈收腹和提肩动作带动手臂向前方挥动。

击球：在手臂伸直的最高点，用全掌击球的后中下部，击球点不宜靠前。触球瞬间手掌包满球，并主动屈腕推压，使球快速旋转向前。击球后，身体可随球飞行落入场内，落地时要注意缓冲，防止受伤。

动作方法：以全掌击球的后中下部；击球动作为大臂带小臂弧形挥甩，带动手掌包球压腕。

（四）下手发球

（1）正面下手发球。队员面对球网，两脚前后开立，左脚在前，两膝微屈，上体稍前倾，重心偏后脚，左手持球于腹前。左手将球轻轻抛起在体前右侧，离手高约 20 厘米。在抛球之前，右臂伸直，以肩为轴向后摆动。借右脚蹬地力量，身体重心随着右手向前摆动击球而移至前脚上，右手握拳，手腕稍后仰，以掌根击球的后下方，随着击球动作重心前移，迅速入场。

正面下手发球动作方法：抛球和击球位置在体前右侧；击球摆臂动作贴近身体，掌根击球。

（2）侧面下手发球。队员左肩对网，两脚左右开立，约与肩同宽，两膝微屈，上体稍前倾，重心落在两脚间，左手持球于腹前。左手持球平稳地抛至胸前，距身体约一臂远，落点大约在左脚前。在抛球的同时，右臂伸直，以肩为轴向前摆至腹前，手腕固定，用掌根（或虎口部位）击球的后下方，击球后顺势使重心前移，迅速进场。

侧面下手发球动作方法：抛球和击球位置在体前左侧；击球时身体带动摆臂发力，肘关节、腕关节固定，掌根击球。

三、垫球

垫球技术在排球运动中运用很普遍，垫球动作一般用前臂正面触球，在特殊情况下也可用虎口、手背、拳或前臂的侧面来完成垫球。垫球可以运用在接发球、接扣球、接被拦回的球和垫过网的球。

垫球大致可分为正面垫球、侧面垫球、背垫球、单手垫球、挡球等。垫球技术动作要点和运用如下。

图 4-3

（一）正面双手垫球

（1）技术要点。两脚开立稍比肩宽，身体重心在前脚掌，上体前倾，肩部放松，两臂自然弯曲置于腹前。掌根紧靠，两手拇指朝前，其余手指相叠，两臂自然伸直，小臂稍外展靠拢。两臂夹紧前伸，插到球下，用两手腕关节以上小臂内侧平面触球为宜（见图 4-3）。

动作方法：垫球时两手主动插到球下，动作强调提肩、抬大臂、压手腕。

（2）练习方法。徒手练习，垫击抛来球，对垫。

（二）垫球技术的运用

（1）接发球垫球。接发球垫球是比赛的重要环节，是组织一攻的基础。比赛中接发球主要采用正面双手垫球，但根据发球的不同，接发球的动作方法稍有不同。

（2）接扣球垫球。接扣球是防守反攻的基础，防守反攻又是得分的主要手段。比赛中接扣球的次数最多，根据来球不同，接扣球防守动作也有所不同。

（3）保护垫球。保护拦网触手的球，保护进攻被拦回的球。

四、传球

传球是排球运动的基本技术之一，主要用于衔接防守和进攻。传球可分为正传、背传、侧传、跳传和单手传球五种。传球技术动作要点如下。

（一）正面传球

（1）技术要点。采用稍蹲准备姿势，抬头目视来球，双肘弯曲自然抬起，双手置于脸前。手腕后仰，两手手指自然张开呈半球形，拇指相对近似“一”字形。传球时，以拇指的指腹内侧触及球的下部或后中下部，食指全部和中指的二、三指节触球，无名指和小指触及球的两侧。当手指触及球时，以两手的拇指、食指、中指负担来球的压力，无名指和小指在球两侧协助控制传球方向（见图 4-4）。向前传球时，击球点应在额前上方约一球距离处。击球点过高或过低，都会减少对球的作用力，影响手型的正确性。向后传球时，手臂比向前传球时偏后。手触球时，手指和手腕应保持一定的紧张程度，用手指的弹力和手腕、手臂与身体伸展的协调力量将球传出。

动作方法：手型强调两手张开，拇指相对；动作强调蹬地、伸臂、托送、抖腕。

（2）练习方法。原地做正面双手上手传球的徒手练习，原地向上做抛接球练习，原地自传，一抛一传，二人对传。

（二）背传球

背传球的用力方向与正面传球相反。双手上举，掌心向上，手腕后仰，在脸上方或头上方击球。传球时，做蹬腿、挺腹、展胸和两臂向后上方伸展动作，利用反腕动作和手指弹力将球传出（见图 4-5）。

（三）跳传球

跳起在空中做传球动作叫作跳传。跳传有原地跳、助跑跳、双足跳、单足跳等动作。起跳最好是向上垂直起跳，不宜向前或向侧冲跳。起跳的关键是掌握好起跳时机，起跳过早或过晚都会影响传球质量。起跳在空中后，双臂上摆至脸前，身体在空中保持平衡，当身体上升到最高点时，靠伸臂动作和手指、手腕的弹力将球传出（见图 4-6）。

图 4-4

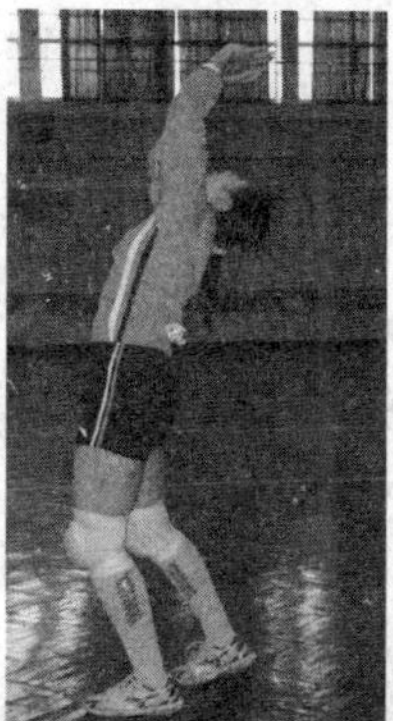

图 4-5

图 4-6

五、扣球

扣球是排球的重要技术之一，是得分和获得发球权的主要手段，也是进攻中最积极有效的武器。扣球可分为正面扣球、调整扣球、扣快球、单脚起跳扣球等。

（一）正面扣球

正面扣球由于面对球网，便于观察，能根据对方拦网、防守阵形情况，随时改变扣球路线和力量，挥臂动作灵活，准确性高，便于控制球的落点，是最基本和最有效的进攻方法，也是各种扣球技术的基础。强攻、快攻、后排攻、调整扣球及各种战术进攻的扣球，都是在正面扣球的基础上演变而来的。正面扣球包括准备姿势、助跑、起跳、空中击球、落地等五个相互衔接的动作。

准备姿势：扣球助跑前采用稍蹲姿势，脚步不要站死，两臂自然下垂，眼睛观察来球，做好各个方向助跑起跳的准备。

助跑：助跑是为了接近球，选择适宜的起跳地点，也会起到增加弹跳高度的作用。助跑的方向、速度和步数是由来球的方向、速度和下落点决定的，然后根据来球情况和个人特点确定采用一步、两步、三步或多步助跑。

图 4-7

起跳：起跳不仅是为了获得弹跳高度，也是为了选择适当的扣球时机和击球位置。并步起跳时重心要稳，调节起跳时间，两脚迅速蹬地，双膝猛伸，向上快速起跳。

空中击球：起跳后，挺胸展腹，上体稍向右转，右臂向上方抬起，身体成反弓形。挥臂时收腹发力，依次带动肩、肘、手腕各关节成鞭打动作向前上方弧形挥动。击球时，提肩、伸臂、压腕，五指自然张开呈勺形，掌包满球，击球的后中上部，使球向前下方旋转（见图4-7）。

落地：落地时，应力争双脚同时着地，前脚掌先着地，再过渡到全脚掌着地。同时顺势屈膝、收腹，以缓冲下落力量，并立即做好下一个动作的准备。

动作方法：助跑起跳要连贯，击球时转体收腹带动大小臂及手腕的弧形鞭打挥臂动作，全掌包球压腕。

（二）扣快球

扣快球是扣球队员在二传队员传球前或传球的同时起跳，把球扣入对方场区的一种扣球方法。快球可分为平拉开球、短平快球、近体快球、背快球、背平快球等。

（1）短平快球。在二传队员 2 米左右处，扣二传队员传过来的高速平快球称为短平快球。这种扣球由于传球速度快，因而进攻的节奏快；二传传球弧度平，因而进攻区域宽，有利于避开拦网。扣短平快球，一般采用外绕或小于 45 度角助跑，在二传传球的同时起跳并挥臂截击平飞过来的球。

（2）近体快球。在二传队员体前或体侧 50 厘米左右处扣出的快球，统称为近体快球。由于近体快球的传球距离短、速度快、节奏快，扣近体快球时，应随一传助跑到网前，当二传传球时，扣球队员在其体前或体侧近网处快速起跳，起跳后要快速挥臂，将被传出高于网的球扣入对方场区。

（3）背快球。在二传队员背后约 50 厘米处扣的球，称为背快球。这种快球与近体快球的打法和起跳时间、节奏相同。

（4）背平快球。在二传队员背后 2 米处扣背传过来的快速、低平拉开的球称背平快球，也称背溜。

六、拦网

拦网是排球的基本技术之一，是防守反击的第一道防线。拦网拦死、拦回、拦起对方的进攻球，还可以削弱对方进攻锐气，拦网的好坏直接影响着比赛的胜负。

拦网分为单人拦网和集体拦网两种。两者对个人的技术要求是相同的，只是集体拦网还需要注意相互间的协调与配合。

（一）单人拦网

单人拦网是集体拦网的基础。动作包括准备姿势、移动、起跳、空中击球、空中移动拦网、落地等六个互相衔接的部分。

准备姿势：为了便于起跳和迅速向两侧移动，队员应面对球网，两脚平行开立，与肩同宽，距网 30～40 厘米，两膝稍屈，两臂在胸前自然屈肘。

移动：为了及时对正扣球，根据不同情况可灵活运用并步、跨步、滑步、交叉步等移动步法，身体重心移动到拦网位置，找好起跳点，准备起跳。

起跳：两膝弯曲，重心降低，两脚用力蹬地，使身体垂直起跳。

空中击球：起跳后稍收腹，控制平衡。同时，双手从额前贴近并平行于网，向网的上沿的前上方伸出，两臂伸直。拦击时，两手尽量伸向对方上空，两手自然张开。当手触球时，两手要突然抖腕，用力捂盖球的前上方。为了防止球出界，2、4 号位队员外侧手的手掌心要向内转。

空中移动拦网：手臂空中移动拦截，是为了提高拦网的成功率和反击成功率。因此，在根据球的位置起跳时，先判断扣球队员挥臂方向，双手再伸直捂盖。如果发现扣球队员改变扣球方向，可采用空中移动拦网，双手伸向扣球队员扣球方向的一侧，以扩大拦区。

落地：拦网后自然落下，屈膝缓冲，准备下一个动作。

拦网时应注意防止出现起跳过早、手下压时触网、手离网过远、拦网时低头闭眼、身体前扑触网等问题。

动作方法：跳起后含胸收腹，提肩，手臂前伸，双手用力张大，触球时积极压腕。

（二）集体拦网

集体拦网是在个人拦网技术的基础上进行两人或三人的相互配合。

（1）双人拦网。双人拦网是集体拦网的主要形式。根据对方进攻位置的不同，双人拦网的具体分工不同，主要由 2、3 号位或 3、4 号位队员组成。当对方从 4 号位进攻时，应以本方 2 号位队员为主，3 号位队员协同配合，组成双人拦网；当对方 3 号位进攻时，一般应以本方 3 号位队员为主，4 号位或 2 号位队员协同配合；若对方从 2 号位进攻，则以本方 4 号位队员为主，3 号位队员进行协同配合拦网。

（2）三人拦网。三人拦网多在对方进行高点强攻的情况下运用，在组成三人拦网时，一般都应以中间队员为主，两侧队员协同配合。有时根据对方进攻的特点，也可以 2 号位或 4 号位队员为主，另外两名队员配合拦网。

第三节 排球基本战术

一、排球比赛战术与比赛阵形

排球战术是指队员在比赛中，根据排球规则要求、排球运动规律和比赛双方情况，合理地运用技术所采用的有意识、有目的、有组织的个人和集体的配合行动。

（一）排球战术的分类

排球战术可以分为个人战术和集体战术两大类。排球战术具有攻防两重性，因此战术中常是攻中有防、防中有攻。

（二）阵容配备

阵容配备指比赛时场上人员的搭配布置。目的是最大限度地发挥每个队员的特长和作用，从而合理地发挥全队的力量。根据技术水平和战术特点的不同，一般有以下三种阵容配备。

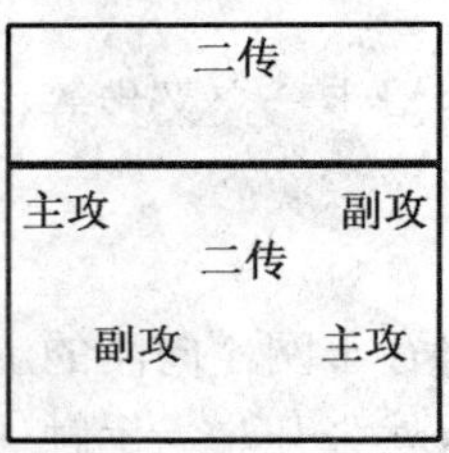

图 4-8

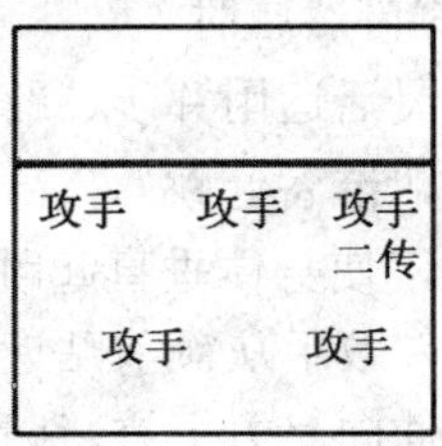

图 4-9

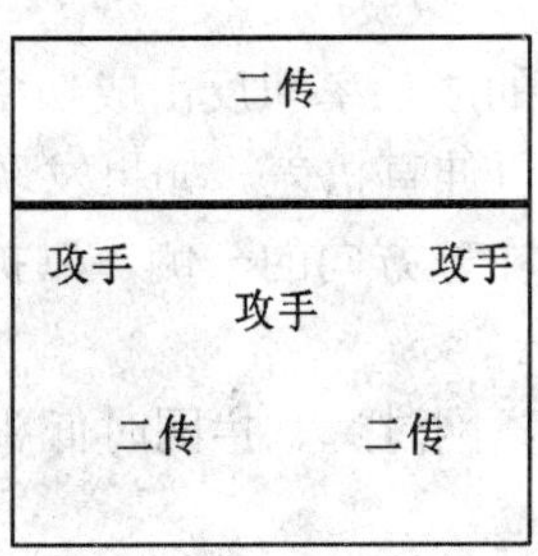

图 4-10

（1）“四二”配备，即场上两个二传手、四个攻手（其中两个主攻手，两个副攻手），安排在对称的位置上。（见图 4-8）这样保证了每一轮次前排都有一个二传手和两个攻手，便于组成基本的进攻队形。低水平的队可以采用此配备。

（2）“五一”配备，即场上一个二传队员、五个进攻队员，但其中一名进攻队员要有一定的传球接应能力，以便在二传手来不及传球时完成传球任务。（见图 4-9）因场上只有一名核心二传手，便于形成默契配合，但有三轮会出现前排只有两人进攻的劣势。如果辅以二传吊球及后排进攻可变被动为主动，对二传手要求较高。高水平球队普遍采用此配备。

（3）“三三”配备，即三名攻手和三名二传手间隔站位（见图 4-10），每一轮次都有传有扣。这种阵容配备适于初学者采用。

（三）进攻阵形

进攻阵形有“中二传（或称中一二）”“边二传（或称边一二）”“插上”三种。

（1）“中二传”进攻阵形。3 号位队员作二传，将球传给 2、4 号位或后排队员进攻的阵形。优点是接球垫至 3 号位比较容易，初学者容易组织进攻，二传向 2、4 号位传球距离较短，容易传准。缺点是战术变化相对较少。（见图 4-11）

（2）“边二传”进攻阵形。2 号位队员作二传，可以组织 3、4 号位队员进攻或后排进攻。其优点是右手扣球者在 3、4 号位扣球比较顺手，战术变化较多。缺点是 5 号位接一传时，向 2 号位垫球距离较远。如垫球至 4 号位，二传手传球较为困难。（见图 4-12）

（3）“插上”进攻阵形。二传手由后排插上到前排作二传，将球传给前排 4、3、2 号位队员进攻或后排立体进攻的组织形式。其优点是能保持前排三点进攻，战术配合多，能充分利用网的全长组织进攻。缺点是对二传手要求较高。（见图 4-13）

图 4-11

图 4-12

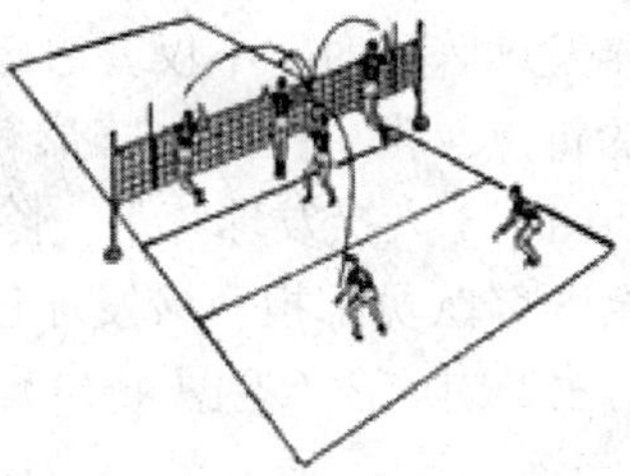

图 4-13

（四）位置交换

排球规则允许发球后场上队员随意交换位置，因此各队通常采用专位进攻、专位防守的方法。一般是前排 3 人中主攻手换至 4 号位，副攻手换至 3 号位，二传手换至 2 号位（在“中二传”阵形中，二传手换至 3 号位，副攻手换至 2 号位）；后排 3 人中，主攻手防 5 号位，副攻手防 6 号位，二传手防 1 号位（如由自由防守队员替换副攻手防守，则由其防守任务最重的 5 号位，由主攻手防 6 号位，接应二传手防 1 号位，伺机实施后排进攻）。这样做便于队员集中精力掌握特定实用技术，从而发挥每个队员的特长。

（五）信号联系

在实施快速多变的进攻战术时，必须通过信号联系才能统一行动。另外，前后排通过联系可以加强拦防配合，使防守效果更好，反击更有力。可采用以下方法进行信号联系。

（1）语言联系。如战术简称，“快”即“快球”，“平”即“短平”，“飞”即“背飞”，或将其编号，以代号联系。

（2）手势信号。比语言联系更为隐蔽，攻手和二传手之间可通过事先商定的手势，确定进攻战术配合。

二、战术打法

（一）进攻战术打法

进攻战术打法指二传手和攻手之间所组织的各种进攻配合，包括强攻、快攻、两次攻和立体进攻等。每种打法中又有许多不同的战术配合，这些打法都被运用于“中二传”“边二传”和“插上”等进攻阵形中。

（1）强攻。这是指在没有同伴掩护的情况下，靠个人力量、高度和技巧强行突破对方的拦防，有集中进攻、拉开进攻、调整进攻、后排进攻等。

（2）快攻。这是指攻手和二传手打出的各种平快球，以及由平快球掩护所组成的各种战术配合，常见的有前快、背快、短平快、平拉开、背溜、背飞、调整快、远网快、后排快等。自我掩护进攻有时间差、位置差、空间差等。

（3）快球掩护进攻。其包括各种交叉进攻、夹塞进攻、双快进攻等。

（4）两次球进攻及转移。一传来球较高，又在网前适合扣球的位置时，前排队员跳起来直接扣球或吊球，如遇拦网，可以空中改扣为传，将球转移给其他前排队员进攻。

（二）防守战术与阵形

1. 接发球的防守战术和阵形

接发球是进攻的基础，是由守转攻的转折点。接发球站位对接发球效果影响很大。选择接发球阵形时，不仅要考虑是否有利于接球，还要考虑本方所采用的进攻战术及对方发球的特点。常用接发球阵形有以下三种。

（1）5 人接发球阵形。除 1 名二传手站在网前或从后排插上准备传球而不接发球外，其余 5 名队员都担负接发球任务。其因 5 人站位呈“W”形，也被称为“W”站位阵形或“一三二”阵形（见图 4-14）。

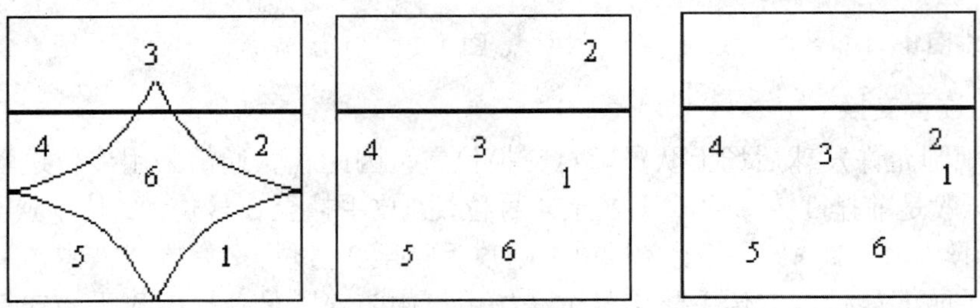

图 4-14

（2）4 人接发球阵形。插上二传手和同列前排队员均站在网前不接发球，其他 4 人站成弧形接发球（见图 4-15）。其优点是便于二传从后排插上和不接球的前排队员及时换位，缺点是接球人数较少，对判断、移动接发球能力要求较高。

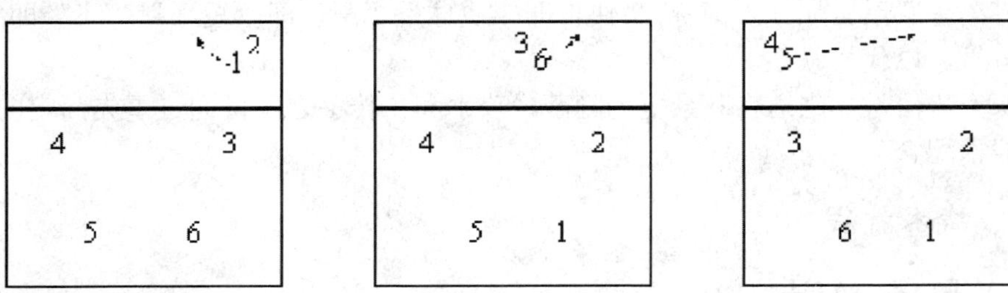

图 4-15

（3）3 人（或 2 人）接发球阵形。当今世界男排强队大多采用 3 人接发球阵形，便于前排副攻队员进攻和后排队员参加立体进攻，前排队员位置交换也更方便（见图 4-16）。

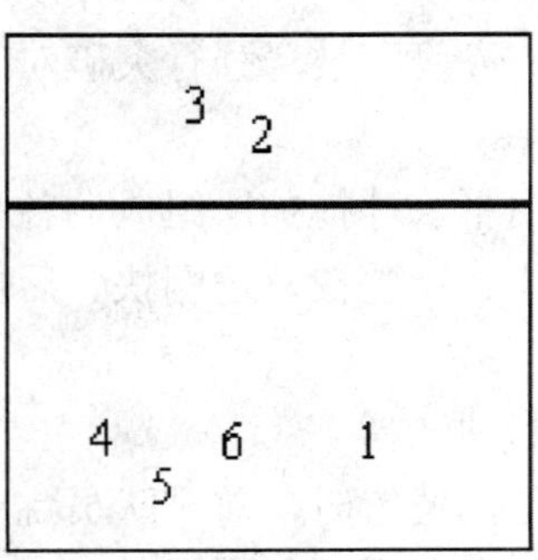

图 4-16

2. 接扣球的防守战术和阵形

接扣球的防守与组织反攻密不可分，只有防守成功才能组织有成效的反攻。以拦网人数多少为标准接扣球防守阵形分为以下四种。

（1）无人拦网的防守阵形。同 5 人接发球阵形。

（2）单人拦网的防守阵形。当对方扣球有一定威胁时，可以采用此阵形。可以由与对方攻手位置相对应的本方队员拦网，也可以在本方采用“中二传”时固定由3号位的二传手去拦对方进攻（见图4-17）。

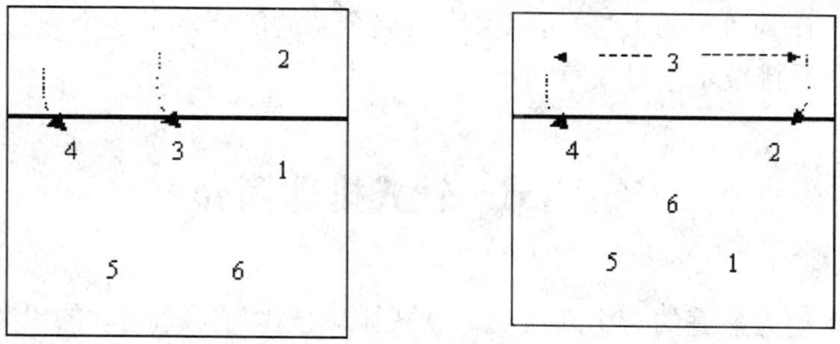

图4-17

（3）双人拦网的防守阵形。对方水平较高、进攻力量较强时，多采用此阵形，即2人拦网，4人防守。常见的有“边跟进”和“心跟进”两种。边跟进，即1或5号位队员灵活跟进，防对方4号位或2号位队员轻打和吊球，其他4人形成半弧形防守（见图4-18）。心跟进，即6号位队员跟进到拦网人身后防守吊球，其余3人组成后排弧形防守（见图4-19）。

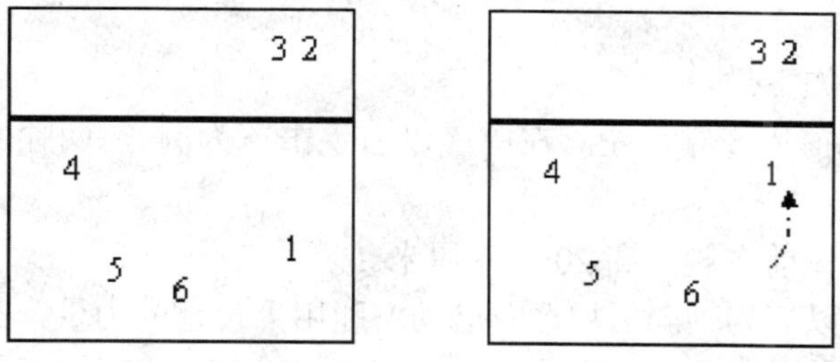

图4-18

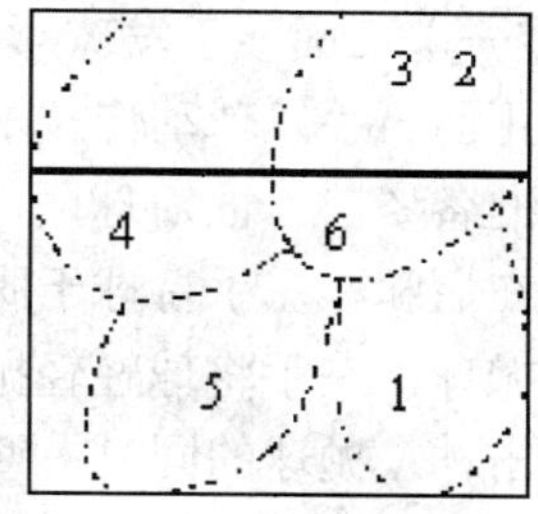

图4-19

（4）3人拦网的防守阵形。常见于高水平的男排比赛中，在对方进攻点非常明显，本方拦网队员移动很快、判断准确时采用。

（三）攻防转换

在排球比赛中，攻与防是密切联系、相互转换、连续进行的。进攻一方要随时注意防守，而防守一方也必须随时准备反攻。在攻防转换中，如果准备不充分，或只重其一，不能兼顾，则会导致被动。

（1）由进攻转入防守。当球扣入对方场区后，进攻一方应立即进入防守状态。当球扣过网或二传不慎传球过网后，前排队员应迅速靠网前站位，准备拦网，后排队员由上前保护扣球，迅速退守原位，准备防守。其阵形一般有“三一二”站位和“三二一”站位两种。前者适合于“心跟进”防守阵形，后者适合于“边跟进”防守阵形。

（2）由防守转入进攻。当对方扣球过网后，防守一方在防守一刹那即转入反攻。后排队员在防守时有目的地将球防起到预定的位置（如本方2、3号位之间），随后跟进保护前排队员扣球。前排拦网队员在完成拦网动作后，必须立即转身或后撤，准备接应传球或反攻扣球。前排未拦网队员在快速后撤防对方吊球后，也应立即转而准备接应或反攻扣球。

（四）“自由人”的合理运用

合理地选择并运用“自由人”是战术运用的一个方面。“自由人”专司接发球和后排防守，只要其上下场之间经过一次发球比赛过程，就可以不计换人次数地替换场上本方任一后排队员。选择接发球和后排防守技术高超的队员（特别是一些身材不高，但反应迅速的小个子队员）作为“自由人”，可以大大提高全队的防守水平，鼓舞全队士气，弥补前排高大拦网队员后排技术相对较差的不足。

第四节　软式排球简介

作为排球运动大家庭的一个新成员，软式排球技术有排球运动的“共性”，即具有排球运动的共同特点：完成各种技术动作的时间短促，各种技术动作都是球在空中飞行时完成，大多数技术具有攻防两重性，身体各部位均可触球，等等。软式排球技术与6人制排球技术有很多相同或者类似之处，可以把软式排球技术分为准备姿势与移动、发球、垫球、传球、扣球、拦网等，但这些技术又有软式排球自身的特点。

一、发球

（一）正面下手发球

正面下手发球动作技术要点如下。

准备姿势：面对球网，两脚前后开立，左脚在前（以右手击球为例），两膝微屈，重心落在后腿，左手持球于腹前。

抛球：左手将球轻轻抛起在体前右侧，高20～30厘米。

击球：抛球的同时右臂伸直以肩为轴向后摆动，借助右腿用力蹬地的力量，身体重心随右手向前摆动击球而移至前脚，在腹前以掌根或虎口击球的后下部。击球时手指、手腕适度紧张。

（二）侧面下手发球

侧面下手发球动作技术要点如下。

准备姿势：队员左侧面对球网（以右手击球为例），两脚前后开立，约与肩同宽，两膝微屈，上体稍前倾，重心落在两脚之间。

抛球：左手将球平稳抛送至胸前，距身体约一臂距离，离手高度约30厘米。

击球：在抛球的同时，右臂引向侧后方，利用右脚蹬地、转体的力量，带动手臂向前摆动，重心随之移向左腿，在腹前用掌根击球的后下方。

二、垫球

（一）正面双手垫球

正面双手垫球动作技术要点如下。

准备姿势：呈稍蹲或半蹲准备姿势，重心稍靠前，两臂自然弯曲，两手置于腰腹前。

击球手型：抱拳式——双手抱拳互握，两拇指平行朝前；叠掌式——双手掌根靠紧，两手手指重叠互握，两拇指平行朝前；互靠式——两手自然放松，腕部靠紧，两拇指平行朝前。

击球部位：击球部位是两手臂靠拢伸直后腕关节以上10厘米左右、桡骨内侧合成的平面。

击球：当球飞到腹前一臂距离时，两臂快速前伸插入球下，向前上方蹬地抬臂，击球点保持在腹前约一臂处，将球准确地垫在击球部位上，同时配合蹬地送腰的动作，身体重心随击球动作前移。

（二）体侧垫球

如球由左侧飞来，右脚前脚掌内侧蹬地，左脚向左跨出一步，左膝弯曲，重心移至左脚，两臂夹紧向左伸出，右肩微向下倾斜，左臂高于右臂，用右转体收腹动作，配合两臂在体左侧截住来球的飞行路线，用两前臂击球的后下部。如球从右侧飞来则相反。由于侧垫不易控制垫球的方向，因此在来得及的情况下，应尽量采用正面垫球。

（三）背垫

首先判断来球的落点，迅速转体移动到球的落点下，背对击球方向，两臂夹紧伸直，击球点高于肩，抬头挺胸，展腹后仰，直臂向后上方摆动，击球的前下部，直臂向后上方抬送。

三、传球

由于软式排球的球体柔软，不易对人造成伤害，因此其传球技术对初学者来说难度不大。传球技术在比赛中主要运用于二传，将接、防起的球传给进攻队员进攻，在比赛中起到组织进攻与反攻的纽带和桥梁作用。由于软式排球比赛中多采用下手发球，发出的球的速度、力量都不及 6 人制排球，并且球体柔软无伤害，因此，传球技术在接发球中也被经常采用。同时传球还可用来吊球和处理球，起到进攻的作用。

四、扣球

扣球准备姿势（以右手扣球为例）：助跑前采用稍蹲的准备姿势站在进攻线附近，注意力集中，观察一传来球落点及二传来球方向，做向各个方向助跑的准备。助跑的步数有一步、两步和三步。通常采用两步或三步助跑。助跑时，左脚向前迈出一步，接着右脚再迅速跨出一大步，同时两臂绕体侧向后引，左脚及时上踏在右脚之前，两脚尖稍向内转，两脚距离与肩同宽，身体重心随之下降，两膝弯曲。助跑最后一步（即左脚并上踏地）时，两臂从后迅速向前摆动，随之双脚踏地向上跳起，两臂也要向上用力摆动配合跳起。起跳后，挺胸展腹，上体稍向右转，右臂向后上方抬起，肘高于肩，身体成反弓形。挥臂时，以迅速转体、收腹动作发力，依次带动肩、肘、腕各部关节做鞭打动作，手臂轨迹呈弧形向前上方挥动。击球时，五指微张呈勺形并保持适度紧张，以全掌包满球，击球的后中部。完成空中击球动作后，身体自然下落，为缓冲身体与地面的撞击力，落地时应尽可能双脚同时着地，以前脚掌先着地再过渡到全脚掌着地，同时顺势屈体并立即准备做下一个动作。

五、拦网

拦网是队员靠近球网将手伸向高于球网处阻挡对方来球的技术。

准备姿势：面对球网，两脚平行开立，与肩同宽，距中线 30～40 厘米，两膝稍屈，两手置于胸前，密切注视对方扣球队员的动向，随时准备起跳和移动，移动的目的是选择有效的拦网起跳点。常用的移动步法有并步、交叉步等。起跳有原地起跳和移动起跳两种。原地起跳时，降低重心，两膝弯曲，用力蹬地使身体垂直起跳。同时，两臂从体前贴近球网向上举。起跳后含胸收腹，控制平衡，延长滞空时间。移动起跳时要使移动与起跳动作紧密衔接，注意移动后的制动，使身体面向球网起跳，手臂动作同原地起跳。空中拦击球是在起跳同时，两手从额前贴近球网，平行向网上沿前上方伸出，两臂伸直，两肩尽量上提，两臂伸直贴近球网并与球网保持平行，因为软式排球球体较软，两臂若与球网贴得不够近，拦网时容易造成球顺肘漏下的现象（“窝裹”）。拦网时，手型为两手自然展开，屈指、屈腕呈勺形，两手和两臂距离适当缩小，不让柔软的球从中间挤过。手触球瞬间，两手突然紧张，用力屈腕，主动盖捂球。

第五章　网　球

第一节　网球运动简介

网球运动是一项参与者手持运动器械、以得分为目的的隔网对抗性球类运动项目，是当今体坛第二大体育运动。由于其具有休闲高雅的特性，网球运动也被称为“贵族运动”。网球运动既可以二人参加（单打），也可以四人参加（双打）。

网球运动有着极高的运动价值，它既可作为体育项目以强身健体，又可作为娱乐项目放松身心；它既是一种扣人心弦的竞赛，又是对艺术的追求和享受。文明高雅的举止、艺术性极强的击球动作，对参与者和欣赏者来说都是一种享受。由于每个来球都有不同的速度、力量、旋转、方向和落点，所以击球者要根据每个来球的具体情况及自身的意图做出应变处理。因此，网球运动对提高参与者的速度、耐力、灵敏性、柔韧性和判断能力都有积极的作用。

一、著名网球赛事介绍

（一）戴维斯杯

“戴维斯杯”为世界上极受瞩目的国家对国家的男子网球团体赛事。这项赛事起始于1900年，由美国人D. F. 戴维斯创办，每年举行一次。赛制是先进行抽签决定主、客队，主队有权选择比赛地点和场地类型。

（二）联合会杯

“联合会杯”是世界女子网球团体赛的杯名。这项赛事是在1963年为庆祝国际网球联合会成立50周年而创办的，每年举行一次。

（三）霍普曼杯

与久负盛名的“戴维斯杯”和“联合会杯”相比，“霍普曼杯”的名字还不是很响亮。它是以澳大利亚网坛传奇人物霍普曼的名字命名的世界网球混合团体赛，其地位相当于羽毛球的苏迪曼杯。1996年，“霍普曼杯”被国际网球联合会正式承认为官方的世界混合团体赛，虽然其影响力目前还远不及“戴维斯杯”和“联合会杯”，但相信今后它将越来越受到重视，比赛也将更加精彩。

（四）奥运会网球比赛

网球作为一项历史悠久的竞赛项目，早在1896年第一届希腊雅典奥运会上就被列为八大比赛项目之一，也是当时唯一的球类比赛项目，只设有男子单打和男子双打两个单项。1984年，网球被列为第23届美国洛杉矶奥运会的表演项目。1988年汉城奥运会上，网球被列为正式项目。

（五）四大网球公开赛

澳大利亚网球公开赛、法国网球公开赛、温布尔顿网球锦标赛以及美国网球公开赛是国际上每年举行一届的水平最高的网球单项比赛，被人们称为“四大网球公开赛”。四大网球公开赛有着丰厚的奖金和职业网球联合会（Association of Tennis Professionals，缩写：ATP）、国际女子职业网联（Women’s Tennis Association，缩写：WTA）积分。每个比赛都包括成年组和青年组的男女单打、男女双打以及混合双打。而在所有项目中，成年组的男、女单打最引人注目。在当年获得所有四个比赛的冠军，被称为“大满贯”得主，所以四大公开赛又被称为“大满贯赛”。

（1）澳大利亚网球公开赛。该赛事是四大公开赛中最晚创办的，创立于 1905 年，每年 1 月底开战，地点在墨尔本，地面类型为硬地，适合于技术全面的选手。

（2）法国网球公开赛。法国网球公开赛创办于 1891 年，每年 5 月底开战，比赛地点是法国巴黎西郊的罗兰·加洛斯网球场。比赛场地的地面类型为红土地，适合于底线型选手发挥。

（3）温布尔登网球锦标赛。温布尔登网球锦标赛创办于 1877 年，是现代网球运动的鼻祖，每年 6 月底开战，地点是伦敦西郊的温布尔登。比赛场地的地面类型为草地，适合于发球速度快且网前技术突出的运动员。许多运动员都以赢得该项赛事的冠军为至高目标。

（4）美国网球公开赛。首届美国公开赛于 1881 年在美国罗德岛新港举行，地面类型为硬地。起初名为“全美冠军赛”，每年 8 月底至 9 月初举行，1915 年比赛地点移至纽约，1968 年列为四大公开赛之一。

（六）ATP 世界巡回赛 1000 大师赛

ATP 世界巡回赛 1000 大师赛简称“ATP 1000 大师赛”“ATP 大师赛”，属于男子职业网球协会赛事，数字 1000 代表冠军可获得的世界排名积分。“ATP 1000 大师赛”是 ATP 世界巡回赛中级别最高的赛事，规模仅次于四大满贯，每年在全世界 9 个城市举办。“ATP 1000 大师赛”的前身是 20 世纪 90 年代的“超九”赛事，2000 年更名为“网球大师系列赛”，2004 年更名为“ATP 大师系列赛”。2009 年，ATP 对男子赛事进行全面改革，上海取代汉堡，和印第安维尔斯、迈阿密、蒙特卡洛、罗马、马德里、蒙特利尔或多伦多、辛辛那提、巴黎一起，成为举办“ATP 1000 大师赛”的 9 个城市之一。其中，蒙特卡洛大师赛是唯一不强制顶级选手参赛的 ATP 1000 赛事。

（七）ATP 世界巡回总决赛

ATP 世界巡回总决赛又称“ATP 年终总决赛”，由国际网球联合会（International Tennis Federation，缩写：ITF）于 1970 年组织创办，首届比赛在日本东京举行。赛事最初的名称是“大师赛”（The Masters），1990 年，赛事由 ATP 接管，并更名为 ATP 世界锦标赛（ATP Tour World Championship），固定在德国举行，2000 年改名为大师杯（Tennis Masters），先后在里斯本、悉尼、休斯敦和上海 4 座城市举办，2009 年改名为“ATP 世界巡回总决赛”。

二、网球的场地与设备

（一）网球场

网球场分为室内、室外两种，且有多种不同的球场表面类型，场地的修建应尽量为南北向。草地网球场是历史最悠久的户外场地，但因其建设和保养费用太高昂，所以现在被人工球场所取代，而修建人工球场比较便宜且易保养，因此被广泛使用。

球场按场地质地大致分为四种：草地球场、硬地式红土地球场、全天候球场以及人造球场。

（二）网球球拍

网球球拍由拍框和拍弦构成，其结构和制造材料的不同决定其性能的不同。网球拍经过一百多年的演变，由旧式沉重的木制球拍发展到较轻但震动感强的合金拍，再发展到现在普遍使用的既轻便又结实并有良好防震性能的碳纤维拍。目前，优质球拍的制造材料已经固定在碳纤维与其他高科技产品的合成品上。网球拍按重量分轻型、中轻型、中型和重型四种。

网球拍按拍头的面积可分大、中、小三种。大拍头的球拍击球区域大，对击球者的技术要求不高，但力点不集中，中、小拍头的球拍击球区域小，力点集中，但对击球技术要求较高。

（三）网球

网球是内部有压力、外面裹有羊毛或合成纤维的橡胶空心球。一般以天然橡胶、合成橡胶与橡胶配合剂制成网球胎，并以羊毛和化纤混合纺纱织布制成起毛织物覆盖在胎面上。正式比赛用球有一定的规格要求。目前网球有两种颜色，即黄色和白色。但现在也出现了适合于练习的两色球，目的是方便初学者更好地判断球的旋转路线。

第二节　网球基本技术

一、基本步法

为了适应激烈比赛的需要，步法训练越来越受到网球教练员和运动员的重视。由于步法的好坏与专项身体素质练习及技术水平都有一定的关系，因此在进行步法训练时，必须与专项身体素质练习以及技术训练结合起来。

（一）底线型运动员的步法

在来球角度不大的情况下，正、反拍击球时大多采用“关闭式”，即以前脚为轴，另一脚向前侧 45 度跨步，以形成击球步法。在正拍击球时，还有一种步法称为“开放式”步法，即两脚站立，以前脚掌为轴，转腰转肩形成击球步法。在来球速度较快、角度较大的情况下击球，正、反拍击球步法应是向来球方向做斜插跑动。在来球速度较慢、落点位于中场发球线附近时，大多采用跑动迎上的步法，正拍有“开放式”和“关闭式”两种击球步法，反拍仅有“关闭式”击球步法。

（二）步法的练习方法

掌握步法的基本要领及基本步法，例如：滑步、跑步、跨步、垫步、交叉步等。徒手练习前后左右移动的动作。结合挥拍练习步法，利用多球进行步法练习，应由慢到快，由易到难。教练员需安排有目的、有针对性的练习，把技术训练和步法练习有机地结合起来。步法练习要和专项身体训练结合起来，以增强下肢起动速度和力量。在练习某一步法时，可规定组数和次数，或在规定时间内完成一定的组数和次数。

（三）网球步法训练应注意的事项

步法起动的快慢与准备姿势有着密切的关系，正确的准备姿势有利于步法的快速起动，为稳定的击球动作奠定基础。前后左右移动应保持身体重心在同一水平面上，不要有太大的高低起伏。迅速而有力的蹬地动作将会加快起动速度，向左右移动时，要侧蹬和侧跨；向前后移动时，要后蹬和前跨。这是网球运动步法移动的主要特点。网球步法移动的目的是调整好球跟身体的距离，以便更有力、更准确地击球。

二、基本握拍法

在所有的网球技术中，最基本的是握拍方法，它直接影响击球时拍面接触球的角度。目前世界上流行的握拍法有四种，即东方式、大陆式、西方式和半西方式。

（一）东方式握拍法

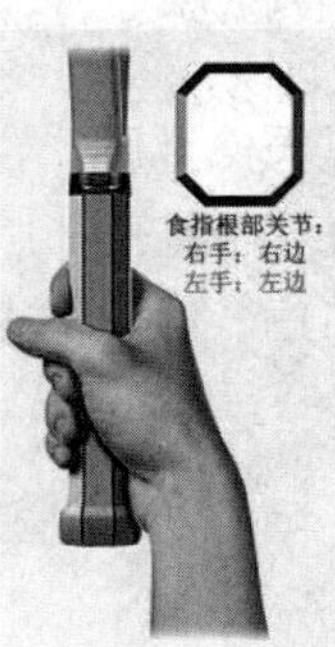

图 5-1 东方式正手握拍

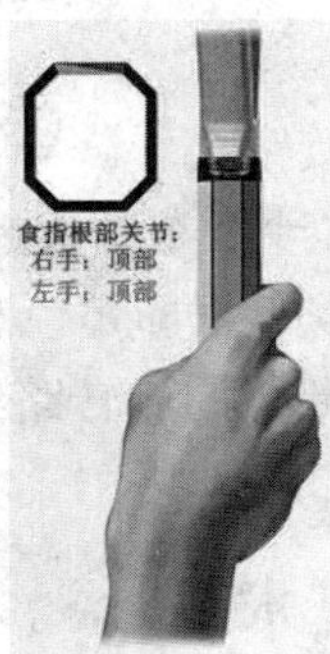

图 5-2 东方式单手反手握拍法

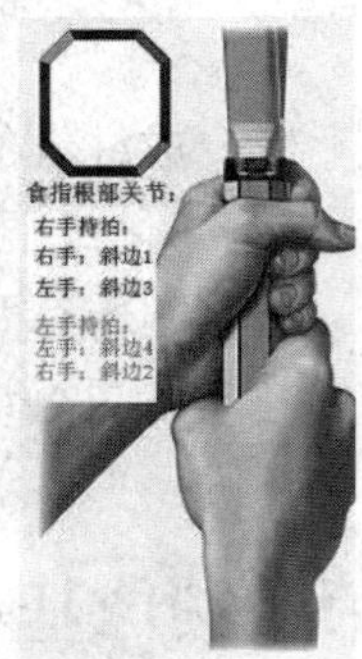

图 5-3 东方式双手反手握拍

（1）东方式正手握拍法。左手握住拍颈，使球拍与地面垂直，然后右手手掌垂直于地面，因手握拍柄好像与人握手，故亦称“握手式”握拍法。准确地说，将右手掌根与拍柄右上斜面贴紧，拇指垫握住拍柄的左垂直面，食指微离中指，食指下关节压住拍柄右垂直面。由此拇指与食指呈“V”形，分别对准拍柄的右上斜面和左上斜面的上端中间。（见图 5-1）

（2）东方式单手反手握拍法。右手从东方式正手握法向左转动（即把拍子向右转动），使拇指与食指呈“V”形，对准拍柄左上斜面与左垂直面的中间这条线。用手掌压拍柄的左上斜面，拇指贴在左垂直面上，食指下关节压在右上斜面上。（见图 5-2）

（3）东方式双手反手握拍。两只手都是东方式握拍法，如果是右手握拍者，右手以东方式反拍握拍法握拍，手掌根靠近球拍柄的端部，左手以东方式正拍握拍法握在右手的上方，双手紧贴。（见图 5-3）

（4）东方式握拍法的特点与注意事项。该握拍法非常适于底线正、反手击球，同时对各种高度的球及各种旋转球的打法具有广泛的适用性。用东方式反手握拍法进行发球及发球上网、网前截击时不用再转换握拍。虽然东方式正、反握拍法转动不大，但当球打到身体的另一侧（正拍区或反拍区），必须变换握拍法去迎击球。注意变换握拍法开始于准备动作，用左手扶住球拍拍颈，在球拍向后摆动准备击球之前，握拍必须调整完毕。

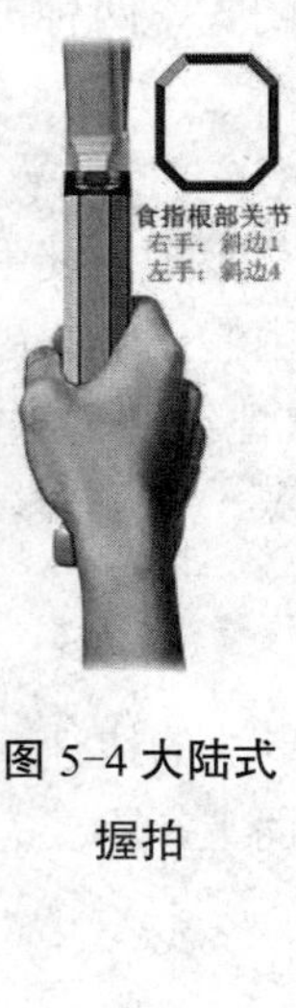

图 5-4 大陆式握拍

（二）大陆式握拍法

与东方式握拍法不同，大陆式握拍法在进行正、反拍击球时都无须变换握法。握拍时用手掌根贴在拍柄上部的平面，食指与中指、无名指、小拇指稍微分开，食指关节紧贴在拍柄右上斜面上，拇指紧贴住拍柄的左垂直面。（见图 5-4）

该握拍法因为不需变换握拍，所以具有简单灵活的特点。对处理低球很适合，对上网截击也很有利。但对于腰部以上的来球，不易控制拍面，故打高球不太方便，同时也打不出强有力的上旋球。

（三）西方式握拍法

（1）西方式正手握拍法。手掌心朝上，手掌的大部分握住拍柄底部，手掌根贴在拍柄的底部，拇指在拍的上部正面，食指的下关节握住拍柄的底部。拇指、食指呈“V”形对准拍柄的右垂直面。握拍的形象好似“一把抓”。（见图 5-5）

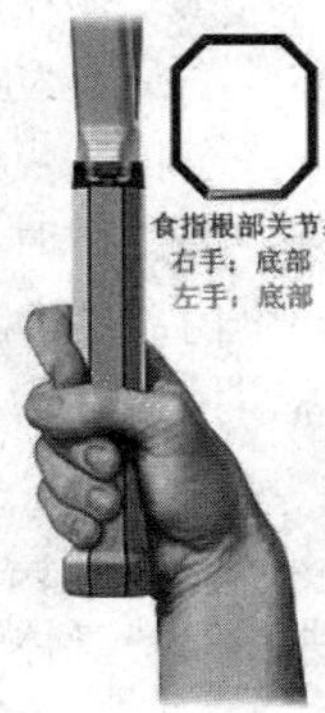

图 5-5 西方式正手握拍

（2）西方反手握拍法。在正拍握拍的基础上，把球拍上下颠倒过来，用同一拍面击球或手腕顺时针转，使拇指与食指的“V”形对准拍柄的左垂直面，食指下关节压拍柄的上部正面，手掌根贴在左上斜面。

（3）使用特点及注意事项。西方式握拍法有利于抽击出强有力的上旋球，特别适合打腰部及腰部以上的来球。由于握拍手在拍柄的下方，因此对比较低的来球，正、反拍都比较难处理。

（四）半西方式握拍法

它是介于西方式和东方式之间的一种握拍方法，其握拍要点是左手握拍颈，使球拍与地面垂直，此时将右手食指底部关节按在拍柄右垂直面与右下斜面之间，然后握住球拍，手掌比东方式正手握拍向拍柄后移动得多。用此种握拍法，易于击打腰部以上高度的球，它具备西方式握拍的旋转和东方式握拍的力量，倾向于正手主动进攻。这种握拍法不仅适合初学者，更被当代顶尖的网球选手广泛地运用。（见图 5-6）

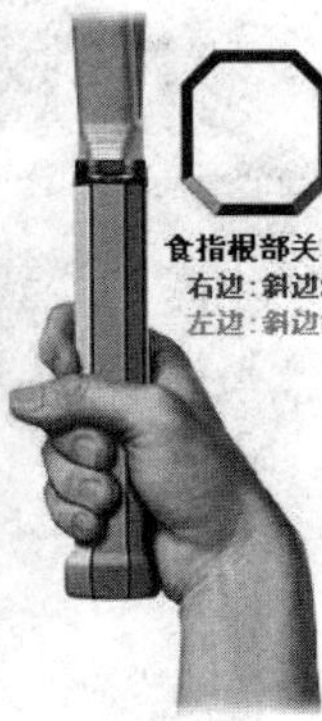

图 5-6 半西方式正手握拍

三、发球与接发球技术

（一）发球技术

在现代网球运动中，发球是最重要的技术之一，它是唯一一项不受对手制约和限制的技术。好的发球不仅可以直接得分，还能够在较大程度上发挥出个人的优势，用以控制对方，最大限度地展示自己的技、战术特点。因此，要求运动员必须比较全面地掌握各种发球技术，以便在比赛中争取主动。

1. 发球动作方法

一般采用大陆式或东方式反手握拍。

全身放松，侧身站立在端线外中场标记近旁（以单打为例），左肩对着左边网柱，面向右边网柱，两腿分开约与肩同宽，左脚与端线约成 45 度角，右脚约与端线平行，重心在左脚上。左手持球，右手轻托球拍在腰部，拍头指向前方。呼吸均匀，精神集中。

抛球与后摆球拍的动作是同步开始的。抛球时，用拇指、食指和中指三指轻轻托住球，掌心向上。当向下、向后引拍时，抛球手同时下降至左腿处，紧接着当球拍从身后向头上方做大弧度摆动，身体做转体、屈膝、展肩的动作时，持球手柔和地自左腿前上举，直至伸直高及头顶。抛球动作要协调、平稳，球送至最高点再离开手指顺势抛到空中。此时右肘向后外展，约同肩高，拍头指向天空，左侧腰、胯成弓形，身体重心随着抛球开始先移向右脚，然后平稳地开始前移。此刻，肩与球网成垂直角。

在左手抛出球时，球拍继续向上摆起，这时握拍手的肘关节放松，可以借向前转动的身体和右肩自动地使手臂产生一个完美的绕圈（注意不是故意用拍子去做搔背动作），当球下降至击球点时，迅速向上挥拍击球，左脚蹬地，使手臂和身体充分伸展。当身体向前上方伸展击球时，肩、手臂已经回转，双肩与球网平行。挥拍击球时，持拍手腕带动小臂有一个内旋的“鞭打”动作，这是发球发力的关键动作，也是其他诸如重心前移、蹬腿、转体、挥拍等力量集聚的总和。

球发出后，身体向场内倾斜，保持连续、完整的向前上方伸展的随挥动作。球拍挥至身体的左侧（美式旋转发球，球拍随挥至身体的右侧），重心移向前方，做到完全自然地跟进并保持身体平衡。（见图 5-7）

图 5-7

2. 发球的分类及方法

发球可分为平击发球、切削发球和上旋发球。每一种发球都有自己的特点和用途，好的发球应具有攻击性，并使发出的球在速度、力量、旋转和落点方面有变化。

（1）平击发球。平击发球是球速最快的发球法，也称为炮弹式发球，该发球不但球速快，而且反弹低。如果身材高大，就可以借助高点击球的空中优势直接进攻对方，如身材矮小或女选手就不宜使用平击发球。这种发球虽然力量大、球速快、威胁大，但命中率比较低。

（2）切削发球。这是一种以右侧旋转（略带上旋）为主的发球法，就是由球的右上往左下切削击球，由切削发球的飞行轨迹及弹跳方向所定。该发球法打出的球不但球速快、威力大，而且命中率较高，故为多数网球运动员所采用。

（3）上旋发球。这是一种以上旋为主、侧旋为辅的发球法。由于球的上旋成分多于切削发球，因此，球会产生一个明显的从上向下的弧形并飞行过网，发力越强，旋转成分越多，弧形就越大，命中率也越高，落地后高弹跳到对方的左侧，迫使对方离位接球，给对方造成很大的压力，同时为发球上网带来了足够的时间。

除了以上三种发球方法外，还有一种急剧旋转的发球法，称为美式旋转发球法。这种发球法难度较大，需要腰部做出更多的弯曲和强力扭转发力动作，这种动作要求运动员具备较强的力量。由于难度大，且稍有不慎极易造成扭伤，现已很少使用。这里对其发球方法做一简单介绍：抛球位于头的后上方，挥拍沿球中下部向左上部擦击，随挥动作在身体的右侧结束，使球产生上旋。

3. 发球的练习方法

对初学者来说，发球动作是比较复杂的，在学习发球时，必须由浅入深，循序渐进。初学者可以把站位、握拍、准备姿势、抛球和后摆、击球动作、随挥动作按要领做模仿分解动作的专门练习，并由单一分解动作到组合动作，改进不合理的动作，逐步过渡到抛球和击球的组合练习。

4. 发球时易犯错误及其纠正方法

（1）抛球不稳、抛球点不准确，表现为身体前后左右晃动，重心不稳定，纠正方法是加强抛球练习。

（2）击球时身体前倾过多、球拍拍面下压太多，表现为球下网，纠正方法是调整抛球，将球抛后些，在合适的击球点击球，注意手腕向前。

（3）击球时身体前倾不够、球拍拍面下压不够，表现为球出界，纠正方法是将球向前抛些，在合适的击球点击球，注意手腕下压。

（4）后摆动作不放松，肩关节不灵活，缺少“鞭打”动作，表现为球发不出力，纠正方法是多进行挥拍练习，使之放松协调。多体会“鞭打”动作。

（二）接发球

1. 接发球的动作方法

（1）正确的握拍法。握拍法应根据各人的握拍习惯来决定。大陆式握拍正、反手击球无须变换握拍；东方式、西方式、半西方式正、反手击球须变换握拍，当球一离开对方的球拍，就应该决定是否转变握拍，向后引拍时改换握拍要做到迅速及时，才能接好发球，特别是在快速场地上更需要争取时间。

（2）准备姿势及站位。接发球的准备姿势以能以最快的速度还击为准则。对方发球前，可膝盖弯曲，两脚分开略宽于肩，当对方抛球时准备迎前回击。接发球站位要根据对方发球水平和自己接发球的水平、习惯、场地速度和战术需要而定，接第一发球时站位稍后些，第二发球时站位略前。

（3）击球动作。根据对方的发球好坏、速度快慢而定，动作介于底线正、反手击球动作和截击球动作之间。面对发球差的选手，在自己的底线用正、反手动作来接对方的发球；面对发球好、速度快的选手，可用上前截击球的动作来顶接对方发球，这样接出的球近乎平击，具有很大的威胁。

2. 接发球的教学方法

接发球是仅次于发球的重要击球技术。如果我们仅仅依靠平时练习所掌握的那些技术，就难以应付对方在发球时迅速而又突然的变化，所以必须进行专门、系统的接发球训练，才能满足实战需要。

（1）多球接发球练习。根据运动员的接发球训练要求，教练员用多球发球，运动员进行专门接发球练习。为了增加送球的力量，教练员站在发球区域位置发球，注意发球的落点、力量和旋转，应与实际发球相似。

（2）与发球运动员配合接发练习。场地对面有一至二名运动员练发球，自己进行接发球练习。练习接发球时可以根据来球的具体情况，练习接发球抢攻或者接发球随球上网。

（3）提高接发球准确性练习。对方有多人轮流发球，要求接发球回击到指定的区域内。

（4）提高接发球实战能力的练习。有目的地安排进行单打或双打战术练习，互相对抗，以提高在实战中接发球的能力。

四、抽球技术

网球的抽球技术分为底线正手抽击球、底线反手抽击球、侧身抽击球以及中场抽击球，包括平击、上旋、下旋、混合旋转等各种抽击法，每种抽击法的特点不同，所起的作用也不一样。

（一）底线正手抽击球技术

底线正手抽击球是网球中的一项重要进攻技术。从实战来说，底线正手抽击球的机会多于底线反手抽击球，而且其动作比较深长，因而击球有力，出球速度比较快。

底线正手抽击球动作要点如下。

（1）握拍法。正确的握法应是东方式正手握拍法、西方式正手握拍法或半西方式正手握拍法。

（2）准备动作。底线正手抽击球应提前进入准备状态，因为正手击球需要做出较大的挥拍动作。准备时，面对球网，两脚分开与肩同宽，身体前倾，双膝微屈，重心落在脚掌上，右手握拍，左手轻托拍颈，拍面垂直地面并指向对方，注意力集中，准备迎击来球。

（3）后摆动作。当看到对方击球过来时，就应该开始向后拉拍，转髋的同时转动双肩，带动球拍向后引，成弧形后摆动作或直接向后拉拍，肘关节弯曲稍抬起，同时左手向前伸出，以保持身体平衡。（见图 5-8）

图 5-8

（4）击球动作。从球拍后摆转入向前挥动时，一定要向前迎击球。借助髋和腰的快速、短促扭转，利用离心力大力摆动身体并挥出球拍，此时应紧握球拍，固定手腕，肘关节微屈，击球点在轴心脚的侧前方。关闭式步法击球时击球点在左脚尖的前方，开放式步法击球时击球点在右脚侧前方。击球时，拍头应与手等高，眼睛看着球，使球拍击准球。

（5）随挥动作。击球后随挥动作的去向意味着球的去向。击球后，球拍沿着球飞行的方向继续向上挥动，肘关节向前上方跟进前伸，转体动作也由后摆时的侧身对网转向正面对网，球拍顺势挥至左肩上方结束，动作放松，同时马上还原准备回击下一次来球。（见图 5-9）

图 5-9

（二）底线反手抽击球技术

由于底线反拍抽击球的力量较小，因此其在比赛中常常被对方当作弱点来攻击，但如果底线反拍抽击球技术掌握得好，就能在比赛中扭转被动挨打的局面，提高自信心。

1. 底线单手反手抽击球

（1）握拍法。采用东方式双手反手握拍法。

（2）准备动作。准备动作与底线正手抽击球准备动作相同。

（3）后摆动作。左手轻托球拍的颈部，转动双肩。右肩侧身对网，几乎是背对球网，同时右脚向左侧前方约 45 度方向跨出，全身自然放松，注意力集中，握拍手肘关节弯曲并贴近身体。（见图 5-10）

图 5-10

（4）击球动作。要把球打得既凶又准，必须要向前迎击球，击球点在轴心脚右脚的侧前方，双手握拍反拍击球点在左脚的侧前方，力争打上升球，因为上升球相较于下降球有较快的速度和较大的力量可以借助，所以回击球的速度也比较快。当向前挥拍击球时，朝着球网一鼓作气地回身转腰，拍面垂直于地面，肘关节微屈并外展，手腕紧锁，并由下向前上方奋力挥出。

（5）随挥动作。由于腰的扭转，击球后身体面向球网，为了控制球，跟进动作时球拍应向上挥到肩或头部的高度，同时保持身体平衡并准备下一拍的击球。（见图 5-11）

图 5-11

2. 底线双手反手抽球法

由于双手反拍抽球能像底线正拍抽球一样，打出高质量、高难度的进攻球，因此其受到许多优秀运动员的青睐。双手反拍击球，无论来球高低，都便于对球施加上旋，击球也比较容易发力，能够弥补单手反手抽击球力量不足的弱点。

双手反手抽击球，两只手都是东方式握拍法，如果是右手握拍者，右手以东方式反手握拍法握拍，手掌根可靠近球拍柄的端部，左手以东方式正手握拍法握在右手的上方。

侧身转肩背朝网，向后充分引拍，以获得必要的击球力量，右脚向前跨出，身体重心在左脚，后引动作靠近身体腰部。击球时回身转腰，球拍由后下方向前上方挥出，拍面垂直于地面，击球的中部或中下部，使球产生上旋，击球点在右脚侧前方，利用双臂的伸展来增加击球力量，身体重心移向右脚。击球后面朝球网，随挥动作由后下向前上越球而过，动作在肩部结束。

（三）底线击球技术的练习方法

1. 练习步骤

（1）根据底线正、反手抽击球的技术及步法要求，先进行徒手或挥拍练习，体会挥拍时向后拉拍、转肩及腰部扭转和重心交换等动作方法。

（2）挥拍时可先进行单个动作的分解练习，例如：准备动作；转肩向后引拍，向侧前方跨步；腰部扭转，向前挥拍；脚步跟上，动作还原；进行连贯动作的挥拍，直至动作定型。

（3）在原地练习挥拍的基础上，结合步法做挥拍练习，体会步法与手法的协同配合。

（4）对墙进行底线正、反手击球练习，此练习方法对初学者来说效率高，效果好，能使初学者很好地体会动作和球感。

（5）由教练送球，进行单个动作的击球练习。

2. 底线对练方法

底线正、反手斜线、直线练习；底线正、反手一点打二点练习，先固定线路，逐渐加大难度到不定点线路；两条斜线对两条直线练习，亦称“8”字线路，先固定线路，逐渐过渡到不固定线路；斜线与直线的交叉练习，亦称“N”字线路；底线进攻与防守的练习；反手对拉、侧身正手攻球练习；三分之二场地正手抽击球打一点或二点练习；底线单线定点对练加多球抽球练习，以提高击球次数及训练强度；底线单线或综合练习加变线，以提高实战能力；网前二人截击，底线一人正、反拍定点或不定点破网练习，以缩短回击球时间，增加练习的密度和难度；网前一人截击，底线破网定点斜线或直线练习；网前一人截击控制球，底线定点跑动破网，提高跑动中破网能力；网前综合截击，底线综合破网加变线破网，提高实战破网能力。

3. 注意事项

要遵循循序渐进的原则，先慢打再快打，先轻再重，先稳再凶，由浅入深，逐步掌握；要特别注意多在跑动中练习击球，要死线活打，结合实践；握拍要正确，提前准备，注意力集中，眼不离球；击球时手腕要固定，重心要稳，击球后球拍跟进动作要完整而柔和。

五、截击技术

球在空中飞行时（高压球除外），被凌空打掉，称为截击，或称拦网。截击球是现代网球比赛中一项重要的得分手段。截击球技术包括中场截击、近网截击、低球截击和高球截击等。由于网前截击球距离短、球速快，在比赛中，正、反手截击球要转换握拍法既困难又不切实际，因此正、反手截击球的握拍均应采取大陆式握拍法。

（一）中场截击技术

中场截击在网球训练及比赛中，通称为“一拦”，即第一次拦击。在实战中，发球上网或才能随球上网不可能直接冲至近网，上网途中在发球线附近有一短促的停顿和重心转换，然后迎球做中场截击。中场截击球的落点、质量的好坏，直接影响到网前的得分，所以中场截击球在网前截击球技术中起着很重要的作用。中场截击站位一般在发球线中点附近。

（1）正手中场截击动作要点。面对球网，两脚分开与肩同宽，膝关节微屈，重心在两脚前脚掌上，在对方击球前脚跟提起，转胯转肩（右手握拍者），左脚向侧前方做 45 度角跨步，以转肩来带动球拍后摆，后摆动作不超过肩，肘关节微屈，手腕和球拍形成 45 度角，拍面略开。

截击时手腕固定，击球点在左脚尖的延长线上，以短促而有力的动作向前迎击来球，击球的中下部。由于中场截击距离较远，因此击球后的跟进动作随着球的进行路线要稍长些，但不能太长，否则会影响下一拍击球的准备动作。然后向网前逼近，准备近网截击或高压。（见图 5-12）

图 5-12　正手截击球

（2）反手中场截击动作要点。准备动作与正手中场截击相同，判断来球后，向左侧转肩转胯，同时左手拖拍颈向后引拍，拍面略开至身体前面，后引动作不超过左肩。击球时右脚向侧前方 45 度角方向跨出，重心前移在前脚掌上，同时向前、向下截击来球，击球点位于右脚尖前面，手腕固定，肘关节微屈，利用前臂与手腕向前下方击球。击球后的跟进动作与正拍中场截击一样，稍长一些，但较其要简短，随时准备截击下一拍球。

不论正手还是反手截击中场球，拍面应随着对方来球的高度随时进行变化：截击中场高球，拍面应垂直向前、向下击球；截击中场低球拍面应打开，击球的中下部，向前搓顶球。（见图 5-13）

图 5-13　反手截击球

（二）近网截击技术

近网截击的站位比中场截击靠前，位于中线发球线前 1～1.5 米，它是在中场截击的基础上，在网前得分的主要手段。高质量的近网截击，判断落点准确，击球果断，能给对方以致命的一击。为使自己的技术更全面和有威力，必须掌握好近网截击球技术。

（1）近网正手截击动作要点。判断清楚对方来球的质量，包括球速、球离网的高度及球的角度，以便迅速调整位置，控制拍面。如来球快而平，拍面应稍开，击球中下部，手腕紧固，以短促的动作向前、向下顶撞来球。如来球快而高，并略带上旋，拍面应竖起垂直，击球中部，以短促的动作向下、向前顶撞球，手腕紧固。身体重心向前，后摆动作小，转体带动后摆同时也完成后摆动作，击球点在身体侧前方。击球时左脚应向侧前方跨出，同时重心落在左脚上（右手持拍者），肘关节与身体距离不应太远（除扑击球外），以便顶住重球。动作短促简单，随球动作小，迅速准备下一拍截击球。

（2）近网反手截击动作要点。前期准备动作与近网正拍截击动作相同，要求重心向前，后摆动作小，根据来球高低，调整后摆拉拍高低及击球部位。以肩及肘关节为轴，由上向下或由后向前顶撞击球，手腕紧固，以前臂发力控制落点。击球时右脚跨出，重心在后脚上，随击动作短促有力。

（三）近身截击（中路球截击）技术

近身截击比正、反手截击难度要大，这主要涉及运动员反应快慢及移动的问题，在对方朝两侧破网不成功时，往往会朝中路打来，如准备不充分就会措手不及。近身截击处理或掌握不好，就会失去网前的主动权，因此需要运动员掌握好近身截击技术。

准备动作与近网正、反手截击动作一致，两膝微屈，面对球网，重心在前脚掌上，拍子放在身前，注视对手。当球朝着正拍中路来时，左脚向左侧迅速横移一步，重心落在左脚上，右脚跟进的同时转体侧身，球拍始终保持在身体前面。另一种方法是当球朝中路来时，右脚迅速向左后侧退一步，重心落在右脚上。如中路球朝反拍来时，动作准备要点与正拍中路球相同，步法则相反。

击球时手腕要固定，同时手紧握拍子，根据来球高低向前或向下撞击球。击球后的随击动作小，迅速回到原来位置，准备截击下一拍球。

（四）网前截击的教学方法与注意事项

（1）教学方法。先徒手做挥拍模仿练习，然后再持拍做挥拍模仿练习，并逐渐结合步法做挥拍练习；用多球进行单个动作的网前截击练习，以体会动作和球感；由两名队员在场上发球线附近对凌空球进行截击练习，以练习反应、判断及正、反手的相互转换；在网前中场或近网对底线进行截击球练习，先单线定点，后可加大难度，进行左右移动截击或不定点截击；通过技术组合练习截击球，如发球上网或随球上网练习中场和近网截击，提高实战中的截击能力；网前一人截击球，底线二人破网，提高截击的难度，练习截击者的反应、判断能力。

（2）注意事项。在对方击球前或击球的一瞬间，重心就要开始前移，做到人到球到；击球时双肘关节应放在前面，眼睛始终盯着球，以身体的力量和短小的撞击动作来截击球；随对方来球的高低，随时调整击球时的拍面角度，始终保持击球点在身体侧前方；中场截击后应立即向网前移动，占据网前有利位置；截击低球，最好使球的落点深，以增加对方回球的难度；截击高球要采取进攻的打法，以求截击直接得分。

六、高压球技术

高压球是对付对方挑高球的一项进攻技术。良好的高压球技术，能为上网截击增加信心和增强威力，根据对方挑高球落点的深浅，采取落点准的猛力扣杀的打法，能使高压球更具威胁。

（一）高压球的动作要点

高压球的动作与发球动作相似，握拍也与发球握拍相同。当对方挑高球时，应立即侧身转体并用短促的垫步向后退，同时持拍手上举，在头部向后引拍，重心在两脚前脚掌上，后腿弯曲，随时准备跳跃扣杀。

准备击球时，非持拍手上举指向来球方向，击球方法与发球时击球一样，击球点在右眼前上方。如果跳起高压，则用后脚起跳，转体，挺胸，收腹，击完球后用左脚着地，同时右脚向前跨，准备再上网截击。近网高压击球点可偏前，以完成下扣动作，远网后场高压击球点可稍后，向前下方挥击，以防下网。击球后跟进动作尽量像发球那样完整，起跳高压时身体保持平衡。（见图 5-14）

图 5-14

（二）高压球的教学方法

挥球拍做模仿练习；结合跳起步法做挥拍练习，体会击球的时间、空间感；用球进行各种高压球练习，难度可逐渐加大，先网前后中场，先定点后不定点；一人或二人底线挑高球，其他人在网前练习高压球。

（三）注意事项

准备打高压球时要尽早进入击球的位置；整个击球过程中，要眼睛不离球；打高压球应果断，不能犹豫。

第六章　乒乓球

第一节　乒乓球运动基本知识

乒乓球运动于 19 世纪末起源于英国，是由网球派生而来的。它具有球体小、速度快、变化多、设备简单、趣味性强、不受年龄性别限制等特点，深受人们的喜爱。经常进行乒乓球练习，可以发展人的灵敏、协调等素质，提高动作速度，改善心血管系统机能，还能发展人的机智、沉着、勇于拼搏的品质。

一、乒乓球的打法类型

（一）快攻型

快攻型打法特点是站位近台，快速多变，积极主动，先发制人。代表人物有江嘉良等。

（1）左推右攻打法。其以反手推挡作为辅助防御的手段，以正手攻球结合侧身攻作为主要得分手段。

（2）直（横）拍两面攻打法。正手、反手位均以攻球为主。

（二）弧圈型

弧圈型打法特点是站中近台，以转制快，利用强烈的旋转冲击力，使对方被动防御或失误，或以快速的攻球结合弧圈作为主要得分手段。代表人物有瓦尔德内尔、施拉格、王涛、孔令辉等。

（1）快攻结合弧圈打法。直握球拍者正手以攻球结合弧圈为主，反手以推挡为辅助手段。横握球拍者正手以攻球结合弧圈为主，反手以快拨攻球或弧圈为主。

（2）弧圈结合快攻打法。直握或横握球拍，正手均以弧圈为主，反手多运用推挡、攻球，或配合侧身攻和拉，横拍也能两面拉。

（三）直拍横打

直拍横打打法保持了直拍的特点，扩大了反手位的控制范围。代表人物有刘国梁、马琳、阎森等。

（1）反手位击球不用倒拍，可以用不同的拍面击球，具有一定的隐蔽性和突然性。在球拍反面与正面覆盖物不同的情况下，注重反面与正面的交换运用。

（2）反手能推，能拉，能倒板发球，保持了推挡的长处。

（四）削攻型

削攻型打法特点是站中远台，以削球的旋转变化和伺机反攻为得分主要手段。代表人物有丁松、朱世赫（韩国）等。

（1）削中反攻打法。包括直、横拍削中反攻打法。以削球为主，用稳、低、转的球造成对方直接失误或迫使对方出高球，伺机进攻得分。

（2）攻削结合打法。包括直、横拍攻削结合打法。这种打法既有进攻型打法特点，又有削球旋转变化的长处。用倒拍发球、搓球、削球等多变的旋转来创造机会，以快攻或弧圈球得分。

二、乒乓球拍的选择与保养

（一）球拍选择

球拍选择主要取决于打法类型。

（1）近台快攻型。这是我国乒乓球队在世界乒坛上几十年保持长盛不衰的传统打法。采用这种打法的运动员通常使用正胶海绵拍或反胶海绵拍。

（2）弧圈快攻型。这是综合了旋转与速度的弧圈球进攻型打法，也是当前的主流打法。为保证弧圈进攻的旋转，应该选择表面黏性较好、颗粒略长的反胶；为了保证抽杀进攻的速度，应该挑选较硬较厚的海绵。

（3）快攻结合弧圈进攻型打法。这种打法将快攻技术与弧圈球技术结合在一起，同时具备两种打法的特点；通常使用反胶海绵拍或一面反胶、一面生胶海绵拍，还有一些人选择使用生胶海绵球拍快攻，也有人使用长胶或半长胶球拍进攻。

（4）攻削结合型打法。采用攻削结合打法的运动员，通常选择表面黏性较好、颗粒略长的反胶；为了保证其对削球防守的良好控制，经常挑选厚度、软硬适中的海绵。攻削结合打法适用的底板通常板面较大，这样的球板手感更柔和，控球时间较长。板面较大使得击球重心前移，也有利于远台击球用力。

（二）球拍的保养

当选择了一块得心应手的球拍进行练习后，就应注意对球拍进行良好的维护和保养，以延长其使用的时间，这一点无论对业余选手还是专业选手来讲都是非常重要的。

（1）最好有个固定的拍套保护球拍。要保持拍面的整洁，拍面上有汗水或污物时可用水洗净擦干。

（2）不要敲击球拍或长时间烤晒球拍，以防底板脱裂，形成中间空隙，减弱球拍弹力。

（3）不要经常摩弄拍面，那样会使胶粒断裂、脱落，使反胶的拍面失去黏性，减小击球时的摩擦力。

（4）当球拍上的海绵或胶皮有脱胶现象时，要及时用胶水粘好。

三、乒乓球的比赛方法

（一）单打的比赛方法

在单打比赛中，首先由一方发球，由对方接发球，然后双方交替进行合法还击。在一局比赛中，每人发 2 个球就应交换发球权，每局比赛先得 11 分的为胜方，但双方比分达到 10 平后，先多得两分者为胜者。在 10 平或实行轮换发球法后，每人只发一个球，就要交换发球权，直至该局比赛结束。一局比赛结束后或决胜局中一方先得 5 分时，应与对方交换场地。

（二）双打的比赛方法

双打的发球和单打一样，一方发完 2 个球后便由对方发球。每方运动员必须按每局开始时确定的比赛次序轮流还击，否则判失分。在双方比分都达到 10 分或实行轮换发球法以后，发球和接发球的次序仍然不变，每人只发一个球，直到这局比赛结束。此后，在下一局开始时应由上一局先接发球的一方先发球。先发球一方的两名队员可以任意确定谁先为第一发球员，而第一接发球员则应是上一局发给他球的对方发球员。在决胜局中，一方先达到 5 分，双方应交换方位，交换方位后，发球一方次序不变，但接发球一方应交换发球员次序。

（三）团体比赛形式

（1）五场三胜制（五场单打）：每队均由 3 名运动员组成。比赛顺序是：A—X、B—Y、C—Z、A—Y、B—X。

（2）五场三胜制（四场单打和一场双打）：一个队由 2～4 名运动员组成。比赛顺序是：A—X、B—Y、双打、A—Y、B—X。

（3）七场四胜制（六场单打和一场双打）：一个队由 3～5 名运动员组成。比赛顺序是：A—Y、B—X、C—Z、双打、A—X、C—Y、B—Z。

（4）九场五胜制（九场单打）：一个队由 3 名运动员组成。比赛顺序是：A—X、B—Y、C—Z、B—X、A—Z、C—Y、B—Z、C—X、A—Y。

第二节　乒乓球基本技术

一、握拍技术

握拍技术是乒乓球的入门技术之一。乒乓球握拍方法分直拍握法和横拍握法两种，两种握法各有其优点，会产生不同的打法。直握拍反手推挡效果好，便于左推右攻，台内攻球灵活，正反手交替击球变换快，拍形变化不大，动作较为隐蔽，是我国和日本的传统握拍方法。横握拍正反手攻球力量大，反手攻球容易发力也便于拉弧圈，照顾范围较大，是欧洲的传统握拍方法。

（一）直拍握法

直拍握法是使拍柄贴在虎口上，以食指第二指节和大拇指的第一指节构成一个钳形，两指间距离适中，其余三指自然弯曲叠置于拍后。正手攻球时，拇指压拍，食指放松，小指与无名指协助中指顶拍发力。反手推挡时，食指压拍，拇指相对放松，小指与无名指亦协助中指顶拍发力。

（1）直拍握法的优点。手腕与手指比较灵活，易于调节拍形角度和拍面方向，正、反手击球时摆臂速度快，发球和攻台内球时多变、灵活。

（2）直拍握法的缺点。手腕不易固定，使拍形相应难以稳定，反手正面攻球时，不易掌握和发力；拍柄延伸长度短，左右照顾范围小。

（二）横拍握法

横拍握法因个人的习惯、特点不同，分深握和浅握两种。因手指动作相似，均亦称八字式握法。其握拍方法是虎口压住球拍右上肩，拇指和食指自然弯曲分别握在拍身前、后两面，中指、无名指、小指弯曲握住拍柄。此握法适用于快攻型或弧圈型打法。正手攻球时，食指在拍身背面应稍向上移位。反手攻球时，拇指稍向上移位，便于固定拍形，易于发力击球。

（1）横拍握法的优点。拍柄延伸距离长，左右照顾范围大。反手进攻时，因拍形固定且不受身体阻挡，易于发力；另外，攻球和削球时手法变化不大，易于从进攻转为防守，也易于由相持转入进攻。

（2）横拍握法的缺点。因拍形比较固定，手腕不太灵活，还击台内短球难度大；正、反手攻球时，左右转动拍面击球，手臂做内旋和外旋动作幅度大，故挥拍摆速慢。

二、基本站位和准备姿势

（一）基本站位

站位是指运动员与球台之间所处的位置。不同类型打法的选手，其基本站位也不相同。左推右攻打法运动员在近台、球台左三分之一处，直拍近台两面攻打法运动员在近台、球台端线中间略偏左处。弧圈球打法运动员应离台 70～100 厘米，直拍弧圈球打法运动员在离球台端线偏左三分之一处，横拍弧圈打法运动员则一般在中间位置。快攻结合弧圈打法，运动员与球台的距离介于近台快攻打法与弧圈球打法之间。但是，直拍者在球台端线偏左三分之一处，横拍者则在中间偏左处。削球打法运动员需离球台 1 米以上，在球台端线中间的位置。其中攻削结合型离球台稍近些，削中反攻型离球台稍远些。

（二）准备姿势

准备姿势是指击球队员准备击球时或还击球时的身体各部位姿势。

动作要点：两脚左右开立，约与肩同宽；身体稍向右侧，面向球台；两膝自然弯曲稍内收并内旋；前脚掌内侧着地、提踵，重心在两脚之间；稍含胸收腹，上体略前倾，下颚微收，两眼注视来球，执拍手和非执拍手均应自然弯曲置于身体前侧方，保持相对的平衡状态；执拍手肩关节的三角肌放松；前臂、手腕、手指肌群放松，自然握拍，使拍面稍前倾呈半横状，置于身体腹部右侧前方。

三、基本步法

步法指击球队员为选择合适的击球位置所采用的脚步移动方法。步法是乒乓球运动的基础，其特点是起动快、移动快、频率高。常用步法有以下五种。

（1）单步。以一脚为轴，另一脚向前后左右移动一步。

（2）跨步。与来球同方向的脚向侧跨出一大步，另一脚跟着移动一步。

（3）跳步。以一脚蹬地，两脚同时离地向前后左右跳动。

（4）并步。移动的幅度大于单步而小于跳步，移动时无腾空动作，有利于保持身体重心的稳定。

（5）交叉步。交叉步是移动幅度最大的一种步法，主要用来回击离身体远的来球。

四、发球与接发球

发球与接发球是乒乓球的重要基本技术，两者是互相推动向前发展的。发球技术的提高能促进接发球技术的提高，接发球技术提高又促使发球技术再提高。

（一）发球

1. 平击发球

平击发球一般不带旋转，它是最基本的发球方法，也是其他复杂发球的基础。

动作方法：正手发球，左脚在前，身体稍向右转；左手掌心托球，置于身体右侧，右手持拍也置于身体右侧；发球开始时，持球手将球向上抛起，同时右臂稍向后引拍，当球下落到略高于网时，持拍手从身体右后方向前挥拍，拍形稍前倾，击球的中上部；击球后，前臂和手腕继续顺势向前挥动，身体重心移至前脚；击出的球先落在本方台面，弹起后再落到对方台面。

2. 反手发急球

动作方法：站在左半台四分之一或三分之一处，两脚开立，右脚稍前，左脚稍后；抛球的同时持拍手向左后方引拍，待球下落到网高时，持拍手由左后向右前加速挥拍，拍面稍前倾，以前臂和手腕发力为主，击球中上部，第一落点靠近本方端线，第二落点在对方端线附近。

3. 正手发左侧上（下）旋球

特点是球速一般不高。

（1）动作方法：发左侧上旋球，左脚在前，抛球时，持拍手向右上方引拍，手腕略向外展，球回落时，食指压拍，拍面略向左偏斜，球下落至约与网等高时击球，前臂和手腕用力向左挥动，同时前臂略向外旋，使拍从球的正中部向左上方摩擦，球的第一落点在端线约 20 厘米处，越网落到对方的左角；发左侧下旋球与发左侧上旋球动作上的区别，是手臂从右后上方向前下挥动，使拍从球的中下部向左下方摩擦，拍触球的刹那，前臂略向外旋。

（2）动作要点：击球前，拍形稍向左偏斜，前臂和手腕由右向左挥动；击球时，拍从球的正中部向左上方摩擦（发左侧下旋球，拍稍后仰，从球的中下部向左下方摩擦）。

4. 反手发右侧上（下）旋球

特点是球的右侧上（下）旋转力强。

（1）动作方法：反手发右侧上旋球，右脚稍前，持拍手位于身前，持球手位于身体左侧，发球时，拍与球接触的刹那，前臂带动手腕用力向右下方挥动，同时前臂略向内旋，拇指压拍，使拍面逐渐向左倾斜，从球的正中部向右上方摩擦，球的第一落点在端线约 20 厘米处，越网落到对方的左角；反手发右侧下旋球与发右侧上旋球动作上的区别在于触球的一刹那，拍面略微后仰，拍从球的中下部向右下方摩擦，球从本方台面弹起后，越网落到对方的左角。

（2）动作要点：击球前，拍形稍向右倾斜，前臂和手腕由左向右挥动；击球时，拍从球的正中部向右上方摩擦，击出的球是右侧上旋，拍稍后仰从球中下部向右下方摩擦，击出的球是右侧下旋。

5. 正（反）手发转与不转球

特点是球速较慢，前冲力小，发球手法近似，以旋转变化来迷惑对方，使其回接困难。

（1）动作方法：发下旋短球时，左脚稍前，抛球时将拍引至肩高，手腕略向外展，拍面稍后仰，球回落时，手腕和前臂迅速向前下方发力，摩擦球的中下部。拍触球时手腕的发力要大于前臂的发力，这样才能发出威力较大的下旋球。

发转与不转球动作上的区别，在于后者在拍触球的刹那减小拍形后仰角度，并稍加前推的力量，使作用力线接近球心，从而形成不转球。反手发转与不转球多见于横拍选手。反手发转球时，拍触球的刹那间拍形稍躺平，从球的中下部向底部摩擦，手腕的发力要大于前臂的发力。反手发不转球时，拍触球的刹那间拍形稍立起，击球的中下部，手臂迅速向前方稍加推的力量将球发出，以前臂的发力为主。

（2）动作要点：抛球不宜过高，发球前手腕和前臂放松；击球时向前下方摩擦用力；发转球时，拍形稍后仰，从中下部向底部摩擦；发不转球时，拍形减小后仰角度并稍加前推力量。

（二）接发球

接发球是比赛中每一回合的第二板球，也是接发球方开始比赛的第一板球，因而是一项反控制、求主动的技术，同时也是一种综合技术。

1. 站位的选择

一般来讲，若对方站在球台左半台，本方也应站在左半台；若对方站在球台右半台，本方也应相应调整至球台中间偏右位置。离球台端线的距离视来球的落点而定，为了有利于前后移动接长、短球，一般离台 30～40 厘米。

2. 对来球的判断

接发球的难点，在于对对方来球的判断。判断对方发球的旋转性质、旋转程度、缓急程度、落点变化，主要依据对方球拍在接触球的一瞬间的挥动方向、触球部位与用力方向。判断球的旋转强弱，主要根据对方在球拍触球瞬间手臂、手腕动作的快慢、动作幅度的大小、摩擦球的力臂大小（即厚与薄）。一般来讲，在摩擦击球瞬间，挥臂动作愈快、幅度愈大、摩擦愈薄（要适度“吃”住球），则球的旋转愈强。

3. 接发球技术的具体运用

接发球的基本方法有点、拨、带、拉、攻、推、搓、削、摆等，所以，接发球技术是各项技术的综合运用。

（1）接上旋球（奔球）。用正反手攻球或推挡回接，拍面适当前倾，击球的中上部，调节好向前的力量。如用削球回击时，应后退一些，等球速减慢一点再回击。

（2）接下旋长球。用搓球、削球、提拉球回接，搓或削时多向前用力送球。

（3）接左侧上（或下）旋球。可采用攻球或推挡（搓球或拉球）回接，拍面稍前倾（或后仰）并略向左偏斜，击球偏右中上（或中下）部位，以抵消来球的左侧上（或下）旋力。如要把球回到对方的右角，发力方向应正对对方右角；如要把球回到对方左角，发力方向对着中线即可。

（4）接右侧上（或下）旋球。可采用攻球或推挡（搓球或拉球）回击，拍面稍前倾（或后仰）并向右偏斜，击球偏左中上（或中下）部位；回接要点和方法与接左侧上（或下）旋球相同。

（5）接近网短球。用快搓、快点或台内突击回接，主要靠手腕和前臂的力量，同时要根据来球的旋转性能，调节拍面角度和用力方向。

（6）接转与不转球。在判断不准的情况下可轻轻地托起板或将球铲起，增加向上用力，要注意回球弧线和落点。

五、推挡

推挡球是推球和挡球的总称。推挡球的特点是：站位近，动作小，速度快，落点变化多，也有一些旋转变化。推挡球可分为平挡、快推、加力推、减力挡、推下旋、推侧旋等。初学阶段主要掌握平挡和快推技术，之后再逐步学习其他推挡技术。挡球又分为正手挡球和反手挡球两种。

（一）反手挡球要领

站位在球台中间或者偏左，身体离台 40～50 厘米。两脚开立，比肩稍宽，右脚略后或两脚平行站立，两膝微屈，收腹含胸，上体略向左转。右臂自然弯曲，引拍至身体前方或略偏左，同时前臂外旋，使拍形接近垂直。来球从台面弹起后，前臂向前，以拍迎球，在来球的上升期，以接近垂直的拍形推击球的中部。击球瞬间只以前臂和手腕轻轻用力，主要借助来球的反弹力将球挡回。击球后，手和臂顺势向前挥动，并迅速还原成击球前的准备姿势。动作过程中，身体重心要放在双脚上。

（二）快推

（1）特点：站位近、动作小、球速快、落点活，稍带上旋或不转，既可积极防守，又可辅助进攻，是使用最多的一种反手推挡技术。适用于回击一般的拉球、推挡球和攻球。

（2）动作方法：站位在球台中间或偏左，身体离台约 40 厘米；两脚平行站立或右脚略后，两膝微屈，收腹含胸，身体向前或略向左转；右上臂和肘关节靠近身体右侧；手臂自然弯曲，引拍至身前或偏左，同时前臂外旋，使拍面稍前倾，来球从台面弹起后，前臂和手腕向前或向前兼略向上挥拍迎球，在来球的上升前期，以稍前倾的拍形推击球的中上部；球拍击球瞬间，前臂和手腕自然向前或向前兼略向上发力，并主要借用来球反弹之力（即“借力”）将球快速击回；击球后，手和臂顺势向前挥动，并迅速还原成准备姿势；动作过程中，身体重心放在双脚上。

（三）加力推

（1）特点：球速快、力量大、落点活，稍带上旋或不转；能遏制对方进攻，迫使对方后退，创造进攻机会；与减力挡配合使用，能控制和调动对方，取得主动权。它是威力最大的一种推挡技术。

（2）动作方法：站位在球台中间或偏左，身体离台约 50 厘米；两脚平行站立或右脚稍前，两膝微屈，收腹含胸，身体向前或略向左转；右上臂和肘关节靠近身体右侧，前臂外旋并向上提起，引拍至身前或偏左，与球网同高或略高于球网，拍面稍前倾；来球飞越球网时，上臂、前臂和手腕向前，挥拍迎球，同时，腰、髋向左转动，在来球的上升后期或高点期，以前倾拍形推击球的中上部；击球瞬间，上臂、前臂和手腕向前下方发力推压，腰、髋亦协助用力；击球后，手和臂顺势向前下方挥动，并迅速还原成准备姿势；动作过程中，身体重心从左脚移到右脚上。

（四）易犯错误及纠正方法

（1）挡球易犯判断落点不准、拍面掌握不好等错误。纠正方法：提高判断能力，加强手腕的灵活性和调整拍面的能力。

（2）推挡球易犯手臂没有向前伸出的错误。纠正方法：强调击球后上臂和肘关节前送，上体向左转动。

六、攻球

攻球是各类型打法的主要技术之一，更是进攻型打法最重要的技术。其特点是力量大、速度快、落点活。攻球技术种类繁多，按击球位置和站位可划分为正手攻球、反手攻球和侧身攻球，按站位的远近可划分为近台攻球、中台攻球和远台攻球，按来球性质和落点的不同可分为拉攻、攻弧圈球、台内攻球和杀高球，按击球力量的不同可划分为发力攻球、借力攻球等。

（一）正手攻球

1. 正手快攻（以右手握拍为例）

（1）特点：站位近、动作小、速度快、线路活，带有上旋；能借用来球的反弹力提高球速，创造扣杀机会。比赛中能以攻代守应对对方进攻，是近台快攻打法使用最多的一种攻球技术。

（2）动作方法：站位在球台中间或偏左，身体离台约 50 厘米；左脚稍前，身体重心放在右脚上，两膝微屈，收腹含胸，身体稍向右转；右臂自然弯曲，前臂后引，将拍引至身体右侧略偏后，同时前臂内旋，使拍面稍前倾；来球从台面弹起后，在上臂带动下，以前臂和手腕为主向左前方（来球上旋强度大时）或左前上方（来球不转或上旋强度小时）挥拍迎球；同时，腰、髋带动上体向左转动，在来球的上升期，以前倾拍形迎击球的中上部；球拍击球瞬间，以前臂和手腕为主向左前方或左前上方发力击球，腰部亦协助用力；击球后，手和臂顺势向左前方或左前上方挥动，并迅速还原成准备姿势；动作过程中，身体重心从右脚移到左脚上。

2. 正手扣杀

（1）特点：站位近、动作大、力量大、速度快，略带有上旋，攻击性强。正手扣杀是对付半高球时威力强大的进攻技术，也是各种类型打法（特别是快攻型打法）得分的重要手段。

（2）动作方法：站位在球台中间或偏左，一般在近台位置；左脚稍前，两脚间距离比打其他攻球时稍宽，身体重心放在右脚上，两膝微屈，收腹含胸，腰、髋及上体稍向右转，右臂自然弯曲，前臂后引，将拍引至身体右侧偏后，同时前臂内旋，使拍面稍前倾；来球从台面弹起后，腰、髋带动身体及上臂向左转动，与此同时，上臂积极发力带动前臂和手腕向左前方挥拍迎球，在来球的高点期，以前倾拍形猛击球的中上部；球拍击球瞬间，以上臂和前臂为主向左前方发力击球（来球上旋强度大时可向左前下方发力击球），腰、髋亦积极协助用力；击球后，手和臂顺势向左前方挥动，并迅速还原成准备姿势；动作过程中，身体重心从右脚移到左脚上。若来球下旋，则拍形不要过分前倾，应击球的中部，并适当增加向上的力量。

（二）反手攻球

1. 反手快攻

（1）特点：站位近、动作小、球速快，借来球反弹力还击，是两面攻的重要技术之一，也是推攻结合反手攻寻找进攻机会的一种重要手段。如果与正手攻球配合得好，可以充分发挥近台快攻的作用。

（2）动作方法：右脚稍前，身体离球台约 40 厘米；持拍手臂自然弯曲，将球拍移至腹前偏左的位置；击球时，前臂和手腕向右前上方挥动，同时配合外旋转腕动作，使拍形前倾，在来球的上升期击球中上部；击球后，随势将球拍挥至右肩前。横拍击球时，手臂在体前自然弯曲，手腕与前臂近乎成直线，拍柄稍微向下；当球从台面弹起时，前臂向右前上方挥拍，触球的刹那手腕配合向外转动；击球时间、部位和拍形与直拍基本相同。

2. 反手快拨

（1）特点：动作小、球速快，借来球反弹力还击。在近台快攻中可发挥速度上的优势。它是横拍的一项基本技术。

（2）动作要点：右脚稍前，前臂自然弯曲，将球拍引至腹前偏左处，肘部稍前；当球从台面弹起时，前臂带动手腕向右前方挥动，在来球的上升期击球中上部，拍形稍前倾，借来球反弹力将球拨回；回击后，手腕向前，肘略往后，球拍随势挥至右肩前。

（三）易犯错误及纠正方法

（1）正手攻球时不敢大胆挥拍，有停顿，弧线制造不好。纠正方法：徒手模仿挥拍练习，增加挥拍练习次数。

（2）上臂与身体夹角过小。纠正方法：放松肩部，加大上臂与身体的距离。

（3）抬肘抬臂。纠正方法：做近台快攻练习时，强调击球时肘肩向后下方。

（4）手腕下垂，球拍与前臂垂直。纠正方法：强调手腕内旋、拍柄向左，徒手模仿练习。

（5）判断球的落点不准，引拍动作不到位。纠正方法：先做接平击发球的练习，再做连续推挡球的练习来纠正。

（6）反手攻球时拍面前倾过早。纠正方法：持拍做引拍练习，使拍面稍后仰。

（7）拍面前倾不够，攻球弧线高或出界。原因为前臂未内旋或食指压拍力量过大。纠正方法：做自抛自打练习。

（8）快攻时击球点在身体右侧后方，于来球下降期击球。原因为挥拍时大臂后摆过多且速度很慢。纠正方法：背靠墙做击球练习，要求球拍和手臂不能碰墙，掌握合适击球点。

（9）拉攻时向前用力多，拉球下网。纠正方法：做一板球练习，体会打摩结合，以摩为主。

七、搓球

搓球是近台和台内回击下旋球的一种比较稳健的技术。搓球力量小，速度慢，旋转和落点变化多，线路短，球弹起后多在台内，缺乏前进力，对方不易发力进攻，故可作为过渡技术以等待、寻找或创造进攻机会。

（一）慢搓

1. 特点与运用

慢搓动作幅度大，在来球的下降期击球，回球速度慢，但有利于增加搓球的旋转强度。慢搓一般适用于回接旋转较强、线路稍长的来球。在对搓中，快搓、慢搓结合起来，可以变化击球节奏，牵制对方。

2. 方法

（1）反手慢搓：击球前，持拍手向左上方引拍；击球时，前臂和手腕向前下方用力切球，前臂内旋并配合转腕动作，拍面稍后仰，在球的下降期触球中下部；击球后，前臂随势前送。横拍搓球时，拍形略竖一些，击球后前臂向右下方挥摆。

（2）正手慢搓：左脚稍前，身体稍向右转；击球前，向右上方引拍；击球时，前臂和手腕向左前下方用力，在来球的下降期击球的中下部。

3. 要点

应根据来球的具体情况，控制好拍面的后仰角度；击球时，以前臂用力为主，转腕动作不宜过大；搓加转球，在向下用力的同时，应增加前送的幅度。

（二）快搓

1. 特点与运用

动作幅度小，回球速度快，借来球的前进力将球搓回，常用于接发球或削过来的近网下旋球。在对搓中，可利用快搓变化击球节奏，缩短对方回球的准备时间。

2. 方法

（1）反手快搓：站位靠近球台，右脚稍前，击球前稍向左前上方引拍，拍面略后仰；击球时，前臂主动前伸迎球，在来球的上升期击球中下部，触球瞬间，手腕向前下方用力。

（2）正手快搓：身体稍向右转，并向右上方引拍；击球时，前臂带动手腕向左前下方用力，在来球的上升期触球的中下部。

3. 要点

身体重心前移，身体靠近来球；前臂主动前伸插向球的中下部；快搓一般为借力还击，但若来球下旋弱可用力下切。

（三）搓转与不转球

1. 特点与运用

用相似的手法搓出转与不转球（相对而言），使对方判断错误而直接得分，或为抢攻创造条件。在对搓中，把旋转变化与落点变化巧妙地结合起来，可以获得更多的进攻机会，在应对削球时，能使自己从被控制的局面中解脱出来。

2. 方法

（1）搓加转球：手臂和手腕加速向前下方用力，有意识地增大球拍触球的面积和摩擦时间。

（2）搓不转球：调节好后仰角度，将球搓出。

3. 要点

加转是前提，转与不转间差异越大越有威力。搓加转球时，以手腕爆发式用力为主；搓不转球时，要注意回球的弧线。

（四）易犯错误及纠正方法

（1）引拍不够致使击球的前臂由上向下的动作不明显。纠正方法：持拍练习，前臂和手腕向上再向下做切的动作。

（2）击球时拍面后仰不够。纠正方法：在来球的下降期搓对方发来的下旋球，体会拍面后仰前送动作。

（3）前臂前送力量不够，击球后动作停止。纠正方法：两人对练慢搓，体会击球后小臂继续前送的动作。

（4）击球点离身体过远，重心偏后，击球部位不准。纠正方法：两人近台站位对练慢搓，在来球的下降期击准球的中下部。

第三节　乒乓球基本战术

乒乓球的战术是由各种基本技术组成的，技术是战术的基础，技术水平的高低，决定了战术运用的效果，只有全面、扎实地掌握基本技术，才能灵活运用各种战术。

一、发球抢攻战术

发球抢攻战术是以旋转、线路、落点和速度不同的发球来增加对方回击的难度，出现机会球或降低回球质量，然后抢先进攻，以争取主动或直接得分。发球抢攻是进攻型打法的主要战术和得分手段。

（一）运用发球抢攻战术应注意的问题

（1）注意发球与抢攻的配合。发球时，应明确对方可能怎样接、接到什么位置、自己怎样抢攻等。

（2）注意发球抢攻与其他战术的配合。

（3）注意提高发球的质量，将速度、旋转和落点的变化结合起来。同时，应特别强调发球花样的创新，为抢攻制造更多的机会。

（4）抢攻应大胆果断。抢攻的技术好，可以增加发球的威力，而对方接发球顾虑多，就容易出漏洞。

（5）每个运动员应有两套特别突出的发球抢攻战术，多而不精或只有一套都不好。

（二）发球抢攻战术的主要形式

1. 正手发转与不转球后抢攻

一般以发至对方中路或右方短球为主，配合左方长球。开始先发短的下旋球为好，以使对方不能抢攻或抢拉，然后再发不转球抢攻。不转球，一般也先发短球，或发至对方攻势较弱的一边，如果对方不适应，还可适当发些长球到其正手。若能发到似出台又未出台的落点，则效果更好。也可有计划地发短球后，先快搓两大角长球，再伺机抢攻或抢拉（冲）。

2. 侧身用正手发高、低抛左侧上（或下）旋球后抢攻

侧身用正手发高、低抛左侧上（或下）旋球的落点为对方中左短、左大角、中左长、中右（向侧拐弯飞行正好至对方怀中）和右短，配合一个直线奔球。

3. 反手发右侧旋球后抢攻

此战术尤其适合擅长反手进攻的选手运用。一般多发至对方中右近网或半出台落点，然后用正、反手抢攻对方反手。亦可发长球至两大角。一般发至对方正手时，对方常会轻拉直线，此规则可用反手抢攻斜线。若发至对方反手位，还可伺机侧身抢攻。

对横拍削球手来说，以发至对方中右半出台为好。因为横握拍用正手接右侧旋球不便发力，控制能力低。反手发右侧上、下旋球，应强调出手动作快。对方接发球的一般规律是：发球方发短球，对方接球也短。发球抢攻者应有这方面的意识。

4. 反手发急球后抢推、抢攻

此战术在运用时，可分以下两种情况。

（1）反手发急上旋球至对方反手后，侧身抢攻。要求急球必须发得快、力量大、线路

长。最好能有一个直线急球配合。

（2）擅长反手推挡的选手，或遇到对方反手推攻较差的选手，可采用发急下旋球后用推挡紧压对方反手，再伺机侧身攻的战术。

为提高上述战术的效果，可与发对方右方小球配合运用，以长短互相牵制，相得益彰。

5. 反手发高抛右侧上或下旋球后抢攻

一般以发至对方正手位或中右近网为主，配合发两大角长球，伺机抢攻。

6. 下蹲发球后抢攻

可以将左侧上、下旋球与右侧上、下旋球结合运用。落点应有远近变化。应对只会搓接发球的选手，应以发上旋球为主。

抢攻落点以中路为最佳，往往可直接得分。当然，还要注意灵活变化，攻击对方的弱点或声东击西。

二、对攻战术

两名进攻型选手相遇，形成以攻对攻的局面时，通常采用下列战术。

（一）压对方反手，伺机正手攻或侧身攻

一般用于应对反手较弱或进攻能力不强的对手。压对方反手时，可用推挡、反手攻或弧圈球。压对方反手准备侧身前，应该主动制造机会，或者突然加力一板，或者攻压一板中路，或者攻压一板大角度，尽量避免盲目侧身。

（二）压左调右（压反手变正手）

一般来说，自己反手不如对方反手时，可主动变线，避实就虚。若对方侧身攻的意识极强，用变其正手的方法，既可制造空当，又可牵制对方的侧身攻，也可应对正手位攻击力不够强的选手。自己正手好，则可主动变对方正手位后伺机进行正手攻。

（三）用加减力量压对方反手、中路后，迅速抢攻

用于应对站位中台的两面拉（攻）的选手。运用此战术时，一般先用加力推（攻）将对方压下去，再用减力挡将其诱上来，然后伺机加力扣杀。如果仅有减力挡，而无加力推，就容易导致被动。

（四）连压对方中路或正手，伺机抢攻

一般在下列情况下运用此战术：对方的反手攻击力较强；对方采用两面拉（攻）打法，但反手强、正手弱；对方虽为两面攻选手，但遇中路球习惯侧身攻。如在第三届亚乒赛上，郭跃华对河野满时，郭跃华先推压河野满的中路，然后抢冲反手或中路，但当河野满用侧身攻来接中路球时，郭跃华又改为先调其正手，河野满被迫移位偏中，郭跃华再打其中路，直至获胜。

三、接发球抢攻战术

这是最积极主动的接发球方法。遇对方发小球，可用快点；遇对方发长球或半出台球，可抢攻或抢冲。运用此战术，一定要反应快。首先应判断对方发球的旋转和落点，其次要求步法移动迅速，以保证在合适的击球点和击球时间击球。

（1）用拉（包括小上旋和弧圈球）、拨或推的方法将球接至对方弱点处，再使用其他技术。一定要注意压低弧线，球的速度要快，控制好落点，避免慢托过去被对方抢攻。

（2）以摆短为主，结合劈两大角长球，争取下一板主动先上手或抢攻。此法主要用来接对方发的强烈下旋或侧下旋短球，以及突然发至自己不擅进攻位置的下旋长球。对方发侧上或不转球时，不宜用搓回接，以免接过高球被对方抢攻。另外，在接对方发的近网小球时，还可运用撇一板的方法。

（3）稳健控制法。一般在攻对削、削对攻或削对削时采用拉、推、拱、搓、削，视对方发球而定。此法虽较稳健，但应加强对变化、落点、弧线的控制，避免被对方抢攻。

（4）正手侧身接发球。这是一种进攻性的接发球方法，应大力提倡。如晃接，即击球瞬间利用身体的晃动，将球半推半搓至对方反手，略带侧旋。因其比搓快、比挑稳，对方往往来不及抢攻。

四、搓攻战术

搓攻战术是进攻型打法的辅助战术之一，又是削球打法相互交锋时的主要战术之一。

（1）先搓反手大角，再变直线，伺机进攻。主要用来应对反手不擅进攻的选手。先逼住对方反手大角，待其准备侧身攻或将注意力都放到了反手后，就变线至其正手，伺机抢攻。

（2）搓转球与不转球后，伺机反攻。一般以先搓加转球为主，然后用相似的动作搓不转球，对方不适应或一时不慎就会将球搓高，为自己进攻创造机会。在运用旋转变化时，最好能与落点相结合，二者相辅相成。

（3）以快搓短球或摆短为主，配合劈两大角长球，伺机进攻。短球，特别是加转短球，对方抢攻的难度比较大，但光是短球对方又容易适应。近年来欧洲选手攻台内短球的技术有很大提高，所以，应注意用两大角长球配合。

五、拉攻战术

拉攻是利用球的旋转和落点的变化创造机会，进行突击，从而达到控制对方、争取主动的一种重要手段。拉攻战术是对付削球类打法的主要战术。以弧圈球和攻球为主要技术手段。运用拉攻战术应注意：首先要拉得稳，且有落点、旋转和力量的变化；其次要拉中突击，或拉冲结合和连续扣杀，方能奏效。

（一）攻两角战术

包括双边直线，对角攻击，逢斜变直、逢直变斜，连攻左角、突袭右角，等等。

（二）攻追身战术

包括攻追身、杀两角，攻两角、杀追身，拉追身，杀追身，等等。

（三）转与不转或轻重拉结合战术

加转弧圈与前冲弧圈结合。拉加转弧圈吸引对手上前削接，再以前冲弧圈迫使对手后退，为连续冲（扣）制造机会。真假弧圈球交替运用，伺机冲杀。轻拉与突击结合，配合落点变化找机会扣杀。

第七章　羽毛球

第一节　羽毛球运动基本知识

一、羽毛球运动的作用

参加羽毛球运动的目的主要是增进身体健康和丰富娱乐生活、培养团队精神。掌握正确的运动技术，追求精神、技术、身体三方面的平衡发展，把比赛、训练中得到的经验运用到实际生活中，同时也把实际生活中学到的知识和经验，应用到体育运动中。在树立自信心的同时，培养团队精神，体会成功与失败的感觉。羽毛球比赛作为健身活动，要在场地上不停地进行脚步移动、跳跃、转体、挥拍，合理地运用各种击球技术和步法将球在场上往返对击，从而增大了上肢、下肢和腰部肌肉的力量，加快了锻炼者全身血液循环，增强了心血管系统和呼吸系统的功能。据统计，高强度羽毛球运动者的心率可达到每分钟160～180 次，中强度运动者心率可达到每分钟 140～150 次，低强度运动者心率也可达到每分钟 100～130 次。长期进行羽毛球锻炼，可使心跳强而有力，肺活量加大，耐久力提高。此外，羽毛球运动要求练习者在短时间对瞬息万变的球路做出判断，果断地进行反击，因此，它能提高人体神经系统的灵敏性和协调性。羽毛球运动既是一种讲求技巧性的竞技运动，也是一种普及性很强的群众运动，老少皆宜。

二、羽毛球的打法类型

（一）单打的打法类型

（1）控制后场，高球压底：从发球开始就运用高远球或进攻性的平高球压对方后场底线，迫使对方后退，当对方回球不够后时，以扣杀球制胜；或当对方疏于前场防守时，就可以用轻吊、搓球等技术在网前吊球。轻吊必须在若干次高远球大力压住后场、对方不能及时回到前场的基础上进行。这种打法主要是力量和后场的高、吊、杀技术的协调配合。

（2）打四角球，高短结合：以后场高远球、平高球和吊球，前场放网前球、推球和挑球准确地攻击对方场区前后左右四个角落，调动对方前后左右奔跑，顾此失彼，待对方来不及回中心位置或回球质量差时，向其空当部位发动进攻制胜。这种打法要求进攻队员具有较强的控制球落点的能力、灵活快速的步法及较快的出手速度，否则难占上风。

（3）下压为主，控制网前：主要通过后场的高远球、扣杀、劈杀、吊球等技术，先发制人，然后快速上网以搓、推、扑、勾等技术，高点控制网前，导致对方直接失误，或被动击球过网，将被进攻队员一举击败。即通常所说的“杀上网”打法。这种打法是进攻型的打法，能够快速上网高点控制网前，对速度耐力和力量耐力也要求较高。这种打法，体力消耗较大，如果碰上防守技术好的对手，体力就往往成为成败的关键因素。

（4）快拉快吊，前后结合：以平高球快压对方后场两底角，配合快吊网前两角（或运用劈杀）引对方上网，当对方被动回击网前球时，即迅速上网控制网前，以网前搓、勾球结合推后场底线两角，迫使对方疲于应付，为前场扑杀和中后场大力扣杀创造机会。这也是一种积极主动、快速进攻的打法。这种打法，要求运动员身体素质好，特别是速度耐力要好，技术全面熟练，而且还具备突击进攻的特长技术。

（5）守中有攻，攻守兼备：攻对方前后左右四个角落，以调动对方；或让对方先进攻，针对进攻方打的高远球、四方球、吊球等，加强防守，以快速灵活的步法、多变的球路和刁钻准确的落点，诱使对方在进攻中匆忙移动，勉强扣杀，造成击球失误，或当对方回球质量较差时，抓住有利战机，突击进攻。这种打法要求队员具有攻中有守、守中有攻的控球和反控球能力，不仅应具备优良的速度耐力、灵活的步法、准确快速的反应和判断应变能力，更应具有顽强的拼搏精神和心理素质。

（二）双打的打法类型

（1）前后站位打法：此打法一般在本方发球时采用。发球的队员站位较前。发球队员发球后立即举拍封堵前场区，另一名球员则负责中场与后场的各种来球。前后站位法可充分运用快攻压网前搓、吊、推、扑技术，寻找空隙，一举打乱对方站位；或通过后攻前扑，后场连续大力扣杀，前场积极封堵，当回球在网附近时，一举给对方以致命打击。

（2）左右站位打法：本打法一般在本方处于接发球状态和受到下压进攻时采用。对方发球或打来后场平高球，接球方可从原来的前后站位立刻转换为左右站位，两人各负责左右半场区的防守，以平抽、平打压住对方后场底线两角，在对方扣杀球时也可以平抽反击或挑高远球至两底角，造成对方回球无力，从而一举扣杀或吊球成功。

（3）轮转站位打法：在比赛中，攻守双方总是根据比赛的情况而不断地在前后站位和左右站位间相互变换。站位的变换通常有以下两种情况。

第一，发球或接发球时前后站位：当对方回击高球至后场偏一侧进攻时，位于前面的队员要直线后退，后方的队员看情况向另一侧移动，改换成左右站位。

第二，发球或接发球时处于左右平行站位：在发球后或在对击球过程中，一旦有机会进行下压进攻时，一名球员便快速上网封堵，另一人则快速移动到后场进行大力扣、吊、杀球，导致对方处于被动地位。

第二节 羽毛球基本技术

一、握拍技术

（一）握拍方法

学打羽毛球首先要掌握握拍的方法。羽毛球的拍柄呈八角形，握拍的位置越靠上，打球时就越感到不方便，因此应尽量靠后握拍。常用的握拍方法有以下两种。

1. 东方式握拍法

动作方法：握拍时拍面与地面垂直，这是一种能够对付任何方向来球的通用型握法。东方式握拍法的特点是：有利于手腕用力，适合强攻，挥拍范围大，如果使用拍面的手法熟练的话，可灵活地利用球拍的正反两面。（见图 7-1）

2. 西方式握拍法

动作方法：西方式握拍法对于初学者来说比较好掌握。看上去，用西方式握拍法打球，好像很轻松顺手，特别是打正面的来球和头顶上的球更合适些，但是打侧身球和高球时却不太有利。原因是用西方式握拍法不太容易准确地击到球，而且也不容易利用手腕的力量进行强打。（见图 7-2）

东方式握拍法

图 7-1

西方式握拍法

图 7-2

重点：手心与拍面的相对位置。

（二）正手握拍技术

一切在身体右侧的正手正拍面击球及头顶后场击球都用正手握拍法。

正手握拍技术动作方法：先用左手握住球拍的中部，使拍框与地面垂直。张开右手，使虎口对准拍柄斜棱上的第二条棱线，拇指和食指贴在拍柄两侧的宽面上，其余三指自然握住拍柄。拍柄与掌心间应留有空隙。握拍力度适宜，恰似握着一个鸡蛋，重则破损，轻则滑落。

（三）反手握拍技术

一切在身体左侧的反手反拍面击球都用反手握拍法。

反手握拍技术的动作方法：在正手握拍的基础上，将球拍柄稍向外旋，拇指顶贴在拍柄第一斜棱旁的宽面上，也可将大拇指放在第一、二斜棱之间的小窄面上，食指稍向下靠。击球时，靠中指、无名指、小拇指三指紧握拍柄，同时拇指前顶发力击球。为了便于发力，掌心与拍柄间要留有充分的空隙。

二、基本步法

（一）上网步法

上网时如果站位靠前，可用两步交叉步上网；若站位靠后场，则采用三步交叉跨步的移动方法，即右脚向右前方迈一小步，左脚接着前交叉迈过右脚，然后右腿顺着这一方向跨一大步到位。为了加速上网，还可采用垫步上网，即右脚向右前迈一小步后，左脚快速跟进到右脚跟后，利用左脚掌内侧后蹬，右脚向右前跨出一大步。

（二）侧移动步法

向右侧移动时，两脚开立，右脚跟稍提起，上体稍倒向左侧，左脚掌内侧用力蹬地，右脚同时向右侧蹬跨一大步到位击球。若距来球较远，则左脚可向右垫一小步再蹬地，右脚同时向右跨一大步到位。

向左侧移动时，上体稍倒向右侧，右脚掌内侧用力蹬地，左脚同时向左蹬跨一步到位击球。离球较远时，左脚可先向左移一小步，然后向左转身，右脚向左前交叉步击球。

（三）后退步法

后退步法一般都采用侧身后退，以便于到位后挥拍击球。如果是右脚稍前的站位，则先以右脚后蹬、髋部右后转成侧身站位，然后采用三步并步后退或交叉步后退。

后退左后场正手绕头顶击球的步法基本同正手后退右后场步法，只是移动方向是向左后而已。

后退左后场反手击球时，必须先使身体向左后转、背向网，在后退左后场时，无论是两步后退、三步后退，还是交叉步后退都要注意这一点。

（四）步法的练习方法

（1）单个基本步法（垫步、并步、蹬步、交叉步、跨步）的反复练习。

（2）上网步法练习：中心位置→上右网前→回中心位置→上左网前→回中心位置，可持拍模仿各种击球。

（3）正手后退右后场步法练习：从起动开始，右脚向右后侧移动，髋部带动身体转向右后场，以并步或交叉步向后移动到接近底线的位置，然后起跳击球。完成击球后回中心位置，多次重复练习。

（4）后退左后场正手绕头顶击球步法练习。

（5）反手后退左后场步法练习。

（6）两侧移动步法练习：中心位置→向右侧移动步法→回中心位置→向左侧移动步法→回中心位置，多次反复练习。

（7）左、右侧起跳步法练习。

三、发球技术

羽毛球的发球技术分为后场高远球、后场平高球、后场平射球和网前小球四种。

（一）正手发球

1. 正手发后场高远球动作方法

（1）准备姿势：发球站位一般在在场地中场附近。两脚自然分开，左脚在前，脚尖正对网，右脚在后，脚尖稍偏向右侧，重心放在右脚上；用左手拇指、食指和中指夹持住羽毛球中部，自然抬举于胸前方；右手正手握拍，自然屈肘举至身体的右后侧。

（2）击球动作：持球手松开，使球自然下落，右手持拍自下而上沿半弧形做回环引拍动作，同时开始转体，当拍挥至身体右侧前下方击球点上的瞬间，前臂迅速内旋带动手腕闪动，展腕发力，用正拍面将球击出，身体重心随转体动作逐渐由右脚移至左脚。

（3）击球后的动作：身体重心完全移至左脚，持拍手随击球动作完成后的自然惯性向左上方挥动。在发球的过程中，双脚均不能离开地面或移动。

2. 正手发后场平高球动作方法

正手发后场平高球是用正手握拍法，以正拍面击出飞行弧度较发后场高远球低的发球的一种发球方法。球飞行的高度以对方跳起无法拦截为佳。这种球飞行弧度不高，速度相对就快，是单打战术中具有一定进攻性的发球。双打中若与发网前小球配合使用，则可以增加对方接发球的难度。

3. 正手发后场平射球动作方法

正手发后场平射球是用正手握拍，以正拍面击出飞行弧度较正手发后场平高球还要低的发球的一种发球方法。球的飞行弧度几乎是擦网而过，直射对方后场。这种球速度极快，故突击性很强，是单、双打中发球抢攻战术常用的一种发球方法。在比赛中，在发球方有准备而接发球方无准备的情况下，这种发球方法以它的快速、突变，可立即陷接发球方于被动。

4. 正手发网前小球动作方法

正手发网前小球是用正手握拍以正拍面击球，使球轻轻贴网而过，落在对方前发球线后的一种发球方法。它的飞行弧度小、距离短，可以有效地限制对方直接进行强有力的进攻，是单、双打中较常见的一种发球方法。

重点：球的飞行弧度。

（二）反手发球

1. 反手发后场平高球动作方法

（1）准备姿势：站位靠近前发球线，右脚在前，左脚尖侧后点地，重心放在右脚上。左手拇指、中指、食指握住球的羽毛处，置于腹前；右手弯肘稍向上提起，用反手握拍，以反拍面将球拍自然置于腹前持球手的后面，两眼正视前方。

（2）击球动作：左手放球的同时，持拍手前臂内旋，带动手腕展腕由后向前做回环半弧形挥动，击球时屈指收腕发力，反拍面向前上方将球击出；击球后的动作以制动动作结束发力，并注意将握拍姿势迅速调整为正手握拍。

2. 反手发后场平射球动作方法

用反手握拍，以反拍面发出与正手发后场平射球同样飞行弧度的球，称为反手发后场平射球。反手发后场平射球的技术动作方法与反手发后场平高球动作相同，击球时尽可能地提高击球点，拍面与地面成近 90 度角，利用拇指的顶力，迅速向前推进击球。

3. 反手发网前小球动作方法

用反手握拍，以反拍面击出与正手发网前小球飞行弧度一样的球，称为反手发网前小球。反手发网前小球的准备姿势、引拍动作和击球后的动作均与反手发后场平高球相同。击球时靠手腕和手指控制发球的力量，以斜拍面向前轻轻推送切击球托，使球尽可能低地沿网上方飞过并落入对方前发球线内。

重点：拇指的顶力。

四、接发球站位

（一）单打站位

单打站位一般是在离发球线 1.5 米处，站位时一般左脚在前，右脚在后，双膝微屈，收腹含胸，身体重心放在前脚上，后脚脚跟稍抬起。身体半侧向球网，球拍举在身前，两眼注视对方。

（二）双打站位

由于双打发球区比单打发球区短 0.76 米，发高远球容易被对方扣杀，因此双打发球多以发网前球为主，接发球时要站在靠近前发球线的地方。双打接发球准备姿势和单打的接发球姿势基本相同，只是身体前倾较大，身体重心可前可后，球拍举得高些，在球飞行到网上最高点时击球，争取主动。但要注意对方在右场区发平快球突袭反手部位。

（三）接各种发球

对方发来高远球或平高球时，可用平高球、吊球或杀球还击。一般来说，接高远球是一次进攻的机会。一些初学者常因后场技术没掌握好，回击球的质量较差，以致遭到对方的攻击。

五、前场击球技术

前场技术包括网前的放、搓、推、勾、扑、挑球等。

（一）正手放网前球

动作方法：侧对球网，右腿跨成弓箭步，重心放在右脚。正手握拍，做好放网前球的准备，球拍随着前臂向右前上方斜举，当球拍举至最高点时，前臂开始外旋转动，手腕稍后伸，左臂自然后伸，起平衡作用，这就是网前进攻技术击球前期的一致性动作。

击球时，前臂稍外旋，手腕由后伸至稍内收，握拍手的食指和拇指夹住球拍，中指、无名指、小指轻握拍柄，使球拍在手腕和手指的挥摆用力下，轻击球托把球轻送过网。挥拍的力量、速度和拍面角度的大小，主要取决于来球离网的远近和速度的快慢，来球离网远，速度快，则放球时的力量要大些，反之则力量小些。放球后，身体还原至准备姿势。

重点：判断来球离网的远近和速度的快慢。

（二）反手放网前球

动作方法：与正手放网前球相同，只是方向相反，反手握拍，反面迎球，击球时，主要靠前臂的前伸、外旋和手腕由内收至外展的合力，轻击球托底部把球轻送过网。击球后，身体还原至准备姿势。

重点：反拍迎球。

（三）正手网前搓球

动作方法：准备姿势同正手放网前球。击球前，前臂稍外旋，手腕由后伸至稍内收，击球时在正手放网前球动作的基础上，加快挥拍速度，搓切来球的右下底部，使球旋转翻滚过网。

搓球的注意事项：应争取较高的击球点，搓球时出手要快。根据球离网的远近，运用手指灵活控制好击球的角度和力量。击球点离网较远时，球拍后仰的角度应该小一些。切击球托时，应有足够的向前的力，否则容易造成球不过网；击球点离网较近时，球拍后仰的角度应该大一些。切击球托时，以切削为主，击球力量较小。

重点：搓切来球的后下底部，使球前后翻滚过网。

（四）反手网前搓球

动作方法：准备姿势同正手放网前球。主要靠前臂的前伸外旋和手腕由内收至外展的合力，搓击球的右侧后底部，使球侧旋滚动过网。另外还可以前臂稍伸直，手腕由外展到内收，带动球拍向前切送，击球托的后底部，使球下旋滚动过网。

重点：手腕由外展到内收，带动球拍向前切送。

常见错误：握拍太紧，动作僵硬，不是搓球而是将球弹出；动作过大，用前臂的力量砍切球；搓球的部位不对，球不翻转；握拍的手心没中空，击球没有捻动动作。

（五）正手网前推球

动作方法：站在右侧网前，球拍向右侧前上举；在肘关节微屈回收时，前臂稍外旋，手腕稍后伸，球拍也随着往右稍下后摆，拍面正对来球；这时，小指和无名指稍松开，在推击球时，便于发挥指力的作用；拇指和食指稍向外捻动拍柄，使拍面更为后仰。推球时，身体稍往前移，右前臂往前伸，并带内旋，手腕和手指控制拍面角度，手腕由后伸至伸直并闪腕，食指向前压，同时小指、无名指迅速握紧拍柄，拍子急速地由右经前上至左挥动推球，使球沿边线飞向对方后场底角。

推球的注意事项：击球点要高并控制好拍面角度；如果球已落在网沿以下，就要使拍面后仰，若球已落得很低，则不宜使用推球；拍预摆角度要小，发力要短促、快速。

重点：手腕由后伸至伸直并闪腕。

（六）反手网前推球

动作方法：站在左侧网前，以反手握拍举于网前，球拍随着前臂往前上方伸举，前臂稍向左胸前收引，肘关节微屈，手腕外展，这时由反手握拍变成反手推球的握拍法，球拍松握，反拍面迎球。前臂在往前伸的同时稍外旋，手腕由外展到闪腕，中指、无名指、小指迅速紧握拍柄，拇指顶压，往左边线方向挥拍；击球时，推击球托的后部，使球沿边线方向飞行；击球后，还原到击球前的准备姿势。

重点：紧握拍柄，拇指顶压。

常见错误：握拍太死，完全用小臂、手腕发力，导致动作过大；击球点太低，推球的弧度太高或下网； 拍子后摆动作过大，如同挑球、抛球动作。

（七）正手网前勾对角线球

动作方法：准备姿势同正手放网前球，前臂前伸的同时稍外旋，手腕稍后伸，这时的握拍法稍有变化，即将拍把稍向外捻动，使拇指贴在拍柄的宽面上，而食指的第二指节贴在拍柄的背面宽面上，拍柄不触掌心；球拍随着向右侧前挥动，拍面朝向对方右网前；击球时，前臂稍有内旋往左拉收，手腕由稍后伸至内收闪腕挥拍拨击球托的右侧下部，使球沿网的对角线飞行；拨击球时，手腕要控制拍面角度；击球后还原到准备姿势。

重点：内旋往左拉收。

（八）反手网前勾对角线球

动作方法：准备姿势同反手放网前球，采用反手握拍法，随着前臂前伸拍子平举。在身体前移的过程中，球拍随手臂下沉，由反手握拍变成反手勾球的握拍法，这时拍面正对来球。当来球过网时，肘部突然下沉，同时前臂稍外旋，手腕由微屈至后伸闪腕，拇指内侧和中指把拍柄往右侧一拉，其他手指突然握紧拍柄，拨击球托的左侧后部，使球沿对角线过网。

技术关键：伸腕或屈腕的动作要突然、短小、快速，使拍面对着出球方向。

常见错误：手臂前伸引拍的动作僵直，导致动作僵硬，无法控制勾球的角度和轻重力量；过于强调手指手腕的力量，而忽视了手臂带动回收的力量，很容易造成失误；引拍动作前臂和手腕没有外旋（或内旋）动作，被对方识破动作意图，达不到推、搓、勾球动作的一致性。

重点：拍子画 S 型弧线。

（九）正手网前扑球

动作方法：左脚先蹬离地面，然后右脚向右网前蹬跃而起扑球。当身体前倾时，正拍朝前。球拍随手臂往右前伸，斜上举起。蹬跳后，身体凌空跃起，前臂往前上伸，稍外旋，腕关节后伸，同时虎口对着拍柄的宽面，小指和无名指稍松开，使拍柄离开鱼际肌。击球时，手腕由后伸略内收闪动至外展。随着手腕的闪动，拍子从右侧向左前挥动，这时击球的力量主要靠身体前扑的冲力与前臂、手腕鞭打击球的合力。如果球离网顶较近，那就要靠手腕从右前平行球网向左前的滑动挥拍扑球。这样可避免球拍触网违例。扑球后，球拍随手臂往右侧前下回收。

重点：正拍朝前推击。

（十）反手网前扑球

动作方法：同正手扑球相似，唯方向在左网前。反手握拍，持于左侧前，当身体向左前方跃起时，球拍随着前臂前伸而前举，手腕外展，拇指顶压在拍柄的宽面上，食指和其他三指并拢，拍面正对来球。击球时，手臂伸直，手腕由外展至内收闪动，手指握紧拍柄，拇指顶压，加速挥拍扑击。击球后马上屈肘，手腕由内收到外展，拍子放松自然收（以免触网违例）至体前。

重点：手腕外展，拇指顶压。

（十一）正手网前挑高球

动作方法：准备动作同正手放网前球。击球前前臂充分外旋，手腕尽量后伸。击球时，从右下向右前方至左上方挥拍击球。在此基础上，若球拍向右前上方挥动，挑出的是直线高球；若球拍向左前上方挥动，挑出的是对角线高球。

重点：前臂充分外旋，手腕尽量后伸。

（十二）反手网前挑高球

动作方法：准备动作同反手放网前球动作。击球前右臂往左后拉抬时引拍。击球时前臂充分内旋，手腕由屈至后伸闪动挥拍击球。若球拍由左下向左前上方挥动，则球向直线方向飞行；若球拍由左下向右前上方挥动，则球向对角线方向飞行。

重点：前臂充分内旋，手腕由屈至后伸闪动挥拍击球。

（十三）网前技术的练习方法

（1）首先对搓、推、勾、扑每一个技术动作的结构、规范要求，有明确的概念和清晰的认识。能熟记和识别它们之间的相同点和不同点。

（2）熟练掌握正、反手握拍上网前的基本功：正手握拍上右网前，反手握拍上左网前，一步垫步上网，两步跨步上网，三步交叉跨步上网。

（3）两人隔网对练搓球或勾球。

（4）吊上网搓、推、勾对角组合练习。

（5）杀上网搓、推、勾对角组合练习。

（十四）网前技术的难点

握拍要活，要充分利用手腕和手指的力量来控制球拍，以便击出不同球路和落点的球。容易出现的问题包括：手腕与手指运用不当，不是用力过猛，就是拍面控制不好，使击出的球离网太高、太远或落网；站位离网过近，妨碍击球动作；出手慢；击球点低。

（十五）网前技术常见错误及纠正方法

（1）前冲失去重心。放网前球击球后，身体继续前冲，回动有困难。纠正方法为：最后一步向前跨时脚要超越膝关节，并做到以脚跟外侧沿先着地，然后过渡到前脚掌着地，以脚趾制动。与此同时，左臂往左后张开，以保持身体平衡；如果最后一步步幅很大，可以右脚着地后左脚向前拖滑一段距离，以利于回蹬。

（2）球不过网，或过网弧度太高。纠正方法为：握拍要灵活放松，以保持用手指灵活控制拍面角度和掌握用力大小的能力；击球点离网较远时，拍面后仰的程度要适当小一点；击球点较近网时，拍面后仰的程度要适当大一些。

（3）挑球挑得不够高，不够靠后。纠正方法为：根据球离网的远近掌握好拍面角度，如果球较近网，挑球难度较大，拍面要多后仰一些；如果球离网较远，拍面后仰的程度可小一些；要用向上挑球的爆发力，如果因本身力量小，应加强爆发力训练。

（4）扑球时易触网违例。纠正方法为：击球点距网较远时，可以用前臂和手腕向正前下方扑击。如果击球点很近网，则应使球拍向前下劈击。

扑球时球不过网或自端线出界。纠正方法为：上网要快，捕捉住高点扑击的机会，如果球已下落到与网齐平的高度，就不宜再扑球，拍面前倾的程度应根据击球点高低和离网的远近调整，击球点较近网且高，拍面应多前倾些，如果击球点低，或击球点较远网，拍面应前倾少些。

六、中场击球技术

中场击球技术包括挡直线网前球技术、挑高球技术、抽球技术与快打技术。

（一）挡直线网前球技术（以右侧击球为例）

动作方法：该技术多用于接对方杀球。接球前用接杀球的步法移至右场边线，身体右倾，手臂右转，前臂外旋、手腕外展。击球时，前臂内旋稍翻腕带动球拍由右下向前上方推送击球，把球挡向直线网前；也可以在击球时前臂由外旋到内收，带动球拍由右向前切送，挡直线网前。击球后，身体左转，正面对网，然后右脚上前一步，球拍随身体向左转，收至体前。

重点：带动球拍由右向前切送，挡直线网前。

（二）挑高球技术

1. 正手挑直线高球

当对方击出靠近右边线的球时，右脚向右侧跨一大步到位。随步法移动往右侧引拍，右臂稍向右后摆的同时稍带有外旋，手臂后伸到最大限度，使球拍迅速后摆，紧跟着右前臂急速向前摆动时略有外旋，手腕从后伸到伸直闪腕，这时，肘起着“支点”作用，拍面对准来球，击球托的中下部，使球沿直线飞行。击球后，前臂内旋，球拍往体前上方挥动。

2. 反手挑直线高球

击球前，前臂内旋，手腕外展，引拍至左侧前。击球时，前臂急速往右前方挥摆，手腕由外展至后伸闪动，握紧球拍，加上拇指的顶力，全速挥拍击球，使球向直线方向飞行，若向对角线方向挥拍，则球向对角线方向飞行。

3. 挑高球技术练习方法

多球挑、多球定向挑、接吊挑；在反手挑技术基础上，练习多球反手挑、多球定向挑、反手接吊挑。

动作方法：正手接杀球、反手接杀球放网前球，侧身对右边网前，右脚跨前成弓箭步，重心在右脚上；右手持拍于右侧体前约与肩同高，拍面右边稍高斜对网，左臂自然后伸，起平衡作用。击球前前臂稍外旋，手腕外展引拍至右侧前。击球时手腕稍内收，食指和拇指控制拍面和用力大小，轻切球托把球轻送过网。击球后，在身体重心复原的同时，收拍至胸前。

重点：手腕稍内收，食指和拇指控制拍面和用力大小。

（三）抽球技术

1. 正手平抽球

两脚左右开立稍宽于肩，右脚向右侧迈出一小步，同时上体稍往右侧倾，右臂向右侧上摆，球拍随着上举，肘关节保持一定角度，击球前肘关节前摆，前臂稍往后带外旋，手腕稍外展至后伸，引拍至体后。击球时前臂内旋，手腕伸直闪动，手指抓紧拍柄，球拍由右后往右前方高速平扫来球。

2. 反手平抽球

右脚前交叉在左侧前，重心在左脚上，右手反手握拍于左侧前。击球前肘部稍上抬，前臂内旋，手腕外展，引拍至左侧。击球时，在髋的右转带动下，前臂外旋，手腕由外展到伸直闪动，挥拍击球托的底部。击球后，球拍随身体的回动收回到右侧前。

重点：高速平扫击球。

（四）快打技术

1. 正手快打

两脚开立，右脚稍前，左脚在后，两膝弯曲呈半蹲式，正手西式握拍（虎口对宽面），上举球拍经过头顶，往头后引至右后侧下方，手握拍较松。当判断来球是在头顶上方时，身体稍往前移，同时左脚往前跨一小步，右脚稍微伸直，成左弓箭步，把击球点选在右肩的前上方。上臂向前上方抬起时弯曲，前臂稍后摆带有外旋，引拍于头后。击球时前臂向前，手腕由后伸至前屈闪动，挥拍击球托的后部，使球平直、急速地飞向对方中场区的附近。击球后，球拍随势前盖，右脚往左前方迈一步，站在中线两侧稍偏后的位置，球拍由左下回举至前上方，准备迎击下一次的来球。

2. 反手快打

右脚前交叉在左侧前，重心在左脚上，右手反手握拍在左侧前。击球前肘部稍上抬，前臂内旋，手腕外展，引拍至左侧。击球时，在髋的右转带动下，前臂外旋，手腕由外展到伸直闪动，挥拍击球托的底部。击球后，球拍随身体的回动收回到右侧前。

重点：身体重心左右移动，平推快打击球。

七、后场击球技术

发球仅是击球的开始，而真正激烈的争夺是在发球后的接发球，或发球抢攻以及这之后的对拉击球上。因此，合理、协调、有力、有效的击球将是运动员夺取最后胜利的根本保证。

（一）正手击高远球

动作方法：在右后场区击球的位置上，左脚在前，右脚在后，稍屈膝，侧身对网，重心在右脚前掌上面，左手自然上举，头抬起注视来球，右手持拍于身体右侧，击球前，重心下降准备起跳。起跳的同时右臂后引、胸舒展。当球落至额前上方击球点时，上臂往右上方抬起，肘部领先，前臂自然后摆，手腕尽量后伸，前臂急速内旋往前上方挥动，手腕向前鞭打发力（握紧球拍）击球托的后部，球即朝直线方向飞去，若手腕控制拍面击球托的右侧下部，球则向对角方向飞行。击球后，手臂随惯性自然回收至胸前。

重点：全身发力。

（二）反手击高远球

动作方法：看准对方的来球落向左后场区时，迅速把身体转向左后方，移动到合适的击球位置，背对球网，并用反手握拍法握拍，最后一步右脚跨向左后方，球拍由身前举到左肩附近，以大臂带动前臂转动，击球时前臂由左肩上方往下绕半弧形，最后一刹那手指紧握球拍，击球点以在右肩上方为佳，以手腕往右后上方或者根据还击的需要掌握好球拍的角度鞭打进行击球，把球击向后上方。击球后，转身手臂回收至胸前。

重点：击球点控制在身体左侧上方。

（三）击平高球

动作方法：击平高球与击高远球一样，平高球也可以分别用正手、头顶或者是反手技术。不论是用正手、头顶或者是反手技术击打平高球，其击球前的准备动作与用正手、头顶或者是反手技术击打高远球的准备动作相似，只是在击球的一刹那，手腕是向前使劲，而不是向前上方使劲。

重点：拍面击球，向前上方平推。

（四）吊球

把对方击来的高球，从后场轻击或轻切、轻劈到对方的近网附近，叫作吊球。吊球以其动作方法、球的飞行弧线的不同可分为轻吊、拦吊、劈吊（其中每项都包括正手、头顶、反手等方法）。

（1）正手吊球。击球前动作同正手击高球。击球的一刹那，前臂突然减速，用手腕的闪动向前下轻轻切击球托的右侧后下部。关键是用力方向为前下，使球过网后即下落。击球后手臂随惯性自然回收到胸前。

（2）反手吊球。击球前的动作同反手击高球。不同点是前臂上摆，拇指内侧顶住拍柄，手腕向后“甩腕闪动”（由屈到后伸外展）轻击球托的后下部位，使球的受力向前下方，球沿直线方向落到对方网前。

重点：击球的一刹那捻动球拍转动。

（五）扣杀球

扣杀球是把高球用力向前下方重击、重切或重“点”击球。这种球速度快、力量大。比赛中，杀球可以直接得分，也可以使对方处于被动防守的地位。这一技术是羽毛球进攻中的主要技术之一。

扣杀球以击球点距身体的位置可分为正手扣杀、头顶扣杀和反手扣杀，以击球力量的大小分大力杀、轻杀、劈杀、点杀、开网大力杀等。

（1）正手扣杀球。准备姿势与正手击高球相似，不同之处是右脚起跳后，身体后仰成反弓后收腹用力，靠腰腹带动大臂、大臂带动前臂、前臂带动手腕，形成向下鞭打的用力，球拍正面击球托的后部，无切击，使球沿直线向前下方快速飞行。击球后立即还原成准备姿势。

（2）反手扣杀球。动作方法与反手击高球相同。不同之处是击球前的挥拍用力要大，身体反弓加上手臂、手腕的延伸、外展的鞭打用力，可向对方的直线或对角线的下方用力，击球瞬间球拍与扣杀球方向的水平夹角要小于90度。

（3）腾空突击扣杀。击球前，右脚稍前，左脚稍后，身体稍前倾、屈膝，重心落在右脚上，准备起跳。起跳后，身体向右后方腾起，上身右后仰成反弓形，右臂右上抬，肩尽量后拉。击球前臂快速举起，手腕从后伸至前臂旋内跟着屈收压腕鞭打高速向前下击球。杀球后，屈膝缓冲，右脚右侧着地，重心在右脚前；左脚在左侧前着地，并迅速还原。

重点：击球点放在头顶前上方。

（六）后场击球技术的练习方法

（1）按照技术动作方法，持拍做好准备。进行引拍、挥拍、击球（还原）的基本功练习。注意握拍要正确、合理，左右手臂、前后脚及转体收腹等动作协调，在最高点击球等规范要求。

（2）原地进行起跳转体 90 度，着地后即返回原地，再反复起跳并完成上手挥臂动作的练习。

（3）多球式喂球或一对一陪练式喂球，让练习者移动到位击球。随后逐步提高要求，可由原地完成动作，到起跳完成动作；由固定回击一点直线球，到回击两点直线加斜线球等。

（4）两人分边，用高吊、高杀直线或斜线球进行对练。要求开始速度慢些，逐步加快，注意到位击球，提高击球的稳定性、准确性。

（5）强调高、吊、杀动作的一致性，即在准备另一拍、挥拍到击球前期动作的一致性。杀球也是肩关节为轴，大臂带小臂，小臂带手腕，但更强调手腕积极向前下方重压。吊球则是以肘关节为轴，手腕积极下压，切削球的右侧后下部。

八、羽毛球基本技术的练习方法

（一）利用手抛球进行上网推搓球

两人一组，一人站在网前用手抛球，先给对方手抛网前的正手位，然后模仿劈吊的速度将球快速抛向对方的反手腰部边线附近。注意节奏要接近实战，不要过快或过慢。

接球方站在单打防守位置，当对方抛出正手网前球时，利用急停加速启动，快速上网或推或搓，然后快速还原，还原到位的同时急停蹬转体，向反手位跨步，进行反手的低手接球，最好是挡网，可直线或斜线，然后快速还原再次上网。

上反手网前防正手腰部低手的练习方法同上。以20～30个球为一组，两人交替进行。

（二）对吊上网练习

两人一组，甲方劈吊直线网前球，然后快速上网，挑后场直线高远球。乙方挡或放网，然后快速退向后场，再次劈吊直线网前球，形成两人循环不断的对吊上网练习。

练习时应该注意的是：

（1）吊球时手臂、手腕放松，但要追求挥拍动作的一致性，注意挥拍的速度；

（2）后场击球脚下一定要做跳转或蹬转，前后场跑动时力求步法的规范性，还原要快；

（3）网前的挡放网不宜质量过高，以免破坏两人循环跑动的连续性；

（4）在前后跑动的过程中，在中场附近要利用蹬转体的有效加速度，来完成前后移动时重心转换，这是练习的重点。

（三）网前抢点练习

两人一组。一人站在发球线上，手抛网前球，另一人隔网站在发球线附近，反复上网抢点进行压、推、挑、放的练习。每组30～50个球，两人交替进行。

（1）压：是指在抢到较高点时的网上扑杀；

（2）推：是指抢到球时高度已经无法下压时，推后场两点的平快球；

（3）挑：是指高度已经无法推压的球，可挑后场或搓放网；

（4）放：搓放网。

（四）二控一练习（简单二打一）

三人交替进行，其目的是提高个人全场跑动和基本控球能力。三人轮流交替进行，每人5分钟。

（1）两人方：一人站在网前，只挡放网，不得扣杀球。为保证对面练习者跑动时的连续性，不要求回球质量过高。另一个人在后场（最好水平略高一些），打各种球给对方，尽量多利用曲线。

（2）一人方：模仿实战，尽量做到回球到位，追求落点。

（五）简单练习方法

（1）直线高远球的练习：两人一组，沿边线反复打高远球，目标为后场边角，不要怕失误，共5分钟。熟练后可打一些后场平高球。

（2）对角高远球的练习：两人一组，反复打对角高远球，目标为后场边角，不要怕失误，共5分钟。熟练后可打一些后场平高球。

（3）网前球的练习：20个球为一组，一人手抛，一人搓或勾或扑，两人交替进行，共10分钟。

（4）杀球接杀球的练习。两人交替进行，共10分钟。

（5）直线斜线劈吊球练习：两人一挑一劈吊，挑球一方尽量将球到位，目标后场边角尽量高些，劈吊方的练习开始要追求质量，熟练后逐步加速。二人交替进行，共10分钟。

羽毛球的练习是复杂多样的，像打多球、点控点、多打一等训练都是提高能力的有效方法。

第八章　健美操

第一节　健美操运动的特点、创编原则与方法

一、健美操运动的分类、特点及锻炼目的

（一）健美操的分类

根据当今国内外健美操的发展趋势，健美操可分为健身健美操和竞技健美操两大类。

健身健美操通常采用徒手或轻器械进行练习，是一种持续一定时间的中低强度的全身性运动，主要锻炼练习者的心肺功能，发展其有氧耐力素质。

竞技健美操是一项在音乐伴奏下，完成连续复杂的和高强度成套动作的运动项目。成套动作必须通过连续的动作组合，展示运动员柔韧性和力量、多样性操化动作组合，结合难度动作完美地完成。竞技健美操的主要目的是竞赛。

1. 健身健美操的分类

根据不同风格分为徒手健美操、器械健美操和特殊场地健美操。其中徒手健美操包括：传统有氧健美操、拳击健美操、搏击操、瑜伽健身术、拉丁健美操和街舞健美操。器械健美操包括：踏板操、哑铃操、杠铃操、橡皮筋操和健身球操。特殊场地健美操包括：水中健美操、功率自行车健美操和固定器械健美操等。

根据年龄分为幼儿健美操、少儿健美操、青少年健美操、中老年健美操。

根据性别分为男子健美操、女子健美操。

根据锻炼目的分为康复健美操、保健健美操、姿态健美操、减肥健美操。

根据练习形式分为徒手健美操、持轻器械健美操、专门器械健美操。

根据锻炼的部位分为头颈部、肩部、胸部、腰部、腿部、手臂、腹部、臀部等局部健美操。

根据参加人数分为单人健美操、双人健美操、集体健美操。

2. 竞技健美操的分类

竞技健美操根据竞赛项目分为单人（男单、女单）、混合双人（男、女各一人）、三人（性别不限）、五人（性别不限）健美操等。

（二）健美操运动的特点

1. 高度的艺术性

健美操是融体操、舞蹈、音乐于一体的追求人体健与美的运动项目。因此，健美操属健美体育的范畴，具有高度的艺术性。健美操的艺术性主要体现在其“健、力、美”的项目特征上。“健康、力量、美丽”是人类有史以来所追求的身体状态的最高境界，而健美操运动中，无论是健身健美操还是竞技健美操，无不处处表现出“健、力、美”的特征，包含着高度的艺术性因素，使健美操不同于其他运动项目，这也正是人们热爱健美操运动的原因之一。

健美操动作协调、流畅、有弹性，使练习者不仅锻炼了身体、增强了体质，而且从中得到了“美”的享受，提高了审美意识和艺术修养。而健美操运动员在比赛中所表现出的健美的体魄、高超的技术、流畅的编排和充沛的体力等，也无不给观众留下深刻的印象，充分体现出健美操运动的“健、力、美”特征和高度的艺术性。

2. 强烈的节奏性

音乐是健美操运动不可缺少的组成部分。健美操音乐的特点是节奏强劲有力、旋律优美，具有烘托气氛、激发人们热情的作用。健美操动作具有强烈的节奏性特点，并通过音乐充分地表现出来。健美操运动之所以深受人们喜爱，除练习本身的功效性、动作的时代感外，很重要的因素是现代音乐给健美操带来了活力，健美操动作与音乐的强烈的节奏性使健美操练习更具有感染力，也使健美操比赛和表演更具有观赏性。

3. 广泛的适应性

健美操练习形式多样，运动量可大可小、容易控制，对场地、器材的要求也不高，因此，对各个年龄层次、不同性别、不同身体素质、不同技术水平的人都适宜，各种人群都能从健美操练习中找到适合自己的方式，都能从健美操练习中得到乐趣。如中老年人可选择低强度的有氧练习，达到锻炼身体、娱乐身心、保持健康的目的；而对具有较好身体素质、有意进一步提高的年轻人来说，可选择难度较高、运动量较大的竞技健美操，通过练习，不仅锻炼了身体，而且可提高技术水平，满足其进取心。因此，健美操运动具有广泛适应性的特点。

（三）健美操的锻炼目的

（1）促进身体的良好发育，增强肌肉、韧带和内脏器官的功能，发展身体的柔韧等基本素质，增进健康，增强体质。

（2）培养正确的身体姿势，矫正不良的身体姿势，塑造正确优美的体态。

（3）协调人体各部位的肌肉群，使人体匀称、和谐发展，塑造美的形体。

（4）培养正确的审美观念、良好的风度、乐观进取的精神，陶冶美的情操。

二、健身健美操创编原则

（一）根据编操的目的、对象特点和具体任务创编

健身健美操总的目的任务是增强体质，培养正确的体态，塑造美的形体，陶冶美的情操。具体到某一套操，其任务又会有所不同，因此，创编的要求就应不同。应针对不同对象的生理、心理特点，明确创编任务。

（二）坚持全面发展身体的原则

人体美最本质的表现是健康，健康是人体美的基础。健美操是追求人体美的健身运动，首要任务是增进人体的健康。因此，创编健身健美操时，必须坚持全面发展身体健康的原则。健美操的锻炼应使身体各部位的关节、肌肉、韧带和内脏器官得到全面的发展，使身体具有匀称的腰身，健美的四肢和发育良好的循环系统、神经系统以及健美的肌肉，健壮的骨骼。只有健康的人才能精神饱满，情绪愉快，动作敏捷、协调、优美，才能保证劳动、生活的高效率。

（三）认真选配健身健美操音乐

健美操音乐是成套操的重要组成部分。音乐不是健美操的陪衬，而是不可缺少的内容。它不仅能够培养练习者的节奏感，有效调节运动强度，而且能激发练习者的情绪。因此，音乐选配无论在风格上还是在节奏上都应该与健美操动作相一致。健美操的配乐方法有三种：一是先编动作，后配音乐；二是先选音乐，后编动作；三是先编动作，后创作音乐。这三种方法须根据具体情况和条件选择，总的目的都是使动作和音乐配合默契、和谐，表现出高度的统一，显示出独特的风格。

（四）合理地安排健身健美操的动作顺序和运动负荷

健身健美操可以分为三个部分。第一部分为准备活动，或者称热身活动，主要是动作比较缓慢、运动量较小的简单动作。第二部分为主体部分，该部分动作难度加大，而且运动量增大，包括全身动作和跳跃运动。第三部分为整理动作，动作幅度逐渐减小，速度放慢，有意安排四肢和身体的放松动作，使身体和脉搏尽快地恢复到正常的状态。

成套健身健美操的运动负荷安排，应符合人体运动的合理的生理曲线要求，即心率变化由低到高，波浪形地逐渐发展，出现最高心率，最后恢复到平静状态。

三、健美操的创编步骤与记录方法

（一）确定目的和任务

创编健美操首先要明确编什么样的操，即具体的目的、任务与要求是什么。

（二）明确对象

创编健美操要明确对象的性别、年龄、特点、水平、身体状况、场地器材条件等。

（三）确定风格、设计动作

健美操是风格迥异的。例如，有以爵士舞为基调的拉丁健美操，有以拳击动作为基调的搏击健美操，有以芭蕾动作和艺术体操动作为基调的姿态健美操，有以瑜伽动作为主的瑜伽健美操等。应根据创编者的特长与练习对象的具体情况（身体素质、能力）确定健美操的风格。确定了整套操的风格后，在设计动作时注意每节动作风格要统一，切忌一套动作中出现风格各异、不协调等问题。

（四）选择音乐

不论采用哪一种配乐方法，都要求音乐的节奏、旋律和风格与动作协调一致。

（五）合理编排成套动作的顺序和运动负荷

根据动作编排的规律，合理安排动作顺序，并检测成套操的运动量，进行运动量分析，对不合理部分进行修改。

（六）记录成套动作

编完之后，要把每节操的图解和文字说明记录下来，记录的内容和顺序如下。

（1）记录每节动作的名称和动作重复次数，如：第一节　伸展运动（两个八拍）。

（2）绘制动作简图，简图包括预备姿势及每节动作的主要姿势、动作路线和结束姿势。

（3）写出每拍动作的说明，力求简明扼要，术语正确。记写徒手动作的记录顺序是下肢、上肢、躯干、头部；记写器械动作时，先写身体动作，再写器械动作，并明确指出动作的方向、路线和做法等。

（4）如果后若干拍动作与前若干拍动作相同，可省略不写。但如果方向相反，则必须写出，如：5 至 8 拍同 1 至 4 拍，但方向相反。

（七）试验和修改

编操结束后，可在部分受试群中进行试验，收集意见，并据之在动作、音乐、运动负荷等方面进行修改。

第二节　健美操动作教学

健美操基本动作是指健美操动作中最主要、最稳定的部分，其他动作都是以此为基础的。这些动作既是健美操中最经典、最核心的部分，也是发展健美操高难动作和组成复合动作的基础。因此，只有认真、正确地练习健美操基本动作，才能抓住健美操动作的本质特点和运动规律，更好地展示健美操。

一、健美操基本手型和基本徒手动作

（一）健美操基本手型

健美操的手型有多种，常用的大致有以下四类。

1. 掌

包括并指掌、分指掌、屈指掌等。

（1）并指掌：五指伸直，相互并拢。大拇指微屈，指关节贴于食指旁。

（2）分指掌：五指用力伸直，充分张开。

（3）屈指掌：手掌用力上翘，五指用力弯曲。

2. 拳

握拳方法：拇指在外，指关节弯曲，紧贴于食指和中指第二关节处。

3. 指

包括剑指（单剑指、双剑指）、响指、健美指等。

（1）剑指：握拳（空心拳），食指伸直或食指与中指并拢伸直。

（2）响指：拇指与中指摩擦打响。

（3）健美指（西班牙舞手型）：小指、无名指、中指自掌指关节处依次屈，拇指稍内扣。

4. 其他

包括芭蕾手型等。芭蕾手型：五指并拢，自然伸长；拇指与中指稍向里合。

（二）健美操基本徒手动作

健美操基本徒手动作可根据身体各部位分述。

1. 头颈动作

包括头颈屈、转、绕及绕环。

（1）头颈的屈：颈关节角度的弯曲。运动形式包括前屈、后屈、左右侧屈。

（2）头颈的转：头颈部绕身体垂直轴的转动。运动形式包括左转与右转。

（3）头颈的绕及绕环：以颈为轴心的弧形和圆形运动。运动形式包括左绕、右绕和绕环。

要求：做各种形式头颈动作时，节奏一定要慢，上体保持正直。

2. 肩部动作

包括提肩、沉肩、肩的绕及绕环。

（1）提肩和沉肩：提肩是指肩胛骨做向上的运动，沉肩是指肩胛骨做由上而下的运动。运动形式为单肩、双肩和左右依次提肩、沉肩。

（2）肩的绕和绕环：以肩关节为轴做小于 360 度的弧形运动（绕）或大于 360 度的圆形运动（绕环）。运动形式为单肩、双肩向前、向后的绕及绕环。

要求：提肩、沉肩时两肩在同一平面内尽量上下运动。绕和绕环时，动作充分，手臂放松。

3. 胸部动作

包括含胸和展胸。

（1）含胸：两肩内合，胸廓内收。

（2）展胸：挺胸，肩外展。

要求：练习时收腹、立腰。

4. 上肢动作

包括举臂、臂的屈伸、臂的摆动。

（1）举臂：以肩关节为轴，手臂由低向高举起，活动范围不超过 180 度而停止在某一位置的动作。运动形式为单臂或双臂的向前、向后、向左、向右及各中间方向的举。

（2）臂的屈伸：臂部肌肉收缩，使关节产生屈和伸的活动过程。运动形式为单臂或双臂的同时或依次向前、向后、向左、向右、向上、向下及各中间方向的屈伸。

（3）臂的摆动：以肩关节带动手臂完成臂的摆动动作。运动形式为单臂或双臂的上举后振、下举后振、侧举后振。

要求：做臂的举、屈伸时，肩下沉；做臂的摆动时，肩拉开用力；做手臂的练习时，部位要准确，路线要清晰。

5. 腰部动作

腰屈、转、绕及绕环。

（1）腰的屈：下肢固定，上体沿矢状轴和水平轴的运动。运动形式为向前、向后、向左、向右屈。

（2）腰的转：下肢固定，上体沿垂直轴的运动。运动形式为向左、向右转。

（3）腰的绕和绕环：下肢固定，上体沿垂直轴做弧形和圆形运动。运动形式为向左、向右的绕和绕环。

要求：上体立直；绕和绕环时，速度放慢。

6. 胯部动作

包括顶胯、提胯、摆胯、胯的绕及绕环、行进间正胯（反胯）走。

（1）顶胯：胯做急速的水平移动动作。运动形式为向前、向后、向左、向右的顶跨。

（2）提胯：胯做急速向一侧上提的动作。运动形式为向左、向右的提跨。

（3）摆胯：胯做钟摆式的连续移动动作。运动形式为向前、向后、向左、向右的摆跨。

（4）胯的绕和绕环：胯做弧形和圆形运动。运动形式为向左、向右的绕和绕环。

（5）行进间正胯（反胯）走：顶胯方向与身体行进方向一致（相反）的移动动作。

要求：做胯部练习时，上体放松。

二、健美操的基本步法

健美操基本步法是健美操练习者进行下肢基本姿态练习的主要手段，练习步法既能提高练习者心血管系统的机能，又能培养其灵活性、协调性、节奏感以及下肢的爆发力等。因此，健美操基本步法的练习具有非常重要的作用。

在介绍健美操基本步法之前，首先要了解健美操的基础动作——弹动。它是指髋、膝、踝各关节有节奏地依次完成屈和伸的动作。它既是健美操最重要的基本技术，又是最能体现健美操的基本特征的动作。它能有效减小运动对关节的冲击力，从而减少运动损伤。因此在进行健美操练习时，要着力体会健美操的弹动动作，使动作更富有节奏性。

（一）低冲击力动作

1. 踏步

两腿依次高抬，落地时由脚尖过渡到脚跟着地，屈膝，胯微收，握拳、屈臂前后自然摆动。形式：有原地、左右移动及转体的踏步。要求：落地时髋、膝、踝各关节依次缓冲。

2. “一”字步

1 拍：左脚向正前方迈一步。2 拍：右脚上步并于左脚。3 拍：左脚后撤一步。4 拍：右脚后撤并于左脚。形式：向前“一”字步和向后“一”字步。要求：并腿时注意膝关节的节奏弹动。

3. “V”字步

1 拍：左脚向前方约 45 度方向迈一步。2 拍：右脚向前方约 45 度方向迈一步。3 拍：左脚收回原位。4 拍：右脚并于左脚。形式：正“V”字步和倒“V”字步，并可进行平移和转体。要求：两脚距离宽于肩，两膝弯曲，膝盖打开方向是脚尖所指方向。

4. 漫步

1 拍：左脚前上一小步，重心随之前移。2 拍：右脚原地踏一步，重心移至右脚。3 拍：左脚后撤一小步，重心随之后移。4 拍：右脚原地踏一步，重心移至右脚。形式：移动及转体的漫步。要求：紧腰直背，重心移动要灵活。

5. 迈步点地

1 拍：左脚向侧跨一步，重心移至左脚。2 拍：右脚在同侧方点地。3 拍、4 拍：反方向。形式：向侧及斜前方和斜后方的迈步点地。要求：跨步时，膝关节自然弹动，上体保持正直。

（二）低冲击力动作转化成高冲击力动作

1. 侧交叉步→侧交叉步跳

1 拍：左脚向侧迈一步。2 拍：右脚在左脚后交叉。3 拍同 1 拍。4 拍：右脚并左脚。形式：平移、斜方向及转方向的交叉步。要求：交叉时，重心要快速移动，下肢各关节要有弹性屈伸。

2. 吸腿→吸腿跳

1 拍：左腿高抬。2 拍：左腿收回。3 拍、4 拍：反方向。形式：单次或多次地向前、向侧吸腿，可原地完成，也可移动或转体进行。要求：大腿用力上提至水平，小腿自然下垂，上体保持正直。

3. 弓步→弓步跳

1 拍：左脚迈出一步，屈膝成弓步，右腿蹬直。2 拍：左腿收回。3 拍、4 拍：反方向。形式：左右移动或转体的弓步，可上步、撤步或侧身完成弓步。要求：屈膝腿大腿与地面平行，另一腿伸直，重心落于两腿之间，上体保持正直。

4. 踢腿→踢腿跳

1 拍：左腿直膝、绷脚由下至上加速摆动。2 拍：左腿收回。3 拍、4 拍：反方向。形式：向前、侧、斜前的原地踢腿以及移动、转体踢腿。要求：踢腿快速有力，紧背立腰，上体保持正直。

（三）高冲击力动作

1. 弹踢腿跳

预备时，左腿后屈。1 拍：右腿小跳，左腿向前下方踢出。2 拍：左腿收回支撑，右腿后屈。3 拍、4 拍：反方向。形式：向前、侧、斜前的原地弹踢以及移动、转体的弹踢。要求：弹踢腿时，直膝绷脚，踢腿后要控腿，收腹立腰，上体正直。

2. 并腿跳

双腿并脚，同时蹬地向上跳起，双脚同时落地。形式：单次或多次并腿跳，并可转体完成。要求：跳起时，收腹立腰；落地时，屈膝缓冲。

3. 分腿跳

并腿站立，屈膝半蹲后向上跳起，空中双腿分开。落地时，双腿并拢，屈膝缓冲。形式：单次或多次原地或转体分腿跳。要求：跳起时，收腹立腰，注意保持空中平衡；落地时，屈膝缓冲。

4. 开合跳

1 拍：并腿跳起，分腿落地。2 拍：分腿跳起，并腿落地。形式：单次或多次原地、移动、转体开合跳。要求：跳起与落地时，膝关节沿脚尖方向弯曲，同时注意屈膝缓冲。

（四）无冲击力动作

1. 半蹲

1 拍：左脚向侧迈一步，同时屈膝半蹲。2 拍：左脚蹬地收至右脚。3 拍、4 拍：反方向。形式：分腿幅度可大可小，并可向侧迈一次或两次。要求：半蹲时，收腹立腰，屈膝时向外打开，重心在两腿之间。

2. 提踵

脚跟抬起，以前脚掌支撑身体。形式：单脚提踵或双脚并腿、分腿提踵。要求：脚跟上顶，夹腿提臀，收腹立腰。

第九章　体育舞蹈

第一节　体育舞蹈简介

体育舞蹈（国际标准交谊舞）是风靡世界的一种竞技舞蹈项目，是一种男女为伴的双人舞运动项目。体育舞蹈融音乐、舞蹈、服装、风度、体态美于一体，既有丰富的艺术内涵，又具有体育竞赛的特点。体育舞蹈是现代社会人们健身、健美、休闲娱乐、陶冶情操的一种高雅的文化活动。

体育舞蹈分为摩登舞和拉丁舞两大类共 10 种舞蹈样式。摩登舞起源于欧洲，拉丁舞起源于拉丁美洲地区。为了便于推广和交流，20 世纪 20 年代，英国皇家舞蹈教师协会规范了华尔兹、探戈、狐步、快步四种摩登舞。20 世纪 50 年代，世界上逐渐产生了十种规范的舞蹈样式。这种充满竞技性、规范性的艺术舞蹈从 20 世纪 20 年代之后风靡整个欧洲，并且由世界杯赛和世界锦标赛掀起狂潮。随着竞技水平的不断提高，国际比赛分出专业和业余两个级别。英国皇家舞蹈教师协会和国际舞蹈教师协会属于专业组织。国际舞蹈组织为了将国际标准交谊舞纳入体育竞技项目，积极争取早日加入奥运会，将其称为体育舞蹈。

体育舞蹈在 20 世纪 30 年代传入我国。从 1987 年开始，我国每年都要举办体育舞蹈的全国性比赛。20 世纪 90 年代初期，体育舞蹈已进入我国校园，一些高等院校开设了体育舞蹈选修课或必修课，体育舞蹈深受大学生的喜爱，并已逐渐成为大学校园文化的一部分。

一、体育舞蹈的特点和分类

（一）体育舞蹈的特点

体育舞蹈是由属于文艺范畴的舞蹈演变而来的体育项目，兼有文艺和体育的特点，是介于文艺和体育之间的项目，是以竞赛为目的、具有自娱性和表演观赏性的竞技舞蹈。它具有以下三个特点。

（1）严格的规范性。规范性首先表现在体育舞蹈是一个完整的舞蹈系统，是经过数百年历史的锤炼、加工而成的；其次表现在技术的规范性上，它对每个动作的腿部动作、重心升降和身体摆动等都有严格的规定。

（2）表演观赏性。体育舞蹈融音乐、舞蹈、服装、风度、体态美于一体，既有观赏价值又有参与的广泛性，被认为是一种“真正的艺术”。

（3）体育性。体育性一方面体现为竞技性；另一方面表现在锻炼价值上，作为体育锻炼的手段，体育舞蹈在生理和心理方面对人体有许多有益的影响。

（二）体育舞蹈的分类

按舞蹈的风格和技术结构，可分为现代舞（摩登舞）和拉丁舞两大类。按竞赛项目可分成三类，即：现代舞、拉丁舞和团体舞。现代舞包括华尔兹、探戈、狐步、快步和维也纳华尔兹 5 种，拉丁舞包括桑巴、恰恰恰、伦巴、斗牛舞和牛仔舞 5 种。

二、各舞种的特点

（一）现代舞（摩登舞）

现代舞起源于欧洲，具有端庄、含蓄、稳重、典雅的风格和绅士风度。舞步流畅，轻柔洒脱，舞姿优美，起伏有序，音乐节奏清晰，舞蹈富于技巧性，是老少皆宜的舞系。

1. 华尔兹（Waltz）

华尔兹起源于 17 世纪德国乡间土风舞，具有优美、柔和的特点，也是历史悠久、生命力最强的舞蹈形式，是最受人喜爱的舞蹈。“华尔兹”一词最初来自古德文“Walzer”，意思是“滚动”“旋转”或“滑动”。 华尔兹 12 世纪流行于德国巴伐利亚和奥地利维也纳地区的农民中，17 世纪进入维也纳宫廷，18 世纪被誉为“欧洲宫廷舞之王”。19 世纪初传入美国波士顿，20 世纪重返欧洲，并以新的“慢华尔兹”的形式风靡欧洲大陆。现今的华尔兹已经过改良，融合了瑞士及奥地利等地的土风舞“维也纳华尔兹”，并将音乐的速度放慢。旋转是华尔兹的精髓所在，甚至可以说是华尔兹的生命。

华尔兹舞的风格特点是庄重典雅、华丽多彩。其动作流畅起伏、婉转多变；舞姿飘逸优美，文静柔和。音乐为 3/4 节拍，节奏中等，每分钟 28～30 小节。

2. 探戈（Tango）

探戈舞起源于非洲中西部的民间舞蹈探戈诺舞，在传入美洲和欧洲后，融合当地的民间舞蹈风格，分别形成了风格各异的墨西哥探戈、阿根廷探戈、西班牙探戈、意大利探戈和英国皇家式探戈等。现在跳的探戈大家称之为“欧洲闪式探戈”。

探戈舞是最早被英国皇家舞蹈教师协会肯定并加以规范的四个标准舞之一。它融合了世界不同探戈舞的精华，以其刚劲挺拔、潇洒豪放的风格和独有的魅力征服了舞坛。探戈舞步独树一帜，斜行横进，俗称“蟹行猫步”。探戈动作刚劲锐利，欲进又退，欲退还前，动静快慢，错落有致，沉稳中见奔放，闪动中显顿挫。

探戈音乐速度中等，气氛肃穆，以切分为主，听之铿锵有力，振奋精神。

3. 狐步舞（Slow Foxtrot）

狐步舞起源于美国黑人舞蹈。现在国际上跳的狐步舞是英国的约瑟芬·宾莉改编的。

狐步舞的风格特点除具有华尔兹的典雅大方、舒展流畅和轻盈飘逸之外，更具有狐步舞独有的平稳大方、悠闲自在、从容恬适的韵味。狐步舞的舞步轻柔、圆滑、流畅，方位多变且不并步；在动作衔接中呈现出降中有升、升中有降的线形流动状。

狐步舞音乐为 4/4 拍，速度中等，节奏明快，情绪幽静而文雅，基本节奏与探戈相反，是慢快快（SQQ）。

4. 快步舞（Quick Step）

快步舞由美国民间舞“P.E.E.P BODY”改编而成，为摩登舞中较快速的一种舞蹈，早期快步舞吸收了快狐步动作，后又引入芭蕾的小动作，使动作更显轻快灵巧。现在国际上跳的是英国式的快步舞。

快步舞的风格特点是轻快活泼、富于激情。舞步洒脱自由，饱含动力感和表现力。

快步舞音乐为4/4拍，每分钟约50小节，基本节奏是慢慢快快（SSQQ）与慢快快慢（SQQS）。

5. 维也纳华尔兹（Viennese Waltz）

维也纳华尔兹，又称为圆舞曲或宫廷舞，起源于奥地利北部山区农民舞，是历史最悠久的舞蹈之一。维也纳华尔兹舞的风格特点是动作舒展大方、起伏明显且优美，节奏清晰，旋律活泼，舞步轻快流畅，旋转性强。

维也纳华尔兹的音乐为3/4拍，每分钟约60小节。

（二）拉丁舞

拉丁舞除斗牛舞外，都源于美洲各国和非洲，具有热情、奔放、浪漫的风格特点。舞蹈动作豪放粗犷，速度多变；手势和脚步内容丰富，充满激情；它的音乐热情奔放，特具节奏感。其以淋漓尽致的脚法律动的引导，展现女性优美线条，表达了青春热情奔放、欢乐的气息，男士则展现出剽悍刚强、气势轩昂、威武雄壮的个性美，尤被中青年人所宠爱。

1. 伦巴（Rumba）

现代伦巴舞是由古巴舞蹈吸收16世纪非洲黑人舞蹈和西班牙“波莱德”舞蹈逐渐完善而来的。舞蹈动作受雄鸡走路启发。20世纪20～50年代又受美国爵士乐和舞蹈的影响。20世纪30年代，皮埃尔夫妇到英国表演和推广古巴伦巴舞受到极大欢迎，风行欧洲。

伦巴舞的音乐缠绵、浪漫，舞蹈风格柔媚、抒情，是表现爱情的舞蹈，与其他拉丁舞不同的特点是在舞步运行中，髋部富有魅力地扭摆，上身自由舒展，在抑扬的韵律节奏下，具有文静、含蓄、柔媚的风格，更加展示了女性婀娜多姿的美态。伦巴舞因在拉丁舞中历史悠久、舞型成熟，加之它那异国情调的独特风格，被誉为“拉丁舞之魂”。

伦巴舞音乐4/4拍，第2拍起跳，4拍走3步。每分钟约30小节。

2. 恰恰恰（Cha cha cha）

恰恰恰起源于中美洲的墨西哥、古巴等地，它是曼波舞（Mambo）的变形，是模仿企鹅姿态创编的舞蹈。但现在恰恰恰比曼波舞更流行，更受欢迎，因为这种舞给人一种明朗轻快的感受。恰恰恰的舞姿较为活泼，步法干脆利落，不拖泥带水；在动作编排上一反男子领舞的习惯，男女动作不求统一整齐，且多半是男子随后。恰恰恰由于名称动听，节奏欢快易记，邦伐斯鼓和沙球的节拍与动作相吻合，舞蹈又有诙谐、花哨的风格，因此备受欢迎，是拉丁舞中最流行的舞蹈。

恰恰恰舞音乐为4/4拍，4拍跳5步，每分钟29～32小节。

3. 桑巴（Samba）

桑巴起源于巴西的里约热内卢，1929年传入美国，而后又传至世界各地。它是非洲文化和南美文化的综合产物，最早用吉他演奏，节拍较缓慢，带有小夜曲式的情调，兼富热情活泼的气氛。后来，英国舞蹈家专程赴里约热内卢搜集当地的“森巴舞”，回国后将“森巴舞”进行整理，并订定步法名称及统一跳法，而成为目前的桑巴舞。它的风格特点是动作粗犷，起伏强烈，舞步奔放、敏捷，富有强烈的感染力；它属于移动性舞蹈，像探戈、华尔兹一样，移动时沿舞程线绕场进行，因此它是拉丁舞中行进性的舞蹈。

桑巴舞音乐为4/4或2/4拍，每分钟48～56小节。

4. 斗牛舞（Paso Doble）

斗牛舞起源于西班牙，是模仿西班牙斗牛士的动作并由西班牙风格的进行曲伴舞的一种拉丁舞。在舞蹈中，男士象征斗牛士，女士象征斗牛士的斗篷，因此舞蹈应表现出男子强壮英武和豪迈昂扬的气概。

斗牛舞音乐为2/4拍，一拍跳一步，每分钟约60小节。

5. 牛仔舞（Jive）

牛仔舞起源于美国西部。20世纪二三十年代盛行的牛仔舞蹈，舞步带有踢踏动作；节奏快速兴奋，动作粗犷，带有举持和甩动的技巧，是表现牧人强健体魄和自由奔放情绪的舞蹈，具有独特的魅力；舞曲欢快，有跃动感，舞步丰富多变，其强烈的扭摆和连续快速的旋转，常使人眼花缭乱。这种舞蹈后经规范进入社交界和表演舞范畴。第二次世界大战期间传入英国，获得迅速推广。

牛仔舞音乐为4/4拍，每分钟约40小节。

（三）团体舞

团体舞一般由8对选手组成，将摩登舞或拉丁舞的5种舞蹈运用各种队形的变动，编织出丰富多样的图案，它将音乐、舞姿、队形、图案和选手们的和谐配合融为一体，达到了完美的统一，使体育舞蹈的风格特点得到了更为鲜明的表现。在团体舞中，同一系列的舞种除在风格和内容上有其共同特点外，每个舞种在步法、节奏、技术处理以至风格上都有自己的独特之处。

三、体育舞蹈比赛场地

体育舞蹈比赛场地设在室内。场地为长方形，场地长23米，宽15米。赛场长的两条边线叫A线，短的两条边线叫B线（见图9-1）。比赛选手所编的套路，应按两条线的长短不同，安排适当的动作，沿两条线按舞程线（Line of Dancing，缩写L.O.D）方向行进。

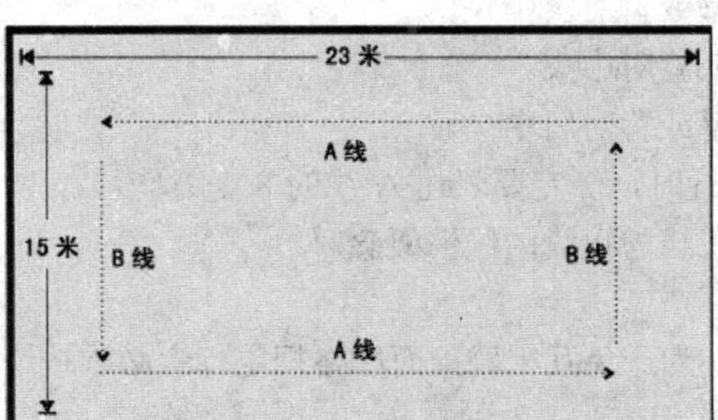

图9-1

四、角度与方位、舞程向与舞程线

每个舞步在开始和结束时所站立的方向， 运行过程中身体转动的角度，均有严格规定。角度和方位是决定舞步正确方向的重要数据。

（一）角度

脚或身体转动的幅度大小用度数表示即为角度。通常以转动45 度为单位加以表述。

转动 360 度为一周，转动 45 度为 1/8 转，转动 90 度为 1/4 转，转动 135 度为 3/8 转，转动 180 度为 1/2 转，转动 225 度为 5/8 转，转动 270 度为 3/4 转，转动 315 度为 7/8 转。

（二）方位

方位指一个舞步开始或结束时，脚或身体所面对或背对的方向。方位必须指示舞步运行方向。当身体运动幅度大于或小于脚步运行幅度时，通常用“指向”说明脚的方位。方位一方面指示舞者脚或身体与赛场空间的位置关系，一方面指示脚的出步方向。通常把脚尖或人体躯干正面称“面”，正面对准的方向称“面对”；把脚跟或人体躯干背面称“背”，背面对准的方向称“背对”。如以 A 线运行为例，按逆时针方向转动脚和身体，每转动一次为 45 度，当舞者正面对准 A 线舞程线时，表述如下（见图 9-2）：

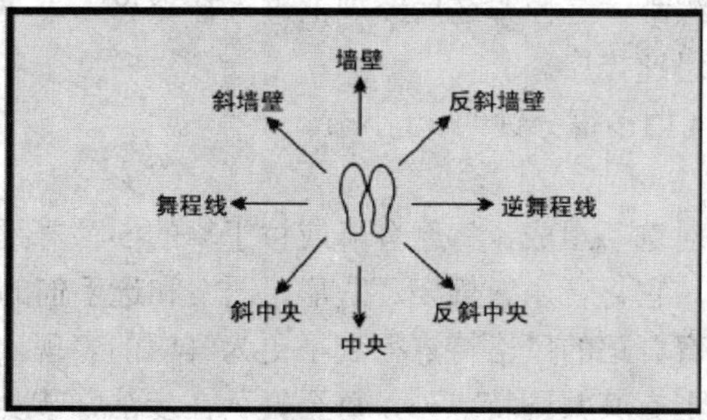

图 9-2

（1）面对舞程线或背对舞程线。

（2）面对斜中央或背对斜墙壁。

（3）面对中央或背对墙壁。

（4）面对斜中央或背对斜墙壁。

（5）面对舞程线或背对舞程线。

（6）面对斜墙壁或背对斜中央。

（7）面对墙壁或背对中央。

（8）面对斜墙壁或背对斜中央。

舞者在 A 线运行时，一定要表述 A 线的 8 个方向，在 B 线运行时则要表述 B 线的 8 个方向，不能混淆长线与短线的线性概念。

（三）舞程向

在一个舞池中，为避免互相碰撞而严格规定舞者必须按逆时针方向行进，这个行进方向叫“舞程向”。

（四）舞程线

舞程线就是舞者沿舞池向逆时针方向运行的路线。舞程线在舞池中并没有实际的标记，它是一条围绕舞池逆时针运行的假设线，这条假设线可以直进、斜进，也可以弧线运行。舞者都按舞程线运行，就不会相撞。

五、体育舞蹈的评判要素

（1）基本技术：足部动作、姿态、平衡稳定、移动。

（2）音乐表现力：节奏、风格的理解和体现。

（3）舞蹈风格：第一，细微区别各种不同舞种之间的风格、韵味上的差别；第二，个人风格的体现。

（4）动作编排：第一，动作流畅，运用自如；第二，体现舞种的基本风韵并有一定技术难度；第三，动作与音乐密切配合，发挥音乐效果；第四，编排有章法，充分利用场地。

（5）临场表现：赛场上的应变能力；良好的竞技状态，专注、自信，能自我控制临场发挥。

（6）赛场效果：舞者的风度、气质、仪表及出入场的总体形象。

在上述六要素中，前三项主要评价选手的技艺品质，后三项评价选手的艺术魅力。

第二节　体育舞蹈的编排

体育舞蹈的编排就是将单个动作，按一定的时间、场地、范围、方向和路线，合理地连贯起来，组成一套动作。体育舞蹈的编排在体育舞蹈教学、训练和比赛中都占有十分重要的地位，

在体育舞蹈教学中，当掌握了单个动作后，就要进行组合动作的练习，这需要精心地编排动作。一系列教学动作的编排，可以进一步提高练习者的学习兴趣和积极性，发展练习者的协调性和节奏感，以及巩固已经学会的单个动作。

一套动作的编排不是单个动作的罗列，而是动作间的有机联系、和谐配合及完整统一。体育舞蹈编排是具有空间要素的立体艺术，是一项创造性的工作。

一、编排的依据

（一）根据不同的目的、任务

由于目的、任务不同，编排设计体育舞蹈动作的结构和艺术加工的处理都有所不同。在进行教学组合动作和成套动作编排时，主要目的是提高和巩固教学大纲的单个动作和联合动作的技术。所以，可以此为核心用不同的编排或综合性成套动作的编排，来提高学生对基本技术或指定步法的掌握，发展学生的协调性、节奏感和表演能力。编排表演性成套动作时，要注重表演效果，根据选择的音乐，采用丰富多样的舞蹈动作、静止造型、技巧性动作等，以增加表演的气氛和艺术性。

（二）根据不同对象的特点

在编排一套动作时，应考虑到对象的年龄、身材、技术水平、素质条件和个性等特点，以期能充分发挥选手特长，避其弱点；另外，在动作选择和结构上也应考虑到不同对象的特点。

（三）根据国际发展趋势

为了取得好成绩，在编排上必须顺应国际体育舞蹈的发展趋势，跟上国际潮流。当前，国际新趋势是成套动作速度较快、较新，动作数量多，更加丰富多样，有独创，艺术性强，表演更突出个人风格。

（四）根据体育美学的形式美法则

在编排成套动作时必须遵循形式美这一美学规律，如整齐、层次、和谐、对比、平衡、节奏、多样和统一等都是形式美的表现形式。只有遵循这一规律，才能充分体现出体育舞蹈的优美和艺术特征。在编排个人成套动作时，运用形式美的法则，对成套动作的难度分布、高潮出现有一个合理严谨的布局和有层次的发展，通过对节奏的处理，运用刚柔力度、高低起伏和幅度大小等对比手法，进一步表现出每个动作的特色；在编排中还应注意动作的多样化和生动性，以及音乐、身体动作和手臂之间的和谐一致，使整个动作更加协调、优美、流畅。同样，在编排团体成套动作时，也应充分运用对比、层次、和谐、多样等形式美法则。整齐划一的表现形式是团体项目编排时最重要的特点，如何使所编动作的性质、做法、节奏变化及队形移动等方面有利于 8 对选手整齐划一地完成动作，并呈现出清晰的队形图案，十分重要。

二、编排的要素

无论是教学的、表演性的或竞技性的成套动作编排，一般应掌握以下 4 个基本要素：动作、节奏、空间和时间。

（一）动作要素

一个成套动作是由若干单个动作组合而成的，单个动作是构成组合或成套动作的基本要素，所以选择、确定和创造动作是编排时首先要考虑的要素。这些动作可基本确定该套动作的难度、技术价值和艺术价值。

（二）节奏要素

在体育舞蹈中，除表演和团体舞是用事先选好的音乐外，竞技比赛中，音乐是由组委会提供的，但不论选什么音乐，每种舞的基本节奏是不变的。所以在编排成套动作时，必须符合该舞种的基本节奏和风格。

（三）空间要素

空间主要表现在动作方向、路线和队形的变化及移动上。

1. 方向、路线

必须用不同的方向、路线将成套动作中的单个动作贯穿起来，使之具有左右变化、高低起伏、前后移动。方向、路线是不可缺少的重要空间要素，在摩登舞及拉丁舞的桑巴、斗牛舞中，因是绕场做逆时针行进，所以应对舞蹈的行进方向、舞步的行进距离、场地的大小等要素合理地进行编排。

2. 队形变化和移动

这是团体项目编排中不可缺少的空间要素，8 对选手共同完成某一个动作必须要通过某一个队形体现出来。一套团体动作必须由几十个队形组成，队形的变化和移动构成了团体项目独特的编排特点。

常用的队形有直线形、平行线形、三角形、圆形、勺形、菱形、“V”字形、箭头形等。

（四）时间要素

在编排表演性动作时，时间的选择比较灵活，而在编排比赛套路时，就应根据比赛时间的长短、选手所参赛的不同组别和各自的技术特点，编一个长短适中的套路，反复循环。

三、团体舞的编排

（一）音乐的选编

团体舞的音乐时间定为：成人摩登舞 4 分半至 5 分半钟，拉丁舞 4 分半至 5 分钟，少年组 3 分至 3 分半钟，其中包括入场、队形组合、退场三部分。同时，成人团体舞要不少于 5 种舞，少年团体舞要不少于 3 种舞。在选编音乐时，应根据队员的技术实力、特点，合理地分布每个舞种的时间和交替次数。应多选用节奏清晰、气势宏大和优雅动听的舞曲或舞曲以外的音乐。注意音乐的快与慢、强与弱、平和与高潮的合理搭配，以产生出较好的艺术效果。

（二）队形的编排

团体舞共 8 对选手，通过舞步的组合，变化出丰富多样的队形，是团体舞的主要特点，队形变化的方式、数量是比赛的主要内容。因此，在一套动作中要大量地变化队形，组合出多姿多彩的图案。在编排中要发挥本队特点，把不同类型的队形图案先设计出来，再使之和音乐有机地结合。队形之间的变化要自然、合理，要区别对待摩登舞和拉丁舞的特点。

（三）动作组合的编排

动作组合是队形变化、过渡音乐的基础。在动作步法的使用上，应优先考虑线条较舒展、缓慢，节奏清晰，富于流动性的动作。这样，有利于动作的整齐和队形的变化。

在编排中，由于每位选手所处位置、路线的不同，使用同一动作时，其转度、步距也会不同。编排时，应注意所选动作的灵活性，以免出现牵强的连接，使整套动作不协调。在拉丁团体舞编排中，每个动作的节奏处理，手臂的摆动要尽量朴实，便于整齐。

第三节　体育舞蹈基本技术

一、摩登舞

（一）摩登舞的握持姿势

1. 华尔兹、狐步舞、快步舞、维也纳华尔兹的握持姿势

（1）闭式舞姿

男子握姿：直立，两脚并拢，挺胸立腰，收腹微提臀，两膝自然放松。左手与女伴右手掌心对掌心相握，虎口向上，前臂与大臂的夹角为 135 度左右，高度与女伴右耳峰齐平。右手五指并拢，轻轻置于女伴左肩胛骨下端，前臂与大臂夹角为 75 度左右。头部自然挺直，目光从女伴右肩方向看出。右腹部 1/2 微贴女伴（服装与服装之间接触）。

女子握姿：直立，两脚并拢，膝关节放松，收腹提臀，紧腰，上体向后上方打开。右手与男伴左手掌心对掌心相握，轻轻挂在男伴左手虎口上。左手在男伴右肩袖处轻轻搁置，用虎口轻轻掐住男伴三角肌。头部微向左倾斜，目光从男伴右肩方向看出，右腹部 1/2 微贴男伴（服装与服装之间接触）。

（2）散式舞姿

在闭式舞姿的基础上，男伴将头及上身略向左打开，女伴将头及上身略向右打开，男

女伴的头向同一方向看出，腰腹接触同闭式舞姿。

2. 探戈舞的握持姿势

（1）闭式舞姿

男子的右脚回收半脚并列于左脚内侧脚弓处，前后错开半个脚，重心下沉，膝关节弯曲并松弛，左手回收，肘关节上抬，前臂内收角度加大（接近 90 度）。右手略向下斜插女伴的脊椎骨略靠近右肩胛骨的地方（不要超过脊柱）。女子的左手拇指贴向掌心，四指并拢，虎口处抵住男伴的上臂外侧靠近腋部。男伴右肘与女伴左肘部相叠，即男伴右肘骨抵住女伴的左肘内窝。男伴与女伴位置是 1/3 微贴，接触点是膝关节、胯部到腹部的位置。

（2）散式舞姿

这是探戈中最常见的一种舞姿。在闭式舞姿的基础上，男伴上身更向右拧转，腰、腹带动女伴左拧，男伴头部及胸部向外打开，眼通过相握手的前臂看出，重心在右脚，左脚拇指内缘点地，膝关节内合、包住女伴的右膝；女伴重心在左脚，右腿屈膝，膝关节内扣，右脚拇指内侧着地。

（二）华尔兹

1. 华尔兹基本步法

华尔兹的基本步法包括：左足并换步（L. F. Closed Change）、右足并换步（R. F. Closed Change）、右转步（Natural Turn）、叉形步（Whisk）、左转步（Reverse Turn）、侧行追步（Chasse from P. P.）、右旋转步（Natural Spin Turn）等。

2. 华尔兹的套路教学（铜牌级）

（1）英国皇家舞蹈教师协会制定教程步法规定的标准舞华尔兹铜牌级 11 个动作

Closed Change　并足换步

Natural Turn　右转步

Reverse Turn　左转步

Natural Spin Turn　右旋转步

Whisk　拂步、叉形步

Chasse from P.P.　侧行并步、侧行追步

Hesitation　踌躇步、犹豫步、逗留步

Outside Change　外侧换步

Reverse Corte　左侧转

Back Whisk　后拂步、后叉形步

Double Reverse Spin　双左旋转

（2）全国体育舞蹈等级考试培训教材规定的华尔兹铜牌级 8 个动作（10 小节）

L.F. Closed Change　左足并换步（1 小节）

Natural Turn　右转步（2 小节）

R.F. Closed Change　右足并换步（1 小节）

Reverse Turn　左转步（2 小节）

Whisk　拂步、叉形步（1 小节）

Chasse from P.P.　侧行并步、侧行追步（1 小节）

Natural Spin Turn at the Corner　角落里的旋转（1 小节）

Reverse Turn　左转步（1 小节）

（三）探戈

1. 探戈步法

探戈的基本步法包括：常步（Walk）、常步至侧行位（Walk to P. P.）、侧行并步（Closed Promenade）、摇转步（Lock Turn）、行进连接步（Progressive Link）、开式左转步（Open Reserve Turn）、右拧转（Natural Twist Turn）等。

2. 探戈的套路教学（铜牌级）

（1）英国皇家舞蹈教师协会制定教程步法规定的标准舞探戈铜牌级 13 个动作

Walk　常步

Progressive Side Step　行进旁步、直行侧步

Closed Promenade　侧行并步、并式侧行步

Lock Turn　摇转步

Open Reserve Turn　分式左转、开式左转步

Back Corte　后退截步、后侧步

Progressive Link　直行串步、行进连接步

Open Reserve Turn　分式左转结束

Progressive Side Step Reserve Turn　行进旁步左转

Open Promenade　分式侧行步

R.F& L.F Lock Turn　左、右摇摆步

Natural Twist Turn　右拧转

Natural Promenade Turn　侧行右转

（2）全国体育舞蹈等级考试培训教材规定的探戈铜牌级 6 个动作

Two Walks　两常步，SS

Progressive Side Step　直行侧步，QQS

Two Walks　两常步，SS

Open Reserve Turn（Lady Outside Closed Finish）分式左转、开式左转步（女伴外侧并步结束），QQS QQS

Two Walks　两常步，SS

Natural Lock Turn　右摇转步，QQS QQS

二、拉丁舞

（一）拉丁舞的握持姿势

拉丁舞与摩登舞相比具有活泼欢快的特点，因而它的握持姿势没有统一固定的模式，各种舞的握持姿势各异，同时起舞中握持姿势随着舞姿的变化而变换。拉丁舞的舞姿（Position）比摩登舞变化较多，男女双方相对位置与牵手状况也较复杂，大致而言有下列几种。

1. 正常闭握姿（Hold）即闭握面对姿（闭式舞姿）（Closed-facing Position）

将体重完全置于重心脚上方，男女双方距离约 15 厘米，男性右手放在女性左肩胛骨，女性的左手放在男性右腕上，沿着肩膀轻放。男性的左手放在眼睛高度处，轻握女性

右手。拉丁舞的闭式握姿男女身体相离稍远，双手腕彼此向对方稍延伸，这点与摩登舞是不同的。

2. 分式面对姿（开式舞姿）（Open-facing Position）

此舞姿一定要注意背部后面要尽量延伸，臀部不要提升向身体内缩，男女双手保持在腰部附近，非重心脚的脚跟提起。

3. 扇形舞姿（Fan-position）

扇形舞姿是拉丁舞伦巴及恰恰恰中常用基本舞姿。扇形打开时，女性身体侧对男性，身体有点扭转，女性重心脚稍向后。扇形舞姿要如同能容纳三个人一般，圆形要大一些，双手则在男女双方中间紧握。

4. 影位姿（Shadow Position）

影位舞姿在伦巴、恰恰恰与桑巴舞中常用到。男女双方面对同一方向，女士在男士右前方，双方的重心，握手方式及手臂位置依不同舞步有差异。例如，有男士左手握女士右手，男士右手握女士左手的影位舞姿，也有男士左手握女士左手，右手则放在女肩的影位舞姿，称之为同手相握影位舞姿（Same Hand Hold Shadow Position）。

5. 纽约线条（New York Line）

纽约步是伦巴及恰恰恰舞常用舞姿，线条很美，但并不容易展现，纽约步舞姿线条的展现必须注意一些基本事项。

（1）手向上延伸，手掌在腕关节处弯曲成水平。

（2）手肘部分要保持弹性，不可伸太直。

（3）头部不可太过向前，有向上顶的感觉。

（4）身体外侧尽量延伸。

（5）肩胛骨下压，两肩放松。

（6）双手握处较肩膀低，二人角度呈现 90 度姿势。

（二）伦巴

1. 伦巴的基本步法

基本步（Basic Movement）、纽约步（New York）、扇形（Fan）、曲棍步（Hockey Stick）、定点转（Spot Turn）、开式扭臀（Open Hip Twist）、阿列曼娜（Alemana）、右陀螺转（Natural Top）、右分展步（Natural Opening Out Movement）、手接手（Hand To Hand）等。

2. 伦巴的套路教学（铜牌级）

（1）国家标准舞拉丁舞伦巴铜牌级 11 个动作

Basic Movement　基本步

Fan　扇形步

Alemana　阿列曼娜

Hockey Stick　曲棍步

Progressive Walks　行进走步

Natural Top　右陀螺转

Natural Opening Out Movement　右分展步

Closed Hip Twist　闭式扭臀

Cucaracha　库克拉恰

Hand to Hand　手接手

Spot Turn　定点转

（2）全国体育舞蹈等级考试培训教材规定的伦巴铜牌级 8 个动作（12 小节）

Basic Movement　基本步（1 小节）

Fan　扇形步（1 小节）

Hockey Stick　曲棍步（2 小节）

Back Walks　后退走步（1 小节）

Back Walks 6　后退走步 6 步（2 小节）

Under Arm Turn to Right　臂下右转（1 小节）

Hand to Hand　手接手（3 小节）

Spot Turn to Left　原地左转步（1 小节）

（三）恰恰恰

1. 恰恰恰的基本步法

基本步（Basic Movement）、定点转（Spot Turn）、扇形（Fan）、阿列曼娜（Alemana）、手接手（Hand To Hand）、曲棍步（Hockey Stick）、右陀螺转（Natural Top）、右分展步（Natural Opening Out Movement）、纽约步（New York）、闭式扭臀（Closed Hip Twist）等。

2. 恰恰恰的套路教学（铜牌级）

（1）国家标准舞拉丁舞恰恰恰铜牌级 12 个动作

Basic Movement　基本步

Fan　扇形步

Alemana　阿列曼娜

Hockey Stick　曲棍步

Cha Cha Cha 3　三个恰恰恰

Natural Top　右陀螺转

Natural Opening Out Movement　右分展步

Closed Hip Twist　闭式扭臀

Hand To Hand　手接手

Spot Turn　定点转

Rhyme Step　节奏步

New York　纽约步

（2）全国体育舞蹈等级考试培训教材规定的恰恰恰铜牌级 8 个动作（14 小节）

Closed Basic Movement　闭式基本步（1 小节）

Fan　扇形步（1 小节）

Hockey Stick　曲棍步（2 小节）

Forward　前进锁步（2 小节）

Backward　后退锁步（3 小节）

Under Arm Turn to Right　臂下右转（1 小节）

Hand To Hand　手接手（3 小节）

Spot Turn Left　原地左转步（1 小节）

第十章　健　美

人总是爱美和追求美的，尤其是人类对自身美的欣赏和塑造从未停止过。近年来，健美运动的热潮在世界范围内迅速兴起。健美运动是一项把体育和美育融为一体的综合性体育运动，它以身体健康美为基础，以体型美、姿态美和动作美为外在美的表现，在塑造人体美和培养、提高人们审美能力的同时，陶冶情操，磨炼意志，使人们形成良好的气质和风度，使内在美变得充实而高尚。

每个人参加健美训练，都希望在最短的时间内获得最满意的效果。为使这一愿望变成现实，练习者首先应掌握和了解健美训练中的一些基本理论和原则，并且有规律、持之以恒地坚持训练，才能不断进步，最终如愿以偿。

第一节　健美训练常识

一、健美训练的原则与方法

（一）练习重量的选择

参加健美训练的人，面临的第一个问题就是自己需要使用多重的器械才算合适。根据训练方法及训练任务的不同，一般有三种练习重量供选择。

（1）大重量：这种方法是以练习者所能完成的最大重量来进行练习。特点是力量增长迅速，肌肉体积增长快，训练强度大。有一定训练基础后可在练习中采用。

（2）中等重量：这种方法是以练习者所能完成最大重量的70%～80%来进行练习。练习次数控制在每组8～12次，采取此重量进行练习的特点是肌肉力量和肌肉耐力同时得到发展，发展肌肉体积和塑造体型体态针对性强，长期采用此种方法练习能为实现健与美的愿望打下良好的基础。

（3）小重量、多次数：这种方法是以练习者所能完成最大重量的50%以下的重量进行练习。练习次数可多达每组30次以上。此种方法可有效地消耗脂肪，同时也可使肌肉得到锻炼，增长力量。因此，想减少脂肪、提高肌肉线条清晰度者，应采用此种重量进行练习。

（二）训练组数与每组练习次数

“组”与“次”是健美练习者首先应该了解的两个基本概念。在进行某项训练时，练习者连续练习一定的次数之后停下来休息片刻，然后再进行同样内容和次数的练习，如此一次连续完成的数量称为“次”，而重复完成该内容的次数称为“组”。如果一项练习内容重复3次，则称为“3组”，每组练10次则通常写成3×10，即3×10次。如果练4组，每组练8次，则写成4×8。

组数的多少取决于训练课的次数多少和休息时间的长短。每周训练课次数多者，每项的练习组数可少些，反之每项练习的组数应适当增加。每组练习的次数取决于练习所选择的重量，选择的重量大，自然每组所完成的次数就少，选择的重量轻，每组所完成的练习次数就多些，即每组所练的次数是根据个人的不同需要及所选择的练习重量而决定的。

（三）正确的呼吸

健美训练中呼吸均匀有力是很重要的，而且有多种作用。呼吸以必要的速度向人体提供必需的氧气。呼吸均匀时可以增加练习重量，使人训练时精神集中，有节奏，这是训练能够取得成功的因素之一。如果呼吸深度不够，就会感到气短、眩晕，注意力分散，甚至昏厥。在大多数情况下，练习者应在一个动作开始前吸气，随着该动作最困难阶段的完成进行呼气。当进行大强度、剧烈的练习时，不要用鼻子呼吸，因为鼻腔难以吸入大量空气。吸气时嘴唇缩紧噘起，当动作结束时迅速将气呼出。

（四）充分的休息和恢复

充分的休息和恢复是健美训练中最主要的因素之一。锻炼后，人体需要得到足够的营养和必要的休息，肌肉体积才能增大。肌肉的增长是按照“锻炼→营养→休息→肌肉增长”规律循环进行的。实践证明，刻苦锻炼后到下一次训练前，肌肉有酸胀感比较理想，如果酸胀感非常厉害，或长时间不消，那就是运动过度，出现这种情况时应注意休息或减少运动量。肌肉不是在训练中增长的，而是在两次训练之间增长的。一般经过48～72小时才能使肌肉得到恢复，这就是每一肌群锻炼后必须隔两天再练才是最合适的练习方法的原因。可见，同一肌肉群至少需要48小时的休息，如果每天练同一肌肉群，反而会使肌肉得不到恢复而出现萎缩现象。运动过度会使肌肉处于停止增长状态。

（五）准备活动与放松活动

在进行健美练习之前，首先要做一些准备活动，然后才能进入专门训练。准备活动不仅可以预防运动创伤，而且可以使人血液循环、呼吸等逐渐加快，使肌肉、韧带、关节得到活动，使整个身体由安静状态逐步进入工作状态，为即将到来的较为剧烈的身体活动做好各种准备，从而提高身体的工作能力。

准备活动时间的长短应根据天气、主项训练的剧烈程度以及练习者的身体情况而定。天气热时人的新陈代谢较为旺盛，身体容易活动开，准备活动时间可短些；天气凉时人的血液循环比较缓慢，肌肉、关节均较僵硬，需要的时间就要长些。主项训练较剧烈时，准备活动应做得更加充分，以免受伤。一般来说，准备活动的时间为10～15分钟，做到身体发热，最好有微汗并感到各关节均已活动开、人已比较灵活为好。准备活动开始时应先做些徒手操，以使各关节活动开来，使肌肉韧带得到适度拉长，使身体由安静状态逐步兴奋起来，接着可做跑步、跳绳等练习。然后，再使用轻器械进行练习，进而转入较为剧烈的主项练习。

放松活动对于健美训练来说更加重要。正像由安静状态进入工作状态，身体需要有一定时间进行动员一样，由剧烈的活动转入平常的安静状态，也需要有一个过程，而放松活动恰好适应了身体的这一需要。放松活动可使静脉血液较快地回流到心脏，以使心脏较快地恢复到正常工作状态，从而促进身体较快得到恢复。对于神经系统和其他内脏器官来说，放松活动具有同样的作用。健美运动，尤其是男子健美，主要是用杠铃、哑铃等重器械进行力量训练，肌肉活动非常剧烈，毛细血管高度充血，而且肌肉要练到充分发胀和结实起来，运动后如不注意放松和按摩，长此以往肌肉就会变得僵硬，弹性就会减弱，关节也可能变僵，进而影响到力量的提高和肌肉的进一步发展。因此，健美训练后必须充分做好放松活动。

锻炼以后，可先做一些深呼吸，进而做一些动作较为缓慢的拉长肌肉、韧带和关节的动作，再对活动较多的肌肉群进行一些揉捏、拍打和抖动，以进行放松。最好能洗个热水澡，这对清除皮肤上的汗液和污垢、排除体内的废物、放松肌肉、加快身体恢复都有好处。有条件者在淋浴之后还可以进行按摩，或采用其他恢复手段，以加快疲劳的消除。

二、常用健美训练方法与训练计划的制定

（一）常用的基本练习形式

由于体型体态不同、体质强弱不同、所需发展的肌肉部位不同，每个人动作练习组数、强度、动作组合形式以及进行程序的运用方式也各异。目前，普遍采用的健美练习方法主要由以下三种练习形式发展而来。

（1）定量间歇训练法。一个动作在一次课中所用的重量、练习组数与每组练习次数基本相同，组与组之间休息 1～2 分钟。这种方法对初练者比较适用。

（2）金字塔式训练法。一个动作在一次课中用的重量由轻逐组加重，再由重逐组减轻地进行练习，动作的组数较多，适合有一定训练基础的练习者采用。这种训练方法能加强对肌肉的刺激，对提高肌肉力量有特殊效果。

（3）循环训练法。将一次课中安排的全部动作，从第一个做到最后一个为一个循环，每个动作做一组，一个循环一个循环地去做。这种训练方法既可使训练达到相当大的运动量，又可使身体得到全面锻炼，适合以健身为主要目的者和减肥者采用。

（二）如何制定训练计划

在开始训练之前，首先要明确自己参加健美训练的主要目的。一般情况下有以下三种目的：发展肌肉，增加体重；去掉脂肪，减轻体重，改善形体；增强体质，保持精神饱满。在综合考虑自己的锻炼与发展目标之后，再根据自己的需要安排设计训练计划。

训练计划主要包括以下内容：每星期练习几次；每次练习多长时间；每次练习哪几个部位；每个部位用几个动作练习，采用哪个练习动作；每个动作练几组；每组练习几次；组与组间歇多长时间；等等。

一定要避免不根据实际情况而盲目地增加练习动作与训练组数的问题发生，因为延长训练时间会导致肌肉训练过度，进而阻碍体力和肌肉的增长。对于训练 3 个月以内的人来说，每周以练 3 次（隔天练）为宜，每次应训练全身各主要部位的肌肉。每个部位练习 1～2 个动作，每个动作练习 3～4 组，每组练习 8～12 次，每组之间休息不超过 90 秒钟。

（三）初练者训练计划示例

训练时间：每周一、三、五下午 16：00～17：30。

训练任务：发展力量、增长肌肉、改善形体。

具体训练计划示例见表 10-1。

表 10-1　初练者训练计划示例

练习部位	采用动作	重量与组数
胸　部	杠铃仰卧推举	40 公斤　　4 组　8 次
肩　部	杠铃推举	20 公斤　　3 组　8 次
背　部	杠铃屈体划船	20 公斤　　3 组　8 次
臂　部	哑铃站立弯举	6～8 公斤　3 组　8 次
腿　部	（1）杠铃负重深蹲	40 公斤　　3 组　8 次
	（2）负重提踵	20 公斤　　3 组　10～20 次
腹　部	仰卧起坐	平板屈腿　　3 组　15 次
热身活动	在每项练习开始前，用低于练习重量的器械做 10 次热身活动，不计入练习组数内	

计划执行两周后，应结合个人体力和力量增长情况，适当调整练习动作和增加练习重量。对于训练六个月以上的人来说，可进行每周四次的训练，即星期一、二、四、五训练，其他三天休息。

三、健美比赛评判标准与比赛程序

（一）男子健美比赛评判标准

（1）肌肉：全身肌肉的发达程度和肌肉体积大小。

（2）平衡：运动员的先天骨架、肌肉形态和体形比例。

（3）匀称：全身上下各部位肌肉发展的匀称度。

（4）线条：肌肉的力度和肌肉纹理的明显度。

（5）造型：规定动作要求根据规定的技术动作规格，充分展现重点部位的肌肉，并显示其他各部位的肌群，动作结构合理。自选动作要能运用控制肌肉的能力，展示肌肉块；整套动作过渡衔接合理，并以艺术造型的表演技能和配合音乐节奏体现出较高的表演水平。

（二）女子健美比赛评判标准

（1）平衡：女运动员的体形应符合女性体形的特征，身体的骨架、比例和形态都应具有女性的特点。

（2）匀称：健美锻炼后全身肌肉发展的匀称性。

（3）肌肉：锻炼后全身肌肉的发达程度和肌肉体积的大小，不能与男子肌肉发达程度相比较，主要是能显示出各部位肌肉群的形态，但是也不能把形体瘦削的肌肉线条作为评判依据。

（4）线条：符合女性体形“曲线美”的特征，以及肌肉线条的清晰度。

（5）造型：规定动作应能根据动作的要求，充分展现出重点部位的肌肉，并显示其他部位的肌肉群。自选动作要能运用肌肉的控制能力，展示各部位肌肉块，并以艺术造型的表演技能，运用体操、芭蕾和舞蹈的手势和步法，配合音乐旋律，使整套动作、过渡衔接和音乐节奏协调一致，体现出完美的表演技能。

（三）健美比赛程序

（1）预赛：裁判员不进行评分，只是推选出 15 名运动员参加复赛。裁判长按预赛的规定程序指挥运动员做 4 个转面。接着运动员按口令做 4 个规定动作，即前展肱二头肌、侧展胸部、后展肱二头肌和小腿、前展腹部和大腿。再做自选动作，男子 1 分钟、女子 1 分半钟。

（2）半决赛：比赛进行两轮，裁判员进行评分，排定名次，前 6 名参加决赛。第一轮，运动员做自选动作，男子 1 分钟、女子 1 分半钟。第二轮，参加复赛的全体运动员集体入场，由裁判长指挥进行比较评分。裁判长根据裁判员提出的运动员比较号码，按口令男子做 7 个规定动作，女子做 5 个规定动作。一直比较到裁判员提不出比较号码。

（3）决赛：裁判员进行评分，排定 1～6 名名次。按号序逐个叫运动员上场，做自选动作。男子 1 分钟，女子 1 分半钟。然后全体再次上场，在裁判长口令下男子做 7 个规定动作，女子做 5 个规定动作。接着做不定位自选动作，男子 1 分钟、女子 1 分半钟。

第二节　发达身体各部位的练习动作

健美练习可分为徒手、杠铃、哑铃和器械等多种动作。在此，我们在众多的练习动作中推荐几个发展身体主要肌群效果显著且简单易行的肌肉练习动作方法，供大家参照采用。

一、胸部肌肉练习动作

（一）杠铃仰卧推举

主要发展胸大肌、肱三头肌及三角肌前束。

仰卧在练习凳上，两脚踏实地面，上背部和臀部触及凳面，胸部用力向上挺起。两手正握杠铃，握距宽于肩 20 厘米，屈臂下放杠铃于胸部，两肘外展，再将杠铃从胸部用力推起至两臂完全伸直（见图 10-1）。上推路线要垂直。仰卧在不同角度的长凳上练习，可发展胸部的不同部位。平卧：长凳与地面平行，初学者常用，主要发展整个胸部。上斜：长凳与地面成 25～30 度角，主要锻炼上胸部。下斜：长凳与地面成 15～20 度角，主要锻炼胸部的下缘。

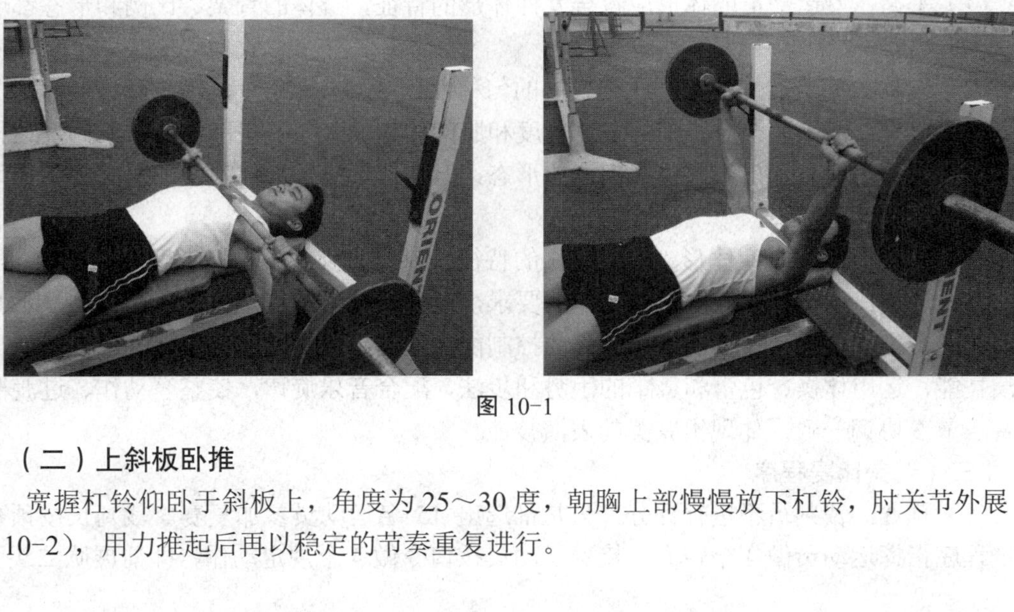

图 10-1

（二）上斜板卧推

宽握杠铃仰卧于斜板上，角度为 25～30 度，朝胸上部慢慢放下杠铃，肘关节外展（见图 10-2），用力推起后再以稳定的节奏重复进行。

图 10-2

（三）哑铃仰卧推举

仰卧在宽不超过 30 厘米的长凳上，上背部和臀部触及凳面，胸部用力向上挺起，两手握住哑铃，拳眼相对，屈臂放在两肩外侧，使哑铃处于肘关节的垂直线上。为了减少肩关节的负压，使两手手腕向内转 30～40 度。这时不要使哑铃过于向两侧下沉，必须以胸大肌的张紧力控制住。哑铃卧推较难控制重心，要求用力平衡。在哑铃卧推时，哑铃的路线不是垂直推起和放下，而是上推的路线应使两侧的哑铃向中间方向推起至两臂伸直在胸部上方，并使胸大肌处于“顶峰收缩”（见图 10-3）。稍停住，然后以胸大肌的张紧力控制住慢慢放下至两肩外侧。因此，不管哑铃向上推起或落下还原时，哑铃的上下路线，都要形成弧度。

图 10-3

动作方法：始终保持挺胸沉肩的体姿，用力点和意念集中在胸大肌上，推至两臂基本伸直即可。

（四）仰卧飞鸟

仰卧在长凳上，两脚踏实地面，躯干呈“桥形”，上背部和臀部触及凳面，胸部和躯干用力向上挺起。两臂自然伸直，两手对握哑铃于肩关节的正上方，两手间距离略小于肩宽。两手持铃向体侧慢慢屈肘落下，伴随着哑铃下降，肘关节角度逐渐变小。下降到极限时，肘关节成 100～120 度角。以胸大肌的主动收缩将哑铃沿原路线升起，上升路线呈“弧形”，肘关节角度逐渐加大，最后还原成预备姿势，肘关节角度为 170 度左右（见图 10-4）。

图 10-4

动作方法：肩、肘、腕始终在同一垂面内。

（五）十字下拉

预备姿势：两脚自然开立，两膝微屈，上体略前倾。上臂上抬与肩平，手臂微屈，而后两手握住拉把，钢丝绳与手臂成 30～45 度角。

动作过程：以胸大肌的收缩力将两臂向前夹拢至小腹处，停留 1～2 秒（见图 10-5），而后两臂慢慢张开还原。

站立拉力器夹胸时，上体的前倾角度一般为 15～45 度，当前倾角度为 15 度时，主要发展下胸部；当前倾角度为 30 度时，主要发展胸中部；当前倾角度为 45 度时，主要发展上胸部。

图 10-5

动作方法：在动作过程中，上体应保持空间位置相对固定。

（六）双杠臂屈伸

这个动作主要发展胸大肌下部的肌肉块和线条。双杠的杠间距离要求在 55～75 厘米。

预备姿势：屈膝，小腿交叉；双臂屈肘支撑，抬头，尽量向前引体，肩垂线与手握点要有 15 厘米以上距离。

动作过程：由直臂支撑开始，弯曲肘关节至肩部低于肘关节，头部自然抬起，挺胸收腹，胸部及三头肌用力向上撑起，直到两臂伸直。然后沿原路线返回成预备姿势（见图 10-6）。如每组次数超过 20 次以上，可在腰间吊重物进行练习。

图 10-6

动作方法：屈肘支撑时抬头，尽量向前挺胸。

二、肩部肌肉练习动作

（一）推举

主要作用：发展三角肌前束和斜方肌，是增大肩部肌肉体积最有效的动作之一。

预备姿势：直立或正坐凳上，两手采用自然握距（同肩宽或比肩稍宽）。两手握住杠铃，停于胸前锁骨处。动作过程：垂直向上推起杠铃，直至手臂完全伸直（见图 10-7）。

图 10-7

动作方法：自然握距，推至两臂完全伸直。

（二）哑铃坐姿转腕推举

主要作用：发展三角肌前中束。

预备姿势：两手持哑铃于头侧肩上，对握哑铃。

动作过程：向上推起，边推手腕和肘边转动，最后手臂伸直时，手背呈平行位置（见图 10-8）。

动作方法：预备姿势时，哑铃放在肩上头侧（三角肌有被拉长的感觉），边推边转腕。

图 10-8

（三）杠铃直立上拉

主要作用：发展三角肌，同时锻炼斜方肌。预备姿势与动作过程：双手持杠铃自然站立，双脚分开与肩同宽，握距 20 厘米，用力将杠铃沿身体向上提起至颈部（见图 10-9），然后慢慢放下还原。握距窄，练习三角肌前束；握距宽，练习三角肌中前束。

图 10-9

（四）哑铃侧平举

主要作用：发展三角肌中束。

预备姿势：两手持铃，虎口向前，肘关节成 100～120 度角，双臂自然下垂于体前。

动作过程：将哑铃由身体两侧向上提起，保持肘关节 100～120 度的夹角（见图 10-10）。当提至肘高于肩时，沿原路线返回。

图 10-10

将站立侧平举变化为俯立侧平举，可以有效地发展三角肌后束。

预备体姿：俯立（两腿微屈，上体前屈与地面平行），两手对握哑铃，自然下垂于肩关节下方。

动作过程：持铃向侧上方提起，肘关节角度略大于 90 度。要求肘、肩、腕在同一垂面内，上提超过肩高位时，停留 1～2 秒，还原成预备体姿。

（五）俯身飞鸟

主要作用：发展三角肌后束。

预备姿势：两脚开立与肩同宽，上体前屈与地面平行，两臂微屈垂直地面，掌心相对持铃。动作过程：吸气后两臂用力向侧后方举起，做飞鸟状，直至三角肌后束收紧，然后慢慢下落还原，两臂上举时肘关节弯曲（见图 10-11）。

图 10-11

三、臂部肌肉练习动作

（一）肱二头肌

（1）站立杠铃弯举。两脚分开站立，膝稍屈，双手反握杠铃，握距不要宽于肩，双手贴紧身体，屈臂弯举杠铃，下放时要慢，还原后重复练习（见图 10-12）。注意用力时身体不要后仰。

图 10-12

主要作用：发展肱二头肌。

（2）哑铃弯举。站立或正坐，两手持哑铃自然下垂于体前，虎口向前，两上臂贴紧体侧。前臂弯起的同时手腕向外旋转，至最佳收缩角度时，手心向上，停留 1～2 秒（见图 10-13），再还原成预备姿势。这个动作也可以两臂交换完成。

图 10-13

（3）斜托板弯举。动作过程和要领与其他弯举动作相同（见图 10-14）。托板的作用：主要是用于增加肱二头肌肌肉的线条和“尖峰”感，对增大肌肉体积作用不明显。使用的器械：可用杠铃、哑铃及各种重锤、拉力器等。托板与地面成 45 度角。

图 10-14

（4）单臂哑铃弯举。预备姿势：坐在凳上，上体前俯，持铃手的肘关节顶在同侧大腿内侧上 1/3 处，前臂与大腿成 45 度角。动作过程：可直接将哑铃弯起，也可边弯起，边转腕，至最佳收缩角度，停留 1～2 秒（见图 10-15），再还原成预备姿势。主要作用：发展肱二头肌。动作方法：持铃手的肘关节顶住大腿，动作过程中上体保持前俯。

图 10-15

（5）直杆拉力器弯举：双手分开与肩同宽，掌心向上握住连在低位拉力器上的直杆式握把。刚开始时让握把靠在大腿上，慢慢地将其沿弧线拉向肩部。肘关节保持稳定，身体不要前后晃动，最高点时停留片刻，用力压缩二头肌（见图 10-16），然后慢慢回到起始姿势。

图 10-16

（二）肱三头肌

（1）站立颈后臂屈伸。两脚自然开立，两手握住杠铃（或用单、双手虎口托住哑铃一端）；采用窄握距，两臂伸直上举，上臂与地面垂直，并始终保持靠近耳侧。两手持铃向颈后弯曲，直至极限（见图 10-17），再伸直成预备体姿。动作方法：上臂始终垂直于地面且尽量靠近耳侧。主要作用：发展肱三头肌。

图 10-17

（2）俯身哑铃臂屈伸。俯立（或站在凳边一侧，一腿跪在凳上，同侧手支撑），屈肘持铃，上臂紧贴体侧，上体与地面平行。保持预备体姿的同时，持铃手向后上方举起直至手臂完全伸直（见图 10-18），再还原。动作方法：上体始终平行于地面，上臂贴紧体侧。主要作用：发展肱三头肌。

图 10-18

（3）仰卧臂屈伸。仰卧在练习凳上，两手分开 30 厘米左右，握住杠铃，头可探出凳的一端数厘米，将杠铃举在胸前，然后慢慢将杠铃下放，上臂尽量保持与身体垂直，直至杠铃降至头后（见图 10-19），再将杠铃举回到伸直状态。如此反复进行。主要作用：发展肱三头肌。

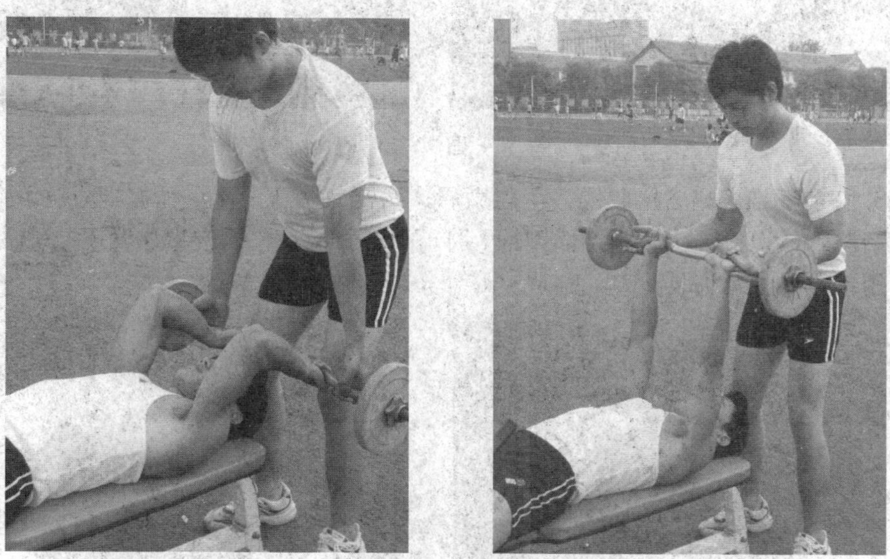

图 10-19

（4）窄握距杠铃仰卧推举。平卧在长凳上，采用窄握距，两手之间约为 20 厘米，将横杠放在胸上乳头处。向上推起，直至两臂完全伸直（见图 10-20）。整个动作过程与杠铃仰卧推举相同。动作方法：采用窄握距，两上臂尽量靠近体侧并向内夹。这种窄握推举，对于发展肱三头肌的效果很好，但也会使腕部的负担转重，在练习时一定要控制好重量，以免腕部受到损伤。主要作用：发展肱三头肌外侧。

图 10-20

（5）胸前下推。略含胸收腹，两腿微屈，两臂完全弯曲，重锤握把应位于胸前乳头上方，绳束尽量靠近身体，上臂紧贴体侧。两手向下推压伸直，然后慢慢屈臂还原（见图 10-21）。主要作用：发展肱三头肌。

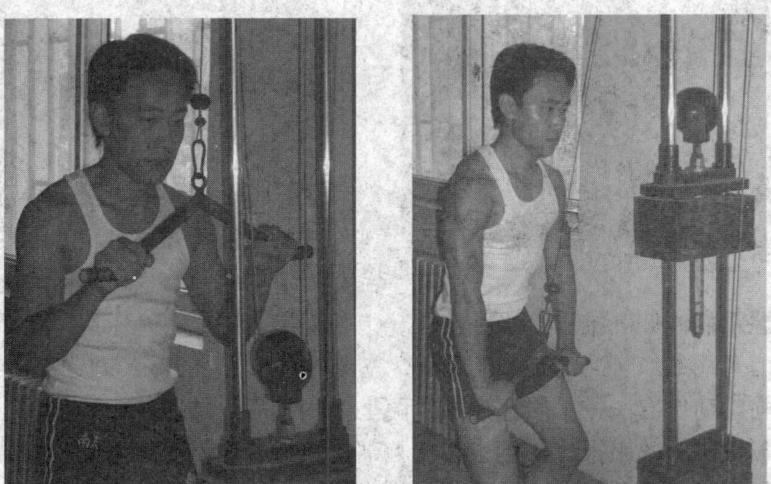

图 10-21

（三）前臂肌

（1）杠铃正握腕弯举。前臂手背侧平放于两腿上或平凳上，手腕下垂，手心向前。收缩前臂屈肌，手向上弯举，至前臂肌群“顶峰收缩”后稍停（见图 10-22），慢慢还原。如手持哑铃进行练习则称为“哑铃腕弯举”。

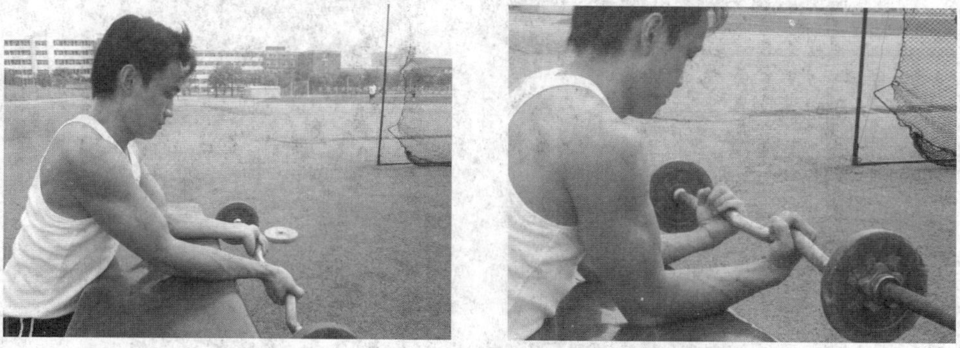

图 10-22

（2）反握腕弯举。反握腕弯举同正握腕弯举一样，可以利用多种器械（如杠铃、哑铃）练习，动作也有正坐、托板等几种，但练习要求都是一致的。前臂平放两腿或平凳上，双手反握杠铃或哑铃，自然下垂。收缩前臂伸肌群，手腕弯起至极限，再慢慢下放还原（见图 10-23）。

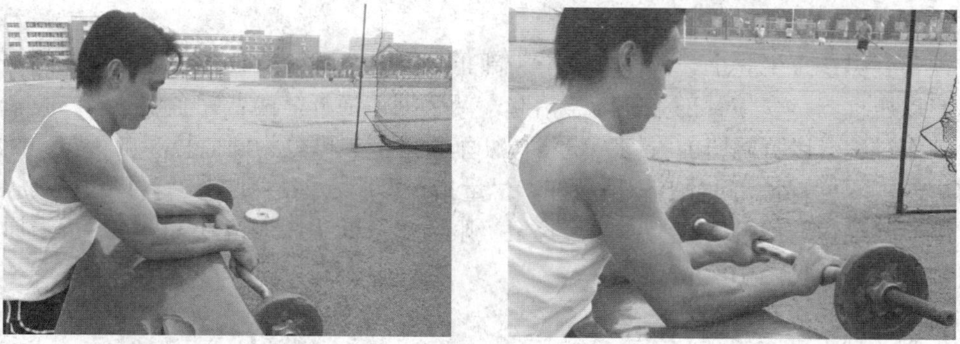

图 10-23

（3）体后反握腕弯举。两腿自然开立，两臂伸直，两手反握杠铃于腿后。手腕向上弯起至极限，稍停，再慢慢还原（见图 10-24）。反复进行练习。

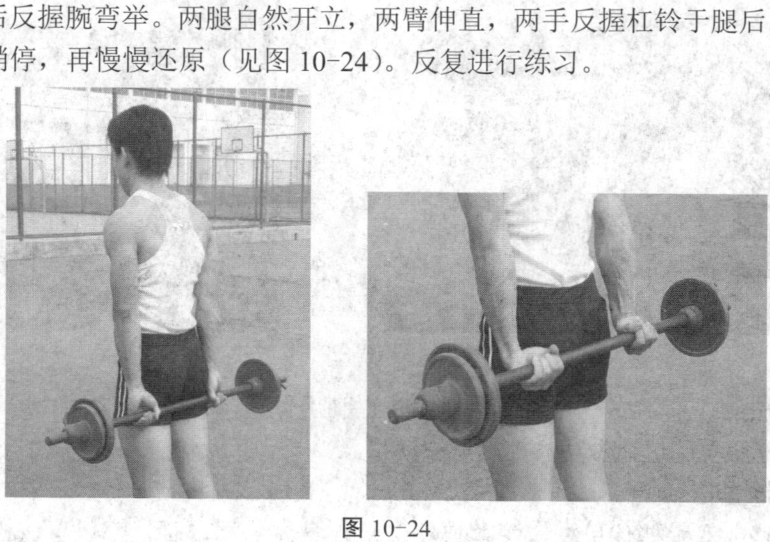

图 10-24

（4）卷棒练习。身体直立，两臂前平举，双手握棒，棒上系绳，绳上挂物。然后将重物卷起后再反卷还原（见图 10-25）。卷动幅度要大。主要作用：发展前臂肌群。

图 10-25

四、背部肌肉练习动作

（一）重锤下拉

预备姿势：正坐凳上，使横杠位于头部正上方。两脚自然分开着地支撑，如有条件两大腿应以压棍固定，使臀部不能随意抬起，两手握住横杆，两臂完全伸直。

动作过程：以背阔肌的收缩力量将拉杆垂直拉下，可分为向前拉和向后拉。向前拉至胸前第 3～4 肋骨处，同时上体稍后仰，尽量抬头挺胸，两肩胛骨向脊柱靠拢，停留 1～2 秒，沿原路线返回成预备姿势；向后拉至极限，尽量低头，停留 1～2 秒，再沿原路线返回成预备姿势（见图 10-26）。

图 10-26

动作方法：臀部始终不能离开凳面，防止利用体重降低练习难度；还原时速度要慢，并注意用背部肌群的退让做功，控制还原动作。

（二）引体向上

预备姿势：双手握住单杠，两臂自然伸直，身体悬垂，腰背部以下放松。

动作过程：用背部肌群的收缩力量，屈臂引体向上。与重锤下拉相同，引体向上也分为向前拉和向后拉两种。向前拉至胸部乳头处，同时抬头挺胸；向后拉至极限，同时尽量低头，停留 1～2 秒，再还原成预备姿势（见图 10-27）。

动作方法：前臂尽量放松，可借用助力带。一定要拉至极限。

做引体向上时，如每组的次数超过 15 次，可在腰部系重物以加大负荷。

宽握胸前引体向上主要锻炼背阔肌的肌肉块，使背部宽阔。宽握颈后引体向上主要锻炼上背肌群的肌肉块和线条，使背部厚实。窄握引体向上主要锻炼上背肌群的肌肉块。

图 10-27

（三）杠铃俯立划船

主要作用：锻炼背阔肌，使背部显得宽阔。

预备姿势：俯立，两脚开立与肩同宽，两腿微屈，上背部与地面平行，挺胸、收腹、紧腰，稍抬头，两手持杠铃自然下垂于肩关节的下方。

动作过程：先将杠铃直臂向后拉引至小腿胫骨前，然后屈肘，使横杠沿小腿上提最后至小腹前，同时抬头挺胸，上体上抬 15～20 度角，停留 1～2 秒，然后慢慢还原至预备姿势（见图 10-28）。

图 10-28

（四）硬拉

主要作用：锻炼下背部、臀部、中背部、大腿和斜方肌，也能增强手臂握力。

预备姿势：两脚开立同肩宽，两手一正一反握住横杠，间距同肩宽，屈膝下蹲，使横杠贴近身体，处于脚背上方，挺胸收腹，腰背挺直，眼睛看向正前方。

动作过程：集中用腿和腰背肌群的伸直力量使杠铃离地提起至全身直立（见图 10-29）。横杠要尽量贴近身体上升，然后慢慢放下还原。

图 10-29

（五）哑铃耸肩

主要作用：重点锻炼斜方肌、颈肌和上背肌群。

开始位置：自然站立，手持哑铃，下垂于腿侧。

动作过程：两肩同时向上耸起，使肩峰尽量接近耳朵，然后在这个顶点位置上慢慢地使两肩向后转，再慢慢由后向下转至两臂下垂的原位（见图 10-30）。在耸肩过程中不要屈肘。

图 10-30

训练要点：如果使手腕稍屈，并使两肘尖向外转，对肩侧斜方肌的收缩效果更好些。

五、腹部肌肉练习动作

（一）仰卧起坐

主要作用：发展腹直肌上部。

预备姿势：屈腿仰卧在垫上，双手抱头。

动作过程：收缩腹肌，将胸部拉向腿部，使腹肌被充分挤压，至“顶峰收缩”位稍停，慢慢还原。

动作方法：这个动作或许可以叫作“仰卧弯起”，因为它要求充分弯曲躯干，而不是上体直直地抬离地面。

（二）搁腿仰卧起坐

重点锻炼部位：上腹部位。

预备姿势：仰卧在地上，把小腿平行地搁在凳上，使大腿垂直于地面，两手可以交叉在胸前或交叉互抱于颈后。

动作过程：慢慢地使两肩向膝部弯起，直至腹肌收紧，并保持腹部收紧 1 秒钟（见图 10-31）。然后，恢复到预备姿势。

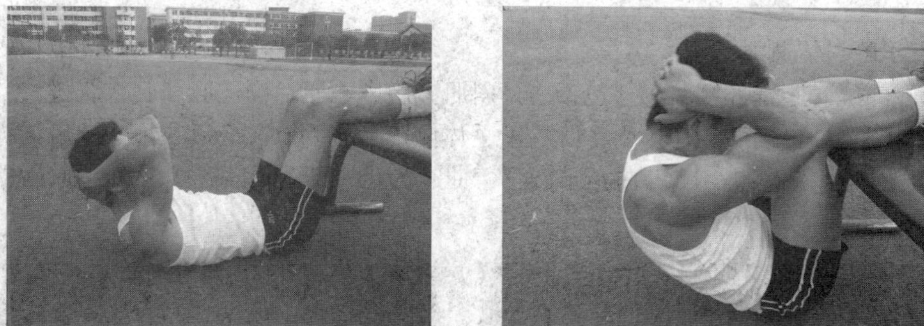

图 10-31

训练要点：当屈体收腹时，为了更好地使腹部肌群收缩，下背要紧贴地面。

（三）仰卧直腿上举

重点锻炼部位：下腹部位和大腿上部肌群。

预备姿势：仰卧在凳上或斜板上，下背部紧贴凳面，两腿并拢自然伸直。

动作过程：两腿稍稍弯曲，向上举起直至两大腿与躯干成垂直位（见图 10-32）。然后两腿慢慢放下。

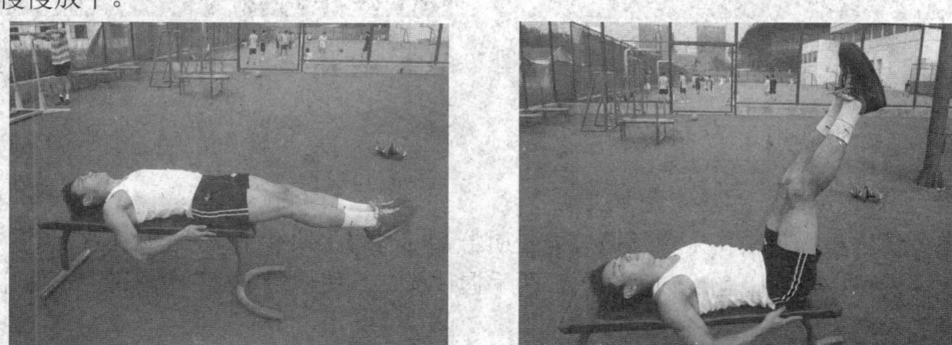

图 10-32

（四）转体仰卧起坐

重点锻炼部位：上腰部位肌群。

预备姿势：仰卧在垫上，两腿伸直，双手抱头于颈后。

动作过程：和仰卧起坐一样，当上体弯起至一半时，上体向左转体，并使右肘触及左膝盖，然后回复原位。上体再弯起至一半时，向右转体，并使左肘触及右膝盖（见图 10-33）。

左右连续起坐转体。

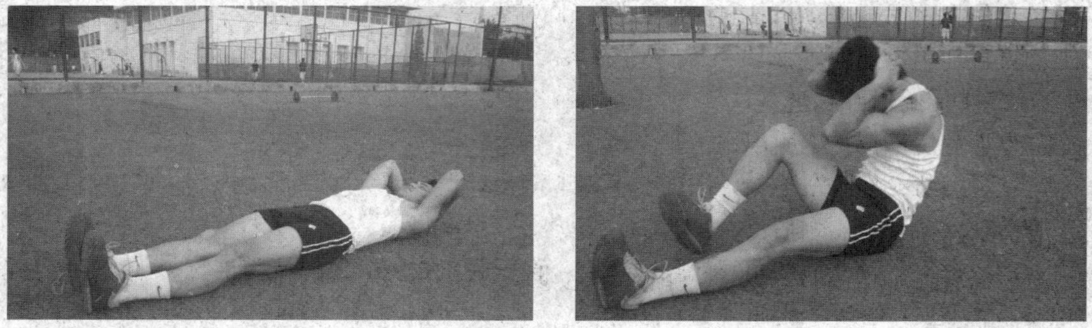

图 10-33

（五）哑铃体侧举

练习部位：腹壁外侧肌群，包括腹外斜肌、腹内侧肌、锯形肌和腹直肌群。

预备姿势：自然站立，单手持哑铃下垂体侧，另一手放在身后或抱于颈后。

动作过程：上体向一侧弯曲至不能再弯曲时为止（见图 10-34）。然后还原站立。左右手交替做。

图 10-34

六、腿部肌肉练习动作

（一）负重深蹲

锻炼部位：深蹲动作主要是锻炼大腿肌群，同时臀大肌和下背肌群也能得到锻炼。

预备姿势：把杠铃置于颈后肩上，两手握住横杠，使杠铃重心两边平衡，两脚自然分开，脚尖稍向外分开。

动作过程：两眼始终向前方看，然后慢慢屈膝下蹲，直至大腿与地面平行，再用力伸直站立。在整个下蹲和起立过程中，要保持躯干挺直，背部平直，两脚始终踏实地面（见图 10-35）。

图 10-35

（二）坐姿腿屈伸

锻炼部位：股四头肌。

“腿屈伸”的动作较简单，是两脚托住托棍向上抬起至两腿完全伸直。有两腿同时抬起和单腿做交替抬起两种方法。它是用股四头肌的收缩力，由小腿将托棍向上举起至大腿伸直，使股四头肌处于“顶峰收缩”位（见图 10-36）。稍停，然后以股四头肌的张紧力慢慢放下还原。

图 10-36

（三）腿弯举

锻炼部位：股二头肌。

预备姿势：俯卧在伸腿架的卧架上，使膝盖正好抵住凳端，两腿伸直使脚跟紧贴在上托棍的下缘。两手握住凳前端两侧。

动作过程：集中以股二头肌的收缩力使小腿向上弯起至股二头肌彻底收缩紧，保持静止 1～2 秒，然后，循原路慢慢回到起点（见图 10-37）。

图 10-37

（四）负重蹬伸

坐在训练器的固定架上，两臂固定上体，上体保持正值，挺胸，两腿屈膝，两脚踏在蹬伸器的阻力踏板上，用力蹬伸膝关节，直至两腿完全伸直，稍停 2～3 秒后，靠肌肉用力控制缓慢还原（见图 10-38）。

练习要点：上体保持正直，挺胸，两臂固定上体。还原要缓慢。

图 10-38

（五）负重提踵

练习部位：小腿腓肠肌和比目鱼肌。

预备姿势：把杠铃置于颈后肩上，两脚站在 5 厘米高的木块上，两脚分开 20 厘米左右。脚掌站在木块上，便于脚跟深深地落下。动作过程：两腿伸直，脚跟立起，越高越好，然后脚跟慢慢落下（见图 10-39）。

图 10-39

第十一章　游　泳

第一节　游泳基本知识

一、游泳运动的起源及在中国的发展

游泳运动是一种凭借自身肢体动作和水的相互作用力，在水中漂浮前进或在水中潜游的有意识的技能活动。游泳的起源与发展是与人类社会的生产劳动、生活娱乐及战争等活动紧密联系的，它是人类在征服自然、改造自然的生产劳动中产生，在满足人们娱乐和竞争的需要中发展起来的。在漫长的历史过程中，游泳逐渐发展成为一项重要的体育运动项目。

在中国，游泳作为一项体育运动和发展成为竞技项目，只有几十年的历史。1953 年 8 月，在罗马尼亚布加勒斯特举行的第 1 届国际青年友谊运动会游泳比赛中，我国优秀运动员吴传玉战胜众多强手，夺得男子 100 米仰泳冠军，这是中华人民共和国成立后中国运动员在国际比赛中取得的第 1 枚金牌。1992 年，在巴塞罗那举行的第 25 届奥运会游泳比赛中，我国优秀游泳运动员杨文意、庄泳、钱红、林莉再创佳绩，分别摘取了 50 米自由泳、100 米自由泳、100 米蝶泳和 200 米个人混合泳 4 项桂冠，实现了中国奥运会游泳金牌零的突破。1998 年第 8 届世界游泳锦标赛上，我国男子运动员曾启亮获得了 100 米蛙泳的银牌，成为首次在世界大赛中夺得奖牌的中国男子游泳运动员。2003 年 7 月，在巴塞罗那世界游泳锦标赛上，我国优秀女运动员罗雪娟夺得女子 50 米蛙泳、100 米蛙泳和 4×100 米混合泳接力的冠军，成为世锦赛的“三冠王”。在 2004 年的雅典奥运会上，罗雪娟还获得女子 100 米蛙泳冠军。2006 年第 8 届国际泳联世界短池游泳比赛中，我国优秀女子运动员齐晖分别获得女子 200 米蛙泳、女子 200 米个人混合泳和 400 米个人混合泳 3 枚金牌，杨雨在女子 200 米自由泳的比赛中赢得 1 枚金牌，男运动员吴鹏获得 200 米蝶泳金牌，他的成绩打破了大赛的赛会纪录。2012 年伦敦奥运会上，孙杨获得男子 400 米自由泳、1500 米自白泳冠军，成为第一位登上奥运会最高领奖台的中国男子游泳选手，实现了中国在奥运会上男子游泳项目金牌零的突破。

二、主要游泳比赛及比赛规则简介

（一）世界重大游泳比赛

现代游泳比赛分为两种，一种是国际高水平的专业比赛，另一种是分年龄组或者俱乐

部之间的比赛。国际比赛组织者是国际和洲际游泳联合会，它们所组织的重大国际比赛包括奥运会游泳比赛、世界游泳锦标赛、泛太平洋游泳锦标赛、欧洲游泳锦标赛、亚运会游泳比赛、亚洲游泳锦标赛、世界杯游泳短池系列比赛、世界短池游泳锦标赛、亚太地区年龄组游泳锦标赛、世界大学生游泳锦标赛、世界中学生游泳锦标赛等。

（二）国内重大游泳比赛

国内重大游泳赛事主要包括全国游泳冠军赛、全国游泳锦标赛（包括短池锦标赛）、全国春季游泳达标赛、全国冬季游泳达标赛、全国青年游泳锦标赛、全国少年儿童年龄组游泳锦标赛、全国少年儿童年龄组游泳分区赛、大学生运动会游泳比赛、中学生运动会游泳比赛等（其中前五项都属于专业组比赛）。

（三）比赛规则简介

举行游泳比赛对游泳池是有严格规定的。国际泳联规定，比赛的标准游泳池长 50 米（短池长 25 米），宽 21 米或 25 米，水深 2 米以上，比赛水温 25～28 摄氏度。室外游泳池不低于 25 摄氏度。比赛时，池水必须保持正常水位，水面要平稳。如采用循环换水，池水不得有明显的流动或漩涡。池水要清澈，运动员可看清池底和池壁标志线。游泳池内由 9 条分道线构成 8 条泳道，每条泳道宽 2.5 米。第 1 条和第 9 条分道线距池边至少 0.05 米。游泳池两端都应设有出发台，出发台号码应以出发一端面对泳池从右至左排列。

在比赛过程中，自由泳、蝶泳、蛙泳在出发台上出发，仰泳在水中出发。出发采取一次性出发，即运动员只有一次出发机会。如比赛已经进行，运动员出发抢跳，则不召回运动员，比赛后犯规运动员被取消资格；若比赛没有进行，直接取消犯规运动员的比赛资格。在比赛过程中，运动员必须在本泳道内完成比赛，所有姿势必须符合规则规定。比赛中运动员转身时必须使身体的某一部分触及池壁，蛙泳和蝶泳必须双手触及池壁，转身必须从池壁完成，否则即为犯规。在比赛中除自由泳可以在池底站立外，其他所有泳式（包括自由泳）均不得跨越和行走。比赛中运动员不得使用或穿戴任何有利于其速度、浮力的器具。接力抢码时，如果运动员重新返回并以身体任何部分触及池壁再游出时，不做犯规论。

三、个人混合泳与混合泳接力的区别

混合泳是将 4 种竞技游泳姿势结合起来的一种比赛项目，分个人混合泳和混合泳接力 2 种形式。

混合泳项目要求运动员 4 种姿势技术全面发展。比赛时，个人混合泳必须按照蝶泳、仰泳、蛙泳、自由泳的顺序游进。200 米和 400 米混合泳分别每 50 米和每 100 米改变一次泳姿。4×100 米混合泳接力必须按照仰泳、蛙泳、蝶泳、自由泳的顺序游进，每人游其中的 100 米。

四、游泳安全与卫生知识

随着人们生活水平的不断提高，对文化、娱乐、体育活动的追求也更加普遍，参加游泳活动的人也越来越多。游泳是在水这种特殊环境中的活动，如果不注意安全与卫生，不仅会引发各种伤病，损害身体健康，甚至可能发生溺水死亡的事故。因此，我们必须要了解游泳的安全与卫生知识，掌握科学锻炼的方法，防止意外事故的发生。

（一）选择安全的游泳场所

选择安全的游泳场所是保证游泳者生命安全的极其重要的方面。游泳场所一般分为两大类：人工修建的游泳池、馆和江河湖海等天然水域。

在人工修建的游泳池、馆进行游泳活动时事先应熟悉池、馆环境，包括池的大小、深浅区的划分、水深、水质、水温、附属建筑等，不要冒险跳水，要遵守游泳池的相关规定。入水前按规定清洗身体。

在天然水域游泳时，要做好充分的准备活动，了解水域的深浅情况。在海中游泳时，必须了解潮汐的情况，并与海岸线平行游。选择辅助器材，如救生圈和潜水镜等。

（二）了解自身健康状况，选择游泳时机

游泳者必须清楚地了解自身身体状况，确定能否参加游泳锻炼。如果身体患有某些疾病，不仅很难承受游泳时的各种生理机能变化，而且会使病情加重，甚至会出意外事故，同时还可能造成某些传染病的流行，危害公众健康。患有严重高血压、心脏病、活动性肺结核、传染性肝炎、细菌性痢疾、妇科病、性病、化脓性中耳炎、皮炎、精神病及有开放性创伤的人，都不宜游泳。女性在月经期间一般不宜下水游泳，以免引起感染而致病。另外，以下几种情况不宜下水游泳。

在饱食后不宜游泳，饱食后消化器官的活动增强，此时若下水游泳，血液将首先满足肌肉活动的需要，消化器官的供血不足，将降低消化器官的功能，影响食物的消化吸收，而且曰于水的刺激，容易出现腹痛或呕吐。在饥饿时也不宜游泳，游泳时能量消耗大，腹中饥饿，体内血糖浓度下降，不能及时提供足够的能量以满足运动和维持正常体温的需要，会出现头昏、四肢无力等症状，严重时甚至会昏厥。

剧烈运动或重体力劳动后不宜游泳，这是因为剧烈运动或重体力劳动后，身体处于疲劳状态，肌肉收缩和反应能力减弱，动作不易协调，此时下水，会造成疲劳的积累，易引起呛水、肌肉痉挛，甚至发生溺水事故。此外，剧烈运动刚结束，人体新陈代谢尚未恢复正常，体温较高，出汗量大，身体处于不稳定状态时不宜游泳，此时下水，身体突然受到冷水刺激，体温急剧下降，抵抗力减弱，易引起感冒等。

饮酒后不宜游泳。酒中所含的乙醇对人的神经系统有麻醉作用，会使人体的功能下降，身体反应能力下降，动作协调性变差，这时下水游泳，就无法清醒地处理可能发生的意外情况，发生溺水事故。

（三）水上救护

水上救护是指采取各种有效措施，将溺水者救上岸的过程。水上救护分为间接救护和直接救护两种。

（1）间接救护：是指利用各种救生器材对神志比较清醒的离岸或离船不远的溺水者施救的方法，通常采用救生圈、绳索、船只等器材，或者根据具体情况因地制宜，利用各种现有器材进行救护，如木材、竹竿等一些可以浮起的东西，及时救起溺水者。一般对游泳水平较差者最好采用这种救护方法。

（2）直接救护：是指在没有救护器材，或救护器材不能发挥作用的情况下采用的方法。在进行水面观察，发现溺水者后，救护员应看清方位立即跳入水中进行救护。直接救护技术由入水、接近溺水者、解脱、拖运（又称拖带）、出水和岸上急救等组成。

五、游泳出现异常情况的处理

（一）抽筋

游泳时在水中抽筋，要保持镇静，不要慌张。在浅水区或离岸较近时，应立即上岸；在深水区或离岸较远时，应一面呼救，一面采取措施进行自救。大腿抽筋，可仰卧水面，后屈小腿，一手握住抽筋的足背后振几次；小腿抽筋，可一手握住脚趾，脚尖勾起，另一手揉捏抽筋处；脚趾抽筋，可用手拉住抽筋的脚趾，上下用力扭动；手指抽筋，可将抽筋的手握成拳，然后用力张开，直到抽筋解除。

（二）呛水

游泳时一旦发生呛水应该憋一口气，把水含在口中，然后吐出，调整呼吸。在水中无论发生鼻呛水或嘴呛水都不要紧张，应保持冷静，要用仰泳或踩水姿势，使头露出水面，调整呼吸，直至恢复正常。

（三）发现溺水者

发现溺水者后应镇定、勇敢、果断、迅速地采取间接（利用救生器材）救护或直接救护的方法施救，在直接救护时应根据场地情况采用直立或低头入水方法，从溺水者背后接近并拖运上岸进行抢救。

（四）头晕

初学游泳者，由于水感较差、不熟悉水性，在水中行走或站立不稳，心理上产生惊慌、心跳加快，会出现头晕现象。此外，还由于身体的血液分布发生了变化而突然头晕。此时，只要暂时中止游泳，休息后就会好转。

第二节　熟悉水性练习

一、踩水的基本技术

踩水的方法有很多，比较常见的是采用立式蛙泳的动作技术，身体与水面构成的角度很大，接近于直立。整个身体几乎垂直于水面，稍前倾，头部始终露出水面，下颌接近水面。

踩水的腿部动作几乎和蛙泳腿部动作一样，需要注意的是收蹬腿的幅度要小。收腿时，膝关节可外翻，蹬腿时膝关节向内扣压，同时小腿和脚内侧蹬夹，两腿尚未蹬直并拢即开始做第二次的收腿动作。动作熟练之后，也可进行两腿交替蹬夹水的动作技术。

踩水时两臂稍屈，在体侧前做向外、向内的摸压水的动作，动作幅度不能太大。向外时，手掌心向外侧下，有分开水的感觉；向内时，手掌心向内侧下，有挤水的感觉。向内摸压至肩宽距离即分开。臂、腿的动作配合要连贯、协调，一般是两腿做蹬夹水时，两臂向外做摸压水的动作，收腿时，则向内摸压，呼吸要跟随臂、腿自然进行。蹬夹水（臂向外）时吸气；收腿（臂向内）时呼气。可以一个动作做一次呼吸，也可以几个动作做一次呼吸。踩水游进时，可以采用身体的不同侧向以及蹬夹和摸压的方向来改变游进的方向。向前，即身体稍前倾，脚稍向侧后蹬夹水，两臂稍向后拨水。踩水动作熟练后，仅用双腿的蹬踩动作也可使身体浮起，那么单手或双手就可以在水面上自由持物。

二、熟悉水性技术

(一)水中走动和跳动

水中走动和跳动是初学游泳者熟悉水性进行练习的第一个步骤。初学游泳者由于初次下水，不免紧张，所以可选择在齐腰或齐胸深的水中进行练习，以体会水的阻力、压力、浮力和学会在水中保持平衡。练习在水中走动和跳动时，身体要直立，不要倾倒，用前脚掌做向前、向后、向左、向右的走动，要先慢而后逐渐加快地行进。应在水中走动较为熟练，并且能够在水中维持身体平衡后再进行跳动练习。跳动时先用前脚掌蹬池底，然后轻轻往上跳，逐渐用力。

练习方法：

（1）两人以上手拉手在水中走动或跳动。

（2）单独一人在水中进行走、跳、跑的综合练习。

（3）两人面对面站立，互相拨水练习。

（4）火车赛跑练习。分几个组，各成纵队，双手扶前面同伴的肩，看哪一队跑得快。

（5）转圈跳舞。与同伴手拉手成圆圈形，然后做简单的走和跳舞动作。

（6）水中接力赛。分几个组，各成纵队，双手扶前面同伴的肩，排尾的人从全队右侧往前跑到排头而作为新的排头。以此类推，看哪一队先跑完。

（7）撒网。先由一人当“渔夫”，其余人分散开，被“渔夫”抓住或拍到的人，则与“渔夫”手拉手结网，直至全部捕获为止。

(二)水中睁眼、闭气及水中呼气与水上吸气

初学游泳者熟悉水性练习的第二个步骤，可以学习头入水中的睁眼和闭气。睁眼可以观察水下的情况，闭气可以避免呛水。各种游泳姿势都要求在水中呼气和在水上吸气。在水中不会呼气就不能算真正会游泳，而游泳与呼吸动作的配合较为密切，也是初学者最难过的一关。

练习方法：

（1）双手扶水槽（分道线）或在同伴的帮助下，用口吸气后闭气，然后慢慢蹲下把头全浸入水中，停留片刻后起立，在水上换气（见图 11-1、图 11-2）。

（2）同上练习。要求把头浸入水中停留片刻后，在水中用鼻慢慢地呼气，一直呼到快完（但不能把气呼尽），然后起立在水面上用口吸气（吸气之前要把最后一点气呼尽）。

（3）单独在池中做蹲起动作，吸气要求同前一个动作的呼吸方法（见图 11-3）。

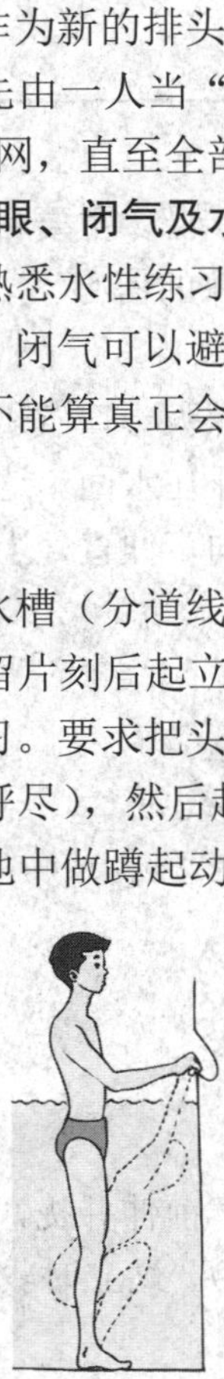

图 11-1

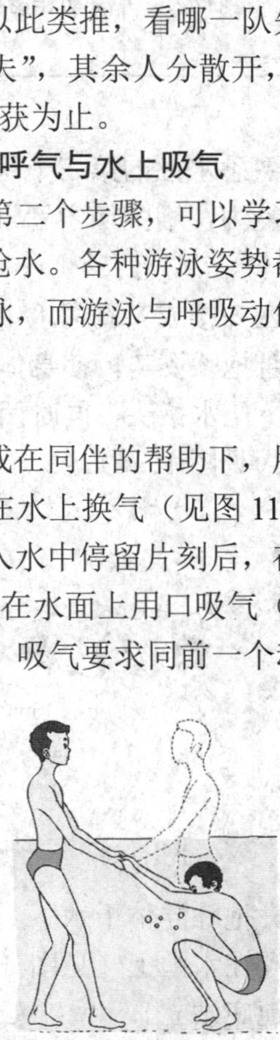

图 11-2

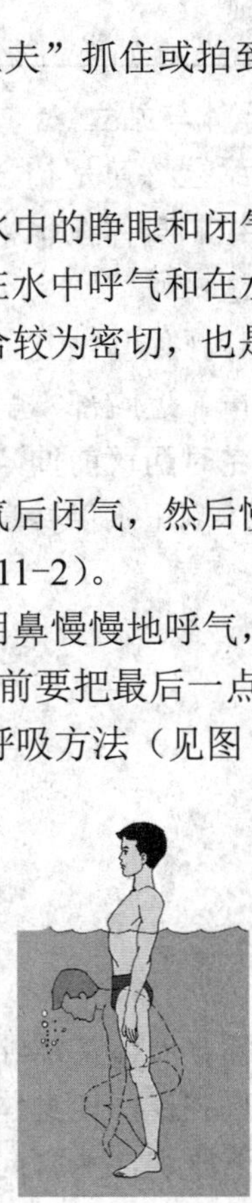

图 11-3

（4）同上练习。要求吸气后把头浸入水中，稍闭气后立即用口鼻同时呼气，在口接近水面时用力把气吐完并立即用口在水面上吸气，吸气结束后立即把头再次浸入水中，连续做有节奏的吸气、闭气、呼气动作。

（5）两脚原地开立，按以上练习，要求独立完成练习吸、闭、呼的动作 30 次左右。稍休息后重复此练习，但不同的是随头逐渐向前上抬（或向侧转）时开始加大呼气量。

（6）两人面对面在水中站立，一人把手放在水中，另一人蹲在水中，看同伴伸几个手指，然后一手在水上也同样伸几个手指。两人如此交换做，看谁在水里待的时间长。这样，既练习了睁眼，又练习了闭气。也可两人在水中一起做，一人伸几个手指，另一人也同样伸几个手指。

（7）在齐腰或齐胸深的水中做睁眼和闭气，以及在水中寻找物品的练习。

常见错误动作及其纠正方法见表 11-1。

表 11-1　水中睁眼、闭气及与水上呼吸常见错误动作及其纠正方法

常见错误	原因	纠正方法
用鼻吸气	动作概念不清，或受习惯动作影响	再次讲解示范，明确动作方法。练习时可用手捏鼻（或用鼻夹），强迫练习者用口吸气
没有在水下呼气	动作概念不清，或受怕水心理影响	讲清动作方法，要求练习时用力呼气，要连续冒出气泡

（三）浮体与站立

浮体与站立练习是初学游泳者熟悉水性的第三个练习步骤。主要目的是让练习者体会水的浮力和控制身体在水中平衡的能力，增强初学者学游泳的信心。

练习方法：

（1）抱膝浮体与站立。原地站在齐腰或齐胸的水中，深吸一口气后下蹲，低头，两手抱膝，膝尽量靠近胸部，呈低头团身抱膝姿势，使身体漂浮在水面。这时用嘴和鼻慢慢吐气，到快吐完时两臂前伸，手掌向下压水抬头，同时两腿向下伸直，当两脚踩住池底时站立，两手于体侧压水保持身体平衡（见图 11-4）。

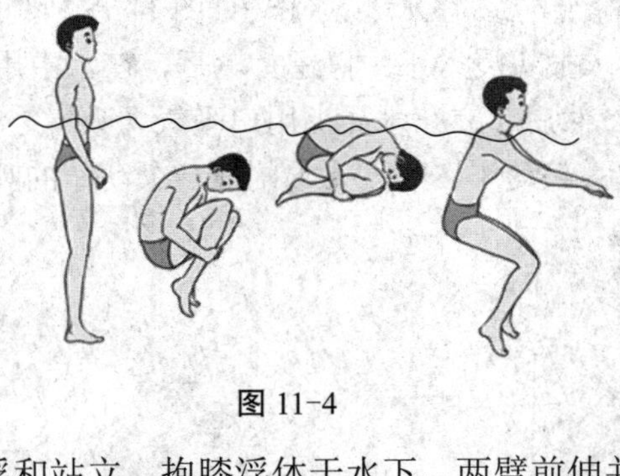

图 11-4

（2）抱膝、展体、漂浮和站立。抱膝浮体于水下，两臂前伸并拢，头夹在两臂中间，两腿向后伸直并拢，使身体俯卧漂浮在水面上（见图 11-5）。站立时收腹、收腿、抬头，同时两手往下压水，两脚向下触到池底站立。

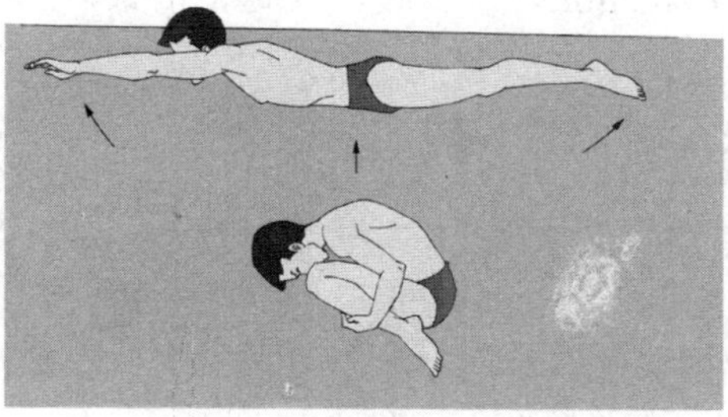

图 11-5

（3）展体、漂浮和站立。两脚开立，两臂前伸，深吸气后低头，身体前倾，两膝微屈，两脚轻轻蹬池底，两腿放松上漂呈俯卧姿势，漂浮于水面，臂和腿自然伸直。站立时，收腹、收腿、抬头，同时两臂向下压水，两腿向下伸直，脚掌踩住池底站立，然后吸气（见图 11-6）。

图 11-6

常见错误动作及其纠正方法见表 11-2。

表 11-2　浮体与站立常见错误动作及其纠正方法

常见错误	原因	纠正方法
浮不起来	紧张导致未吸气	反复练习用口深吸气的动作和闭气动作缓解紧张情绪
站立时向前倒	动作概念不清，没有两臂前伸和向下压水及抬头动作	讲解示范动作，明确动作方法，练习时要求两臂向前伸向下压水同时抬头，两脚向下伸直触池底站立。站立后，两手可在体前、体侧拨水，以帮助身体站稳

（四）滑行和简单游泳动作

初学游泳者掌握了浮体练习后，就可以练习滑行和简单的游泳动作了，这是熟悉水性练习的最后一步。练习的目的是进一步体会水的浮力，掌握在水中平浮和滑行的身体姿势，为学习各种游泳姿势打下良好的基础。

练习方法：

（1）蹬池底滑行和站立。两脚前后开立，两臂前伸，两手并拢，深吸一口气后身体前倾，两膝微屈，当头和肩浸入水中时，前脚掌用力蹬池底，随后两腿并拢，使身体呈流线型向前滑行（见图 11-7）。站立时，收腹、收腿、抬头，同时两臂下压，两腿下沉伸直，脚触池底时站立。

图 11-7

（2）蹬壁滑行和站立。一手拉池边，一臂前伸，然后收腹屈腿，两脚蹬池壁，使上体前倾平浮于水中。做好准备姿势后，吸一口气，低头，随即放下拉池边的手，两臂并拢向前伸，头夹于两臂之间，同时两脚用力蹬壁，使身体呈流线型向前滑行（见图 11-8）。站立方法同前。

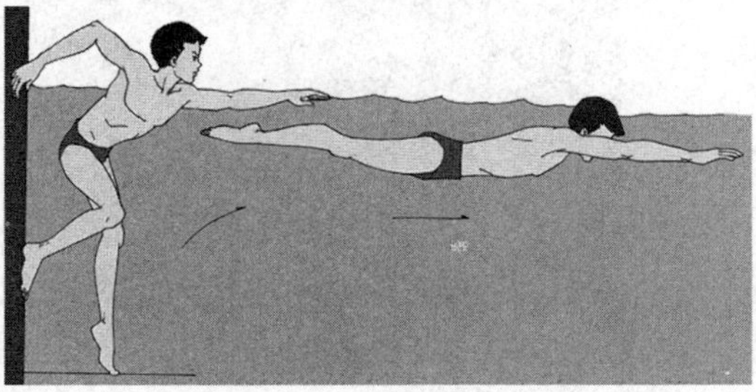

图 11-8

常见错误动作及其纠正方法常见错误动作及其纠正方法见表 11-3。

表 11-3　滑行和简单游泳常见错误动作及其纠正方法

常见错误	原因	纠正方法
蹬壁无力	蹬壁前身体离池壁太远	蹬壁前，臀部尽量靠近池壁，大小腿尽量收紧，蹬壁要用力
滑行时抬头塌腰	动作概念不清	讲解示范动作时，明确要领。蹬出滑行时要求低头，头夹于两臂之间，腰腹适当紧张使身体呈流线型滑行

第三节　四种泳式

游泳共有四种泳式，即蛙泳、自由泳、仰泳和蝶泳。初学者在正式学习游泳前，应通过图解、录像、示范游等，了解这四种泳式的基本技术，加深印象，便于学习与领会，并更有助于付诸游泳实践。

一、蛙泳

蛙泳在四种泳式中历史最悠久，早期称“俯泳”或“胸泳”，因它的泳姿像青蛙游水的动作而得名。蛙泳的特点是：呼吸方便、省力持久、声响小、易观察、可负重，是一项重要的实用游泳技能。它虽然易学，但技术动作较复杂。

（一）身体姿势

蛙泳时身体呈水平俯卧水中，两臂向前伸直并拢，两腿自然向后伸直并拢，头略前抬，水齐前额，脸浸水中。因呼吸需要，身体纵轴与前进方向略成仰角，但仍使胸、腹和下肢水平呈流线型姿势（见图 11-9）。

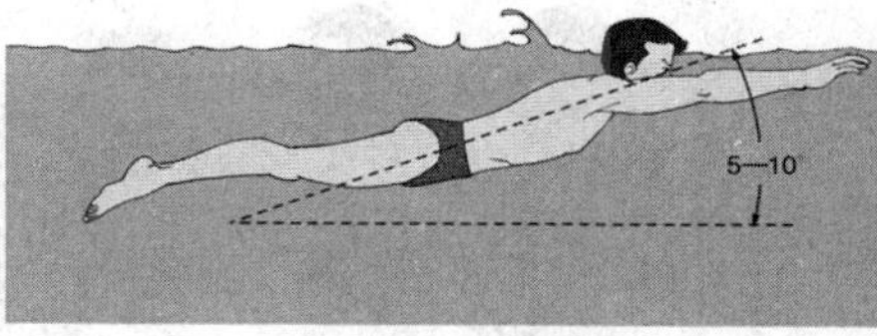

图 11-9

（二）腿部动作

蛙泳腿部动作是由滑行、收腿、翻脚和蹬水 4 个连贯动作组成。

1．滑行

身体借助前一个动作的惯性力，向前滑行时两腿并拢向后伸直，身体呈水平姿势；靠腿部肌肉的适当收缩而把脚跟稍提向水面，做好收腿准备。

2．收腿

两腿屈膝和屈髋关节的同时自然分开，脚跟向臀部靠拢，两膝间距约与肩同宽。为减少阻力，收腿力量小且自然。收腿完成时，大腿与躯干之间的夹角为 130～140 度（见图 11-10、图 11-11）。

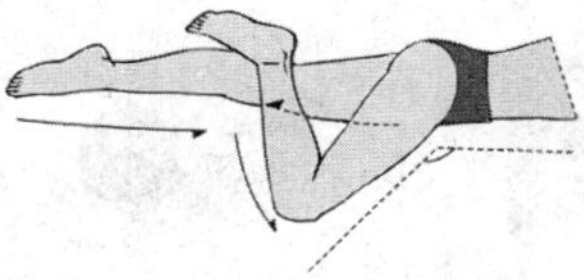

图 11-10

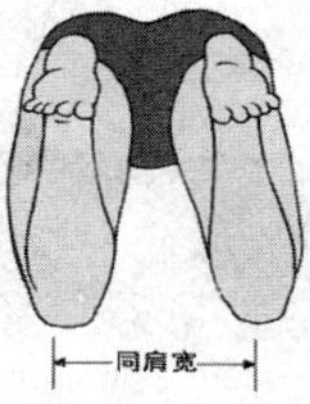

图 11-11

3．翻脚

当两脚跟靠近臀部时，两脚掌开始加快向外翻，两脚间距应大于两膝间距，使脚和小腿内侧处于有利的对水面，以提高蹬水的效果（见图 11-12）。

4．蹬水

由腰腹与大腿协同发力，通过伸髋、伸膝，以大、小腿内侧面和脚掌向后用力，快速地做弧形蹬夹水动作。蹬水前段动作为两腿稍向外、向后；其后段动作为边向后蹬，边向内夹（见图 11-13）。在腿蹬夹并拢瞬间，两脚掌迅速内转靠拢，完成蹬水；蹬水动作后，身体短暂滑行，两腿必须要自然伸直、并拢，身体保持良好姿势，以利于提高滑行速度。

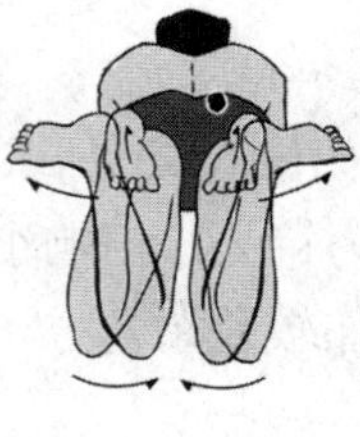

图 11-12

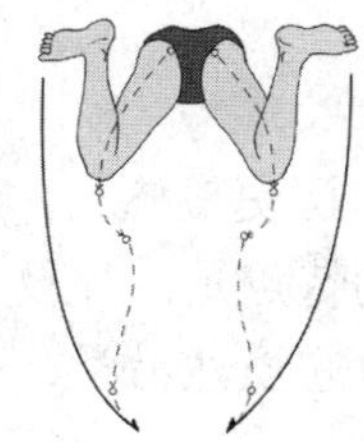

图 11-13

（三）臂部动作

蛙泳臂部动作由滑行、抓水、划水、收手、伸臂 5 个连贯动作组成（见图 11-14）。

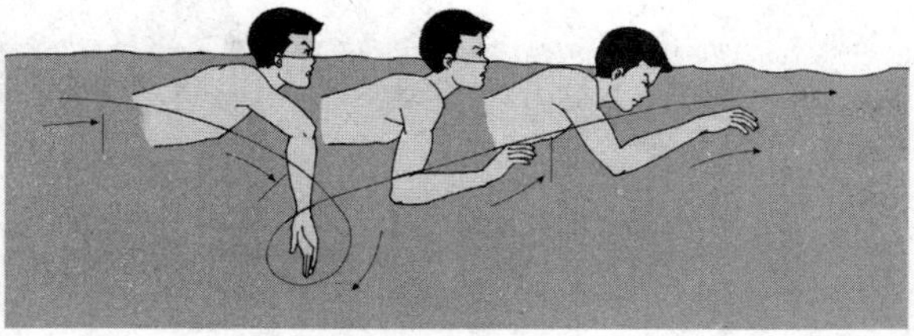

图 11-14

1．滑行

伸臂结束，身体靠蹬水形成的速度向前滑行。两臂自然放松伸直，手指自然并拢，掌心向下，两手尽量接近水面，以此姿势使身体在较高位置上保持稳定，整个身体呈流线型。

2．抓水

抓水是在两臂已向前伸直并拢且掌心转向外时开始，小臂、上臂向下，掌心向外斜并稍屈腕成 150～160 度角，两手分开向斜下方抓水；当手掌、小臂感觉到压力时，抓水动作即完成，此时两臂与水平面及与前进方向都各成 150～200 度角，肘关节仍然是伸直的（见图 11-15）。

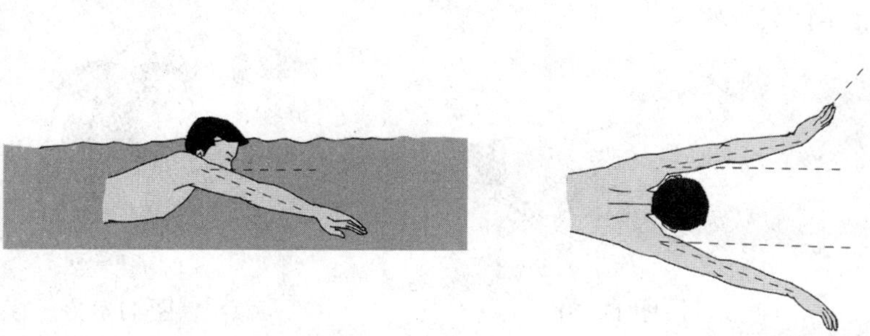

图 11-15

3．划水

抓水后即开始加速划水，两臂开始提肘屈臂，并继续向外斜，向后方划水，当两手掌同时划至与前进方向约成 80 度角、上臂和小臂成 120～130 度角时，即转入收手（见图 11-16）。

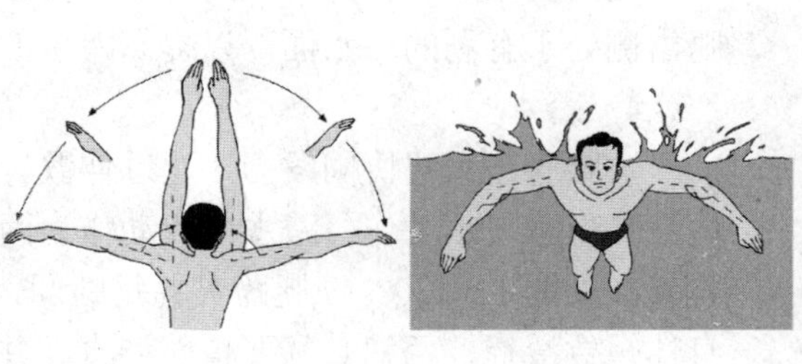

图 11-16

4．收手

收手亦称“内划”或“内收”，是划水的继续，能产生较大的升力和推进力。收手时掌心由外转向内，完成转腕动作，小指由上转为向下即可。同时必须与小臂、上臂同时用力向内夹，两肘由上而下直线内夹。收手动作完成时，手提到下颌的下前方，两臂内收，肩放松（见图 11-17）。

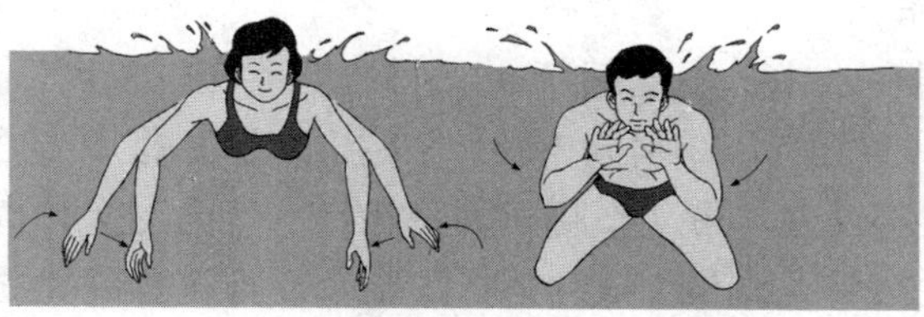

图 11-17

5．伸臂

收手后继续推肘伸臂。推肘不是先伸肘关节，而是伸肩关节的同时，推动伸肘来完成的。因此，两手是先向前上再向前伸（见图 11-18）。伸臂结束时两臂恢复滑行姿势。

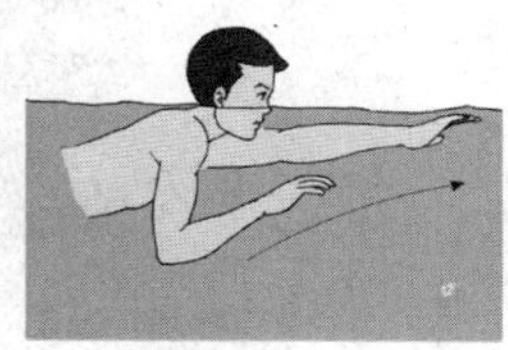

图 11-18

（四）呼吸和动作配合

蛙泳呼吸方法有“早吸气”与“晚吸气”两种：“早吸气”是在两臂抓水时抬头用力呼气，在划水过程中吸气，在收手过程中闭气低头，伸臂滑行时徐徐呼气；“晚吸气”是划水几乎结束时才开始抬头用力呼气，在两臂结束划水和收手过程中，身体达到最高点时吸气，结束收手时闭气低头，伸臂的后段直至划水过程中徐徐呼气。优秀运动员多采用“晚吸气”，而游泳教学多从“早吸气”开始（见图 11-19）。

图 11-19

二、自由泳

自由泳游过程中身体俯卧水中，依靠两臂轮换划水，两腿上下交替打水向前游进。这种姿势的两臂轮换划水很像爬行，故又称为“爬泳”。

（一）身体姿势

自由泳时身体几乎水平地俯卧水面呈流线型。头部姿势对身体姿势和动作都有一定的影响，因此，在游进中应保持头部平稳，水齐前额，吸气时自然转向一侧（见图 11-20）。

图 11-20

（二）腿部动作

自由泳时两腿在水中上下连续打水，两腿上下交替幅度，以两脚尖垂直距离计算为30～40 厘米（见图 11-21）；脚稍向内转（呈内“八”字脚）（见图 11-22），脚尖自然绷直，踝关节放松，由大腿发力，带动小腿和脚鞭状打水。向上提时直腿，向下时大腿先下打，膝关节随之下打；然后小腿和脚依次下打，整个下打过程犹如甩鞭（见图 11-23）。

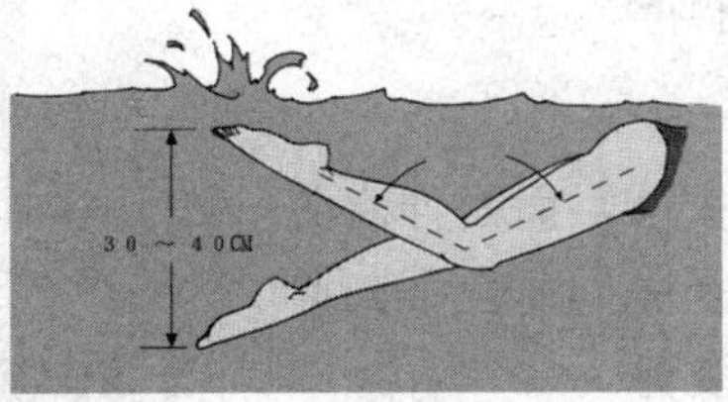

图 11-21

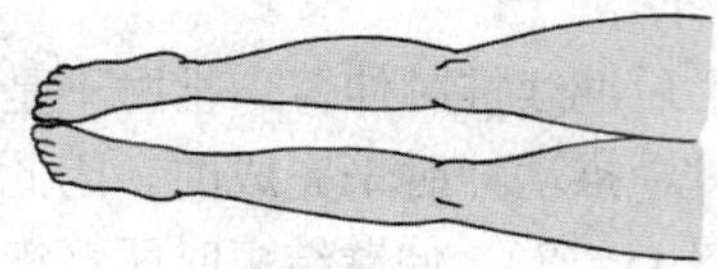

图 11-22

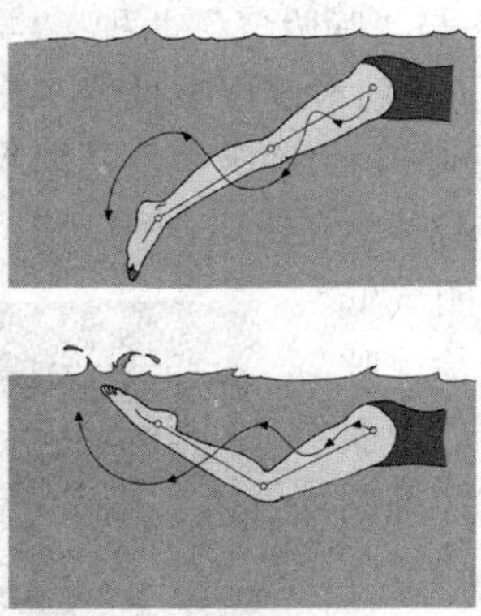

图 11-23

（三）臂部动作

臂部动作是由两臂轮流向后划水，由入水、抱水、划水、出水、空中移臂 5 个连贯动作所组成。

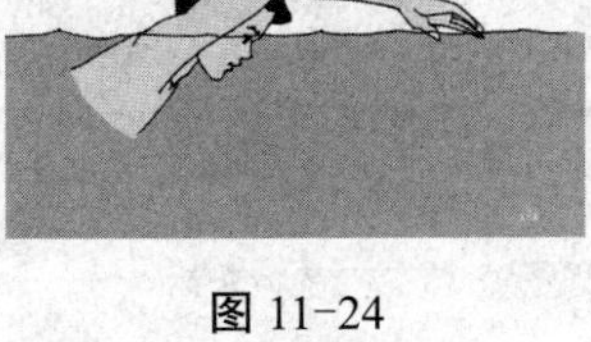

图 11-24

1．入水

手入水时，手指自然伸直并拢，腕和肘部微屈，肘关节要高于手；指尖对着入水的前方插入水，入水点一般选择在肩与身体纵轴的延长线之间。入水顺序是手、小臂、上臂。入水时，臂应自然且有所控制，肘关节要高于手（见图 11-24）。

2．抱水

入水后，臂应积极前伸并屈腕抓水（手指下压，好似画半圆），此时肘关节应保持高肘姿势。抱水结束时，大臂与水平面约成

30 度，与小臂约成 60 度，肘关节屈至 150 度左右（见图 11-25），整个手臂动作像抱着一个大圆球，肩带肌群充分拉开，为划水做好准备。

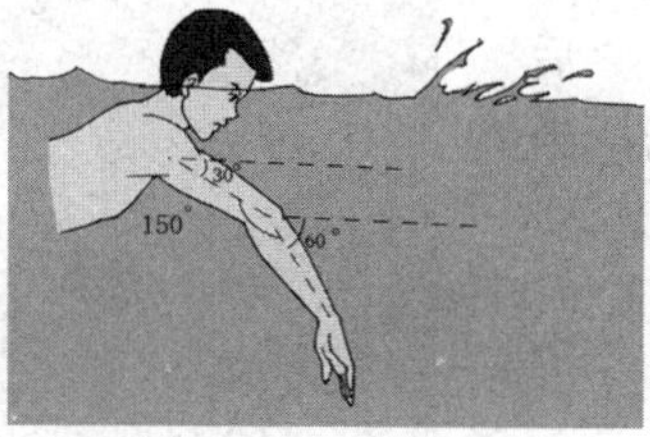

图 11-25

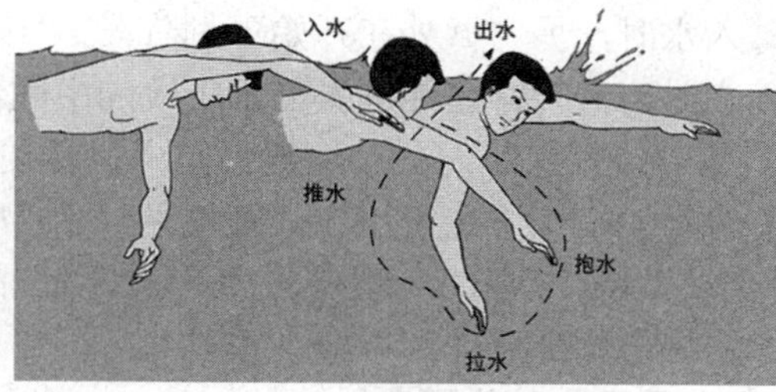

图 11-26

3．划水

划水是继臂抱水后，直至推向大腿旁，整个动作是通过屈臂到伸臂而完成。这个阶段是划水的最有效部分。动作的前半部分屈臂进行，亦称“拉水阶段”。划水的小臂速度快于上臂，以保持高肘，能使手臂处于更有力、有效的角度向后划水（见图 11-26）。当划至肩垂直线手指靠近中线时，屈肘约 100 度 （见图 11-27），其后半部分亦可称为“推水”，与前半部分连贯并加速完成，中间没有停顿。推水时小臂与上臂要同时向后推水，直至划水结束（肘关节基本伸直）。在划水过程中，手掌始终要对准划水方向，有一定倾斜度，以获得最佳划水效果。整个划水动作，手的运动轨迹是向前下、向后、向后上，整个划水路线呈稍弯曲的“S”形（见图 11-28）。

图 11-27

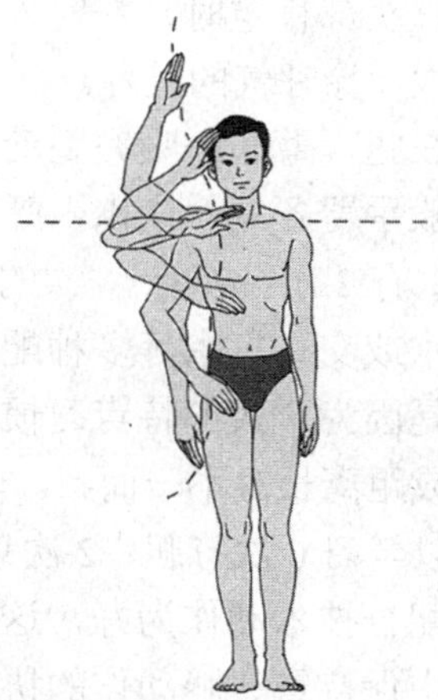

图 11-28

4．出水

当划水结束，臂借助推水的惯性作用向上提拉出水。出水前，手掌应靠近身体放松。出水顺序一般为先肘关节，后手臂。手臂出水动作必须迅速而不停顿，同时应自然柔和；小臂和手掌呈下垂姿势，且应尽量放松。

5．空中移臂

移臂是随着出水动作的惯性力向前移动，直至入水位置。空中移臂时，肘部相对比小臂的位置高，且放松自如；尽量不破坏身体的流线型；同时要两臂相配合，使动作更协调连贯（见图 11-29）。

图 11-29

（四）两臂的配合

自由泳的两臂交替划水，通常有三种方法：“前交叉”是一臂入水时，另一臂处在开始下划阶段；“中交叉”是一臂入水时，另一臂已经进入划水阶段的中间部分；“后交叉”是一臂入水时，另一臂已经进入划水阶段的后半部分（见图 11-30）。也可以更详细地划分为“中前交叉”“中后交叉”等。初学者一般应采用“前交叉”配合形式，较易于掌握自由泳动作和呼吸动作。

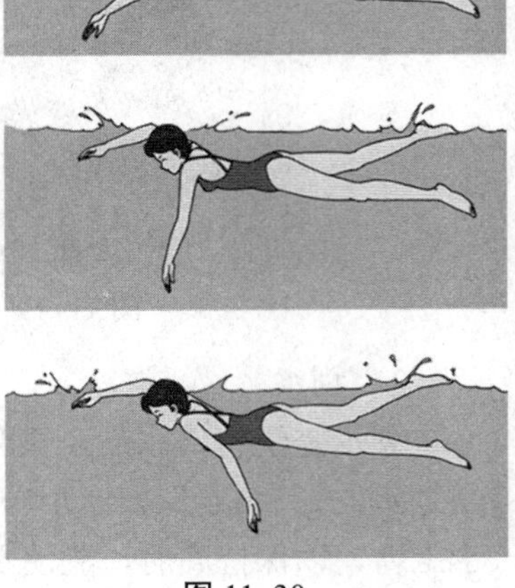

图 11-30

（五）呼吸和动作配合

自由泳的呼吸是在空中移臂时进行的，一般是两臂各划一次过程中做一次呼吸动作（即呼气、吸气和短暂的闭气）。以向右边吸气为例：右手入水后，嘴开始徐徐呼气，右臂划水至肩下，开始向右侧转头并增大呼气量（见图 11-31A、B、C、D）；右臂推水即将结束，则用力呼气（见图 11-31E、F）。右臂出水时，张嘴吸气（见图 11-31G），至空中移臂的前半部为止，并开始转头还原（见图 11-31H）。直至右臂入水结束，有一个短暂的闭气过程，脸部转向前，头部稳定时，右臂入水，再开始下一次徐徐呼气的过程。

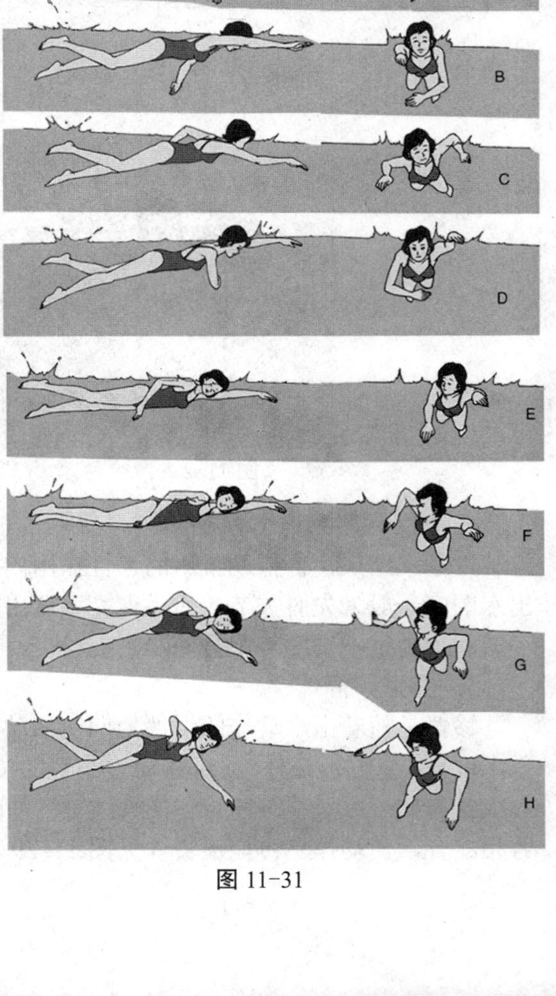

图 11-31

自由泳在腿、臂和呼吸完整动作的配合中，一般手臂各划一次水，呼吸一次，双腿打水有 2 次、4 次、6 次的，也有不规则打水或交叉打水等多种配合形式。这往往是因为个人的特点习惯，以及比赛项目或距离长短不一而致。

初学者以学习 6 次打腿、2 次划手、1 次呼吸的配合技术动作为好，这有利于学习过程中保持臂、腿动作的协调，以及身体平衡的掌握。

三、仰泳

顾名思义，仰泳即仰卧在水中游泳的一种姿势。仰泳技术与自由泳较为相似，它是两臂轮流交替向后划水，经空中移臂后入水，两腿上踢下压交替打水。由于脸部露出水面，呼吸方便，如在初步掌握自由泳的基础上学习仰泳，则更为简单易学。

（一）身体姿势

身体平直地仰卧水中，胸部自然伸展，腹部微收，身体呈流线型。头和肩略高于臀，头要稳定，后脑浸入水中，脸露出水面，水位在耳际附近，眼看后上方，这种头肩稍高的姿势为臂、腿部动作创造了良好条件（见图 11-32）。

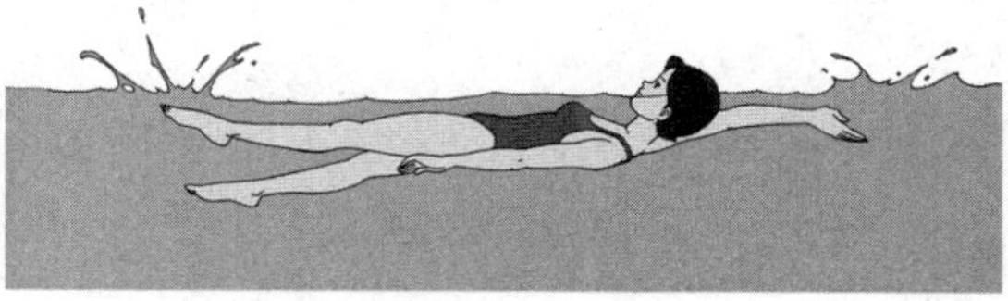

图 11-32

（二）腿部动作

仰泳的腿部动作以髋部为支点，大腿发力，带动小腿向后上方踢水。向上踢水时，屈膝上踢（随着水压对腿的影响而自然屈膝，初学者可采用大腿先向上踢），屈膝角度约 135 度，脚背向内扣，加大踢水的对水面。向下时，膝关节必须自然伸直下压，打腿幅度大于自由泳，约为 45 厘米，做鞭状打腿（见图 11-33）。

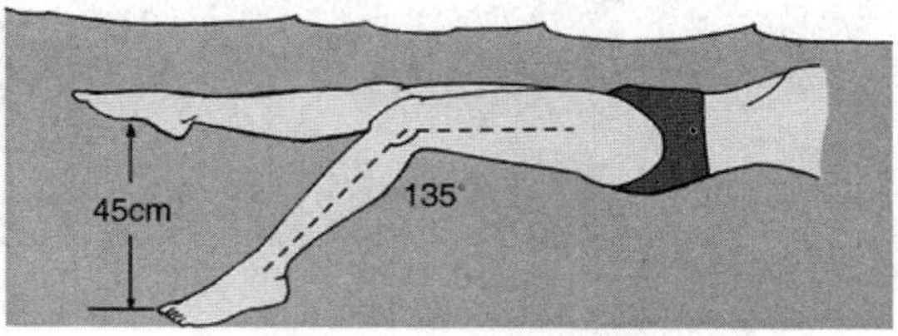

图 11-33

（三）臂部动作

仰泳的臂部动作由入水、抓水、划水、出水和空中移臂等组成。

1．入水

仰泳入水时，臂伸直，掌心向外下方，五指自然并拢，小指先入水；手稍内收，与小臂成 150 ～160 度（见图 11-34）。入水点一般在肩的延长线与身体纵轴之间，臂入水时应展胸伸肩。

图 11-34

2．抓水

当臂切入水后，掌心逐渐转向池底；随着肩部转动，直臂向外、向下积极抓水，直至离水面 20 厘米左右时，做转腕和肩臂内旋，并逐渐屈肘，掌心转向后方对水。完成抓水动作时，大臂与前进方向构成的角度约为 40 度，手掌离水面 30 厘米（见图 11-35），此时臂已处于有利的划水面。

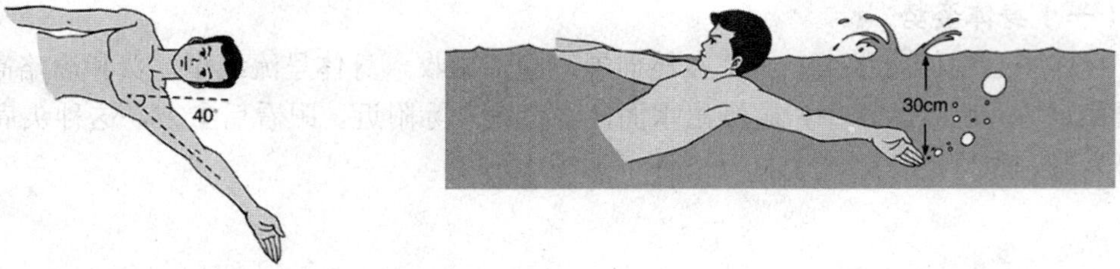

图 11-35

3．划水

仰泳的划水是整个臂部动作的最有效阶段，从屈臂开始，以肩为中心，划到大腿旁为止，整个动作过程分为拉水和推水两个阶段。

（1）拉水。紧接抓水，肘关节屈成 150 度，使手掌和小臂都达到良好的“对水”姿势；随着划水力量加强，逐渐屈肘关节，当划至肩部垂直平面时，手掌离水面 15 厘米左右，小臂与大臂形成的角度为 90～110 度（见图 11-36）。

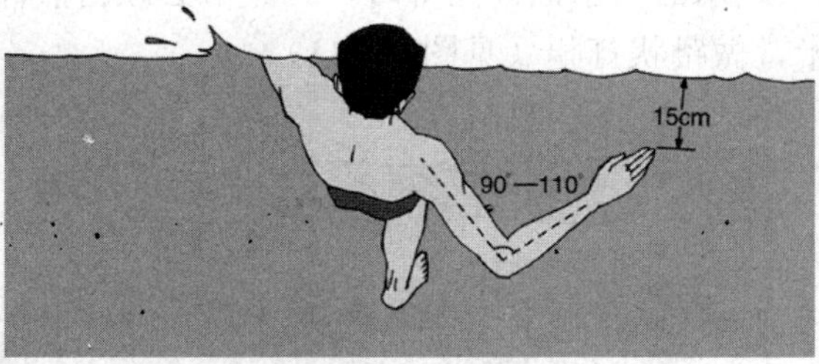

图 11-36

（2）推水。当臂划过肩关节时，充分利用拉水的速度和划水面，使整个臂同时用力向后下方做推压动作，大臂带动小臂加速内旋推水，并以手的下压结束推水动作，此时手掌在大腿侧下方，离水面 40～50 厘米（见图 11-37）。

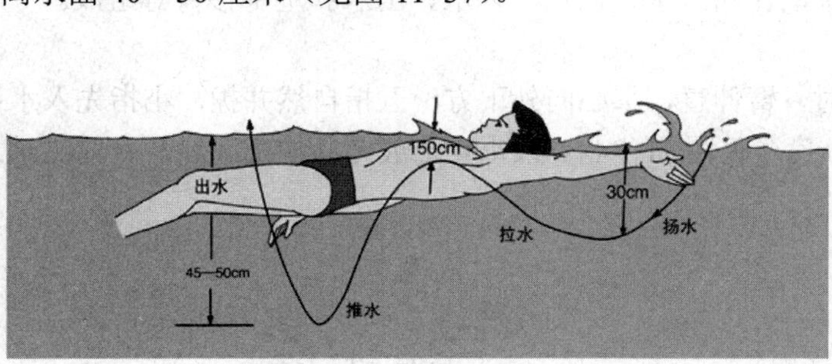

图 11-37

整个划水过程应逐渐加速，并不断调整屈腕、屈肘角度，以形成最佳的对水面，划水路线呈横“S”形。

4．出水和空中移臂

仰泳的出水动作是先压水后提肩，肩露出水面后，由肩带动大臂、小臂和手依次出水。为减小水的阻力，出水时掌心向内，大拇指向上先出水，整个动作应是放松的。臂出水后应轻快地由后向前与水平面垂直地移动，臂要自然、放松地伸直。在空中移臂过程中，手掌通过头上方时臂外旋、手掌向外，保持这个姿势至入水。

（四）配合动作

1．两臂的配合

仰泳两臂的配合动作：当一臂入水时，另一臂划水正处于推水结束段，两臂几乎处于相对的位置上（见图 11-38）。这种有节奏的配合，对保持动作的连贯和速度的均匀及增加划水力量都有积极作用。

2．腿、臂、呼吸动作的配合

仰泳因采用仰卧姿势，故呼吸技术较为简单，只需伴随着臂的动作，不用过多去考虑。吸气一般在臂出水和移臂时开始，在臂入水和抓水时结束。然后短暂闭气，再逐渐呼气。划水结束时，呼气要加速。现代仰泳打腿、划臂、呼吸的配合为 6:2:1，即一个动作周期中打腿 6 次、划臂 2 次、呼吸 1 次。这种配合技术结构，对初学者保持身体的平衡，以及臂、腿动作的协调，均非常有利。

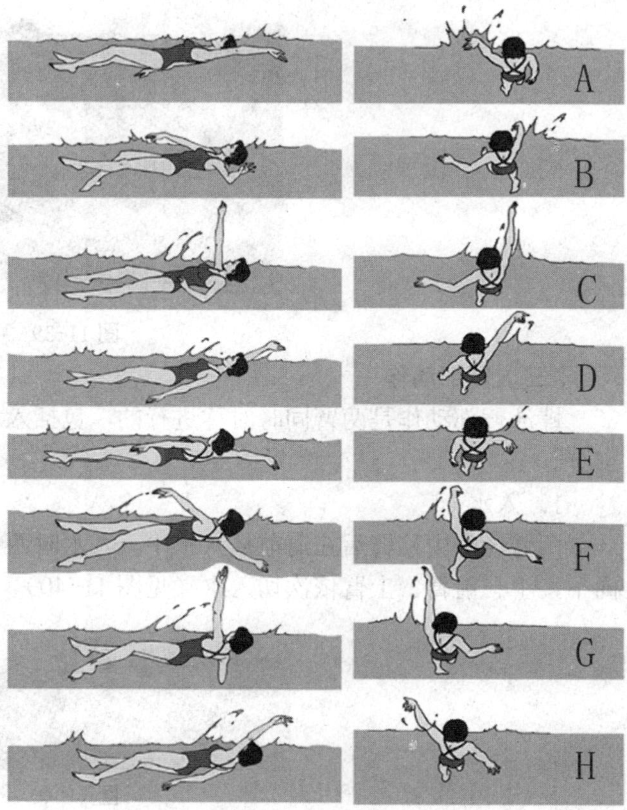

图 11-38

四、蝶泳

蝶泳是由蛙泳演变而来的，由于双臂出水时像蝴蝶飞行，所以被称为蝶泳。后来有人模仿海豚的波浪击水动作游泳，故又被称为“海豚式”游泳。

（一）身体姿势

在蝶泳游进中，头和躯干不断地在水面上下移动，这种身体的上下起伏是自然形成的。蝶泳时身体姿势力求稳定，身体有节奏地起伏，不应起伏摆动过大，为臂和腿部动作提供有利的条件，并保持身体的流线型。

（二）躯干和腿部动作

蝶泳时，躯干和腿联合做鞭状打水，即由腰部发力大腿带动小腿而做上下鞭状打水动作。下打时，两腿自然并拢，两脚掌稍向内旋，大腿先下打，即自然形成屈膝下打，然后小腿和脚向下打水；向上移时，应选择在两脚继续加速、下打尚未结束、膝关节还没完全伸直时，大腿即往上提，这样可加速小腿和脚的下打及膝的伸直，形成鞭状打水（见图 11-39）。腿的下打、上移是与提臀伸肩、躯干的上下起伏自然融合在一起的。

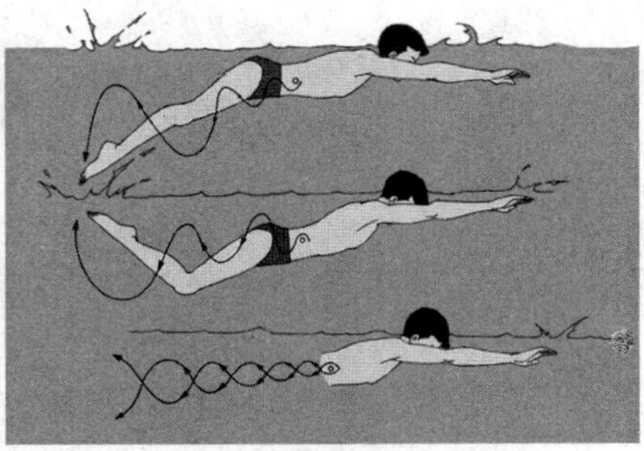

图 11-39

（三）臂部动作

蝶泳臂部动作是两臂同时对称进行的，包括入水、抱水、划水、出水和空中移臂五个部分。

1．入水

两臂经空中移臂后在肩前插入水中，入水时两手距离约与肩同宽，掌心向两侧，手指向下，手、前臂、上臂依次切入水（见图 11-40）。

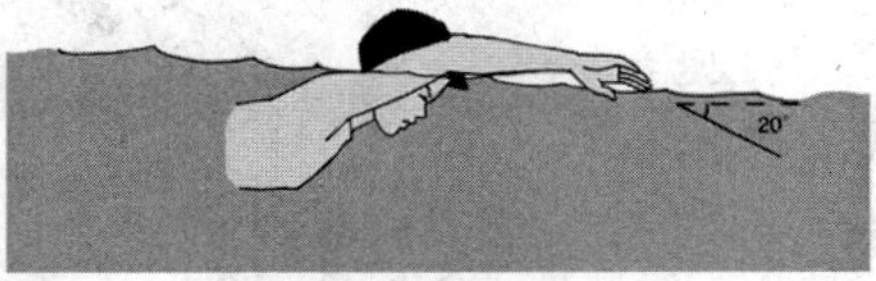

图 11-40

2．抱水

紧接入水做转腕动作，即臂稍向外下拨动以避免压水，并随即向内下使手掌转向内后下方呈抱水姿势。抱水时要保持高抬肘，大臂与前进方向约成 20 度，肘关节屈成约 150 度，掌心对后内下方，两手掌距离略宽于肩（见图 11-41）。

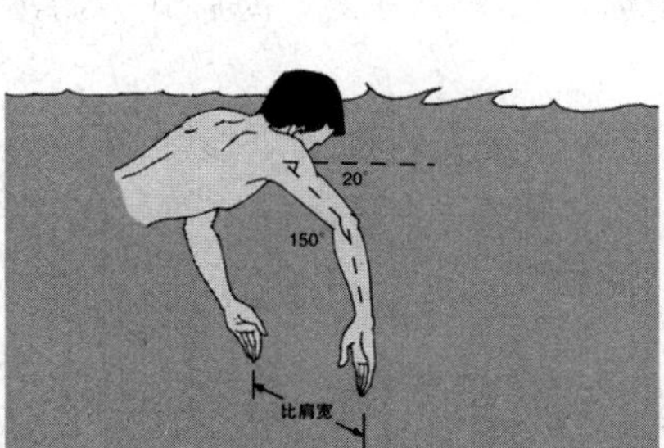

图 11-41

3．划水

划水时两臂屈肘向后，靠上臂内旋，前臂和手加速向内后拉水，拉至与肩平直时屈肘约 100 度（见图 11-42）；然后继续向后推水直至大腿旁。划水时两手臂的路线呈双“S”形（见图 11-43）。

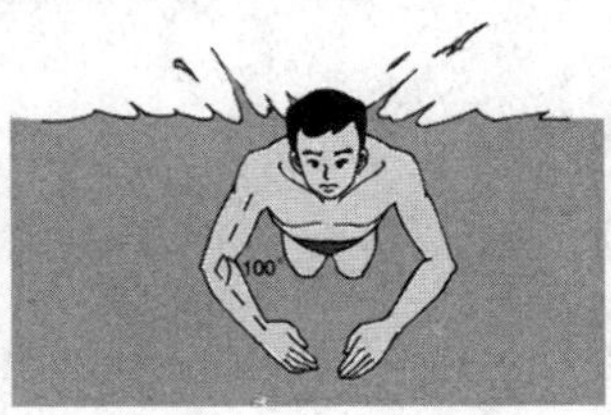

图 11-42

图 11-43

4．出水

随着臂推水的结束，手臂充分推直，然后借助其惯性提肘，迅速将两臂和手提出水面（见图 11-44）。

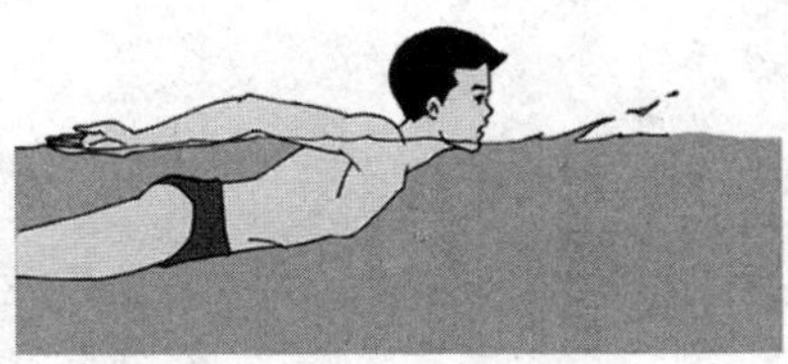

图 11-44

5．空中移臂

臂出水后，两臂经身体两侧，靠肩带动小臂和大臂的内旋，使肘部处于较高位置，放松、轻快地沿低而平的弧线经空中前移（见图 11-45），直至入水。

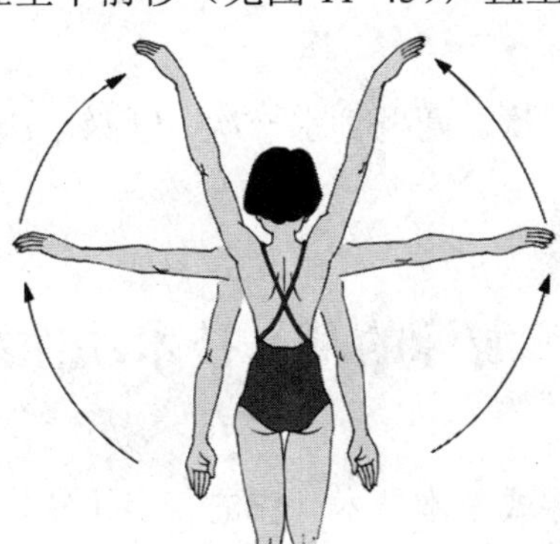

图 11-45

（四）呼吸和动作配合

蝶泳动作配合的基本结构是 2:1:1。臂入水是从结束第二次腿上鞭打动作开始的（见图 11-46A）；整个入水过程到抱水的向外拨动作，结束第一次下鞭动作并徐徐呼气（见图 11-46B）；从抱水到拉水阶段完成第一次上鞭动作并开始抬头中继续呼气（见图 11-46C）；当划水到肩的垂直平面时，开始用力呼气，在加速推水的同时，完成第二次下鞭动作，利用推水和下鞭造成较高的身体位置时张嘴吸气（见图 11-46D）；臂出水后，开始移臂时结束吸气，在移臂过程中闭气并恢复低头姿势，直至入水时完成第二次上鞭动作（见图 11-46E、F）。

图 11-46

当然，也可以采用打腿一次、两臂划水一次、呼吸一次的配合方式，但初学者一般以采用 2:1:1 的配合方法为好。

第四节　游泳的基本技术动作练习方法

初学游泳者通过对四种泳式基本技术动作的初步了解，经历了熟悉水性的练习阶段，在水中已消除了恐水心理，习惯和适应了在水中的漂浮滑行，且能够自如恢复站立姿势，即可进入正式的基本技术动作学习。一般作为健身锻炼，可先从蛙泳学起。学习各种泳式的基本技术动作，可采用分解法：先学腿部技术动作，再学划臂，最后学完整配合技术动作。

一、蛙泳基本技术动作练习

（一）腿部技术动作的练习方法

腿部动作的作用力是蛙泳前进的主要动力。蛙泳腿部动作由收、翻、蹬夹、滑行等一系列动作所组成，并要求连贯完成。为加快掌握腿部动作的基本概念，在练习中可采用先从陆上模仿，然后再转入水中的方法。

1. 陆上练习

（1）模仿蛙泳腿：坐在凳子上，上体稍后仰，两手撑于体后，两腿伸直并拢，髋关节展开，做蛙泳腿的收腿、翻脚、蹬夹水和停止动作（见图 11-47）。练习时，可先分解做，再连贯做。

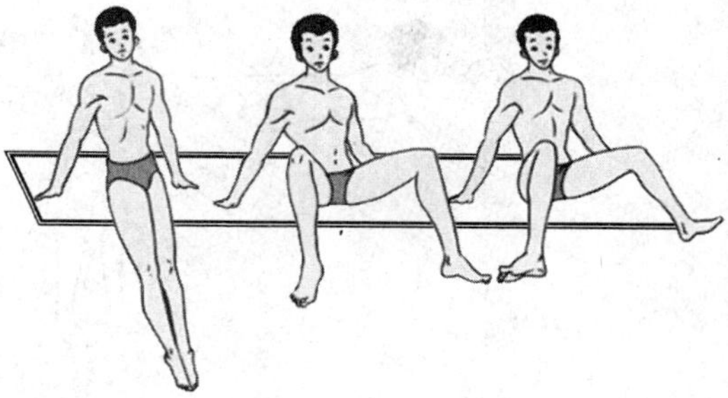

图 11-47

（2）俯卧在凳子上做收腿、翻脚、蹬夹水和停止动作（见图 11-48）。先做分解动作，再做连贯的完整动作。要边想边做，开始可由同伴帮助纠正动作。重点体会翻脚和蹬夹水的路线及动作的节奏。

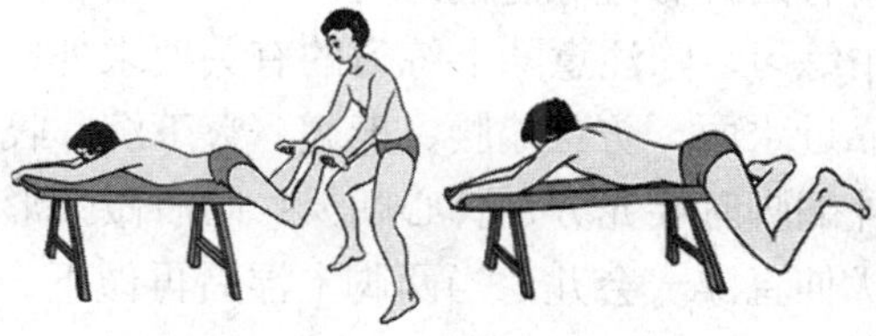

图 11-48

（3）单腿练习，一脚站立，一脚收腿；然后用手搬脚上翻，做蹬夹水练习（见图 11-49）。

动作要求：收腿时大腿带动小腿，边收边分；翻脚时脚翻向蹬水方向，膝稍内压；蹬夹水时应向后弧形蹬夹；停止时两腿并拢伸直放松。初学者练习时，可先用眼睛看着自己腿部动作是否正确。特别对翻脚动作，开始不太习惯，要反复多做，才能熟练掌握，待动作基本正确后，可闭上眼睛边想边做。

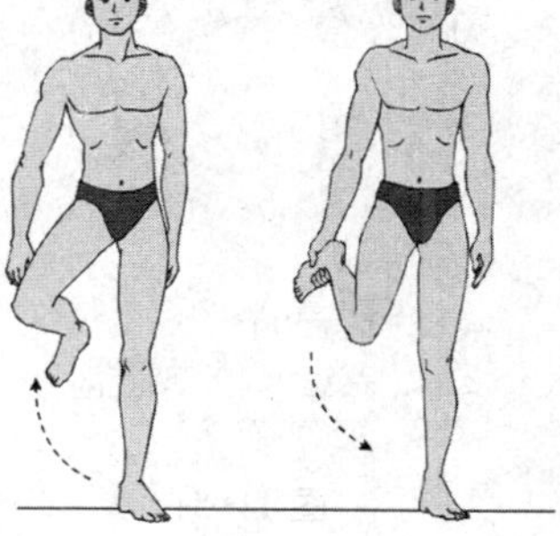

图 11-49

2. 水中练习

（1）支撑池壁做蛙泳腿练习。一手抓住水槽（分道线），一手撑住池壁，使身体浮起平卧于水中，髋关节展开，两腿放松后伸直并拢，然后做收腿、翻脚、蹬夹水和停止的蛙泳腿动作。先分解做，再连贯做，也可由同伴帮助做（见图 11-50）。

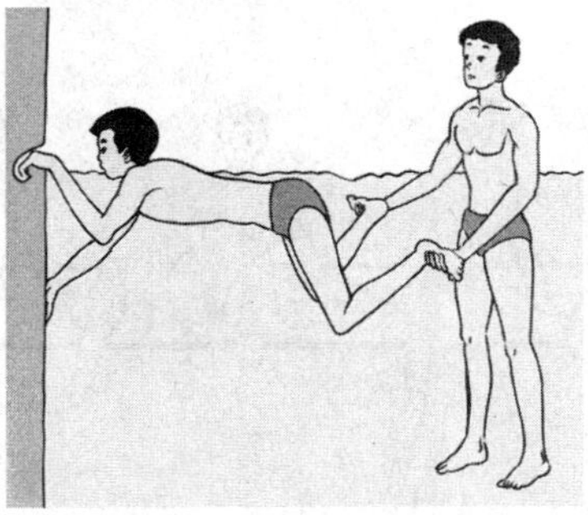

图 11-50

（2）在水中由同伴托住腰腹后，做腿的蹬夹水动作。

（3）双手扶木板或其他浮体的前端，练习收腿、翻脚、蹬夹水和停止动作。

（4）由同伴拉着前伸的手，牵引着做腿部的完整练习。

（5）自己蹬池壁滑行后，做蛙泳腿的练习。

动作要求：在水中练习，除注意陆上练习的有关要求外，还应做到肩沉入水中，腰腹部肌肉稍紧张，臀部靠近水面，防止塌腰、挺腹、臀下沉。收腿时要放松慢收，小腿和脚在大腿投影之内；向外翻脚时要充分，脚心朝天；向后做弧形蹬夹水时要连贯，速度相对要快；停时要双腿并拢伸直漂一会儿，当两脚上浮后再做下一个收腿动作。

（二）手臂技术动作的练习方法

1. 陆上练习

（1）原地站立，做手臂的划、收、伸动作。两手上举后向下侧划，划至肩前停止，然后两臂向前回收，并经胸、面部前方上举还原（见图 11-51）。

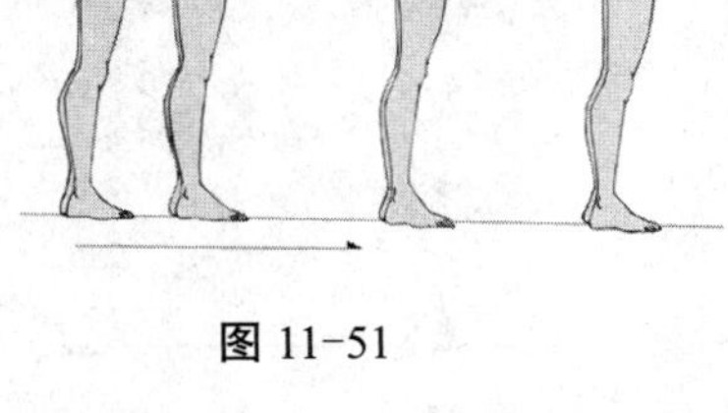

图 11-51

（2）原地站立，上体前屈，两臂伸直，掌心向下，做蛙泳划水练习（见图 11-52）。

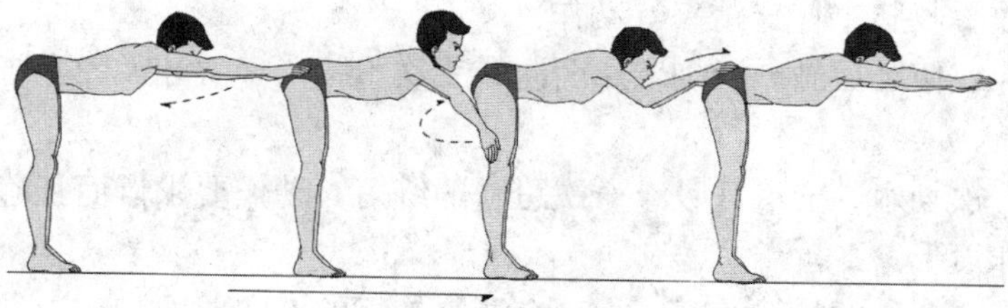

图 11-52

动作要求：划水时掌心向外侧下方，小臂内收时用力加速，动作完成时两臂向前伸直。

2. 水中练习

（1）在水中原地站立，上体前屈呈水平姿势。然后两掌心向下前伸于水中，做划水、收手、前伸动作。可先分解做，再连贯做。

（2）在水中上体前倾，走动中做两臂划水、收手和伸臂的连贯动作。

（3）由同伴托扶腰腹，使身体呈水平姿势，在水中做手臂的划、收、伸动作。

（4）自己蹬池壁，在滑行中做两臂的划水连贯动作。

（三）手臂动作及手臂与呼吸配合动作的练习方法

1. 陆上练习

（1）原地站立，双臂上举，当双臂左右分开时，抬头呼吸，随之低头，双手还原。

（2）原地站立，上体前屈呈水平姿势，两臂前伸，掌心向下，当双臂左右分开时，即抬头呼吸，随之划水，向前伸臂时低头。

2. 水中练习

（1）在水中原地站立，上体前倾，头没入水中，两臂在水中伸直，当双臂左右分开时，即抬头呼吸，随之划水向前伸臂时低头（见图 11-53）。

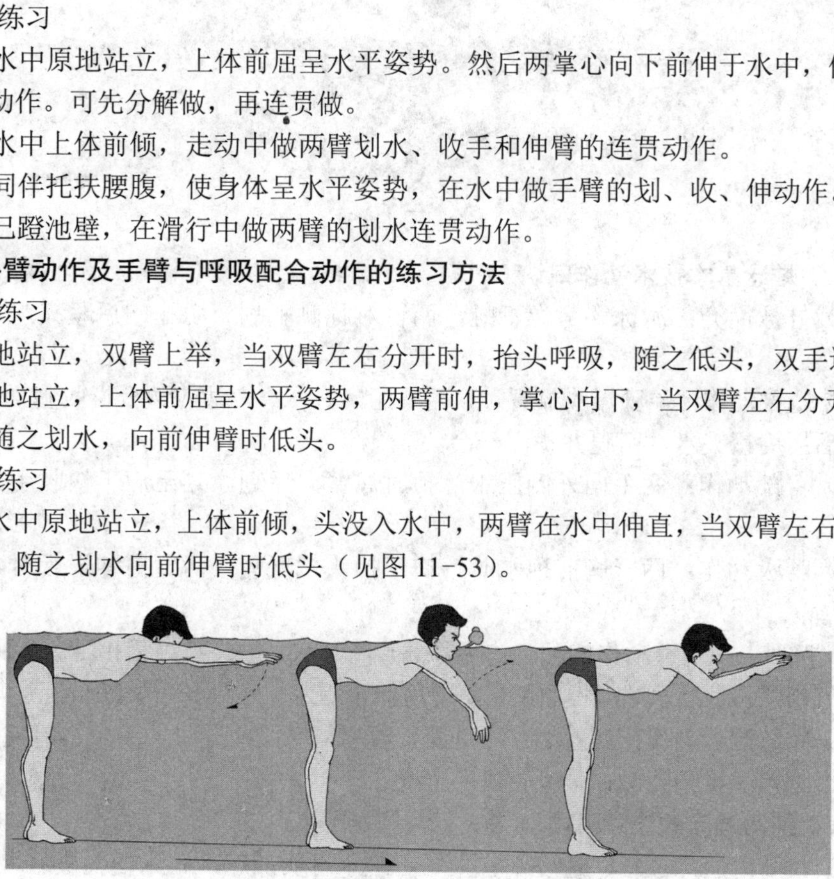

图 11-53

（2）在水中练习走动的呼吸动作。由保护人帮助夹抱着双腿，使身体俯卧于水面，然后听保护人的口令做吐气、吸气的呼吸练习。

（四）完整配合技术动作的练习方法

1. 陆上练习

原地站立，双臂上举，开始划臂并呼吸，继而低头继续划水，收手时单腿抬腿。臂伸直时蹬夹腿。

2. 水中练习

（1）在同伴托扶下练习完整的配合技术动作，并可根据保护人的口令做划手、呼吸、低头划水、收手收腿、伸臂蹬夹等动作。

（2）漂浮或俯卧后做一次划臂、两次或三次蹬腿、一次呼吸的配合动作。保护人可在旁边指导。

（3）做一次划水、一次呼吸、一次蹬腿的练习。动作要求慢而正确，不要太急，要放松，以防动作变形。

（4）双人或多人的蛙泳练习。找一个游得较好的人在前面带领游蛙泳，后面的人扶住前面人的腰做蛙泳的蹬水和呼吸练习（见图 11-54）。

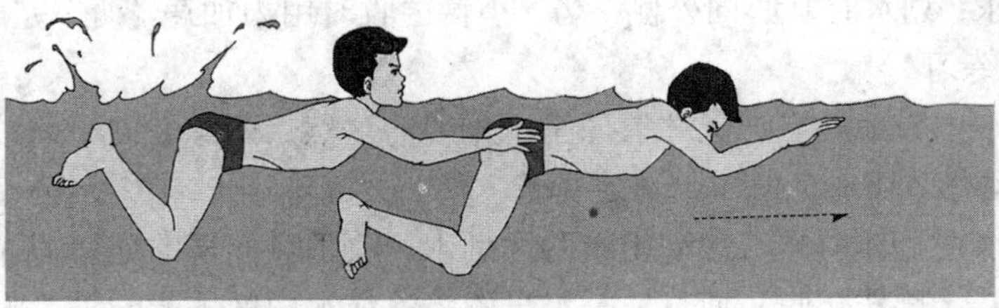

图 11-54

（五）蛙泳基本技术动作口诀

（1）蛙泳简介：游泳姿势像青蛙，两臂对称侧下划。两腿向后蹬夹水，两臂伸直向前滑。

（2）腿部动作：屈膝慢收靠臀边，两膝距离宽似肩。边收边分慢收腿，两脚翻转向两边。向后用力蹬夹水，两腿并拢浮一会。

（3）臂部动作：两手向外侧压水，抬肘屈臂向后划。划至肩下快收手，收手夹肘到胸下。

（4）呼吸动作：两臂胸前抱水时，快速抬头把气吸。两臂前伸滑行时，鼻嘴慢慢来呼气。

（5）呼吸与腿、臂动作的配合：两臂分开一划水，抬头吸气紧相随。两腿弧形蹬夹水，水中呼气用嘴鼻。划水结合慢收腿，两臂前伸再蹬水。此法名叫早呼吸，减少阻力最完美。

（6）完整配合动作：两臂划水不动腿，收手同时又收腿。伸手一半蹬夹水，伸臂蹬腿滑一会。划水一半抬头吸，伸手慢呼不着急。

（六）练习蛙泳的注意事项

（1）收腿时肌肉放松，速度不宜太快。蹬水时要加速，做到慢收快蹬。

（2）收腿时脚尖要绷直，小腿跟在大腿投影后面以减小收腿阻力。翻脚时要充分，要勾脚并使小腿和脚内侧尽量对准后蹬方向。

（3）蹬腿时大腿内收肌肉用力，边蹬边夹。切忌只蹬不夹。

（4）划水时两臂不宜划得太宽，要求屈臂小划。划水路线不宜太长，两肘不要超过肩的延长线。

（5）配合节奏要明显，不能蹬腿同时划臂，要先划臂后蹬腿。蹬腿结束后，要强调有短暂的滑行再做下一次划臂动作。

二、自由泳基本技术动作练习

（一）腿部技术动作的练习方法

1. 陆上练习

（1）坐姿打水。坐在岸边或桌椅边上，两手后撑，两腿伸直，脚尖相对，脚跟分开呈“八”字形。以髋关节为轴，大腿带动小腿，做上下交替打水动作。可以先做慢打水，然后做快打水的练习（见图 11-55）。

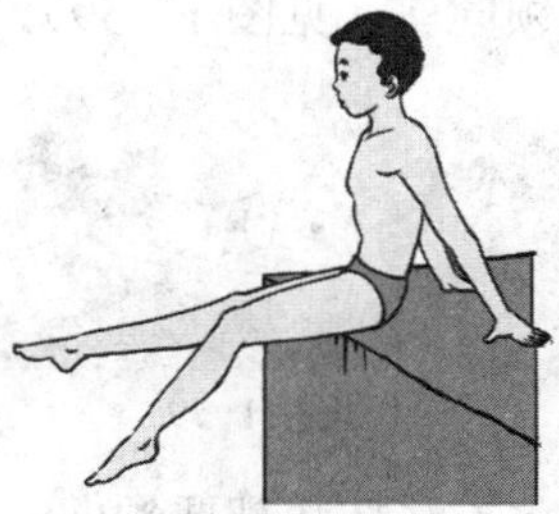

图 11-55

（2）坐在池边，两脚放入水中打水，要求同前（见图 11-56）。

图 11-56

（3）俯卧在池边或长凳上，两臂前伸或弯曲抱住物体固定，两腿自然并拢伸直，做上下打水动作（见图 11-57）。

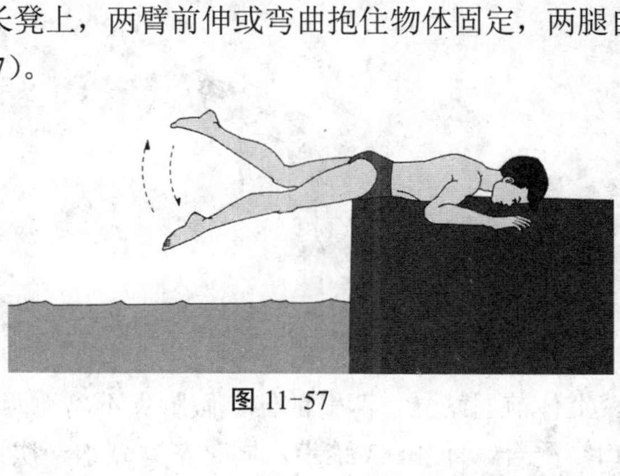

图 11-57

2. 水中练习

（1）扶池槽（分道线）打水。俯卧水面，抓住水槽，可采用快速打水或慢速打水的方法（见图 11-58）。

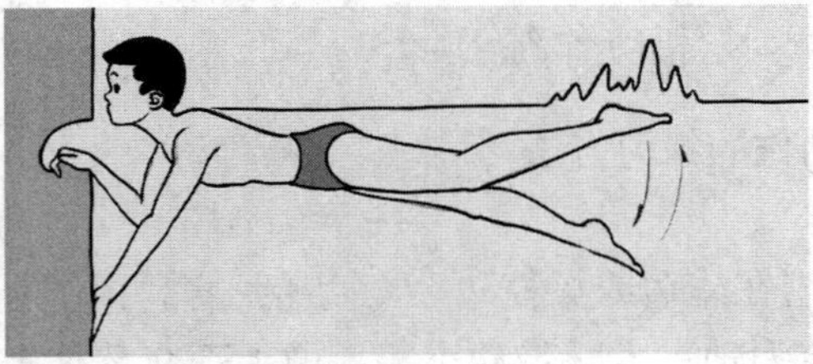

图 11-58

（2）手扶浮板打水，方法要领同前（见图 11-59）。

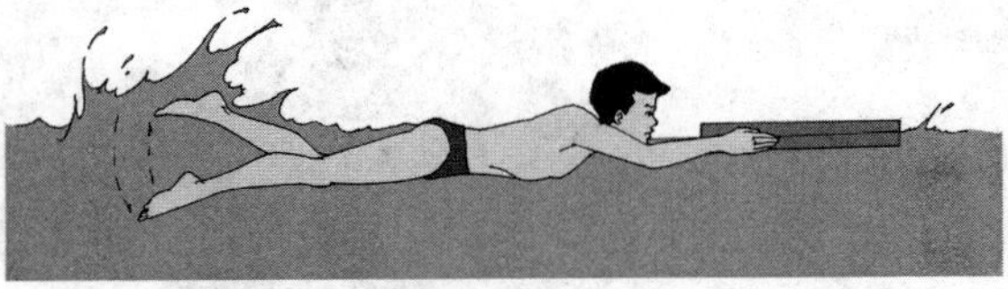

图 11-59

（3）脚蹬池壁滑行打水。打水方法按腿部要领做（见图 11-60）。

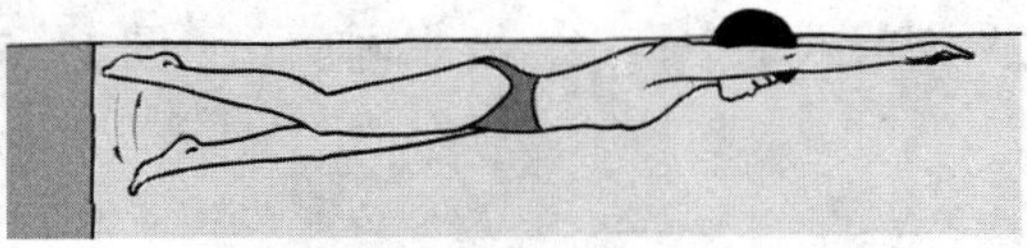

图 11-60

（4）练习者由同伴拉着，做原位或后退行走的打水练习。

（二）臂部技术动作的练习方法

1. 陆上练习

（1）身体站立，上体前屈，两臂伸直前平举，做单臂的抱水、划水、出水、空中移臂、入水的模仿动作。

（2）双臂的配合。原地站立，上体前屈，两臂伸直前平举，做左右臂抱水、划水及左右臂出水、空中移臂、入水的模仿动作（见图 11-61）。

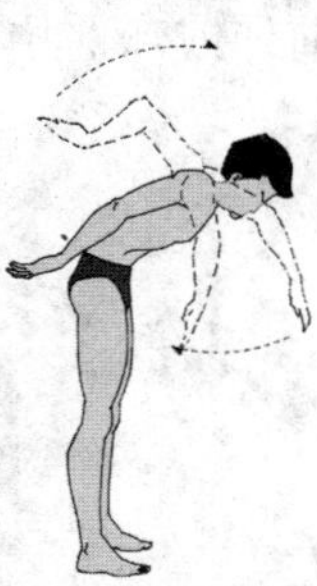

图 11-61

（3）臂腿配合。上体前屈站立，两臂前伸，做脚尖不离地两膝轮流前屈的踏步，并与两次划水配合。用口令配合，即 1～3 踏步，同时左臂划水一次；4～6 踏步，同时右臂划水一次（见图 11-62）。

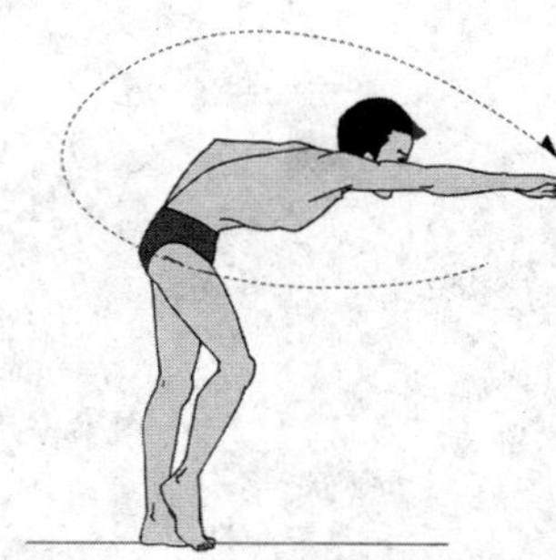

图 11-62

（4）单臂与呼吸配合。上体前屈站立，做抱水动作，同时慢慢呼气，并向后划水、转头、用力呼气和吸气，然后做出水、入水动作。头转正时闭气（见图 11-63）。

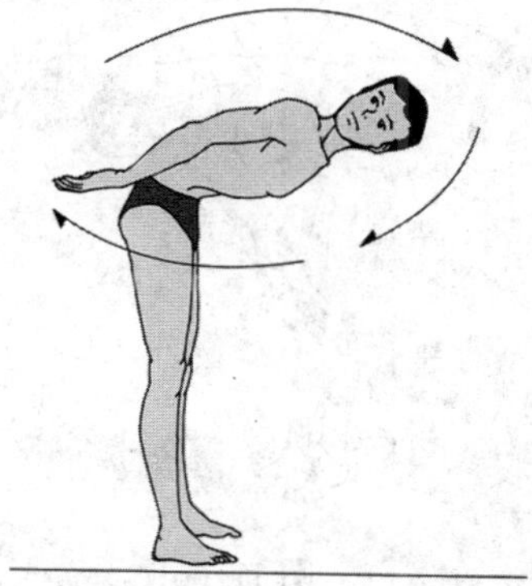

图 11-63

2. 水中练习

（1）原地站立水中，上体前倾，做手臂的划水练习（见图 11-64）。按臂部动作方法做。

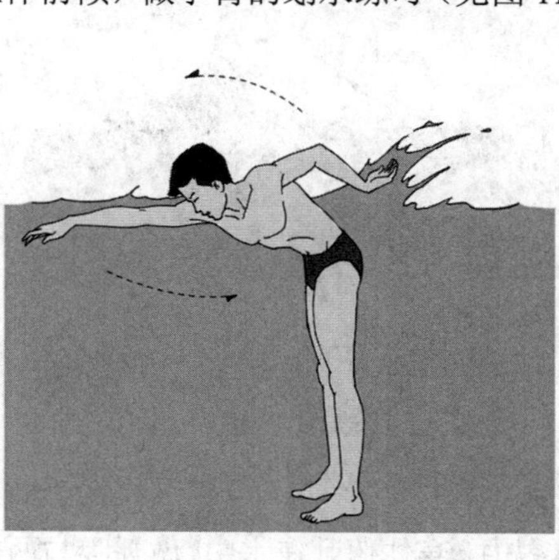

图 11-64

（2）上体前倾入水，做水中走动的臂部动作练习（见图 11-65）。

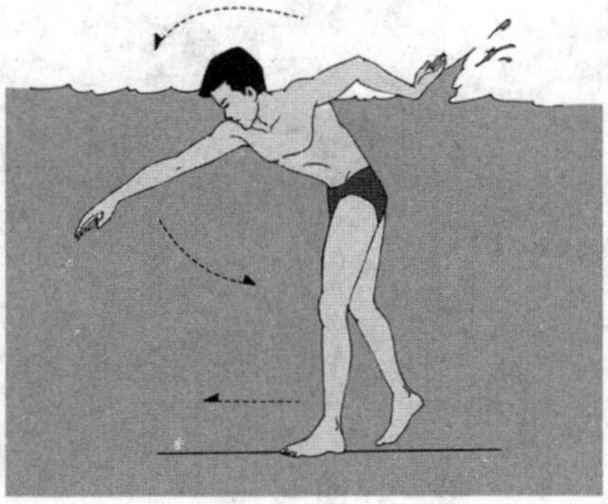

图 11-65

（3）上体前屈，脸部入水，在水中做呼气动作。转头时，用力吐气；吸气时，下颌靠近肩部。闭气还原（见图 11-66）。

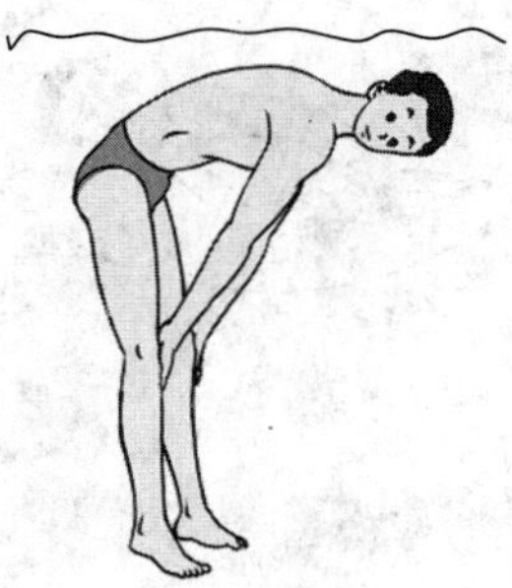

图 11-66

（4）站立水中，上体前屈呈水平姿势，头部放在水里。开始时可以练习一臂划水与呼吸的配合；再练习两臂同时划水与呼吸的配合；也可以模仿向前游泳的姿势，两脚向前走动进行练习（见图 11-67）。

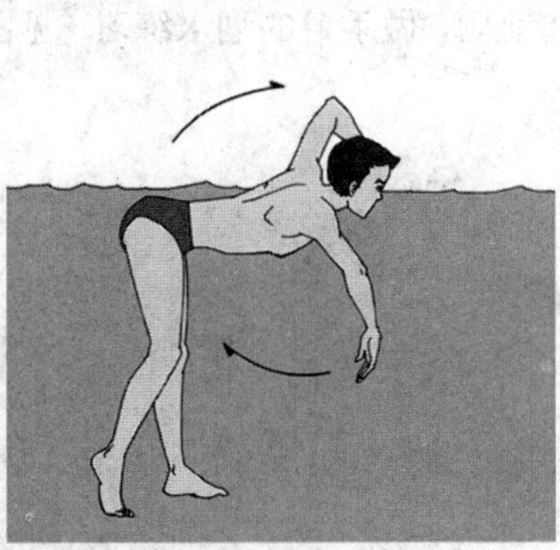

图 11-67

（5）练习者双脚由同伴扶住，身体俯卧在水中，做呼吸与两臂配合的动作（见图 11-68）。

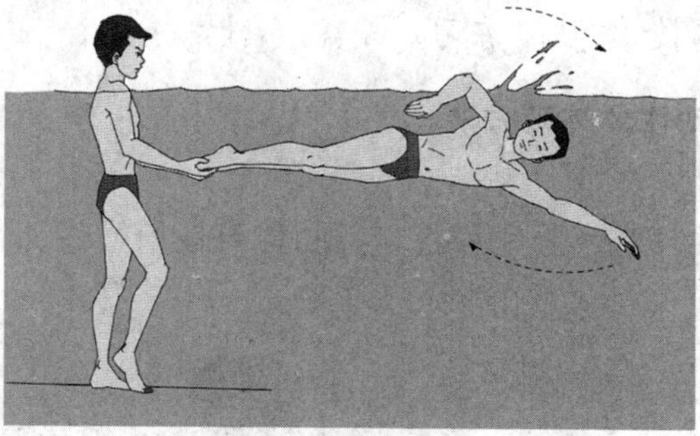

图 11-68

（三）完整配合技术动作的练习方法

（1）滑行打腿，一臂前伸，一臂划水。划时不要太快，但划水路线要长，以推水为主。

（2）滑行打腿，两臂分解配合。

（3）滑行打腿，两臂轮流划水，做前交叉配合。

（4）臂与呼吸配合，滑行打腿，单臂划水，向同侧转头呼吸。掌握后再做两侧呼吸。

（5）完整配合游。距离可以逐渐加长，在游中改进和提高技术水平。

（四）自由泳基本技术动作口诀

（1）自由泳简介：泳姿如在水中爬，两臂交替把水划。身体保持水平位，两腿上下似鞭打。

（2）腿部动作：大腿发力带小腿，两腿交替鞭打水。打水要浅频率快，脚腕放松稍内转。

（3）臂部动作：提肘头前手入水，手臂迅速抱住水。屈臂划水动力大，转肩提肘快出水。两臂配合用力划，前抱后推力渐加。

（4）呼吸动作：划至肩下慢吐气，推水提肘转头吸。

（5）呼吸与腿、臂动作的配合：两手划水各一下，二四六腿任选打，打二打四或打六，或左或右吸一次。

（6）身体位置：身体俯卧流线型，胸部稍挺肩高伸。水齐前额后脑露，髋腹要平两眼睁。

（7）划臂类型：划臂类型有三法，前交中交后交叉。中后交叉长游用，后交效果为最佳。

（五）练习自由泳的注意事项

（1）为了避免出现屈膝过大或不会以大腿带动小腿打水，初学者可先学习直腿打水再过渡到屈腿打水。

（2）在基本掌握直臂划水后，要及时转入屈臂划水技术动作。划水时注意屈臂高肘，掌心向后划水。划水结束时，可用手触及大腿后提肘出水的练习来纠正出水过早、划水路线过短的错误动作。

（3）安排练习时，不一定是上一个练习完全掌握后再进行下一个练习，有的练习可以穿插进行，或将臂、爬、呼吸的练习配套，组成一套循环练习，反复练习以提高动作质量。

三、仰泳基本技术动作练习

（一）腿部技术动作的练习方法

1. 陆上练习

坐在池边，坐姿打水。两手后撑，两腿伸直放松，做腿部上下交替打水练习（见图11-69）。

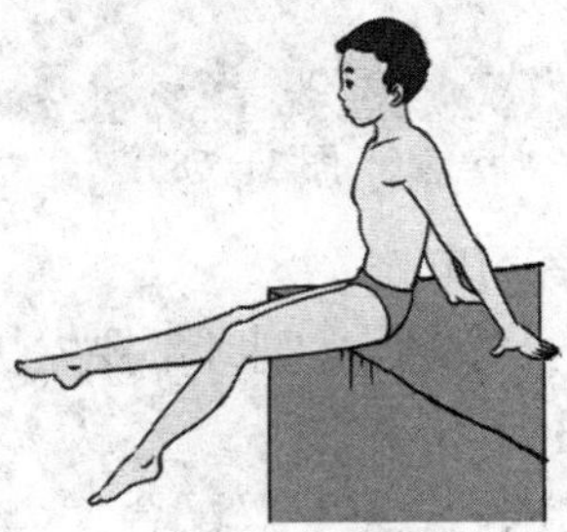

图 11-69

2. 水中练习

（1）在浅水处，两手后撑呈仰卧姿势，进行仰泳腿部打水动作练习（见图 11-70），或两手反握池槽，仰卧水中做腿部上下打水动作练习（见图 11-71）。

图 11-70

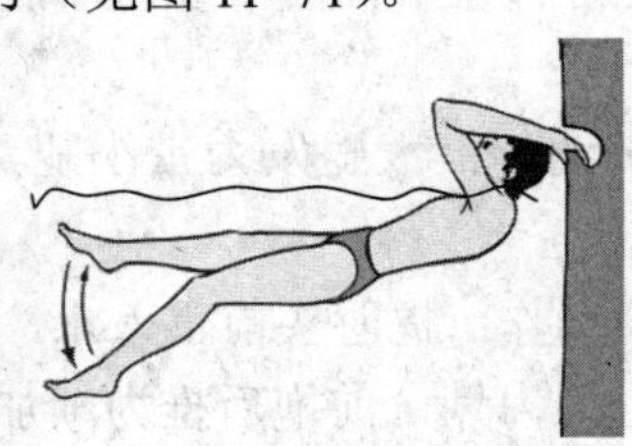

图 11-71

（2）练习者由同伴扶着背部或头部仰卧，两臂放在体侧，做腿部打水练习（见图 11-72）。

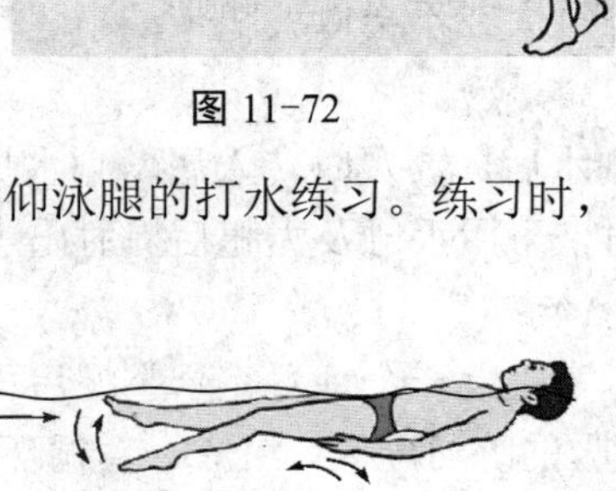

图 11-72

（3）自己蹬池壁或池底，做仰泳腿的打水练习。练习时，两臂可以在体侧做拨压水动作，以增加浮力（见图 11-73）。

图 11-73

（4）上述几个练习熟练后，可做单臂或双臂前伸的仰卧滑行打水练习（见图 11-74）。开始可以由同伴帮助，慢慢自己独立做。

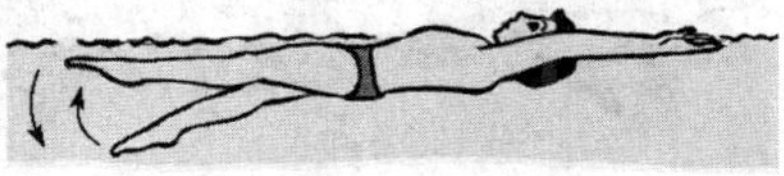

图 11-74

（二）臂部技术动作的练习方法

1. 陆上练习

（1）单臂练习。站立、单臂上举，做抱水、拉水、推水、出水、空中移臂、入水动作（见图 11-75）。

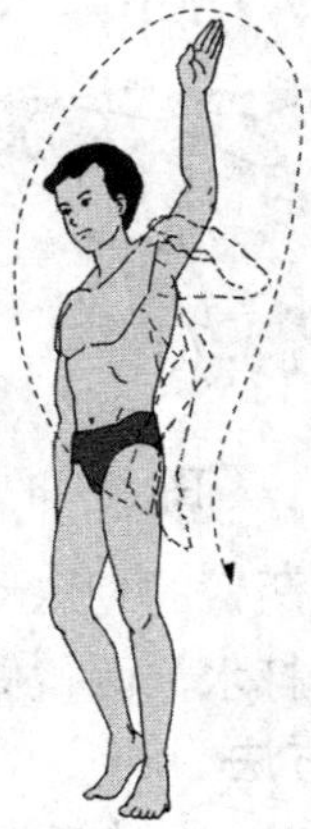

图 11-75

（2）双臂练习。站立，一臂上举，另一臂在大腿旁。做左臂划水右臂前移与右臂划水左臂前移动作（见图 11-76）。

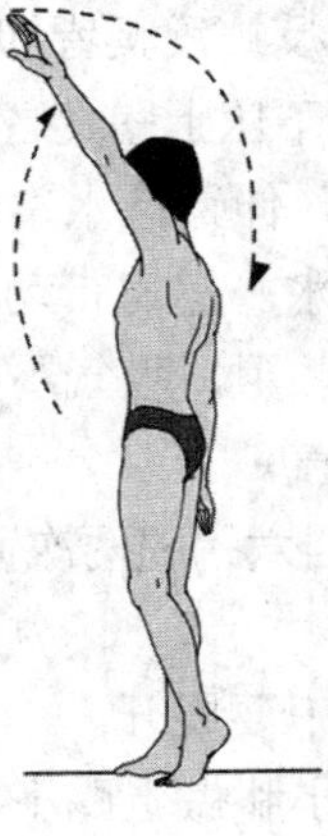

图 11-76

（3）在平地上后退走，边走边做两臂交替的划水动作。

（4）在凳上仰卧，先做单臂划水动作，然后做双臂交替划水动作（见图 11-77）。

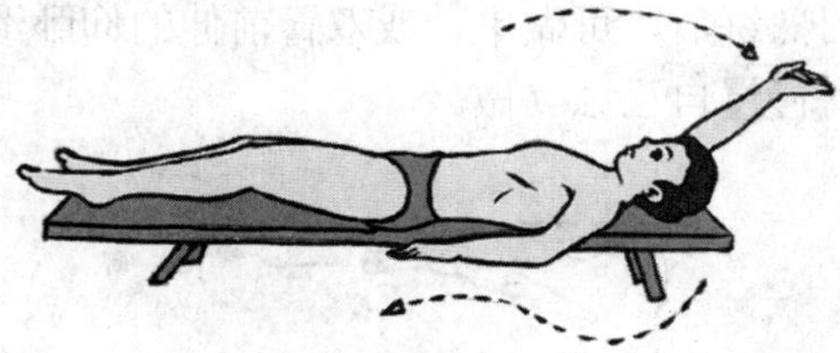

图 11-77

2. 水中练习

（1）在水中可以模仿前面的陆上练习动作。

（2）练习者的两腿由同伴扶着，做两臂的划水动作（见图 11-78）。

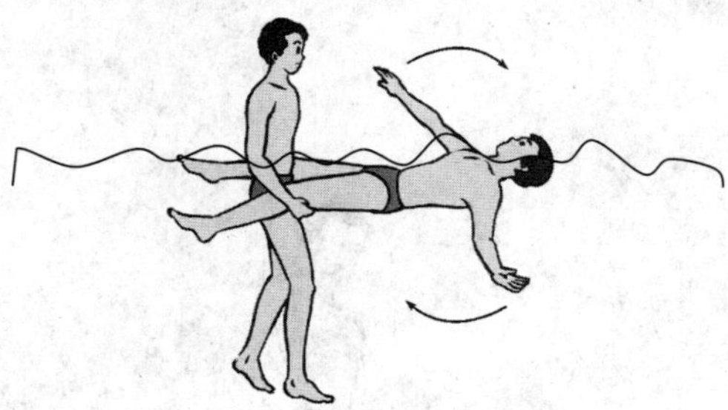

图 11-78

（3）自己蹬池壁漂浮滑行后，做两臂的划水动作。

（4）仰卧水面，两腿不停地上下打水，两臂做交替划水动作。

（三）完整配合技术动作的练习方法

在陆上和水中做臂部划水的动作时，加上呼吸。在臂出水后和移臂时，张嘴吸气；在臂入水和抱水结束时，做短暂的闭气；划水时用嘴和鼻逐渐吐气，划水结束时迅速完成呼气，按此循环进行。做臂、呼吸的完整配合时，采用打腿 6 次、划臂 2 次、呼吸 1 次的配合方法进行练习。

（四）仰泳基本技术动作口诀

（1）仰泳简介：泳式姿势有两种，反蛙反爬皆仰泳。反蛙仰泳易健身，反爬仰泳速度快。

（2）腿部动作：大腿发力髋为轴，下压上踢交替打。膝盖脚尖不出水，动作连贯要自然。

（3）臂部动作：肩延线外手切入，伸臂抱水掌对水。屈臂划水至腰侧，前臂手掌转压水。拉推用力体侧划，先划后压快出水。提肩带动上前臂，空中前移臂前伸。

（4）呼吸动作：仰泳呼吸较容易，用口吸气不用鼻。推水下压快吐气，提肩移臂挺胸吸。脚踢三次吸口气，再踢三次吐出气。

（5）呼吸与腿、臂动作的配合：四六踢腿两次臂，一次呼吸两划水。

（五）练习仰泳的注意事项

（1）仰泳时，应注意稍挺腹，躯干要展开。

（2）仰泳的打腿一定要用大腿带小腿做上踢下压的动作。否则会出现光小腿踢水或踢水时膝关节露出水面的错误动作，影响打水效果。

（3）两臂划水动作要连贯，划水结束时，臂不要在体侧停留。

（4）空中移臂结束后，要求手在肩的后方入水时不要过窄或过宽。

四、蝶泳基本技术动作练习

（一）腰部和腿部技术动作的练习方法

1. 陆上练习

（1）原地站立，两手抱头，做挺腹、屈膝、提臀、伸膝的连续动作。开始可以按挺、屈、提、伸一拍一个动作来练，然后再把四个动作连贯起来做（见图 11-79）。主要体会腰、腹、腿的波浪形动作。

图 11-79

（2）原地站立，两臂上举做挺腹、屈膝、提臀、伸膝的腰、腹、腿的波浪形动作。做时要强调手、头、肩的相对固定（见图 11-80）。

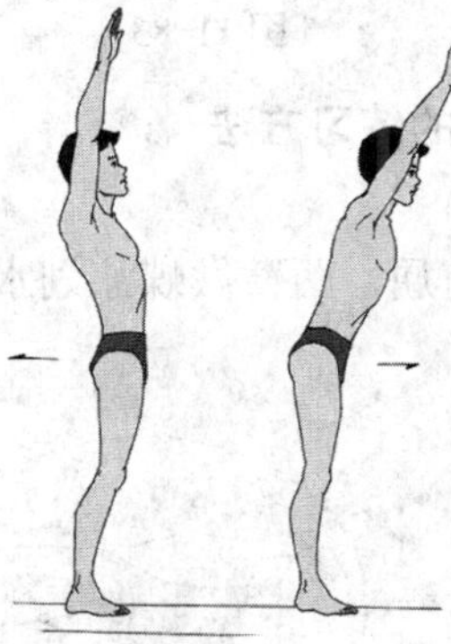

图 11-80

2. 水中练习

（1）站在水中或俯卧在水中，做陆上模仿练习的动作。

（2）扶水槽（分道线）俯卧打水练习。可先做爬泳的快速打水动作，然后做两腿同时打水的练习。

（3）扶水槽（分道线）侧卧打水练习。要求头和肩部要固定，身体要自然、放松，做时要有节奏（见图 11-81）。

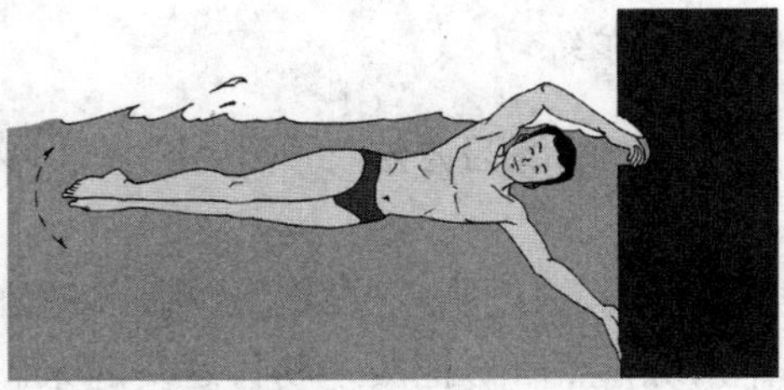

图 11-81

（4）蹬池壁滑行后做打水动作，要求做出挺、屈、提、伸四个动作，做时要连贯而有节奏（见图 11-82）。

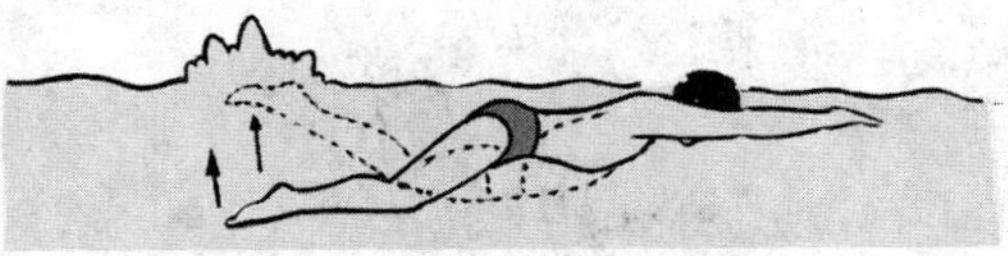

图 11-82

（5）扶板做蝶泳的打水动作（见图 11-83）。

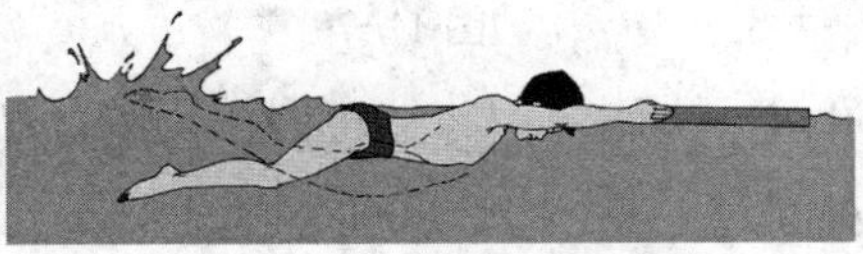

图 11-83

（二）臂和呼吸配合技术动作的练习方法

1. 陆上练习

（1）手臂动作。站立，身体前屈，两臂做蝶泳划水动作，体会划水路线和转肩的动作（见图 11-84）。

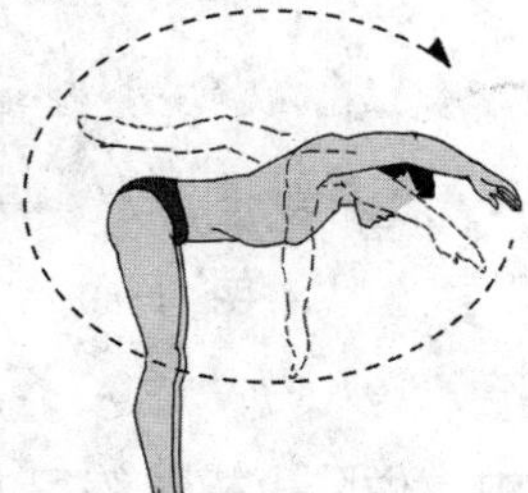

图 11-84

（2）臂、腿配合练习。站立，两臂上举做第一次打水与划水动作，然后做第二次打水与移臂动作（见图 11-85）。

图 11-85

（3）臂与呼吸配合练习。站立，身体前屈，做划水、抬头吸气、移臂、闭气、呼气的动作（见图 11-86）。

图 11-86

2. 水中练习

（1）在浅水中做陆上模仿练习的三个动作。体会水中手臂划水路线及划水时对身体的推动力。

（2）划水跳跃练习。在浅水中，两臂向后划水的同时，两脚蹬池底使身体向前上方跃起，抬头吸气，两臂经空中前移，在肩前入水，然后收腿站立（见图 11-87）。

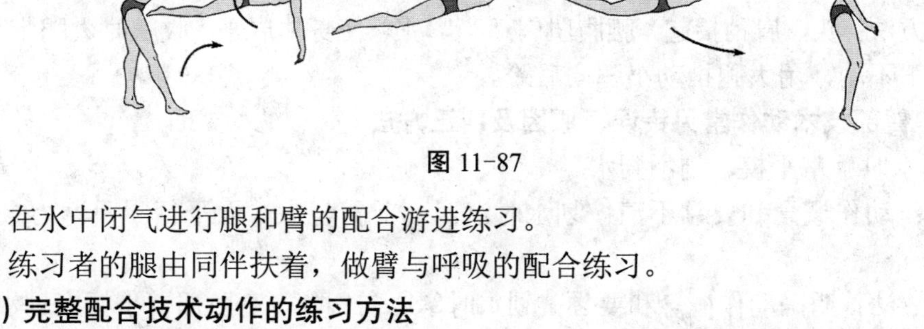

图 11-87

（3）在水中闭气进行腿和臂的配合游进练习。

（4）练习者的腿由同伴扶着，做臂与呼吸的配合练习。

（三）完整配合技术动作的练习方法

（1）站立，两臂上举，先做腿和臂的配合练习，然后做臂和呼吸的配合练习。

（2）做两次打水和一次臂部动作的配合练习。

（3）做多次打水和一次完整动作的配合练习。

（4）做两次打水、一次划水和一次呼吸的完整技术动作的配合练习。

（四）蝶泳基本技术动作口诀

（1）蝶泳简介：泳姿如蝶水中飞，两腿并拢鞭打水。两臂同时抱、划水，模仿海豚起浪飞。

（2）躯干和腿部动作：臀部下沉挺腰腹，两腿上移屈小腿。打腿提臀腰发力，大腿带动小腿踢。

（3）臂部动作：低头送肩向前移，伸肩勾手抓住水。向内屈臂用力划，推水提肘快出水。

（4）呼吸动作：手臂入水慢吐气，推水伸颈抬头吸。

（5）呼吸与腿、臂动作的配合：泳姿体位不固定，躯干波浪向前进。两腿合并似鞭打，腰腹腿部依次振。

（五）练习蝶泳的注意事项

（1）蝶泳时躯干要积极参与腿的动作，注意腿部要大腿带动小腿，做出波浪形动作。

（2）两臂划水的最后推水动作要加速，利用推水的惯性提肘转肩，向前移臂。

（3）手腿的配合要注意“两个同时”，打腿过早或过晚都会造成手腿配合的脱节。

第五节　游泳技术动作诊断

一、蛙泳技术动作诊断

（一）腿部技术动作常见错误、原因及纠正方法

1. 蹬腿时不翻脚

原因：动作概念不清，不会翻脚，蹬腿时绷脚尖。

纠正方法：明确概念及动作方法；陆上反复做翻脚练习，注意翻脚时的肌肉感觉；勾脚蹬水或由同伴帮助体会正确蹬水动作。

2. 收、蹬腿时臀部上下起伏

原因：收腿时头、肩过低，收腹提臀；蹬腿时挺腹。

纠正方法：头、肩稍抬起，腰腹肌肉适当紧张，使身体展平，收腿时大腿带小腿慢收；蹬腿时躯干不动，用大腿推动小腿向后蹬。

（二）臂部技术动作常见错误、原因及纠正方法

1. 划水时手掌平摸，划不到水

原因：动作概念和要领不清；划水时沉肘，前臂与水平面平行；手臂力量差，划水无力。

纠正方法：明确动作概念和要领；划水时掌心向侧外，高肘屈臂小幅度划水；加强手臂力量的练习。

2. 划水路线太宽，超过了肩的延长线

原因：动作概念和要领不清；急于通过划水推动身体前进，收手太慢。

纠正方法：明确动作概念和要领，采用小划臂或在腋下放一限制杆的办法练习。

（三）完整配合技术动作常见错误、原因及纠正方法

1. 划臂的同时蹬腿

原因：动作概念和要领不清，配合节奏紊乱，急于划臂。

纠正方法：明确动作概念和要领；多做模仿练习，先划臂后蹬腿，一次一次地做，不要急于求成。

2. 吸不到气

原因：吸气前未吐气；抬头太早，吸气时间短。

纠正方法：必须在水中吐出气，原地在水中做吐气、抬头吸气练习，先抬头再划臂或划臂同时抬头深吸气。

二、自由泳技术动作诊断

（一）腿部技术动作常见错误、原因及纠正方法

1. 小腿打水

原因：动作方法不清，屈膝动作太大。

纠正方法：明确动作方法；先用直腿打水，体会大腿带动小腿打水。

2. 勾脚打水

原因：未充分展开躯干或收腰。

纠正方法：要求绷直脚尖打水，多做踝关节灵活性练习。

（二）臂部技术动作常见错误、原因及纠正方法

1. 臂入水后向下压水

原因：直臂入水，过早用力划水。

纠正方法：入水时手指先入水，此时肘高于手；入水后臂向前下方伸，抓到水后再划水。

2. 划水结束时，身体下沉或手出水困难

原因：划水结束时，掌心向上，没有向后推水。

纠正方法：要求划水后程以掌心向后推水，利用惯性提肘带动臂出水前移。

（三）完整配合技术动作常见错误、原因及纠正方法

1. 配合不协调

原因：动作过于紧张，下肢沉或呼吸无节奏。

纠正方法：放松慢游，逐渐增加游程；多次打水和呼吸。

2. 抬头吸气

原因：动作概念不清，怕呛、喝水，不敢抬头。

纠正方法：明确转头吸气；吸气时，可绕纵轴转动，转头时做“咬肩”动作。

三、仰泳技术动作诊断

（一）腿部技术动作常见错误、原因及纠正方法

常见错误为踢水时膝部露出水面。

原因：屈髋打水，大腿下压不够。

纠正方法：要求髋关节充分展开，大腿和膝积极下压，用脚背面向后上方踢水。

（二）臂部技术动作常见错误、原因及纠正方法

1. 手入水点太宽

原因：动作方法不清，肩关节灵活性差。

纠正方法：明确入水点的位置；加强肩关节灵活性练习；采用矫枉过正法，手臂伸直贴耳入水在头前方入水。

2. 两臂配合分解，不连贯

原因：动作方法不清；划水结束时，臂在体侧有停顿。

纠正方法：明确动作方法，强调划水结束时立即提臂出水。

（三）完整配合技术动作常见错误、原因及纠正方法

1. “坐”着游

原因：收腹、屈髋；怕呛水，头伸出水面。

纠正方法：要求稍仰头，微挺胸，提肋，髋关节展平；头的后部浸入水中，要求呼吸与臂配合。

2. 腿踢不出水面，下肢下沉

原因：腿部动作紧张，头及上体高，脚的位置太低。

纠正方法：脚动作幅度要小，脚接近水面踢水；要求上踢时踢出水花，直腿下压时放松。

四、蝶泳技术动作诊断

（一）腿部技术动作常见错误、原因及纠正方法

1. 小腿屈伸打水

原因：躯干没有参加动作，只是小腿用力打水。

纠正方法：要求小腿自然伸直，躯干参加动作，严格按挺腹、屈膝、提臀、伸膝打水顺序做动作。

2. 手、头、肩上下起伏大

原因：动作方法不清。

纠正方法：明确动作方法；要求手、头、肩相对固定，腰、腹用力带动下肢做波浪形动作。

（二）臂部技术动作常见错误、原因及纠正方法

常见错误为手臂划水后，出手移臂困难。

原因：划水后部掌心向上捞水，最后推水无力或有停顿，移臂时抬头过高。

纠正方法：要求推水时，掌心向后加速推水，并利用惯性提肘转肩向前移臂，先低头再移臂。

（三）完整配合技术动作常见错误、原因及纠正方法

常见错误为臂、腿配合脱节。

原因：腿第二次打水过早或臂在前面停留时间过长，未掌握好配合节奏。

纠正方法：多做陆上模仿练习；强调手入水打第一次水，手入水后前伸再抱水、推水，并进行第二次打水。

第六节　游泳出发与转身技术简介

一、出发技术

出发技术有台上出发和台下出发两种。台上出发是指站在出发台上出发，它主要包括蝶泳出发、蛙泳出发和爬泳出发，它们主要的区别是入水之后的动作，而在台上的技术基本上是一样的。从起跳的准备动作到入水这一时间段的技术有许多种，根据手臂的放置位置可分为“抓台式”和“摆臂式”，根据两脚所站的位置可分为“一般式”和“蹲踞式”，根据腾空的高度和入水的角度可以分为“平式出发”和“洞式出发”。台下出发是站在水里出发，也就是仰泳出发。

（一）台上出发基本技术

（1）准备姿势：双脚分开，与肩同宽，脚趾扣住跳台边缘（双脚扣住，一脚扣住、一脚在后为“蹲踞式出发”）。双手放在身体两侧的方式叫“摆臂式出发”，两手也抓住出发台的边缘（前沿或后沿）的方式叫“抓台式出发”。臀部处于双脚正上方，膝盖弯曲成130～140度角，身体重心尽量向前，头向下，下巴靠近胸部，眼睛看池边2米的入水点。

（2）起跳：双臂向前摆起，双手并拢，头在两臂之间稍微向下，造成身体前滚。摆臂动作对于保证跳得远和动作有力是很重要的，摆臂之后应紧跟着腿部有力的蹬出动作。

（3）腾空：一旦身体离开池边，就要努力将身体伸展呈流线型。腾空动作贴近水面，以15～20度角入水的方式叫“平式出发”。腾空动作比较高，入水角度至少在30度以上的方式叫“洞式出发”。

（4）入水：手指应首先入水，头保持在伸展的两臂之间，使头顶跟着双手和双臂入水，在此阶段身体应呈流线型，不能有任何弯曲。

（二）各种泳式出发

（1）蝶泳出发：入水之后，可以在水下做多次蝶泳腿的动作，但是距离不能超过15米。在手臂的第一个动作结束之后，头部必须出水面，双臂必须从空中移臂。

（2）蛙泳出发：入水之后，双臂可以在水下做一次类似于蝶泳手臂的长划臂动作，双腿可做一次蛙泳腿的动作。在第二个蛙泳配合动作开始前，头部必须露出水面。

（3）自由泳出发：没有具体的要求。但是为了追求出发的效果，一般来说，出发之后都做快速的自由泳腿或蝶泳腿的打水动作，然后迅速出水做自由泳的配合游。

（4）仰泳出发：规则规定仰泳必须从水中出发，并且身体要保持仰卧姿势。出发时，面对池壁，两手同肩宽，握紧扶手器，两肩自然放松，两腿屈膝收向胸前，两脚分开并用脚掌抵住池壁，听到“各就位”的命令后，两臂立即把身体从水中拉起，使身体大部分升出水面，并团身低头。枪响后，双手下压，髋关节和膝关节伸展，把身体向上拉起，使臂部露出水面。两臂完全伸直并立即向侧后方摆动，头向后仰，两腿用力蹬池壁；此时两臂已摆到体前，身体伸展呈流线型。仰泳出发的腾空姿势应为反弓形，入水时手和头的位置低于脚，手先入水以减小入水时的阻力。入水后滑行时，打仰泳腿或反海豚腿，并通过改变手的形状使身体上浮，在头将露出水面时开始划水。水下打腿的距离不能超过15米。

二、转身技术

由于各种泳姿的特点和规则不同，转身动作的方法分为平式转身和前滚翻式转身两种。仰泳、爬泳、蛙泳转身时采用平式转身动作，平式转身动作比较简单易学，但转身速度慢。爬泳、仰泳也可以采用前滚翻式转身。这种转身手不触池壁，因此转身速度最快，但动作较复杂、难学。不论采用什么方式转身，在技术上总是要求游近池壁不减速、转得快、蹬得远，并且符合竞赛规则规定。

1. 蛙泳转身

竞赛规则规定，蛙泳转身时，两手应在水面、水上或水下同时触壁，同时限制运动员在转身后只能在水中做一次类似于蝶泳手的长划臂。由于规则要求严格，所以蛙泳转身动作速度要比其他泳式稍慢些。通常只用抬头吸气转身法，其具体技术如下。

游近池壁：运动员在最后一次蹬腿结束、不减速地游近池壁后，两臂前伸，在正前方高于身体重心的地方触壁。

转身：触壁后，全手掌压池壁，随着惯性屈肘、屈膝团身，同时身体沿纵轴向左侧转动，并抬头吸气，左手离开池壁在水中随着身体向左侧转动，并逐渐向左前伸。当身体转至侧对池壁时，头向前进方向甩并低头入水，右臂推离池壁，从空中摆臂，同时提臀使两脚触池壁，两手经颌下前伸，两腿弯曲准备蹬壁。

蹬壁：两脚掌贴紧池壁，大约在水面下 40 厘米处，两臂向前伸直，头夹在两臂之间，然后用力蹬离池壁。

滑行与开始游泳：蹬壁后，身体呈流线型滑行，当速度减慢到正常游泳速度时，两手开始长划臂至大腿两侧稍停，滑行速度稍慢时，开始收腿和两手贴近腹、胸、颌下前伸，当两臂伸直夹头时，蹬腿、滑行，两臂开始第二次划水时，头露出水面。

2. 蝶泳转身

蝶泳转身的方法大致与蛙泳转身的方法相同，只是蹬离池边后，两腿可以在水下做一次或多次打水的动作，但距离不能超过 15 米。当两臂在水下做完第一次划水后，必须从水面移臂进行第二次划水和配合游进。

3. 爬泳转身

游泳规则规定，爬泳转身时，可用身体任何部位触池壁。目前常见的有摆动式和前滚翻转身两种。

（1）摆动式转身：这种转身速度不如前滚翻转身快，但简单易学、省力，能保证呼吸节奏，常为初学者和训练水平低的运动员采用。

游近池壁：以右手触壁为例，随着左臂最后一次划水动作，右臂向前伸，手掌在高于身体重心的水面上触壁。

转身：随着游进的惯性，右臂屈肘，身体向左转，并向前屈膝收腿，使头和肩露出水面，两腿向池壁靠近。然后右臂推池壁，向回转方向甩头摆臂，两腿继续靠近池壁，转动中左臂在水中由下向上拨水，帮助身体迅速沉入水中。右臂从空中回摆切入水中，两脚贴着池壁，身体呈侧卧的蹬壁姿势。

蹬壁：转身后两臂伸直，头夹在两臂之间，两脚用力蹬出。

滑行与开始游泳：蹬壁后，身体呈流线型在滑行中转成俯卧，当感觉到速度下降时，开始打腿并接着划水升到水面游。

（2）前滚翻转身：这是游泳中转身最快的一种技术。

游近池壁：当游近到头离池壁 1.5～2 米时（以游速的快慢和身材的高矮而定），以强有力的最后一次划水动作，为转身做好准备。

转身：利用划臂所获得的速度，两臂停在体侧，低头、压肩、并腿向下打水，随着头继续向下，两手拨水，提臀、收腹、屈腿，由于头和背受到阻力不再向前，而身体重心高于头和肩没有受到这个阻力，使下半身和腿继续向前运动，身体向前滚翻，当臀部越过头部时，左手向头部方向拨水，使身体绕纵轴转动，同时腿屈膝加速翻转，使两脚甩向池壁，身体呈侧卧姿势，完成转身。在滚翻过程中，应保持微呼气，以避免鼻腔呛水。

蹬壁：转身后，身体在侧卧姿势下立即蹬壁。蹬壁时，两臂前伸，身体绕纵轴向俯卧方向转动。

滑行与开始游泳：蹬离池壁后，身体保持流线型姿势向前滑行，并继续转成俯卧，当感觉速度下降时立即打腿并划水，升到水面游泳。

4. 仰泳转身

仰泳转身技术有很多，使用较多的有平转身技术（业余）和前滚翻技术（专业）。

（1）平转身：平转身是仰泳转身中最简单和最基础的技术，转身技术只需围绕前后轴进行。使用平转身技术，头可以出水面也可以不出水面。下面以右手触壁为例进行说明。

游近池壁：保持速度游近池壁，以标志绳来调整距离和动作，在左臂完成最后一次划水后，右臂摆至头部左前方，同时头和肩偏向左侧，右手在左肩前方约离水面 20 厘米深处触壁。

转身：右手触壁后随惯性屈肘，双腿仍在做踢水的动作，由于前进方向的改变，这样就产生了围绕着身体前后轴转动的力量，使身体在水面转动。这时应屈膝团身，以缩短转动半径并且减少阻力；同时右手在旋转中做向右推离池壁的动作，以加强头、肩向左旋转的力量；左臂在体侧由水平姿势屈肘向前移动，并和右臂向前并拢伸出。

蹬壁：完成转身动作后，两腿弯曲，两脚蹬在池壁离水面 25～35 厘米处，上体伸直正对游进方向呈有力的蹬壁姿势，同时做有力的蹬壁动作。

滑行与开始游泳：蹬壁后，身体呈流线型向前滑行。当滑行速度降至接近游进速度时，开始打反蝶泳腿或踢仰泳腿，但距离不能超过 15 米，就必须做划臂动作并使身体升至水面进行游进。

（2）前滚翻转身：仰泳的前滚翻转身技术和爬泳的前滚翻转身技术基本上是一样的，只是在接近池壁前、过了仰泳转身标志线后，借用最后一次移臂的动力，使身体绕纵轴滚动转变成俯卧，并做最后一次划臂后进行前滚翻的转身动作。在做仰泳的前滚翻转身时一定要注意：一旦身体从仰卧转变俯卧后，腿就不能再进行打水的动作，身体转过垂直面时应该以仰卧的姿势蹬离池边。

附表 1　100 米自由泳、仰泳考核成绩标准

100 米自由泳、仰泳成绩					
分数	男子	女子	分数	男子	女子
100	2：04	2：06	69	4：39	4：41
99	2：09	2：11	68	4：44	4：46
98	2：14	2：16	67	4：49	4：51
97	2：19	2：21	66	4：54	4：56
96	2：24	2：26	65	4：59	5：01
95	2：29	2：31	64	5：04	5：06
94	2：34	2：36	63	5：09	5：11
93	2：39	2：41	62	5：14	5：16
92	2：44	2：46	61	5：19	5：21
91	2：49	2：51	60	5：24	5：26
90	2：54	2：56	59	5：29	5：31
89	2：59	3：01	58	5：34	5：36
88	3：04	3：06	57	5：39	5：41
87	3：09	3：11	56	5：44	5：46
86	3：14	3：16	55	5：49	5：51
85	3：19	3：21	54	5：54	5：56
84	3：24	3：26	53	5：59	6：01
83	3：29	3：31	52	6：04	6：06
82	3：34	3：36	51	6：09	6：11
81	3：39	3：41	50	6：14	6：16
80	3：44	3：46	49	6：19	6：21
79	3：49	3：51	48	6：24	6：26
78	3：54	3：56	47	6：29	6：31
77	3：59	4：01	46	6：34	6：36
76	4：04	4：06	45	6：39	6：41
75	4：09	4：11	44	6：44	6：46
74	4：14	4：16	43	6：49	6：51
73	4：19	4：21	42	6：54	6：56
72	4：24	4：26	41	6：59	7：01
71	4：29	4：31	40	7：04	7：03
70	4：34	4：36	—	—	—

第十二章　武　术

第一节　中国武术与武术课程

武术是以技击的攻防动作为主要内容，以套路和格斗为运动形式，同时注重培养意志品质和增强体质的传统体育项目。它是中华民族在长期的社会生活和实践中，逐步积累形成和丰富起来的一项宝贵的民族文化遗产，在我国有着悠久的历史和广泛的群众基础。

一、中国武术的派别及特点

中国武术派别的形成伴随着整个武术发展的历程，早期武术派别是以兵器来区分的，有长兵、短兵的分类方法。武术派别的形成都是既有继承，又有创新，并在逐渐发展过程中不断丰富，当其风格和技术特点都区别于其他派别时，就形成了新的派别。

武术派别的发展大致有三种情况：其一，类同合流，壮大拳派，即在发展过程中，将一些技法特征相同或相类的拳种归为一类，形成较大的拳派。传统的少林拳派就属此类情况。其二，繁衍支系，发展拳派。各式太极拳的繁衍，即属此类情况。其三，融合诸家，创立新派。如蔡李佛拳、五祖拳以及形意拳、八卦拳等，这种情况尤多。

二、武侠小说中的中国武术

武侠小说中的武术和真正的武术有何不同呢？其最大的区别就在于武术的“度”。武侠小说为了吸引读者，难免在文字描述和结构上做文章，将武术功能夸大，异想天开地创编武功招数，再别出心裁地描写离奇曲折的故事，以达到吸引读者的目的。这样一来，武侠小说中的武术就必然与真正的武术有很大的出入和不同。武侠小说中的“武功”，基本上是从“传统功夫”中演化来的，中国传统的各门各派的武术，几乎都可以在武侠小说中找到踪迹，以至于有人说在若干小说中“实际”描写的功夫，简直是武术的教科书，只要读者依照其中的步骤加以练习，就不难学成“绝世武功”。实际上，这是夸张而且不切实际的说法。

武侠小说以其不变的精神实质，在形式的发展中远离武术的现实，一步步地走进了更深的幻想层次以及哲学与审美的层次。中国的武侠小说，从唐人传奇开始，便是按写实与幻想、武侠与剑侠两条线并行发展的，到了新派武侠小说的笔下，由于“超武功”的出现便把两条线交织在一起，在写实中添入怪诞之笔，极尽幻想夸张之能事，于是“成人童话”的色彩越发浓厚。金庸、梁羽生等人在“神话”武功方面走得很远，他们笔下的武功已经是“盖世神功”，其神妙作用绝非人力武功所能及。而现实的武术是实实在在的，读者在阅读时要冷静地加以识别，切不可陷入神奇的武功之中而将“神功”与真正的武术混为一谈。世界是实实在在的，武术也是实实在在的。

三、武术课程的教学要求与考核标准

根据教育部《普通高等学校体育教学指导纲要》，武术课程的教学与考试以培养学生自主参与能力、体现素质教育为指导思想，改变以往的考试形式和观念，由重视考试当时的表现和结果，转变为重视和强化锻炼过程的考核形式。武术套路的具体教学与考核方法是：教师指导学生学习掌握武术基本功和基本动作，教给学生创编武术套路的原则和方法，然后由学生自己编排和演练武术套路，最后考核的内容是学生演练自己所创编的武术套路。散打与防身的具体教学与考核方法是：教师指导学生学习散打的基本技术动作，向学生讲解实战对抗的方法技巧和实用战术，由学生进行反复的实战对抗练习，最后考试时以实战的方式考核学生掌握运用攻防技术的实际对抗能力。通过上述的教学与考核方法，可以有效地解决武术课教学中学生的学习积极性、思维与创新、兴趣与需要、体现素质教育、保证教学效果等一系列问题。

（一）武术套路的考试内容与评分标准

（1）考试内容：每名学生演练一套自己创编的武术套路，全套动作数量限制在 15 个左右。

（2）评分标准：创编套路的评分满分为 10 分。其中，动作规格分数为 6 分，演练水平为 4 分。

（二）散打实战的考评要求与评分标准

（1）考评要求：两人一组按照“武术散打竞赛规则”的要求进行 2 分钟实战对抗，学生自愿选择对手，但原则上两人体重应相当（相差 4 公斤以内）；为了确保安全，实战测试时学生必须穿戴比赛用的防身护具。

（2）评分标准：散打实战的评分采用扣分制，满分为 10 分。

（三）理论考试的要求与评分标准

（1）确定试卷：武术专项理论考试由至少 2 套试卷组成，每次考试时随机抽取其中的 1 套试卷进行考试。

（2）评分标准：根据学生掌握所学武术理论知识情况以及重视程度进行评分。

四、大学生学习武术应该注意的问题

文化知识学习是大学生的首要任务，大学生武术爱好者应该在努力学习文化知识的前提下练习武术。练习武术和学习文化知识是相互促进的，通过练习武术，可以把身体锻炼得更加强壮，为提高学习成绩提供健康上的保障。在练习武术的过程中，要强调进行武德教育与修养，从而锻炼并提高自己的道德水平。在练习武术的过程中，一定要根据教师的要求进行训练，在学习武术技术的同时加强思想道德修养，处理好文化学习和练习武术的关系，实现德、智、体全面发展。

对于大学生武术爱好者来说，练习武术应该在课余时间和节假日，一般以每周练习 3 次为宜，每次 1.5～2 小时，时间不宜过长或过短，以保证练习效果。如果练习的时间过长，就会造成身体疲劳，使身体得不到充分的恢复而影响学习；练习的时间过短，就达不到练习的效果。练习武术时运动量不能过大，因为运动量过大，会造成身体的长期疲劳，不仅影响身体健康，而且还会影响到文化课的学习。所以，大学生在练习武术时，一定要根据自己的身体情况和教师的安排决定具体的时间安排。

大学生练习武术，一定要树立强身健体、防身自卫和维护社会安定团结的观念，把练习武术和培养自己的道德品质紧密地联系起来，向身心健全的方向发展。武术运动是以人的身体为主体的运动，并直接展示人的仪表、风度乃至行为规范，因此武德的作用就显得极其重要。

第二节　拳术基本功与基本动作

一、拳术基本功练习

（一）肩臂练习

肩臂练习主要是为了增加肩关节韧带和肌肉的柔韧性、加大肩关节的活动范围、发展臂部力量、提高上肢的灵活性等。常用的肩臂练习方法有压肩、抡臂绕环等。

1. 压肩

两脚左右开立，与肩同宽或稍宽，两手抓握肋木，上体前俯（挺胸、塌腰、收髋），并做下振压肩动作（见图 12-1）。也可以两人面对面站立，互相扶按肩部，用上述动作做体前屈的振动压肩练习。注意，压肩时两臂、两腿要伸直，振幅应逐步加大，压点集中于肩部，增加压力时应由小到大。

图 12-1

2. 抡臂绕环

两脚开立与肩同宽，前后绕环时，左右臂依次做绕环；交叉绕环时，左臂由下向前、向上、向后做向前绕环，右臂由上向后、向下、向前、向上做向后绕环。注意，抡臂时肩部要放松，两臂要伸直，可以向两个方向交替抡臂。

（二）腿部练习

主要用来提高腿部的柔韧性、灵活性和力量等专项素质。常用的练习方法有压腿、劈腿和踢腿等。

1. 压腿

主要用于拉长腿部的肌肉和韧带，加大髋关节的活动范围。压腿的方法有正压、侧压和后压三种。

（1）正压腿：面对肋木或一定高度的物体并步站立，左腿提起，脚跟放在肋木上，脚尖勾起，两手扶按在膝上。两腿伸直，立腰收髋，上体前屈，并向前、向下做压振动作（见图 12-2）。

图 12-2

动作要求：直体向前、向下压振；逐渐加大振幅，逐步抬高腿的高度；先以前额、鼻尖触及脚尖，然后逐渐过渡到用下颚触及脚尖。

（2）侧压腿：侧对肋木或一定高度的物体，右腿支撑，脚尖稍外展；左腿举起，脚跟放在肋木上，脚尖勾起；右臂屈肘上举，左掌置于右胸前。两腿伸直，立腰开髋，上体向左侧压振（见图 12-3）。

图 12-3

动作要求：身体向侧、向下压振，逐步过渡到上体侧卧在被压腿上。

2. 劈腿

主要用来加大髋关节的活动幅度，增进腿部的柔韧性。劈腿的方法有竖叉和横叉两种。

（1）竖叉：两手左右扶地或两臂侧平举，两腿前后分开成直线；左腿后侧着地，脚尖勾起，右腿前侧着地，两腿伸直（见图 12-4）。

图 12-4

动作要求：挺胸、立腰、沉髋、挺膝。

（2）横叉：两手在体前扶地，两腿左右分开成直线，两腿内侧着地（见图 12-5）。

图 12-5

动作要求：挺胸、立腰、开髋、挺膝。

3. 踢腿

踢腿旨在练习腿部的柔韧性、灵敏性和控制力量的能力，踢腿的方法有直摆性和屈伸性两种。

（1）正踢腿：两腿并立，两手立掌或握拳，两臂侧平举；左脚向前上半步，左腿支撑，右脚脚尖勾起向前额处猛踢，两眼向前平视（见图 12-6）。

图 12-6

动作要求：挺胸直腰，踢腿时脚尖勾起绷落或勾起勾落；收髋猛收腹，踢腿过腰后加速，要有寸劲儿。练习时左右腿交替进行。

（2）侧踢腿：两臂侧平举成立掌，右脚向前上半步，脚尖外展，左脚脚跟稍提起，身体略右转，左臂伸直，右臂后举；随即，左脚脚尖勾紧向左耳侧踢起，同时右臂屈肘上举亮掌，左臂屈肘立掌于右肩前；两眼向前平视（见图 12-7）。

图 12-7

动作要求：挺胸，直腰，开髋，侧身，猛收腹。

（3）外摆腿：两臂侧平举成立掌，右脚向右前方上半步，左脚尖勾紧，向右侧上方踢起，经面前向左侧上方摆动，直腿落在右腿旁，眼向前平视（见图 12-8）。

图 12-8

动作要求：挺胸，塌腰，松髋，展髋，外摆幅度要大，并呈扇形。

（4）里合腿：两臂侧平举成立掌，右脚向右前上方上半步，左脚脚尖勾起内扣并向左上方踢起，经面前向右侧上方直腿摆动，落于右脚外侧；眼向前平视（见图 12-9）。

图 12-9

动作要求：挺胸，直腰，松髋，合髋，里合幅度要大，并呈扇形。

（5）弹腿：两腿并立，两手叉腰，右腿屈膝提起，大腿与腰平，右脚绷直；提膝接近水平时，要快速挺膝，向前平弹击，大腿与小腿成直线，力点达脚；两眼平视（见图 12-10）。

图 12-10

动作要求：挺胸，直腰，脚面绷直，收髋。弹击要有爆发力。

（6）蹬腿：动作方法与弹腿相同，唯脚尖勾起力点达于脚跟（见图 12-11）。

图 12-11

动作要求：与弹腿相同。

4. 扫腿

扫腿是旋转性的腿法，分前、后扫腿两种。

（1）前扫腿：从右仆步开始，左脚跟抬起，以左脚前掌碾地，右脚平铺，脚尖内扣，脚掌着地，随身体左转右脚沿地面逆时针扫转一周。

动作要求：头部上顶，眼睛随转体平视前方，上体正直；在扫转时，始终保持右仆步姿势，保持身体重心平衡，右膝不要弯曲。

（2）后扫腿：从左弓步双推掌开始；随身体右转双掌向下于体前撑地，左脚尖内扣，左腿屈膝全蹲，成右仆步姿势；随即，用双掌推地和上体向右后拧转的惯性力量，以左脚前掌为轴，使右脚贴地向右后顺时针扫转一周。

动作要求：转体、俯身、撑地用力要连贯紧凑，扫转时扫转腿伸直，扫转脚沿地面画圆。

（三）跳跃动作

跳跃动作是基本动作练习的主要内容之一，对于增强腿部力量、提高弹跳能力具有很好的促进作用。常见的和最基本的跳跃动作有腾空飞脚、旋风脚等。

1. 腾空飞脚

从并步站立开始，右脚向前迈进一步，左腿紧跟着向前、向上摆踢，右脚蹬地跃起，身体腾空，两臂由下向前、向头上摆起，在头顶上用右手背迎击左手掌；在空中，右腿向前上方弹踢，脚面绷直，右手迎击右脚背发声，同时左腿屈膝，左脚收控体下且脚面绷直，脚尖向下；左手在击响的同时摆至左侧后方变成勾手，勾尖向下略高于肩；上体微前倾，两眼平视前方。

动作要求：右腿在空中击响时必须高过腰，右腿伸直；左腿在击响的同时屈膝收控于右腿侧，脚尖向下；在腾空的最高点完成击响动作，拍击动作必须连续、准确、响亮；在空中，上体正直，微向前倾，不要坐臀。

2. 旋风脚

左脚向左上步，同时左手向前、向上摆起，右臂伸直向后、向上摆动；右脚随即上步，脚尖内扣，准备蹬地踏跳，左臂向下摆动并屈肘收至右胸前，同时左臂向上、向前抡臂，上体向左旋转前俯；身体重心右移，右腿屈膝蹬地跳起，左腿提起向左上方摆动，上体向左上方翻转，同时两臂向下、向左上方抡摆；身体在空中旋转一周，右腿做里合腿，左手在面前迎击右脚掌，左腿自然下垂。

动作要求：右腿做里合腿时，要贴近身体，膝挺直，由外向里摆动呈扇形；左腿外摆要舒展，并在右脚蹬地前摆动腾空；击响点要靠近脸前；要抡臂、踏跳、转体、里合、击响等动作要协调一致；身体在空中的旋转不少于 360 度。

二、拳术基本动作

拳术基本动作包括拳、掌、勾三种手型，冲、架、推、亮等手法，弓步、马步、虚步、仆步、歇步五种基本步型，以及这些方法结合身体动作构成的单个动作。

（一）手型

（1）拳：四指并拢卷握，拇指紧扣食指和中指第二指节（见图 12-12）。

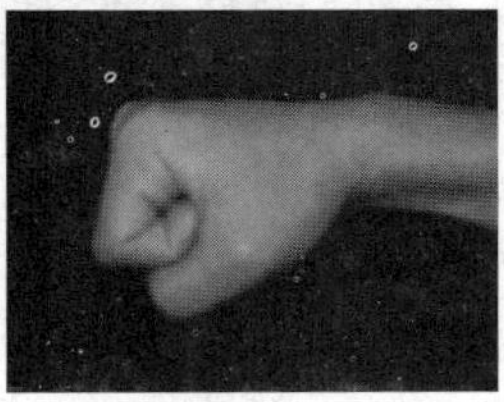

图 12-12

（2）掌：四指并拢伸直，拇指弯曲紧扣于虎口处（见图 12-13）。

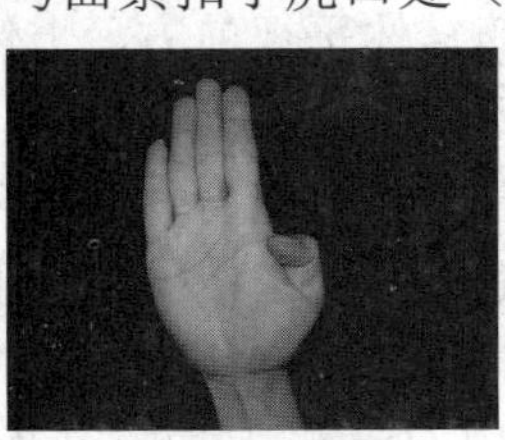

图 12-13

（3）勾：五指第一指节捏拢在一起，屈腕成钩形（见图 12-14）。

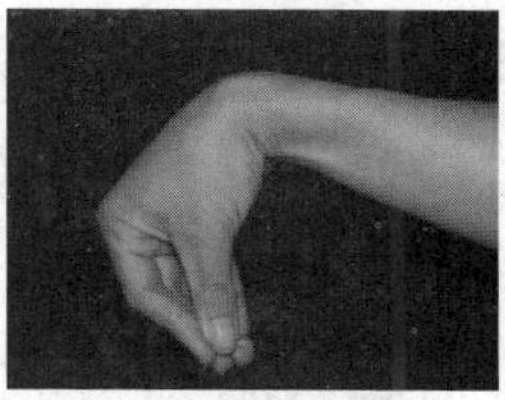

图 12-14

（二）手法

（1）冲拳。冲拳分平拳和立拳两种，平拳拳心向下，立拳拳眼向上。两脚左右开立，与肩同宽，两拳抱于腰间，拳心向上，肘尖向后；挺胸，收腹，直腰。右拳从腰间向前内旋冲出，转腰，顺肩，力达拳面，臂要伸直，高与肩平。同时，左拳仍抱于腰间，左肘向后牵拉（见图 12-15）。

图 12-15

（2）架拳。两脚左右开立，与肩同宽，两拳抱于腰间，拳心向上，肘尖向后。右拳向下、向左、向上经面前向右上方划弧架起，拳眼向下，眼看左方（见图 12-16）。

图 12-16

（3）推掌。两脚左右开立，与肩同宽，两拳抱于腰间，拳心向上，肘尖向后。右拳变掌，前臂内旋，以掌根向前发力推击；推击时要转腰、顺肩，掌高与肩平，左肘向后牵拉；可左右交替进行（见图 12-17）。

图 12-17

（4）亮掌。两脚左右开立，与肩同宽，两拳抱于腰间，拳心向上，肘尖向后。右拳变掌，经体侧向右、向上划弧，至头部右前上方时，抖腕亮掌，右臂微屈。掌心向前，虎口朝下，眼随右手动作转动，亮掌时甩头注视左方（见图 12-18）。

图 12-18

注意抖腕、亮掌与甩头要同时完成。

（三）基本步型

（1）弓步。左脚向前迈一大步，脚尖微内扣，左腿屈膝半蹲，大腿接近水平，膝关节与脚尖垂直。右腿挺膝伸直，脚尖内扣斜向前方，两脚全脚着地。上体正对前方，眼向前平视，两手抱拳于腰间（见图 12-19）。

图 12-19

（2）马步。两脚平行开立（距离约为本人脚长的三倍），脚尖正对前方，屈膝半蹲，膝部不超过脚尖，大腿接近水平，全脚着地。身体重心落于两腿之间，抬头挺胸，两手抱拳于腰间，目视前方（见图 12-20）。

图 12-20

（3）虚步。两脚前后开立，右腿屈膝半蹲，身体重心在右腿上，右脚外展 45 度；左膝微屈，脚尖稍内扣，虚点地面，脚面绷直，两手叉腰，眼向前平视（见图 12-21）。左脚在前为左虚步，右脚在前为右虚步。

图 12-21

（4）仆步。两脚左右开立，右腿屈膝全蹲，大腿和小腿靠紧，膝关节外展；左腿挺直平仆，脚尖内扣，全脚着地；两手抱拳于腰间，眼向左前方平视（见图 12-22）。仆左腿为左仆步，仆右腿为右仆步。

图 12-22

（5）歇步。两脚交叉靠拢，屈膝全蹲；左脚全脚着地，脚尖外展，右脚前脚掌着地，膝部贴紧左腿腘窝，臀部坐于右腿脚跟处；两手抱拳于腰间，眼向左前方平视（见图 12-23）。左脚在前为左歇步，右脚在前为右歇步。

图 12-23

第三节 太极拳与太极剑

一、太极拳入门知识

（一）太极拳的运动方法

练习太极拳时，练习者必须正确掌握和细心体会太极拳的运动方法，进而在练习时表现出太极拳的独特风格，达到修身养性的锻炼效果。下面介绍一些主要的运动方法，理解和掌握这些运动方法对于初学者来说，是非常重要的。

1. 心静体松

“心静体松”是练太极拳的基本方法，也是掌握太极拳其他方法的基础。“心静”是指内心安静，就是说练拳时要排除杂念，专心致志练拳，把精神集中在动作上，用意念导引动作，做到“意到身随”。“体松”是指精神与躯体都放松，身体处于舒松自然的状态，而不是身体疲沓松散。“松”是为了行气，使气血畅通。

2. 连贯圆活

“连贯”是指太极拳各动作间自然衔接，没有明显停顿，使整套动作节节贯穿，连绵不断，就是过去所说的“势断意连”或“势断劲不断”。“圆活”是指动作变换自然而不停滞的意思，表现在上肢就是始终保持其自然弯曲，多保持空间的圆形、弧形、螺旋形或不同的曲线运行，防止出现手臂直出直入和转死弯、拐直角的现象。

3. 虚实分明

虚实分明为太极拳主要特点。从动作整体看，一般是动作达到终点定式为“实”，动作变换过程为“虚”。从局部看，主要支撑体重的腿为“实”，辅助支撑或换步的腿为“虚”；体现动作主要内容的手臂为“实”，配合的手臂为“虚”；在劲力的变换中沉着、充实的动作为“实”，轻灵、含蓄的动作为“虚”。分清动作虚实，用力时就要有张有弛，区别对待。实的动作和部位用力要求沉着，虚的动作和部位用力要求轻灵、含蓄。如动作达到定式或趋于完成时，腰脊和各关节要注意松沉、稳定。变化动作时，全身各关节要注意舒松、活泼。

4. 上下相随

上肢、下肢、躯干各部分协调配合运转，由脚至腿再至腰一气呵成，全身“一动无有不动”，即为上下相随。上下相随不能只限于手、脚，而是躯干和四肢相应地进行活动。就是以腰为轴，以躯干带动四肢，并与手、脚动作和眼神的变化相配合，随着方向和位置的改变，使全身各部位不停运动。这也是对初学太极拳者的基本要求。

5. 柔和均匀

太极拳是一种较缓慢的运动，动作要柔和均匀，用力不僵不拘，使动作柔缓匀速。太极拳爱好者常用“运动如抽丝”来形容太极拳的这一特点。若要表现出这一特点，动作就不能忽快忽慢，而是使运动速度均匀，身体注意保持平衡稳定，否则是难以做到柔和均匀的。

6. 运用意识

运用意识是太极拳的特殊锻炼方式。太极拳的动作是在意念导引下进行的，在做每个动作时先想后做，随想随做，这就是前人所说的“意到身随”的练拳原则。太极拳不仅是肢体运动，而且更强调用意。所以，打太极拳除了肢体得到锻炼外，神经系统亦能得到调节。

太极拳除了注意以意念引导动作外，还注意精神调节，练拳时尽量消除一切杂念，做到心静、安宁、畅快、舒松，使精神处于良好的状态，从而增进身心健康。

7. 呼吸自然

初学太极拳者，一般采用自然呼吸方法，要求练拳时精神贯注于动作中，呼吸顺其自然。太极拳的呼吸是随动作的变化而自然形成的。呼吸的规律是吸气时起身、屈臂、提腿，呼气时蹲身、伸臂、落步。一般在变换姿势时吸气，掌或拳向前出击时呼气。应尽可能起吸落呼，吸轻呼重，对于过渡动作或难以结合的动作以配合自然呼吸为宜。

8. 眼手相随

拳术动作通常是一手进攻，另一手防守。眼要注意进攻的手，通常眼神是随进攻手的动作运行的。在定势时眼神自食指或中指尖向前方延展，在随主要进攻手运转的同时，目光宜灵活有神，避免呆视、斜视、皱眉或瞪眼，面部表情应轻松自然。

（二）太极拳运动对身体主要部位姿势的要求

太极拳是一种上下相随、松劲相兼、一动而无有不动的全身运动，每个动作都是由身体的各部分密切配合来完成的。因此，练习者若要正确掌握每个动作，首先必须弄清楚太极拳动作对身体各部位的姿势要求。下面介绍太极拳动作对人体主要部位姿势的具体要求。

1. 头颈

练习太极拳时要求练习者的头部自然上顶，切忌头颈左右歪斜、前俯后仰、颈肌僵直，头颈动作应随身体沿纵轴转动，与躯干的旋转上下协调一致。初学者只要做到下颏微收、头部摆正，头颈将腰脊轻轻领起即可。

练习太极拳时面部要放松自然，口要自然闭合或微微张开，牙齿轻轻咬合，舌自然平放或舌尖抵上腭，用鼻呼吸，眼神要随身体的转动注视前手或平视前方，神态自然，注意力集中。

2. 胸背

打太极拳要注意“含胸拔背”。“含胸”就是胸不外挺，两臂微内含，胸肌放松。“拔背”就是脊背舒展自然，胸部松开，肋间肌放松，这样呼吸就能自然舒畅，利于血液回流。

3. 腹部

“虚胸实腹”是太极拳的基本要求。“实腹”就是气沉小腹。要做到“实腹”，首先要注意腹部放松，保持呼吸深长匀静，加大横膈膜运动幅度，使腹内压加大，腹腔内脏得到“按摩”，以改善血液循环，促进营养物质的吸收。初学者不要因追求“实腹”的感觉而使腹肌紧张。

4. 腰脊

腰在太极拳运动中起着重要的作用，练习太极拳时腰要微微后弓，并松腰垂臀，尽可能减小腰弯，达到直腰的要求。正确的腰部姿势能使身体处于端正安舒的姿态，并使腹肌松弛，为呼吸提供良好的条件。练习时，凡是由虚而逐渐落实的动作，腰部都要注意有意识向下松垂，腰腹不可前挺或后屈，以免影响灵活、自如地转换动作。屈髋屈膝是保持腰部正确姿势不可缺少的补偿动作，这样做能使身体稳固，动作圆活完整。

5. 腿部

腿部在太极拳运动的动作变换、身体的稳定与平衡中起着决定作用。腿部活动时要求松胯、屈膝、两脚落地，重心稳定，动作轻稳灵便。练习时，要求两腿进退虚实分明，除起势与收势外其他动作避免体重同时落在双腿上。承受全部或大部分体重的腿为实，另一腿为虚。虚脚起着一个支点的作用，如虚步的前脚和弓步的后脚。迈步时，一腿支撑体重，稳定重心，另一腿缓缓迈出，脚跟先落地，然后过渡到全脚掌落地；后退时，脚掌先着地，然后慢慢踏实；横步时，侧出脚先落脚尖，然后脚掌、脚跟依次落地。跟步、垫步都是先落脚尖或脚掌。脚的起落要轻巧灵活。

6. 臂部

保持正确臂部姿势最重要的是沉肩坠肘和坐腕，肩关节放松，使胸背部放松，达到上肢轻松灵活、下肢沉实稳固。肘关节必须保持微屈，这是为了松沉肩关节，便于臂的屈伸回旋与动作虚实转换。手臂一伸一屈不可平出平入、直来直往。腕部与前臂的旋转动作亦要表现出来。腕部要松活，定势时或手掌前推至终点时，腕部要微微下塌，掌指微展直，即为坐腕或塌腕，手臂屈回时，指掌又徐徐变成微弯的含蓄状态。

（三）太极拳的基本练习方法

1. 太极拳的步法练习

（1）两手背在体后，两脚开立，与肩等宽，脚尖向前。

（2）屈膝下蹲，重心移至右腿，左脚收到右脚内侧，脚尖点地成丁步。

（3）上体微左转，左脚向左前方迈出一步，右脚后蹬成左弓步。

（4）身体重心后移，左脚尖翘起外撇踏实，重心再移成左弓步，然后右脚收到左脚内侧，脚尖点地成丁步。

（5）上体微右转，右脚向右前方迈出一步，左脚后蹬成右弓步。

（6）身体重心后移，右脚尖翘起外撇踏实，重心再移成右弓步，然后左脚收到右脚内侧，脚尖点地成丁步。

2. 太极拳的手法练习

（1）提臂下按：两臂从大腿外侧慢慢向前提举，与肩同高，掌心向下；两掌轻轻下按，两肘下垂，与两膝相对。

（2）右抱球：右手收于胸前平屈，掌心向下，左手经体前向右下划弧，掌心向上，与右手成抱球状。

（3）左分鬃：左、右手分别向左上、右下弧形移动分开，左手高与眼平，掌心斜向上；右手落于右胯旁，掌心向下。

（4）左抱球：与右抱球动作相同，方向相反。

（5）右分鬃：与左分鬃动作相同，方向相反。

（6）左体前抱球：左手掌心向下，右臂平屈于胸前，右手掌心向上，与左手成抱球状。

二、太极剑的基本动作

（一）太极剑的运动特点

（1）神舒体静、内外相合。太极剑与太极拳一样，具有心静体松、神态自然、以意运身、重意不重力的特点。在姿势形态上要求身体中正安舒，悬头竖颈，沉肩坠肘，含胸拔背，松腰敛臀；在动作中要求意念引导，精神集中，动中求静，气沉丹田，呼吸自然并与动作相配合。

（2）轻灵沉着、刚柔相济。太极剑要求行步如猫行，运劲如抽丝，在意念引导下强调劲力的内在表现，含而不露，柔中寓刚，轻而不浮，沉而不僵，在轻稳柔和中显示信心和实力。一些太极剑动作也有明显的发力、加速和跳跃动作，但也要刚中有柔，腰腿发力，松活弹抖，转接柔顺，避免生硬拙力。

（3）连贯圆活、连绵不断。太极剑运动如浮云行空。其动作连贯柔和，节奏平稳，运转圆活，寓动于静。其风格与动静分明、节奏强烈、富于阳刚之美的剑术迥然不同。

（4）剑法清晰、身剑协调。太极剑与一切剑术相同，要求剑法清楚，力点准确，动作规范，准确地表现出剑法的攻防含意。不仅如此，它还要求具备造型优美、潇洒飘逸、蓄发相间、虚实分明、剑势多变的特点。演练中做到身与剑合、剑与神合，精神、肢体和剑法融成一个协调的整体，才能体现太极剑的真谛。

（二）基本剑法

（1）点剑：立剑自上而下，提腕，使剑尖向前下点，臂自然伸直，力达剑尖。

（2）崩剑：立剑自下而上，沉腕，使剑尖向前上崩。平崩剑，平剑自左而右，手心朝上，抖腕，使剑向右平崩，力达剑尖。

（3）劈剑：立剑由上向下为劈，力达剑身，剑臂成一直线，抡剑沿身体左（右）侧绕一立圆，然后向下劈。

（4）刺剑：立剑成平剑向前直出为刺，力达剑尖，臂剑成一直线。上刺剑，剑尖高与头平；平刺剑，剑尖高与胸平；下刺剑，剑尖高与膝平。

（5）撩剑：立剑由下向上为撩，力达剑刃前部。正撩剑前臂外旋，手心朝上，贴身弧形撩起；反撩剑前臂内旋，其余均与正撩剑要求相同。

（6）拦剑：平剑由下斜向前上方为拦。右拦剑前臂内旋，手心斜朝下，贴身体左侧弧形拦出，剑尖斜向左前；左拦剑前臂外旋，手心斜向下、贴身体右侧弧形拦出，剑尖斜向右下，腕高不过头，低不过胸。

（7）抹剑：平剑向左（右）弧形抽回为抹，高度在胸腹之间，力达剑刃。

（8）绞剑：平剑，手心朝上，以腕关节为轴，使剑尖由右向左划小立圆绕环，力达剑身前部。

（9）架剑：立剑，手心朝外，由下向右上方架起，剑高过头，力达剑身中部。

（10）云剑：以腕关节为轴，在头前上方向左（右）绕环一周为云剑。

第四节　武术散打

一、散打的准备姿势和基本步法

（一）散打的准备姿势

以左脚站前为例。右脚在后偏右，以身体左侧对向对方，身体重心略下降，以能快速动作为宜。左臂前抬，轻握拳且左拳高约与左肩平，肘关节下垂，大小臂屈夹约 135 度；右手握拳（或自然放松）置于右颊前，以保护头部，右肘关节下垂保护右肋部。头颈正直，微收下颚，胸背保持自然，身体重心在两脚之间且靠近左脚。眼睛通过左拳上方注视前方（见图 12-24）。

图 12-24

动作方法：侧对前方，两臂微屈，身体放松，目视前方。

（二）散打的基本步法

在散打对抗中，基本步法有弹跳步和静止步两种。所谓弹跳步是指通过练习者两脚的交替弹跳而完成的步法；静止步则是指练习者在与对手对抗时保持相对静止，即以静制动、后发制人的步法。实际上，练习者在散打实战中须综合运用多种步法，包括进步、退步、侧移步、侧闪步、垫步、斜上步、滑步等，练习者初学时应在掌握各步法的基础上进行综合练习，以进退躲闪自如为目的，然后在对抗实战中发挥运用。

二、散打拳法

（一）直冲拳

散打中的直冲拳即打拳直来直去，类似拳击中的直拳，其运用特点是距离近、用时短、速度快且爆发力强。

1. 直冲拳的进攻技术

（1）直冲拳的动作方法。以准备姿势站立，出拳时拳沿直线向前击出，同时左（右）拳由拳心向右（左）内旋成拳心向下，以握紧的拳面为击力点向前打出；打出时左（右）臂伸直，左（右）肩前顺，头的姿势基本不变，目视击打目标（见图 12-25）。发力顺序是蹬地、转腰、顺肩、伸臂，力量直达拳面。拳击打目标时力量最大，击打后拳沿出击路线放松收回到准备位置，仍以准备姿势站立。

图 12-25

（2）直冲拳的动作方法。拳打直线，发力时身体由下至上协调一致，击中目标后放松恢复至准备姿势。

（3）直冲拳的动作特点。直线距离短，打击力量大，击出回收时间短、速度快。

（4）练习时易犯的错误。动作僵硬，发力不协调，恢复时拳未走击出时的路线。

2. 直冲拳的防守方法

在散打实战中，对直冲拳的防守通常采用退闪防守、拍击防守和躲闪防守三种方法。退闪防守是当对方用直冲拳进攻时，防守方利用退步或向侧面移动进行躲闪，但其基本姿势保持不变。拍击防守是指当对方用直冲拳进攻时，防守方利用左（右）手掌将对方的来拳向右（左）拍开，使对方的直冲拳改变攻击方向而达到防守的目的。用手掌拍击的幅度以改变对方的拳势方向、使来拳打不到自己为宜，切忌拍击动作的幅度过大。躲闪防守是指当对方的直冲拳攻来时，防守方低头俯腰从对方拳下躲过，使对方的进攻落空，然后自己迅速恢复到准备姿势。

3. 直冲拳的练习方法

在日常的练习中，一般采用三种方法，即徒手练习、有条件练习和无条件实战。徒手练习是指练习者将每种方法自己反复练习，以达到熟练准确的程度。练习中可采用击打沙袋或手靶的练习方法。有条件练习是指和同伴对练，一方冲拳进攻，另一方防守。先练习一种进攻拳法，防守者相应做防守动作，熟练后可综合左右冲拳进攻，逐渐提高攻防的难度。无条件实战即不限定进攻方和防守方，而是互相以冲拳及其防守方法进行对抗实战，练习冲拳攻防的技术动作。

4. 直冲拳的防守反击

防守反击是指防守方在完成防守动作的同时马上进行反击。常用的方法有退进防反、拍击防反和躲闪防反三种。退进防反是指防守方在退步闪开来拳后马上向前上步，以冲拳反击对方的方法。拍击防反是指防守方用一手拍开对方冲拳的同时，用另一手以冲拳或者其他方法反击。躲闪防反是指防守方在低头俯腰躲开对方冲拳进攻的同时，直接在其臂下用直冲拳击打对方腹部，或从对方臂下绕出后马上抬头直起上体，用掼拳击打对方的头部。

（二）掼拳

掼拳是指进攻者从左右两侧击打对方的头部两侧、耳部或击其两肋部的进攻拳法。

1. 掼拳的进攻技术

（1）掼拳的动作方法：以准备姿势站立，以右掼拳为例，出拳时右拳向右前摆出，然后右前臂向内绕划弧平击，拳心斜向下，拳眼斜向内，以拳面击打目标。发力顺序是右脚蹬地，向左转腰、转髋，带动上体送右肩将力量自右向左发出，拳高与肩平。左掼拳动作同右掼拳，只是动作方向相反。

（2）掼拳的动作方法：手臂前绕成水平，发力动作由下至上、协调一致，力量自左（右）至右（左）直击对手的耳部。发力击打后手臂放松，基本上从原路线放松收回，转至准备姿势。

（3）练习时易犯的错误：预摆动作过大，隐蔽性差；发力不协调，仅靠手臂的力量，不能充分利用蹬地转腰的力量。

2. 掼拳的防守方法

常用的防守掼拳的方法有退步防守、格挡防守和躲闪防守三种。退步防守是指防守方后退使对方掼拳打空的防守方法。格挡防守是指防守方根据对方的左（右）掼拳，相应地用自己的右（左）臂格挡来拳的防守方法。格挡时前臂上抬回屈小于 90 度，用力撑紧挡架于头侧，在自己的头侧格挡来拳。躲闪防守是指防守者低头俯腰绕闪过对方进攻的防守方法，应根据来拳的方向分别采用向左、右绕闪。

3. 掼拳的练习方法

练习者可以采用徒手练习、有条件实战和无条件实战等方法，其练习方法与直冲拳的练习方法基本相同。

4. 掼拳的防守反击方法

对掼拳进攻常用的防守反击方法有退进防反、格挡防反和躲闪防反三种。退进防反是指防守者在退闪对方的掼拳进攻后，马上跟近对手进行反击。格挡防反是指防守者格挡对方的掼拳后，马上用直冲拳或其他方法进行反击。躲闪防反是指防守者低头俯腰绕过对方的掼拳进攻后，马上直起上体用掼拳反击对方的头部，或在低头躲闪的同时用冲拳直击对方腹部。

（三）抄拳

抄拳是指用拳自下而上、向上抄击的进攻的方法，进攻的主要目标是对手的腹部或者下颚。

1. 抄拳的进攻技术

（1）抄拳的动作方法。以准备姿势开始，身体重心略降，左（右）拳随之下降，然后蹬地向右（左）拧腰转体，同时带动左（右）臂将左（右）拳向前上方击出，拳心向内，以拳面击打目标。

（2）抄拳的动作方法。出拳时发力动作由下至上协调一致，手臂的弯曲程度视目标远近而定，一般以对方腹部或下颚为进攻目标。

（3）练习时易犯的错误。预摆动作过大，隐蔽性差；只是摆动手臂，没有利用蹬地转腰的力量，不能自下而上协调发力。

2. 抄拳的防守技术

对于抄拳进攻，防守者通常可以采取退步防守和下压防守两种方法。退步防守是指防守者利用退步远离对手，使对手进攻落空的防守方法。下压防守是指在对方出拳时，用自己的前臂横向下压来拳的腕部或前臂，阻其发力的防守方法。

3. 抄拳的防守反击方法

在散打实战中，抄拳的防守反击可采取退进防反和压打防反两法。退进防反是指防守者在退闪躲避对方的抄拳进攻后，马上跟近对手进行反击的方法。压打防反是指在防守者完成下压防守的同时，迅速直接抬手臂用冲拳直击对方面部的反击方法。

三、散打腿法

（一）勾踢腿

勾踢腿是一种进攻者利用连勾带踢使对方失去重心的进攻性腿法。

1. 勾踢腿的进攻技术

（1）勾踢腿的动作方法。练习者准备姿势开始，以一脚支撑，另一脚沿地面由该侧向前、向另一侧做半圆形扫动，扫动脚用力勾起，该腿伸直，踢至支撑脚一侧，回收成准备姿势（见图 12-26）。

图 12-26

（2）勾踢腿的动作方法。勾踢时脚底要沿地面快速扫过，以对方踝关节为勾踢目标，勾踢后该腿放松回收，身体放松站直。

（3）练习时易犯的错误。扫勾脚离地过高，不能够以对方的踝关节为进攻目标；勾踢时身体顺势转动幅度过大，以致失去平衡。

2. 勾踢腿的防守方法

勾踢腿的防守方法非常简单，即当对方勾踢进攻时，防守方只要提起自己被勾踢的那条腿即可。

3. 勾踢腿的防守反击方法

防守方在提腿躲过对方勾踢的同时，脚不落地，而是直接用该腿做侧踢反击，或者直接用拳法进行反击。

（二）正蹬腿

正蹬腿是一种进攻者直接提起一条腿，用脚跟直接向前上方蹬踹的进攻性腿法。

1. 正蹬腿的进攻技术

（1）正蹬腿的动作方法。进攻者准备姿势站立，起腿时一脚支撑身体，另一条腿屈膝上提，大腿抬至一定高度再将脚伸直蹬出，脚尖回勾，力点在脚跟部（见图 12-27）。

图 12-27

（2）正蹬腿的动作方法。提膝、蹬脚、发力动作要连贯一致，上体正直，力量通过脚跟击向前上方击打目标。

2. 正蹬腿的防守方法

在散打实战中，通常采用的防守方法有退步防守和下压防守两种。退步防守是指防守者退闪躲避对方的正蹬腿进攻的方法。下压防守是指防守方用手掌或前臂向下压挡对方的小腿、阻其发力的防守方法。

3. 正蹬腿的防守反击方法

在散打实战中，通常采用的防守反击方法是拳法防反和腿法防反。拳法防反是指防守者在阻挡对方的正蹬腿进攻时，马上用拳法进行反击的方法。腿法防反是指防守者在躲闪或者格挡对手的正蹬腿的同时，用腿法反击对手的方法。

弹踢腿的方法与正蹬腿基本相同，只是踢出时脚背绷直，脚尖弹出，力点在正脚背。

（三）侧踹腿

侧踹腿是进攻者在身体侧向对着对手时，采用的一种从身体侧面起腿进攻的腿法。

1. 侧踹腿的进攻技术

（1）侧踹腿的动作方法。进攻者以准备姿势站立，起腿时支撑脚外展撑地，另一腿由体侧屈膝提起，至一定高度时将脚向侧前方蹬出，力点在脚跟（见图 12-28）。

图 12-28

（2）侧踹腿的动作方法。起腿时支撑脚站稳，踹出时屈膝提起、伸膝蹬直，顺序发力，动作协调一致；最后将腿蹬直，力量向侧前上方蹬出，此时脚、腿、髋、上体基本在同一个平面内。侧踹腿主要进攻部位为对手的膝关节、两肋部以及头部。

（3）练习时易犯的错误。直腿上撩，踹出时脚、髋、上体不在同一个平面内，使力量分解；髋关节未伸直。

2. 侧踹腿的防守方法

在散打实战中，针对侧踹腿的进攻可采取退步防守、格挡防守、抱腿防守和腿法防守等方法。格挡防守是指防守者用自己的前臂或手掌格挡对方来腿的小腿，使之改变方向。抱腿防守是指当对手进攻的腿在自己腰及以上部位时，可以采用抱住来腿的方法，目的是运用抱腿摔法。抱腿时，自己的一臂回屈贴紧软肋，另一臂由下向上将来腿抱在两臂之间。腿法防守是指在对方起腿后，自己也用侧踹腿的动作将自己的脚蹬在对方踹出腿的下侧，阻挡其进攻。

3. 侧踹腿的防守反击方法

侧踹腿的防守反击可采取抱腿摔、拳法防反、腿法防反等方法。

（四）横打腿

横打腿是一种由侧面横向打击对手的方法。

1. 横打腿的进攻技术

（1）横打腿的动作方法。进攻者准备姿势站立，支撑脚脚尖外展，重心落在支撑脚上，另一腿屈膝上提，膝内扣，上体略随转，脚尖伸直，脚面绷紧，随转体摆腿的力量甩小腿，将脚横向内打，着力部位在脚背至小腿正面前部（见图 12-29）。

图 12-29

（2）横打腿的动作方法。提腿、转髋、大腿带小腿甩出发力的动作要协调一致，击中目标的瞬间，脚、髋、上体在同一平面内。屈膝收腿，原路线收回。

（3）练习时易犯的错误。上体前俯；起腿时直腿摆出，没有经过提膝、甩小腿发力的过程。

2. 横打腿的防守方法

对横打腿的防守可采取格挡防守和抱腿防守两种方法。格挡防守是用两手推拍来腿的小腿正面，阻其进攻。推拍时动作不宜过大，以推开为准。抱腿防守是将同来腿相应侧的臂贴紧软肋，另一手从下向上将来腿抱在两臂之间。

3. 横打腿的防守反击方法

横打腿的防守反击可采取拳法防反、腿法防反和抱腿摔等方法。

四、散打摔法

摔法是散打近体战中最有效的制敌方法之一，包括抱腿摔法和上肢摔法两大类。运用摔法的效果取决于摔法技术的熟练程度和运用时机，只有将每种方法都练熟以后，才能在紧张的对抗中正确使用。所以说，练习时必须以正确的技术动作为标准，反复练习，并要善于发现和利用机会。练习中应注意动作的关键部分和具体细节。能抓住动作的关键，基本上就能掌握技法，然后在实战练习中去运用和发挥。

（一）抱腿摔法

（1）上撩法：防守方抓住对手的腿后，用力向前上方撩起，将对方摔倒。

（2）勾踢法：防守者抱住对方来腿的同时，自己一脚支撑，另一脚勾踢对方支撑脚的踝关节，使其失去重心摔倒。

（3）侧踹法：防守者抱住对手的来腿，自己一脚支撑，用另一脚的侧踹腿方法踹对手支撑腿的膝关节。

（4）抱腿顺势转身法：当对方横踢自己的腹部或者胸前时，自己抓住或者抱住对方的来腿，沿其踢腿方向顺势转身，同时用一条腿抵拌对方的支撑腿，使对方失去重心而摔倒。

（二）上肢摔法

（1）转身背胯摔：对方用左直冲拳进攻时，自己用右手向外格挡其左臂，并在格挡的同时用自己的右手抓住对手的手臂或者衣袖；在抓住对方手臂或者衣袖的同时，顺势将对手拉向自己并且上左腿到对手的左腿外侧，用自己的胯部贴顶对方的腰胯部；随即，迅速顺势向右转腰顶胯向自己右侧下方用力，将对手绊摔在地。

（2）抓臂背胯摔：当对手用左直冲拳进攻时，自己用右手向外格挡对手的左臂，并且用左手抓住对方的左臂或者衣袖，顺势将对手拉近自己的身体；同时，上左腿转体背向对手，用胯顶住对方的腰胯部，并用另一手抓或勾住对方左臂根部；随即，上体迅速前俯，两腿伸直，用胯部顶起对手的腰胯，将对方从自己的背上摔出。注意，整个动作从抓、拉、上步、贴顶、俯腰背胯到将对手摔出，必须连续快速完成。

（3）勾踢横打摔：当对手左脚前立，用右直冲拳进攻时，自己用左手向外格挡对手的右臂，并且用左手抓住对方的右臂或者衣袖，用自己的右脚向前下方勾踢对方的支撑脚跟，同时用自己的右手自左向右横打对手的右侧颈部。

五、散打中常见的损伤及其预防

要避免散打中伤害事故的发生，就要弄清事故发生的原因和机制，从根本上进行预防。

（一）打击外伤

打击外伤常发生于实战性练习和比赛中，易伤的部位有面部、鼻骨、小腿正面等。这些部位承受能力差，易发生肿裂、骨折等伤害，要预防这些损伤的发生，就必须逐渐提高抗击打的能力，增加力量练习，同时还要提高有效防守的能力，从而达到预防打击外伤的发生的目的。一旦伤害发生，必须尽快找医务人员进行处理。

（二）打击内伤

打击内伤指受伤的部位表面变化不大，而是伤及内脏。如脚踢中胃部和肝部，易引起胃、肝的损伤，有时会造成较严重后果。要预防这类伤害，首先是要在实战前严格检查护具，在没有护具的情况下进行练习时，就必须遵守点到为止的原则，以掌握和熟练动作技术为目的，这样即使偶有失误，也不会产生较大的伤害事故。再就是按循序渐进的原则练习自身的抗击打能力，这也有助于减少伤害。不管损伤严重与否，发生后都必须休息治疗。

（三）意外伤害

意外伤害指在人的意料之外发生的伤害事故，如由辅助器械、自身失误等原因造成的损伤。要避免意外伤害的发生，就要做好各种准备活动，并仔细检查器械和场地等。

第五节 女子防身

女子防身是指女性在受到歹徒不法侵害时，为摆脱或反击歹徒而采用的防身自卫技术。女子防身的最大特点就是实用，即运用所有可以使用的手段，对敌人实现最大限度的打击，以达到保护自己的目的。女子防身所用的招法，来自武术类搏击格斗技术，是搏击格斗中最为简洁、实用的单一技术或者组合技术，尤其是结合女性身单体弱的特点，选择简单易行、杀伤力大的搏击技术，经过提炼加工、创造运用，形成适合女性使用的防身自卫技术。本节介绍女子防身中手法、肘法、腿法的运用，以及被歹徒抓、搂、抱、按倒时解脱或反击重创歹徒的方法，以达到一招制敌、防身自卫的目的。在学习掌握防身术的同时，还要达到强身健体、锻炼心理素质和意志品质的教学目的。

女子防身的根本宗旨，就是女性在遇到不法侵害时，利用一切可以利用的办法保护自己不受伤害。对于女性来说，身单体弱是天生特点，对付比自己强壮的侵犯者时，必须要用非常的手段和方法，否则就达不到保护自己的目的。因此，受侵犯的女性要充分利用自己学习掌握的防身术，反击歹徒的要害部位和薄弱部位而使其终止侵害。要想达到良好有效的反击效果，首先一定要了解人体的哪些部位属于要害部位，以及用哪些方法反击这些部位效果显著。人体的要害部位，是指人体受到打击或挤压时最容易造成暂时性失去行动能力、昏迷、伤残、死亡的部位。人体的主要要害部位及反击方法如下。

眼睛：反击方法可用掌根、拳法等猛击歹徒眼眶，或以食指和中指的指尖插、刺歹徒的双眼。

太阳穴：反击方法是用手掌外侧、拳、肘等进行强烈击打，倒地时可以用脚尖踢击歹徒的太阳穴。

咽喉：反击方法是用手掌砍、指节拳猛戳咽喉部。

后脑：反击方法是用手掌、拳法横击或劈砍，也可用肘击后脑。

锁骨：反击方法是用肘击、手掌外侧由上往下猛力砍劈等。

心窝：反击方法是用拳法或肘尖猛击。

腹部：反击方法是用拳法打、膝关节顶、肘击或者脚踢。

裆部：反击方法是用肘击，膝顶，脚踢或用手打、拍、抓、捏等。

脊椎：反击方法是用脚踢、膝顶、肘击等。

指关节：反击方法是抓住对方手指，将其手指向后掰折。

一、女子防身基本技法

（一）手法

1. 指法

指法是指用手指插、戳对方眼睛等要害部位的方法，分为单指、双指和五指三种指法。单指指法就是用自己的一根手指（常用食指），双指指法就是用自己并紧的两指（常用中指和食指），五指指法就是用并拢的五指（五指伸直并紧），插、戳歹徒眼睛等要害部位。使用时要快速准确，用力迅猛。

2. 掌法

掌法就是将自己的五指并拢成立掌，用掌根或掌峰（小鱼际侧）击打对手的方法。用掌根时，要将五指并拢、手掌立起，把力量集中到掌根部位，用掌根打击对手的鼻子、面部或其他要害部位。用掌峰时，同样要五指并拢，掌心向下，用掌峰砍击对手的眼睛、喉咙、颈动脉等要害部位。

3. 拳法

拳法有多种，常用的拳法有直冲拳、抄拳、指节拳和反背拳等。

（1）直冲拳（也叫直拳）：五指攥紧握拳，用拳面向前直接攻击对方的面部等要害部位。拳法特点是直来直去，速度快、方向准、易把握，常被用于打击对手的眼睛、鼻子、耳根等要害部位。

（2）抄拳（也叫勾拳）：五指攥紧握拳，用拳面从下向上或从一侧向另一侧打击对手的腹部、肋部、太阳穴、耳根部或者面部等部位。

（3）指节拳：五指握拳，食指指节突出拳面，成为食指中指节为打击点的拳法。指节拳的特点是将力量集中到食指的中指节上，力点突出有力，打击对手的眼睛、太阳穴、腋窝、软肋等部位。

（二）肘法

1. 顶肘

将肘关节屈收，大小臂夹紧，肘尖向前；使用时以肘尖为着力点，借助摆臂的力量将肘顶出。顶肘时可以借助另一手的助推力。主要攻击的部位是胸部、面部、肋部等要害部位。

2. 横肘

将收紧的肘关节借助向左（右）转体的力量，向左（右）侧横向击出。主要攻击部位是胸部、头部、面部、腋下等要害部位。

3. 砸肘

将收紧的肘关节自上而下砸下，力点在肘尖。砸肘多用于被对方抱住腰、腿时砸击其后脑、腰部，或倒地时砸对方的胸部、面部。

（三）膝法

1. 顶膝

提起大腿，小腿自然放松屈收，膝关节向前上方顶击。主要攻击部位是对方的腹部、裆部等要害部位。

2. 侧撞膝

提起大腿，小腿自然放松屈收，膝关节向左（右）侧顶撞对手的裆部或大腿外侧。

（四）腿法

1. 前踢腿

前踢腿是一种直接向前踢腿的技法，有两种形式：正蹬腿和弹踢腿。

（1）正蹬腿的动作方法：准备姿势站立，前蹬时一腿支撑身体，另一条腿屈膝上提，大腿抬至一定高度再将膝关节伸直，脚跟向前上方蹬出，脚尖回勾，力点在脚跟部。要求提膝、蹬脚、发力动作连贯一致，上体正直，力量通过脚跟向前上方发力蹬出。

（2）弹踢腿的动作方法：准备姿势站立，起腿时一脚支撑身体，另一条腿屈膝上提，大腿抬至一定高度再将膝关节伸直，脚尖伸出，脚背绷直，力点达脚尖。要求提膝、弹腿、发力动作要连贯一致，上体正直。

2. 侧踹腿

准备姿势侧向站立，起腿时支撑脚外展撑地，另一腿由体侧屈膝提起，至一定高度时将脚向侧前方蹬出，力点在脚跟。要求起腿时支撑脚站稳，踹出时屈膝提起、伸膝蹬直，顺序发力动作协调一致；最后将腿蹬直，力量向侧前上方蹬出。侧踹腿主要进攻部位是对手的膝关节、两肋部以及头部。

3. 后踢腿

背对对方，两腿膝关节微屈，身体姿势稍低；向后踢腿时，一腿微屈支撑，另一腿屈膝收腿贴近支撑腿，向后上方踢出，大腿伸直，脚尖回勾，力点在脚跟。后踢腿的主要攻击部位是对方的裆部、腹部、胸部或者面部。

4. 后撩踢腿

背对对方，两腿膝关节微屈，身体姿势稍低；向后踢腿时，一腿微屈支撑，另一腿向后上方撩起，膝关节略回收，用脚跟撩踢对方的裆部或者腹部。

二、女子防身实用技法

（一）遇险时的主动出击法

主动出击法是指当女性确定自己遇到不法之徒时，遵循先下手为强的原则，在其尚未戒备的情况下，主动攻击歹徒以求保护自己的方法。

（1）劈头盖面：当歹徒站在自己前面1米以内的距离企图不轨时，自己突然迅速用手掌劈向歹徒的面部，打他一个满脸开花。

（2）画龙点睛：当歹徒站在自己前面1米以内的距离企图不轨时，自己突然迅速用五指插向其双目，并顺势用五指尖抓其面部，画出五条"血龙"。

（3）独掌撩阴：当歹徒站在自己前面1米以内的距离企图不轨时，自己突然迅速用一手掌的掌根自下向上撩击歹徒的裆部，使其疼痛难忍而放弃犯罪企图。

（4）飞脚撩踢：当歹徒站在自己前面1米以内的距离企图不轨时，自己突然迅速飞起一只脚，自下而上撩踢歹徒的裆部，目标准确，力度要大。

（二）手臂被抓住时的反击方法

（1）冲拳顶腹：当自己的手臂被歹徒抓住时，将被抓住的手臂迅速伸直，直接用拳头冲击歹徒的面部；不论是否打到歹徒的面部，在其注意力集中在躲闪冲拳时，自己迅速提起一腿，用膝关节以最大的力量、最快的速度顶撞歹徒的腹部，将其重创。

（2）挥掌砍颈：当一只手臂被歹徒抓住时，迅速用另一手挥掌砍击歹徒的颈动脉部位；要求挥掌砍击的动作要快速准确，使歹徒中掌即倒。

（3）白蛇吐信：当一只手臂被歹徒抓住时，迅速用另一手手掌插击歹徒的咽喉；要求插掌时五指并拢伸直，力达指尖，好似白蛇吐信。

（4）摆锤撞钟：当一只手臂被歹徒抓住时，迅速用另一手握拳击打歹徒的太阳穴；要求握紧拳头，摆动加力，直撞太阳穴。

（三）从前面被抓抱时的反击方法

（1）左冲右攻：当歹徒从前面抓住自己时，迅速用左拳自下而上用全力冲击歹徒的下巴，随即，迅速用右平勾拳自右向左攻击歹徒的左侧下颌部。要求左拳"一炮冲天"尽力而为，右拳紧跟着随转体发力，两拳攻击连贯迅速。

（2）白猿献果：当歹徒从前面抓住自己时，自己迅速用双掌向歹徒的脸上推击，随即，迅速提起自己的一条腿，用膝关节顶撞歹徒的裆部。要求双掌推击、提膝顶裆两个动作连贯迅速，尽力而为。动作恰似白猿献果，实则威力极大。

（3）暗度陈仓：当歹徒从前面抓住自己双肩时，自己假作亲热状，用双手搭扶在对方的肩上，脸部接近对方以迷惑其心神，同时，迅速提起一膝关节，顶击歹徒的裆部。提膝顶裆时最好同时利用双手向下按压对手的双肩，以加大顶击的力度而重创歹徒。

（4）长驱直入：当歹徒从前面抱住自己时，自己用右肘关节下砸对手的左肘关节，在歹徒将注意力集中在肘关节时，自己迅速用右拳击打其面部，以最大力量将右拳打在歹徒的鼻子或者眼睛上。

（5）二龙点睛：当歹徒从前面抓住自己时，自己迅速用二指戳击歹徒的眼睛。注意，二指伸直用力，直接戳向歹徒的眼睛。

（四）从后面被抓抱时的反击方法

（1）后摆撩裆：当歹徒从后面抓住自己的双肩时，自己用一只手臂向后快速摆动，用拳头或者手掌打击对手的裆部。

（2）后撤顶肘：当歹徒从后面抓住自己的双肩时，自己先上举双臂做服从状，将对手的注意力吸引到肩部以上；随即，自己将上举的一臂随向后撤步靠近对方，快速屈臂向后顶出，用肘关节顶击歹徒的肋部。注意，屈臂向下、向后摆动顶肘的动作要迅速，随身体后撤顺势加速用力，以最大的力量顶击歹徒的肋部。

（3）蛟龙转身：当歹徒从后面搂住自己的颈部时，自己用右手抓住歹徒的左手腕关节，同时身体向左后转体，顺势用左肘关节顶击歹徒的肋部，随着身体继续后转，利用转体的力量用右直冲拳击打歹徒的脸部。注意，一定要利用转体的力量，而且转体顶肘和右冲拳的动作连接要迅速连贯，使歹徒在反应不及的情况下受到连续的重创。

（4）解脱四绝招：当歹徒从后面抱住自己的上体时，可以利用下面四种绝妙招数中的任何一种，在最短的时间内解脱并重创歹徒。

①体后掏裆：当歹徒从背后将你抱住时，可以迅速用一只手向体后抓去，目标是歹徒的裆部。这时可以用抓、捏、戳、砸等方法中的任意一种，不论是哪一种方法，都要做到快速用力，重创歹徒。

②后仰顶撞：当歹徒从背后将你抱住时，如果你的头部正好在其面前，这时可以突然向后仰头，用头骨顶撞歹徒的鼻子或者眼睛。注意，向后仰头顶撞的动作要突然果断，将歹徒的鼻骨砸断或者眼睛撞花是最好的效果。

③跺踩脚尖：当歹徒从背后将你抱住时，可以用自己的鞋跟以最大的力量向下跺踩歹徒的脚尖。跺踩时以踩碎歹徒的趾骨为目的，因此要突然用全力向下跺踩。

④反掰指节：当歹徒从背后抱住你时，可以用手抓住歹徒的一根手指（也可以用两只手分别各抓住一根手指），然后用力向外反掰其手指。反掰手指时要快速用力折伤手指，使其丧失继续行凶的能力。

（五）头发被抓住时的反击方法

（1）提膝顶裆：当歹徒抓住自己的头发时，自己要顺势向前提起膝关节，用力顶撞歹徒的裆部。注意，要保持与歹徒的距离，不要后躲远离歹徒，距离较远时用这种方法就不会有好的效果，一般以半步的距离为最合适。

（2）进步踢裆：当歹徒抓住自己的头发，如果两人之间的距离较远，或者歹徒的身体较高时，你可以向其身前迈进一步，同时顺势用脚踢歹徒的裆部。注意双方之间的距离，一旦瞄准目标就要果断快速地实施攻击。

（3）戳击腋窝：当歹徒抓住自己的头发时，如果歹徒的身高较高，自己正好在其臂下，这时你可以用并紧的四指戳击歹徒的腋窝。也可以用指节拳（中指突出的握拳方法）冲击对手的腋窝，因为腋窝是人体中最柔弱的部位之一，不能够承受较大力量的打击。

（六）腰部以下被抱住时的反击方法

（1）指拳点睛：当歹徒抱住自己的腰部时，用指节拳直接攻击歹徒的眼睛。指节拳要握紧，以突出的中指关节为冲击力点，直接点击歹徒的眼睛。

（2）摆肘击颊：当歹徒抱住自己的腰部时，屈臂用肘关节从外向内摆动，横击歹徒的脸颊。摆动肘部时要利用上体转动的力量，动作突然迅速，果断有力。

（3）合拳贯顶：当歹徒抱住自己的双腿时，将两手十指交叉合抱在一起，用全力自上而下砸击歹徒头顶的百汇穴。两手十指交叉合抱时要抱紧成合拳，用力向下砸击时要利用上体的力量。

（4）挥“刀”砍颈：当歹徒抱住自己的腰部时，用一手抓住其头发，同时用另一手掌（亦称“手刀”）从外向内平砍歹徒的颈大动脉。用一手抓住其头发并且按紧，避免其摆动躲闪，另一手掌平砍时的目标是歹徒的颈大动脉。

第十三章 跆拳道

第一节 跆拳道基础知识与练习方法

跆拳道运动是一项起源于朝鲜半岛的古老而又时尚的体育运动，是朝鲜民族在生产和生活中发展起来的一项运用手、脚技术和身体能力进行自身修炼和搏击格斗的传统体育项目。20 世纪 50 年代中期，现代跆拳道运动在朝鲜半岛重新崛起。到现在，经过广大跆拳道爱好者的大力推广，跆拳道已经风靡全世界，并且在 2000 年悉尼奥运会成为正式比赛项目。跆拳道的内容十分丰富，主要包括品势演练、搏击格斗和功力修炼三大部分。

跆拳道的“跆”字，意为像台风一样猛烈地、强劲地跳踢的“脚”；“拳”字意为拳头，是用来进攻的武器；“道”是指人生的正确道路，在这里借指使用手、脚的方法和原理。跆拳道不仅要求练习者学习跆拳道的技术，更要求练习者在练习时“以礼始，以礼终”，高度重视培养人的礼仪规范以及克己忍耐、谦虚谨慎和坚忍不拔的精神，这对当代大学生的锻炼和培养具有特殊的意义。跆拳道运动已经在我国高校中广泛开展起来，受到广大学生的普遍欢迎，已成为大学生锻炼身体、修炼身心的热门的体育运动。

跆拳道练习者身穿专用的白色服装，腰系不同颜色、代表不同级别或者段位的腰带进行训练或比赛。跆拳道水平的高低是由练习者的级别和段位体现的，水平越高，其段位也就越高。跆拳道的级别从十级至一级表示级别水平逐渐升高，跆拳道的段位则从一段至九段表示其跆拳道水平越来越高。由于跆拳道运动是以脚法为主要进攻手段，因而比赛时气氛紧张激烈，双方拳来脚往，斗智斗勇，高雅动作精彩纷呈，充分展示了人体的激烈对抗，具有极高的观赏价值。

竞技跆拳道是指在统一的礼仪规范和规则要求下，具体分析评判从跆拳道总体技术中选出的一些极其重要的典型攻防技术的优劣，是对技术动作本身和练习者掌握运用技术能力两方面进行的综合比较。而普通跆拳道则是指包括了所有有关跆拳道礼仪、技术、精神、哲学思想和文化价值在内的全部内容，其中更多的技术方法是竞技跆拳道中所不准使用的，而且其精神及文化价值比武道价值更突出而不便纳入竞赛。

一、竞技跆拳道比赛的方法与规则

要想参加跆拳道竞技比赛，或者高质量地欣赏精彩纷呈的跆拳道比赛和表演，首先必须了解和懂得跆拳道的竞赛规则，知道如何判定比赛中参与者的得分与胜负。

（一）跆拳道比赛的级别和赛制

竞技跆拳道比赛按照运动员的性别和体重分组进行对战。中国跆拳道锦标赛、冠军赛男女各设 8 个体重级别：男子为 54 公斤以下、58 公斤、63 公斤、68 公斤、74 公斤、80 公斤、87 公斤、87 公斤以上；女子为 46 公斤以下、49 公斤、53 公斤、57 公斤、62 公斤、67 公斤、73 公斤、73 公斤以上。奥运会、全运会男女各设 4 个体重级别：男子为 58 公斤、68 公斤、80 公斤、80 公斤以上；女子为 49 公斤、57 公斤、67 公斤、67 公斤以上。

竞技跆拳道比赛有单败淘汰赛、复活赛和循环赛三种方式，中国跆拳道协会主办的全国比赛一般都采用单败淘汰赛。每场比赛为 3 局，每局比赛时间为 2 分钟，局间休息 1 分钟。

（二）跆拳道比赛的场地器具与比赛程序

在新规则中，竞技跆拳道比赛使用的八角形场地是由原先 8 米×8 米的正方形场地以同样大小把四个角切割下来而成的，场地面积比原来缩小了 20%，比赛场地应铺设有弹性的垫子。比赛区和保护区的表面用两种不同颜色区分，比赛场地最外面的线称为边界线。若使用由中国跆协批准使用的其他规格的比赛场地，比赛区应铺设经中国跆协监制或指定的专用比赛垫。必要时，比赛区可根据实际需要置于一定高度的平台上。为保证运动员的安全，比赛场地边界线外应有与地面夹角小于 30 度的斜坡。

参加比赛的运动员必须穿戴比赛组委会认可的服装和保护用具。参加比赛时，运动员必须穿戴好护胸、头盔、护裆、护臂、护腿后进入比赛场地，护裆、护臂、护腿应穿在道服里面。每局比赛主裁判发出“开始”（韩语）口令即开始比赛；主裁判在时间结束时发出“停”口令，则比赛结束。双方运动员在指定位置相向站立，听到主裁判发出“立正”和“敬礼”的口令时互相敬礼。

（三）跆拳道比赛中得分与犯规的判定

1. 跆拳道比赛中允许使用的技术

拳的技术：紧握拳并使用正拳进行正面攻击的技术。

脚的技术：使用踝关节以下脚的部位进行攻击的技术。

2. 允许攻击的部位

躯干：髋关节以上、锁骨以下的部位为躯干，允许使用拳和脚的技术攻击躯干部位被护具包裹的部分，但禁止攻击后背脊柱。头部：锁骨以上的所有部位为头部，只允许使用脚的技术攻击。

被护胸包裹的部位是允许被攻击的合法部位。基于此，运动员比赛时须穿戴与其体重级别相对应的护胸。

3. 跆拳道比赛的有效得分

有效得分部位是指躯干被护具包裹的部位及面（头）部被允许攻击的部位。有效得分是指运动员使用允许的技术，准确、有力地击中对手有效得分部位。比赛中运动员只有迅速、准确而有力地击中对手的有效得分部位，才能够得分。

人工计分时，由边裁判员对击打力度进行判定；使用电子感应护具时，由电子感应护具中的电子感应器测量击打力度，根据体重级别、性别设定不同的力度标准。

4. 比赛中的犯规行为

跆拳道比赛中违反比赛规则的任何行为都属于犯规行为。比赛中若一方运动员被判罚犯规，则另一方运动员加 1 分，比赛中犯规行为如下。

（1）越出边界线；

（2）倒地；

（3）回避或拖延比赛；

（4）抓或推对方运动员；

（5）为阻碍对方运动员进攻而提腿阻挡，踢对方运动员腿部，或控腿超过 3 秒，或有意图使用侧踢或推踢技术踢击（未接触）对方腰部以下部位的行为，都将被判罚。

（6）故意踢击对方腰部以下部位；

（7）“分开”口令发出后继续攻击对方运动员；

（8）用手攻击对方运动员头部（因对方运动员身体下潜位移而造成的击打头部，不判罚）；

（9）用膝部顶撞或攻击对方运动员；

（10）攻击倒地的运动员；

（11）运动员或教练员的不良言行。如：不服从主裁判员判罚；对技术官员的判罚进行不恰当的抗议行为；对比赛结果有不恰当的干扰、影响行为；挑衅或侮辱对方运动员或教练员；非注册队医或其他运动队官员坐在医生席位；运动员或教练员有其他严重的不良行为或违反体育道德的行为。

5. 跆拳道比赛结果的判定

在跆拳道比赛中，比赛的最终结果一般有以下六种判定方式。

（1）击倒胜（K.O 胜）：即运动员用正确的技术将对手击倒，使对手在 10 秒钟内不能够重新投入比赛，自己因此获胜。

（2）主裁判终止比赛胜（RSC 胜）：主裁判根据比赛中的具体情况，当一方运动员的实力明显弱于对手时或一方运动员因受伤不能比赛时，主裁判有权终止比赛，宣布另一方为胜方。

（3）比分或优势胜（判定胜）：主裁判根据双方运动员的最后得分判定胜方；或第 2 局结束或者第 3 局期间，一方达到 12 分的分差优势（含扣分）则被判定为胜方；或者双方平分时根据技术优势判定胜方。

（4）对方弃权胜（弃权胜）：一方运动员因故弃权，则另一方获得胜利，直接进入下一轮次的比赛。

（5）失去资格胜（失格胜）：一方失去比赛资格（如体重不合格），对方获胜。

（6）主裁判员判罚犯规胜：运动员被判罚警告和扣分累计达 4 分时，或因扣分行为造成一方运动员受伤，1 分钟后不能恢复比赛，主裁判员判犯规者负。

二、大学生与跆拳道运动

（一）大学生参加跆拳道运动的益处

1. 修身养性，培养优秀的意志品质

跆拳道推崇“以礼始，以礼终”的尚武精神，练习中要以“礼义廉耻，忍耐克己，百折不屈”为宗旨。因此，练习跆拳道可以培养大学生顽强果断、吃苦耐劳的精神，磨炼坚忍不拔、积极向上的品质，礼让谦逊、宽厚待人的美德，热爱祖国、勇于献身的思想，为社会和国家培养具有优秀品质的建设者。

2. 强身防身，练就健康的体魄

跆拳道运动紧张激烈，对抗性极强，可使人强壮筋骨，提高各关节的灵活性及肌肉的伸展性和收缩能力，提高人的速度、柔韧性、灵敏度、力量和耐力素质，提高人体内脏器官的机能和人体神经系统的灵活性，增强击打和抗击打能力。攻防练习还可以让练习者学习并掌握实用的技战术和防身自卫能力，以保护自身安全、维护社会正义。

3. 观赏竞技，享受击打艺术的美感

跆拳道比赛或实战时，双方队员不仅要斗智斗勇，而且还要通过高超的技艺展示跆拳道技术动作的优势。尤其是跆拳道变化多端、尽现人体机能特点的腿法技术，在对抗中高来低往，表现得淋漓尽致，不仅给人以美的享受，还能激发斗志，鼓舞奋发向上的精神，陶冶道德情操，并在欣赏跆拳道竞技比赛的同时潜移默化地受到良好的意志、品质教育。

（二）跆拳道课程的教学与考核标准

高校跆拳道课程的教学和考试方式如下：由教师讲解跆拳道有关知识及跆拳道品势、基本动作、对抗技术和战术，指导学生进行单项技术和实战对抗练习；以评判学生演练品势的水平、分组计时实战的方式，考核练习者掌握基本技术和实战对抗的能力，评定学生学习的效果。

跆拳道课程考试的内容要求有两个方面：一个是品势演练水平；一个是实战对抗能力。其中，品势演练成绩占课程成绩的10%，实战对抗能力占课程成绩的90%。对这两个方面进行考评，可以测出学生学习跆拳道的最终效果。

1. 演练品势的评分标准

大学生学习跆拳道品势以太极八章中的内容为主，由学生选择八章中的任何一章进行考评。跆拳道品势属于规定套路动作，故以技术规格评定为主，以满分10分制进行评分。

（1）动作规格。学生参加考评时必须按照教材中规定的品势动作规格、动作顺序完成整套动作的演练。凡是能够做到动作规格正确、动作连贯者，可以得6分；能够做到动作较正确、动作较连贯者，可以得4～5分；凡动作规格出现明显错误，演练中有明显遗忘者，视具体情况给3分及以下。

（2）演练水平。学生在演练品势套路时精神饱满、动作熟练、动作力度准确、气势旺盛、声音洪亮者，可以得满分4分；凡是精神较饱满、动作较熟练、动作力度较准确、气势较旺盛、声音较洪亮者，可以得3分；其他情况的得分在3分以下。

2. 实战对抗的综合评定

学生在学习掌握跆拳道基本技术、战术以后，应该在实战中发挥出来，所以通过实战对抗的方法评定学生的学习效果是最有效的考评方式。实战考评时，由学生自己选择对手，条件是体重差距在4公斤以内，否则会出现以大打小的不合理现象，容易造成伤害事故。男、女同班时，一定要男女分别进行考评，绝对不允许出现男女对抗，避免出现伤害事故。

考评时每一对学生进行 2 分钟计时实战，学生必须穿戴护具，否则不允许参加考试。实战对抗考评时成绩占课程成绩的 90%。

（1）基本技术和战术。学生在实战对抗中运用基本攻防技术、战术的能力表现占 70 分。在测试的过程中，凡是能够清楚有效地运用攻防技术、灵活地运用对抗战术者，可以得 61～70 分；凡是能够较清楚有效地运用攻防技术、较灵活地运用对抗战术者，可以得 50～60 分；凡是不能够清楚有效地运用攻防技术者，视具体情况给 50 分以下。

（2）临场气势和精神面貌：学生在实战测试时表现出来的精神面貌和气势占 20 分。在实战对抗的过程中，凡是能够以饱满的精神面貌、旺盛的气势、尊重对手并积极勇敢的态度完成测试者，可以得 15～20 分；凡是不能够以饱满的精神面貌和旺盛的气势完成测试者，可以得 10～14 分；凡是不能够以饱满的精神面貌和旺盛的气势、不尊重对手并且不以积极勇敢的态度完成测试者，视具体情况给 10 分以下。

三、跆拳道练习方法

跆拳道的专项技术练习是在一定的身体素质和基本技术基础上进行的，通过正确合理的专项技术练习，可以提高练习者专项技术的熟练运用程度、技术的运用效果和掌握运用技术的实战变化规律，从而达到提高实战能力和效果的目的。

（一）脚靶练习法

脚靶是跆拳道练习必不可少的器材，而且不同技术动作的练习应该采用不同的持靶方法。踢靶时要踢靶的中心，可通过踢中脚靶时发出的声音来判断学生的踢靶效果。

（1）前踢：持靶人握靶柄的前端部位，靶面在水平位置，将靶横面置于持靶人的体前。练习者前踢时用正脚背踢击靶心位置，如果技术正确，部位准确，踢击瞬间脚、靶的两面相互撞击，会产生清脆洪亮的声音，否则，就是不正确的技术动作。

（2）横踢：持靶人握靶柄的前端部位，靶面与水平面成约 45 度的夹角，靶的两面分别指向左斜下和右斜下（踢另一侧时相反），整个靶位在人体前方。横踢分中段和上段两个高度，中段高度在对手的腹胸之间，上段即为对手头部的高度。踢击时用正脚背击打靶心位置，会产生清脆洪亮的声音。

（3）下劈：靶位在持靶人的体侧，持靶人握靶柄的前端，靶身和地面平行，靶面微向斜上方。另一种握法是把柄指向正上方，靶前边缘在下方，靶面与地面有一定的角度，斜面向着练习者。劈踢时靶位与对手的头同高，用脚掌击打靶心位置，发出清脆的声音。

（4）侧踢和推踢：侧踢和推踢练习时的握靶方法相同，都可以单手靶和双手靶进行练习。握靶人握靶柄的中间，靶柄、靶前边缘与水平面垂直，靶面正对踢靶人。用双手靶时，握靶人一手倒握竖靶，另一手正握横靶，将两靶心重叠在一起。靶位在握靶人的身体侧面。侧踢时用脚跟击打靶心位置，推踢时用前脚掌推击靶心位置。

（二）沙袋练习法

踢打沙袋是跆拳道训练的一种重要方法。通过踢打沙袋，练习者可以提高腿法技术的完成速度和击打力度，从而提高技术训练的质量。练习踢打沙袋技术时，应注意三个方面的问题：一是技术动作的规格，不要猛踢猛打，使技术动作变形；二是体会完成技术动作的本体感觉，即动作正确合理而又有效时自己的感觉是怎样的，并将这种感觉保持下去；

三是将技术训练、打击力度训练、时间空间感觉训练以及正确性训练有机结合起来，逐渐向实战过渡。

（三）自我练习法

自我练习法即自己进行专门的技术动作练习。这种练习方法可以使练习者用身心去体会和感受动作，理解动作的含义和目的，寻找技术方法的运动和变化规律，从而提高掌握技术、运用技术的能力。

（1）对镜练习法：自己面对镜子练习各种技术动作，边练习边自我观察。对着镜子练习，可以正确地掌握基本动作，体会各种攻防动作的路线、方向、角度、力点等；同时通过镜像，可以及时纠正错误，建立良好、正确的动作概念，并不断强化，形成正确的动作定型。

（2）模仿练习法：模仿优秀练习者的技术动作或有效技术组合进行技术练习，模仿法可以专门练习提高有特殊效果的技术动作。练习者通过模仿，了解和掌握技术动作的特点和优势，既利于自己运用，又利于从中发现规律，创造出新的技术组合。模仿的形式多种多样，可以模仿单个技术动作，也可以模仿组合技术动作。模仿练习的同时可以请教师或者同学在旁边监督，发现问题及时纠正，以便改进和提高。

（四）配合练习法

练习者通过和教师或同学的配合，训练基本技术和组合技术。这种方法比较灵活，练习时教师或同学可以做出多种不同的配合动作，训练练习者的各种技术，提高其运用技术的效果和能力。

（1）听口令完成动作：练习者按教师或者同学的不同口令，完成相应的技术动作。练习者处于准备状态时，当听到教师或者同学发出的口令，例如“左横踢”“右横踢”“左前踢接右横踢”“右横踢接左后旋踢”等时，练习者必须迅速、准确地完成相应的技术动作。这种练习既可练习技术动作，又可练习反应速度和动作速度，是一种比较有效的训练方法。

（2）踢脚靶练习法：教师或者同学手持脚靶，让练习者进行攻击性技术动作的踢击练习。踢靶练习可以先从固定靶开始，练习固定位置的踢击技术。动作熟练和具有一定的力度后，再进行移动靶的踢击练习。踢移动靶时要遵循由慢到快、由简到繁、由易到难、由不变到多变的原则，不断提高练习难度，逐渐向实战过渡。

（3）踢组合靶练习：由 4～6 名同伴手持不同高度、不同放置角度的固定靶，站在每人相距不超过两米的两条直线上，由练习者从一端踢向另一端。其要求练习者根据靶位的高低和靶面的角度，选择运用不同的方法进行踢击；既要求动作准确，又要求踢击力度，踢靶声音要清脆洪亮。这是一种较为综合的练习法，对踢击技术的选择运用和击打效果有较高的要求，因而是提高技术效果的最有效方法之一。如果利用这种方法进行移动靶的练习，难度更大，效果也会更好。

（五）实战练习法

训练跆拳道专项技术的目的就是实战，实战是对技术训练效果的有效验证和进一步促进。因此，利用实战练习法进行实战技术的训练和检验是技术练习的最高阶段，同时也是最终目的。所以，经常进行测验赛、选拔赛、邀请赛、对抗赛等多种形式的实战比赛，会对学生的技术提高起到任何别的方法都不能相比的作用。实战比赛可以让练习者技术技能有质的变化，同时在高度紧张、激烈和瞬息万变的情况下，有效地运用技术、战术，可增强练习者的自信心，丰富其临场经验，为真正进入高水平比赛创造条件。

第二节　竞技跆拳道基本技术

大学生要想学好跆拳道，就必须首先学好、练好跆拳道运动的基本技术。这里所说的跆拳道基本技术，是指竞技跆拳道基本技术，包括腿的技术和手的技术两部分内容。

一、腿的技术

跆拳道腿的技术是多种多样的，但其基本技术主要包括拳法攻击、前踢、推踢、前横踢、横踢、后踢、侧踢、摆踢、下劈、后旋踢和双飞踢 10 种。

（一）前踢

（1）前踢的动作方法：从右势实战姿势开始；右脚向后蹬地，身体重心前移至左脚，右脚蹬地顺势屈膝提起；随即左脚以前脚掌为轴外旋，同时右脚迅速以膝关节为轴，伸膝、送髋、顶髋把小腿快速向前踢出，力达脚尖或脚背（见图 13-1）。踢击目标后右腿迅速放松收回，向前落地成左势实战姿势。

图 13-1

（2）前踢的动作方法：膝关节上提时大小腿折叠，膝关节夹紧，小腿和踝关节放松；踢击时顺势往前送髋，高踢时往上送髋；小腿回收要与前踢的速度一样快。

（3）前踢的进攻部位：前踢的主要进攻部位为对手的腹部、肋部、胸部以及颏部。

（4）练习时易犯的错误：直腿上撩，大小腿没有折叠，膝关节未夹紧；上体后仰过大，力量分解甚至失去平衡；踢击时顺髋、转髋动作不协调，发力不合理；踢击目标时向前用力，与推踢动作混淆。

（二）推踢

（1）推踢的动作方法：从右势实战姿势开始；右脚向前蹬地，身体重心前移至左脚，右脚离地后屈膝提起；身体重心向前压，同时右脚迅速向前方推踢，力点在右脚掌上（见图 13-2）。推踢后迅速屈膝放松收回，身体重心前落成左势实战姿势。

图 13-2

（2）推踢的动作方法：提膝时尽量收紧大小腿；身体重心往前移，加大前推时的力度；推踢时右腿往前上方伸展；推踢时的用力方向是水平向前的。

（3）推踢的进攻部位：在比赛中，推踢的部位为对手的胸部。

（4）练习时易犯的错误：大小腿收不紧，放松或直腿提起时既没有力量，又容易被对方阻截；上体太直，重心往下落，右脚不能水平前推；上体过于后仰，重心不能迅速前移，不利于前踢发力和衔接下一个攻防动作。

（三）横踢

（1）横踢的动作规格：从右势实战姿势开始；右脚后蹬，身体重心前移至左脚，右腿膝关节夹紧向前提起，左腿以脚掌为轴脚跟内旋，身体左转，右腿抬至水平以上时随身体左转，膝关节内扣（见图 13-3）；随即，上体微侧倾，右腿以膝关节为轴迅速伸膝，右脚和小腿快速向左侧前方踢出，脚面绷直，以正脚背踢击对方的头部或腹部（见图 13-4）。击打目标后小腿迅速放松，沿原出击路线收回小腿，身体重心后移，右脚落地成左势实战姿势。

图 13-3

图 13-4

（2）横踢的动作方法：膝关节夹紧向前提膝，尽量走直线；支撑脚外展 180 度，使身体转向另一侧；髋关节往前上方送，上体与右腿成直线，在同一个平面内；腰部发力，髋关节展开，大腿带动小腿，踝关节放松；严格注意击打的力点在正脚背，脚的击打感觉似鞭梢动作。

（3）练习时易犯的错误：膝关节未夹紧，大小腿折叠不够，发力时鞭打动作做不出来；提膝时没有直接沿直线上提，而是由外向内斜上方提膝，造成提腿的弧形过大，动作隐蔽性和突然性较差；上体太直或向前俯，使脚横踢不高，发力顺序不合理，击打力度不够；踝关节紧张，没有鞭打动作和用正脚背踢击，而是用脚内侧击打。

（四）侧踢

（1）侧踢的动作方法：从右势实战姿势开始；右脚蹬地屈膝上提，左腿以脚掌为轴外旋 180 度，同时右脚脚尖勾紧，快速向前上方直线踢出，力点在脚跟（见图 13-5）；踢击目标后迅速放松右腿，并沿原出击路线回收落地成右势实战姿势。

图 13-5

（2）侧踢的动作方法：起腿时，大小腿、膝关节夹紧，直线向上提起；提膝、转体、踢击要协调连贯，一气呵成；踢击时要转体、展髋，上体略侧倾；踢击目标的瞬间，头、肩、腰、髋、腿、踝在同一平面内；大小腿直线踢出，原路直线收回。

（3）侧踢的进攻部位：在比赛中，侧踢的主要进攻部位是对手的头部、面部、胸部、腹部和肋部。

（4）练习时易犯的错误：大小腿折叠不够，腿部肌肉收不紧；踢击时髋关节没有展开，致使肩、髋、踝没有在同一平面内，不是直线踢击；动作缺乏弹性，不连贯；上体前俯或侧倾过大，力量分解，踢击无力。

（五）后踢

（1）后踢的动作方法：从右势实战姿势开始；左脚以前脚掌为轴，脚跟外旋约 180 度，身体重心移至左脚，身体右转；左脚支撑，右脚蹬地提起，向右后上方伸膝直线踢出，力点达到足跟（见图 13-6）。击打目标后屈膝回收右腿，同时身体右转，面对前方，右腿前落地，成左势实战姿势。

图 13-6

（2）后踢的动作方法：起腿后上体和大小腿收紧，蓄力待发，以增强踢腿力量；腿向后上方踢出后，力量随动作延伸，通过脚跟沿出腿方向直线击出；转身、提腿、出腿、发力等动作连贯快速，一次性完成，不能停顿；击打的目标位置在正后方；完成后踢的身体右转、收脚落地动作要迅速连贯。

（3）后踢的进攻部位：在比赛中，后踢的主要进攻部位是对手的头部、胸部、腹部和肋部。

（4）练习时易犯的错误：上体和大小腿收不紧，直腿往上撩；转身、出腿后踢动作之间有停顿，动作不连贯；转身时身体摆动过大，后踢脚的路线为弧形，不是直线踢出；后踢时肩和上体同时旋转，动作变形，力点不准确。

（六）下劈

（1）下劈的动作规格：从右势实战姿势开始；右脚蹬地，身体重心前移至左脚，右脚快速上举至头部上方，然后迅速向前下方劈落（见图 13-7），用脚后跟或脚掌击打目标后，顺势放松落地，成左势实战姿势。

图 13-7

（2）下劈的动作方法：脚尽量往高、往后举，身体重心往高起；起腿要快速、果断，支撑脚脚跟离地，尽量向前上方送髋；踝关节放松，脚向下劈落；落地要有控制，放松。

（3）练习时易犯的错误：起腿不果断，速度慢；举腿不够高，不够充分；脚跟不离地，没有向上送髋举腿的动作，因而身体重心低；踝关节紧张，下劈时过于用力；上体后仰太多，应该在举腿时上体随身体重心一起向前上移，保持直立；身体重心和下劈腿控制不好，落地太重。

（4）下劈的进攻部位：在比赛中，下劈动作主要用于攻击对手的头部、面部或肩部。

（七）摆踢

（1）摆踢的动作方法：从右势实战姿势开始；右脚蹬地，身体重心前移至左脚；左脚支撑，右腿屈膝提起；左脚以前脚掌为轴，脚跟向内旋转约 180 度，右腿膝关节内扣，右脚向左前方伸出（见图 13-8）；右腿伸直后用脚掌向右侧上方用力屈膝鞭打（见图 13-9）；随即，右腿顺势放松屈膝回收，落回原地成左势实战姿势。

图 13-8

图 13-9

（2）摆踢的动作方法：起腿后右腿屈膝抬过腰部，然后随转体内扣右膝关节。右脚要随转体尽量向前上方伸展。右脚掌向右鞭打时要屈膝扣小腿。右腿鞭打后顺势放松。

（3）摆踢的进攻部位：在比赛中，摆踢动作主要用来攻击对手的头部、面部以及胸部。

（4）练习时易犯的错误：提膝后直接向前方伸直右腿，没有做膝内扣动作，因而影响屈膝扣小腿的鞭打动作；鞭打时没有屈膝，右腿太直，鞭打无力；鞭打后不放松，落地姿势改变。

（八）后旋踢

（1）后旋踢的动作方法：从右势实战姿势开始；左腿以前脚掌为轴，脚跟向外旋转 180 度，右脚蹬地使身体重心移至左脚，此时左膝内扣，右脚前蹬，身体收紧（见图 13-10）；上体随右腿蹬地向右后旋转，顺势起右腿向右后方伸出并用力向右后方屈膝鞭打，右脚的运动轨迹成弧形，身体重心在左脚，以左脚为轴身体原地旋转 360 度（见图 13-11）；右腿鞭打后顺势放松，收落原地，仍成右势实战姿势。

图 13-10

图 13-11

（2）后旋踢的动作方法：转身、旋转、踢腿动作连贯，一气呵成，中间没有任何停顿。击打点在正前方，呈水平弧线。屈膝起腿的旋转速度要快。身体重心在原地旋转 360 度。蹬地、转腰、转上提、摆腿依次顺序发力。

（3）后旋踢的进攻部位：在比赛中，后旋踢动作主要用于攻击对手的头部、颈部及胸部。

（4）练习时易犯的错误：转身、踢腿中有停顿，二次发力；起腿时机过早或过晚，最高点不在正上方；转体角度不够，造成过早出腿或完成转体后出腿现象；上体位置不正确，上体往前、往后或往下都会造成旋转踢时身体不平衡。

（九）双飞踢

（1）双飞踢的动作方法：从右势实战姿势开始；攻方先用右横踢攻击对方肋部，随即左脚蹬地起跳，身体腾空右转，腾空高度在膝关节以上，但不宜过高；左脚起跳后在空中用左横踢迅速踢击对方胸部或腹部，左右脚交换，右脚落地支撑（见图 13-12、图 13-13），左脚横踢目标后迅速从体前回落，成右势实战姿势。

图 13-12

图 13-13

（2）双飞踢的动作方法：右腿横踢目标的同时左脚蹬地起跳。左脚起跳后迅速随身体右转，并用左脚横踢目标。两腿在空中完成交换动作，右脚先落地。

（3）双飞踢的进攻部位：在比赛中，双飞踢主要用于攻击对手的肋部、胸部、腹部及头部。

（4）练习时易犯的错误：右横踢和左脚起跳时机不协调（或早或晚）。应该先利用踢击沙袋练习右横踢，同时练习左脚起跳的动作，熟练后再起左脚横踢；右横踢和左横踢间隔时间过长。可进行原地右横踢加起跳左横踢空击练习，提高出腿和起跳的速度。

（5）双飞踢的辅助练习法：两人配合，一人拿脚靶固定站立，另一个人做双飞踢动作；两人交换练习，要求踢击力度要大，击打脚靶的声音要清脆洪亮；练习者面对悬垂的沙袋，做双飞踢的练习，要求有一定的连踢速率和击打力度。

二、手的技术

跆拳道实战的基本手的技术，根据身体姿势和防守位置可分为上段、中段和下段防守。其中，上、中、下段分别以锁骨和髋关节为界限，锁骨以上称“上段”，锁骨至髋骨之间称为“中段”，髋关节以下称为“下段”。应该说明的是，由于跆拳道比赛的规则规定比赛中不允许攻击髋关节以下的部位，因此比赛中的防守技术仅包括上段防守和中段防守技术。

（一）拳法攻击

（1）拳攻的动作方法：从右势实战姿势开始（见图 13-14），右腿蹬地，髋关节向左旋转，腰部带动上体微左转，上体催动右肩、右臂将右拳从胸前准备姿势顺势向前击出（见图 13-15）。出拳时随上体左转顺肩发力，拳由拳心向左随腕内旋至拳心向下，右臂伸直时拳面向前击打发力。击打目标后，右臂迅速由出击路线回收至原来位置，仍成右势实战姿势。

图 13-14

图 13-15

（2）拳攻的动作方法：判断准确，出拳果断；出拳时充分利用蹬地、转腰、转髋、顺肩和旋腕的合力，力达拳面；击打的瞬间，肩、肘、腕、指各关节紧张用力，聚力而发；击打目标后迅速放松收拳回原位置。

（3）拳的进攻部位：按照跆拳道竞赛规则规定，拳攻的部位限定在锁骨以下至髋骨以上的区域。

（4）练习时易犯错误：击打时只用手臂的力量，没有用蹬地、转腰、顺肩的合力，击打力度不够；将拳打出时，上体旋转角度过大，造成力的分解，降低击打力度。

（二）上段防守

上段防守技术是保护头颈部不受打击的技术，常用的技术方法有以下几种。

（1）单臂格挡法：以实战姿势开始，当对方的拳或脚攻向自己的头部时，用左（右）手刀（拳）自内向外做格挡动作，将来拳或来脚挡在左（右）前臂外面（见图 13-16）。这个防守动作可以根据对方来拳或来脚的方向选择是左手防守还是右手防守。可向左格挡，亦可向右格挡。手臂要用力，但动作幅度要小。防守动作完成后不论是反击还是回到实战姿势，都要迅速完成。

图 13-16

（2）单臂上架法：以实战姿势开始，当对方用劈拳或劈腿自上而下击向自己的头顶时，自己的左（右）手臂屈肘自下而上横架于头顶之上，阻挡来拳或来脚的攻击（见图 13-17）。单臂上架防守动作根据具体情况，即对方来拳或来脚的方位决定用左或右臂上架。

图 13-17

（3）双臂格挡法：当对方连续攻击自己的头颈两侧时，可几乎同时用左、右臂上举格挡对方的双侧进攻。

（4）双臂交叉上架法：实战姿势开始，当对方以劈拳或劈腿自上而下大力劈时，迅速左腿前弓，两臂交叉自下而上架挡来拳或来脚（见图 13-18）。

图 13-18

（三）中段防守

中段防守技术是保护锁骨以下至髋关节部位的防守方法，常用的技术方法有以下几种。

（1）单臂格挡法：以实战姿势开始，当对方的拳或脚攻击自己中段部位时，用左臂（手刀）向内或向外格挡对方的来拳或来脚（见图 13-19），根据来拳或来脚攻击的方位选择用左手臂格挡还是右手臂格挡。

图 13-19

（2）按掌格挡法：以实战姿势开始，身体重心略后移成左三七步；同时左拳变掌屈肘向内、向下快速下按阻挡对方的拳攻或脚攻（见图 13-20）。可根据来拳或来脚的方位，选择用左手或右手掌做下按阻挡防守动作，或者用双掌向下按压格挡。

图 13-20

（3）双臂外格挡法：以实战姿势开始，左脚前迈，同时两臂屈肘交叉于胸前，拳心向内；随左弓步落地，两臂迅速由胸前向左右两侧分开阻挡来拳或来腿（见图 13-21）。由里向外格挡时，两臂分开的距离以肩宽为度，两臂外旋，手心向前。

图 13-21

（四）下段防守

下段防守是保护髋关节以下部位的防守方法，常用的防守方法有以下几种。

（1）单臂下格挡法：以实战姿势开始，左脚向前成左弓步，同时左臂由屈到伸向斜下外截，用前臂格挡，右拳同时收置于腰间（见图 13-22）。此动作可用手刀向斜下外截。可根据具体情况选择使用左手或右手完成。

图 13-22

（2）两臂交叉格挡法：以实战姿势开始，左脚前迈，同时两臂体前屈肘交叉，手心向内；左脚前落成左弓步，两臂自胸前向下交叉推击，阻挡对方的低腿进攻（见图 13-23）。格挡时身体下沉，以增加下截的力量。

图 13-23

第三节　跆拳道品势

跆拳道品势是跆拳道爱好者学习跆拳道基本技术前应掌握的基本套路，也是跆拳道晋级、升段考评时考试的内容之一。所以，每一名跆拳道爱好者必须学好、练好品势套路。跆拳道的基础品势有八套动作，即太极八章，入段以后还要学习其他的品势套路。根据教学需要，下面只介绍太极一章的动作。

太极一章共有 18 个动作，其动作构成便于初学者学习和掌握。全套动作大多采用站位姿势，运用的技法包括中段冲拳、上中下三段防守以及前踢等。

一、准备姿势

从双脚并步站立开始，左脚向左横跨一步，两脚间距与肩同宽，两腿自然站立，同时两手握拳从体侧向内对置于腹前，拳心斜向内，两眼平视前方。

二、动作方法

（一）左转身下格挡

身体向左转 90 度，左前行步站立；左手握拳向左下方格挡；右拳拳心向上收置于腰间，目视前下方。

（二）右顺步冲拳

右脚向前一步成右前行步站立；右拳向前内旋平冲，略低于肩部；左拳收于腰间，目视前方。

（三）后转身下格挡

右脚向后撤步，身体以左脚为轴，向右转体 180 度，成右前行步站立；右臂向右下方格挡；左拳收置于腰间，拳心向上，目视前下方。

（四）左顺步冲拳

左脚向前进一步成左前行步站立；左拳向前内旋平冲，略低于肩；右拳收置于腰间，拳心向上，目视前方。

（五）左弓步下格挡

身体左转 90 度，左脚向前成左弓步；左臂向左下方格挡，拳心向内；右拳收置于腰间，目视前下方。

（六）左弓步冲拳

两脚原地不动保持左弓步；右拳向前内旋平冲，略低于肩；左拳收置于腰间，目视前方。

（七）右转身外格挡

右脚向前右侧移步，左脚以前脚掌为轴原地内旋 90 度，身体随之向右转体 90 度，成右前行步站立；左肩立肘由内向外格挡，拳心斜向上；右拳收置于腰间，目视前方。

（八）左前进步冲拳

左脚向前进一步成左前行步站立；右拳向前内旋平冲，略低于肩；左拳收置于腰间，目视前方。

（九）后转身外格挡

以右脚掌为轴，身体向左后转体 180 度；左脚随转体后转 180 度，落地成前行步站立；右肩立肘向内格挡，拳心斜向上；左拳收置于腰间，目视前方。

（十）右前进步冲拳

右脚向前进一步成右前进步站立；左拳向前内旋平冲，略低于肩；右拳收置于腰间，目视前方。

（十一）右弓步下格挡

以左脚为轴，身体右转 90 度，右脚随转体向前一步成右弓步；右臂向下方格挡；左拳收置于腰间，目视前下方。

（十二）右弓步冲拳

两脚原地不动，左拳向前内旋平冲，略低于肩；右拳收置于腰间，成右弓步冲拳，目视前方。

（十三）转身上格挡

右脚以前脚掌为轴内旋 90 度，左脚随身体左转 90 度向左前移步；左臂屈肘向上格挡，拳心向前；右拳收置于腰间，目视前方。

（十四）右前踢接冲拳

左脚支撑，两臂回收体侧；右脚向前上方做前踢动作；右脚向前落地成右前行步，同时右拳向前平冲，略低于肩；左拳收置于腰间，目视前方。

（十五）后转身上格挡

以左脚为轴，右脚回撤随身体向后转体 180 度，右脚落地成右前行步；右臂屈臂向上格架，横置于前额上放，拳心向前；左拳收置于腰间，目视前方。

（十六）左前踢接冲拳

右脚支撑，两臂回收体侧，左脚向前上方做前踢；左脚向前落地成左前行步；左拳向前平冲，略低于肩；右拳收置于腰间，目视前方。

（十七）左弓步下格挡

以右脚为轴，身体向右转体 90 度，左脚随转体向右前移步，成左弓步；左臂向左下方格挡；右拳收置于腰间，目视前下方。

（十八）右弓步冲拳

左脚原地不动，右脚向前进一步成右弓步；右拳向前内旋平冲，略低于肩；随冲拳大喝一声“哈”，左拳收置于腰间，目视前方。

三、收势

以右脚为轴，身体向左转体 180 度，左脚随转体后撤至右脚平衡位置，两拳回收腰间，成准备姿势。

第十四章 瑜 伽

第一节 瑜伽基础知识

“瑜伽”（Yoga）是古代印度梵文的音译，有“结合、联系”之意。瑜伽起源于印度，距今已有 5000 多年的历史。它是东方最古老的健身术之一，也是古代印度体育文化的代表和象征。瑜伽一词的原义是“把牛马套在车辕上”，引申为“用意志力量抑制知觉器官的功能，制止住丛生的杂念”。而另一种说法则认为，“瑜伽”是古代印度婆罗门教的一个重要用语，是指婆罗门教的祭司祭祀时在座席上使自己的心意集中之意。

公元前 1000 年前后，印度各派哲学开始时都各有其固定的技术方法，但自从各派研讨统一后，就都只采用瑜伽的技术方法了。瑜伽可以把哲学理论从单纯的概念知识变成个人的身心修炼，可以改造人的精神世界和外在形象，最后使人达到能够解放“真正的自我”这种“真知”的高度。可见，最早出现的瑜伽，是以心理的修炼功夫为基础的，这种流派最后形成了王瑜伽。公元 11 世纪以后，修炼瑜伽的人开始注意生理方面的功夫，形成了哈塔派瑜伽。此前，瑜伽的修行者也并未忽视坐法和呼吸法的研究，他们把坐法和呼吸法当作冥想的基本功来练。而哈塔派瑜伽的修行者并不仅仅把坐法和呼吸法看成是心理功法的基本功，认为单练生理的功法也能很好地彻底解放自己。

20 世纪 80 年代初，瑜伽开始在西方国家流行起来，并出现了风靡全球的健身瑜伽。这种健身瑜伽，在形式上更注重身体外形的感受和作用，已经演变为一种健身运动项目，但仍保留了古代印度瑜伽注重身心合一、内外兼修的特点，可谓万变不离其宗。

一、瑜伽的特点

（1）均匀深长的呼吸与瑜伽姿势配合紧密，将放松休息术、姿势、呼吸、冥想有机结合在一起，相辅相成，共同发挥作用。

（2）动作节奏舒缓，运动强度可自行控制，可发挥练习者的意识能动性，变被动为主动，变外部为内部，变他养为自养，变物质为精神。

（3）心身同练，对全身各系统均产生效应，调动和培养人体生理潜力，认识、掌握、发挥心理-生理-形态的自调机制。

（4）练习时配合柔和舒缓的音乐，引导练习者放松精神，集中意念，进入和谐安静的思想境界，从而充分释放自我。

二、瑜伽的作用

通过瑜伽体式练习，一方面可以锻炼全身的每一个部位，使肌肉、关节以及脊柱和整个骨骼系统更为有力和协调，另一方面锻炼内脏、腺体和神经系统，使全身各系统保持充满活力的状态。瑜伽呼吸练习能够活跃身体机能，有效帮助控制意念，使人平静；冥想练习，使人心灵清澈、明心见性，走向开悟。瑜伽的这种修习方法，不仅着眼于身体的强健，还追求身心的融合为一。因此，在瑜伽修习过程中，练习者应逐渐深化自己的内在精神，从外到内，从感觉到精神、理性，而后到意识，最后把握自我同内在的精神融合为一，达到天人合一。

经常性练习瑜伽，可以祛病强身、健美身形、陶冶性情、养生益智、延年益寿，还可以增强心理稳定性、消除紧张及烦闷心情，保持安静祥和的心态、调和培养人体生理潜力、提高从事活动的效率，对于肥胖、失眠、头痛、脊椎疾病等也有很好的预防和治疗作用。瑜伽需要在宁静的心境下做舒缓的伸展，没有健美操、形体操那些剧烈的运动，也不用用力拉伸身体韧带，几乎没有什么受伤的可能。瑜伽着力于放松，须排除任何杂念，静心修习，将所有的注意力集中在每一个动作所产生的感觉上，同时不允许心思过于牵挂任何一个部位。练习者伸展到最舒服的位置，做到哪儿就在哪儿停一会儿，不要强迫自己感到不舒服。

瑜伽练习对人的肌肉系统、精神系统、内分泌系统、消化系统都非常有益。瑜伽练习可以使肌肉放松下来，帮助舒展肌肉线条。可以帮助人的体形变得更为匀称、线条优美；同时还有安静神经的功效，不少人练后都会减少疲劳感。重在练内的瑜伽还可以平衡身体中的各种腺体，从生理到心理都得到舒缓，瑜伽动作中大量的前弯、后仰、扭动、斜腹、挤等动作，可以按摩人的内脏器官，对消化是非常有益的。有些瑜伽姿势还可以治疗如胆结石、腰肌劳损等疾病。虽然没有强拉韧带，瑜伽对增强身体的柔韧性却很有帮助。不同年龄、性别的人，只要常做瑜伽伸展，将它当成一种生活方式，几个星期后就不难发现身体的变化。修身之外，瑜伽还讲究修心，对平和心境、加强修养颇有帮助。

三、瑜伽练习方法

（一）瑜伽的姿势

瑜伽不同于体操和舞蹈，也不同于一般的有氧练习，只有当呼吸、意识和姿势融为一体时，才是真正意义上的瑜伽练习。也有人错误地认为瑜伽就是一种柔软的运动，没有足够的柔韧性是不能练好瑜伽的。事实上，瑜伽注重身心和姿势的结合，人们不能用柔韧性的好坏来衡量一个人瑜伽练习的水平。实际上，很多瑜伽大师也只练习简单的瑜伽，而更注重内心冥想的修炼。瑜伽意在通过肌肉的伸展、心灵的放松和呼吸的调节缓解心理压力。也许现代人大多数用它来减肥和保持体形，侧重它对身体外形的作用，而忽略了它对内脏及精神的作用。因为瑜伽姿势的设计并不是特意地让人舞动身体，也不是让人发展发达的、不必要的肌肉，它应当被认为是姿势、姿态或存在的阶段。瑜伽姿势指生物的状态，在其中人可保持身心稳定、平静、静止和舒适。

练习瑜伽，一定要顺其自然，不要刻意地模仿教练的动作，而是要注重身心与动作的配合，从而静静地感知身体，得到最高开悟和最大愉悦。瑜伽练习能把散乱的精神集中并使之平静下来。瑜伽修炼首先着眼于身体的强健，然后要求身心融合为一。在此基础上，引导修持者进入无上完美的境界。

（二）瑜伽的呼吸

呼吸是我们生存的基本因素，也是健康的必要基础。通过肺吸入充足的氧供给身体，可促进心脏血液循环。所以，健康长寿的秘诀就是使呼吸自然绵长。在瑜伽练习中，呼吸是一个重要的部分。瑜伽的呼吸方法主要有三种。

1. 腹式呼吸

该方法是横膈膜向下降的运动。

方法：仰卧，手轻轻放在肚脐上；吸气时，把空气直吸向腹部，手随腹部抬起；吸气越深，腹部升起越高，随着腹部扩张，横膈膜就向下降。接着呼气，腹部向内朝脊柱方向收；凭着尽量收缩腹部的动作，把所有废气从肺部全部呼出来，这样做时，横膈膜就自然而然地升起。

2. 胸式呼吸

一般人都是胸式呼吸（即浅短之呼吸），是一种胸部运动。

方法：仰卧或伸直背坐着，深深吸气，但不要让腹部扩张；代替腹部扩张的是把空气直接吸入胸部区域。在胸式呼吸中，胸部区域扩张，腹部应保持平坦。随着吸气加深，腹部向内朝脊柱方向收，吸气时，肋骨是向外和向上扩张的，接着呼气，肋骨向下并向内收。

3. 完全呼吸

完全呼吸即把以上两种呼吸方法结合起来完成，这是一种自然的呼吸方式。只要略加练习后，这种呼吸方法就会在全部日常的练习和生活中自动地进行，习以为常。瑜伽的这种完全呼吸有许多益处：由于增加氧气供应，血液得到了净化；肺部组织强健，增强了抗病能力；胸腹活力和耐力均有增长，心灵也变得更清澈。从而增强了对感冒、支气管炎、哮喘和其他呼吸类疾病的抵抗能力。

方法：轻轻地吸气，让腹部鼓起，之后，使胸部鼓起，然后，双肩可能略微抬高，从而使胸部和腹部扩张到最大的限度，慢慢地呼气。

（三）瑜伽的冥想

很多人以为，只有口念梵音或心诵梵音才是瑜伽的冥想。其实，瑜伽的冥想方法是非常丰富的，它会根据练习瑜伽的不同目的、练习者个体情况的差异（包括生理、心理乃至思维方式、性格等）来进行具体的设定。

冥想的练习方法：首先初学者一定要通过专注训练来将奔如江河、纷纭万绪的心统一起来，做到初步的心态安宁；其次继续深入，直至杂念完全消除，但此时人是高度清明的，在清明之中而且还心地一尘不染；最后在此思虑止息的状态中进行有目的的领会、体悟（但不是思考）。

实践中，专注训练是利用人的五官或意识的功能来进行的。语音冥想只是众多的方法中的一种，目的只是初步让人心有所专注而不致混乱奔逸。其他方法包括：以眼睛专注于特定的颜色或烛光或太阳或月亮或虚空等，以鼻进出的呼吸为专注的对象，用意识的思虑功能而进行的观想专注，通过身体的感觉功能来进行的对静坐时身体的反应感受来进行体察的专注等，专注的方式很多，但都只是方法而已，或者只是过程。冥想的重点在于止息思虑以后的体悟。在众多的专注训练中，专注呼吸的训练是非常有效而且对身心完善的意义是深远的。总之，让混乱而失控的心灵安定、澄清下来，这是练习瑜伽时不可忽略的冥想练习，也是瑜伽练习的意义所在。

（四）饮食的配合

饮食在瑜伽体系中具有决定性的作用，这是因为食品的种类和质量直接影响人的肌体和精神状况。对饮食原则不了解，饮食不得当，逐渐会对个人的肌体和精神产生不良的影响。在瑜伽运动中，我们一般把食物分为惰性食物、变性食物、悦性食物三类。

惰性食物是指容易引起怠慢、疾病和心灵迟钝的食物。此类食物对心灵有害，对身体无益，对瑜伽练习者是极不合适的，不仅会使身体发胖，增加额外的体重，还会使人在饭后较长的一段时间内会感到积滞怠惰，而且性情易于激动暴躁。惰性食物包括：肉类、蛋、洋葱、菇类、菌类、芥末、葱蒜等，麻醉型饮料、烟草、毒品等一切有麻醉性的不新鲜、陈腐的食物。

变性食物是指能够提供能量、有益身体但不利于心灵的食物。这类食物同样不适合瑜伽练习者。经常食用会引起身心浮躁不安，如浓茶、强烈调味品、酱油、巧克力、可可、汽水、过多的香料和食盐、辣椒。这类食物会让人变得性格粗鲁、脾气暴躁、喜好争斗、固执己见。

悦性食物色香味美、富于营养，很少选用香料和调料，烹饪方法简单。食用这些食物可以培养高雅的情操，使身体变得健康、纯洁、轻松、精力充沛，使心灵宁静而愉快，有益身心。这类食物有助于发展更精细、更敏锐的身体和精神系统。它包括水果、大部分的蔬菜、豆制品、牛奶和乳制品、坚果、温和香料和适度绿茶、谷类制品等。

为了身体的健康、心灵的平静，要多吃悦性食物，少吃变性食物，完全不吃惰性食物，过量饮食也等于食用惰性食物。

四、练习瑜伽的注意事项

（一）一般要求

时间：瑜伽可以在进餐以外的所有时间练习，但长久空腹或者吃饱饭后，最好不要急着做瑜伽，最好在进餐 3 个小时后开始练习瑜伽动作，在饮用流体之后至少等候 30 分钟才做练习。一般来说，清晨或傍晚是一个不错的选择。特别是傍晚时动作一般比早晨时灵活，瑜伽姿势会做得比较到位。傍晚时练习还有助于消除一天的疲劳，恢复体力。争取每天在同一时间练习。

地点：练习地点的选择对于瑜伽格外重要。在烦扰的都市里，人们很难找到田园或是森林那样的环境，但我们应尽可能地选择一个安静、干净、舒适和通风的房间来练习瑜伽。不要在烈日下做练习。

用具：应选择一块由天然材料做成的、薄厚适宜的垫子，太软或太硬都不好，垫子一定要能够支撑好自己的脊柱。

着装：由于瑜伽有大量扭曲、伸展躯干和四肢的动作，因此最好是穿着宽松的衣服来做。在开始练习前，要脱去鞋袜，并除去手表、腰带和其他饰物，这些东西可能会妨碍动作。

热身：如同所有的运动一样，在进行瑜伽运动之前，也要先做热身运动，譬如先转动身体各处关节，尤其是头颈部，以简单的动作提醒身体做好准备。

饮食：练习瑜伽应空腹。应尽量在饭后三个小时之后做练习。尽量避免进食过于油腻、辛辣和容易导致胃酸过多的食物；练习结束后，需要约半个小时的舒缓时间，然后再喝水或进食。

（二）特别提示

做瑜伽动作时，特别是一些难度较大的动作时，千万不要勉强去做。在做瑜伽姿势和其他练习时，切记不要强行牵扯。初学者可能觉得自己的肌肉或韧带僵硬，但经过几个星期的练习以后，就会发现自己的肌肉与韧带的弹性和柔韧性都有提高。

男女老少、不同体质的人都可以练习瑜伽，但是耳鸣或视网膜有问题者，应尽量避免做那些颠倒身体的动作。

第二节　瑜伽实践教学

一、单人瑜伽练习

瑜伽有众多的入定姿势，初学者可以从简单的盘坐开始。对于大多数人来说，起初在一个位置上坐很长时间是很困难的事，可以每天延长 2～10 分钟，经过练习，身体僵硬的人也能进步很快。

（一）入定姿势

1. 造诣式

坐位，双腿向前伸，曲叠左腿，左脚底平抵右大腿上，脚跟放在会阴部。曲叠右腿，把脚放在左小腿和左大腿上，右脚足趾置于左大小腿之间的空隙，伸直脊柱，重心在腿和臀之间的平面，双眼平视前方，或闭眼。此时双腿应当与双膝固定着地，右脚跟直接放在左脚跟上。使脊柱稳定，竖直，好像被种在地上（见图 14-1）。

图 14-1

（1）注意事项：坐骨神经痛或骶部感染的女性不宜练习。

（2）要点提示：如果身体柔韧性比较差，可以逐渐增加练习时间；练习时可以在臀部下用一块垫子稍微垫高，就容易采用这个姿势，保持更长时间。

（3）健身作用：这是一个很好的入定姿势，此姿势可以保持脊柱的稳定，易于入定。它对练习者的性功能有控制力，故可以集中精神，并对整个神经系统有镇静滋补和平衡作用。

2. 简易式

坐位，双腿前伸，弯起右小腿，把右脚放在左大腿之下。弯起左小腿，脚放在右大腿之下。双手放在两膝上，手心朝向膝关节。头顶向上顶起，整个脊椎竖直成一条直线（见图 14-2）。

图 14-2

（1）要点提示：简易式较为简单易学，适合初学者采用。

（2）健身作用：加强两髋、两膝、两踝的韧带和关节的力量，补养和加强神经系统，减轻和消除风湿和关节炎。

3. 霹雳式

双膝跪地，双脚后伸，两脚的大脚趾交叉。双膝并拢，但两脚跟应分开。放低臀部坐两脚内侧，两脚脚跟应在臀部旁边。双手放在两膝上，掌心朝下（见图 14-3）。

健身作用：（1）提高消化系统功能，在饭后练习 5～10 分钟效果尤佳。可治愈胃溃疡、胃酸过多等胃病。（2）减少并放慢流向外生殖器的血流，按摩连通外生殖器的神经纤维。（3）对骨盆肌有伸张作用，可预防疝气，并有助于妇女分娩。

4. 莲花式

坐位，双脚前伸。屈叠一腿，将其脚放到对侧大腿的上面。脚心须朝上，脚跟应该触及骨盆。屈叠另一腿，将其腿也放在对侧大腿的上端（见图 14-4）。

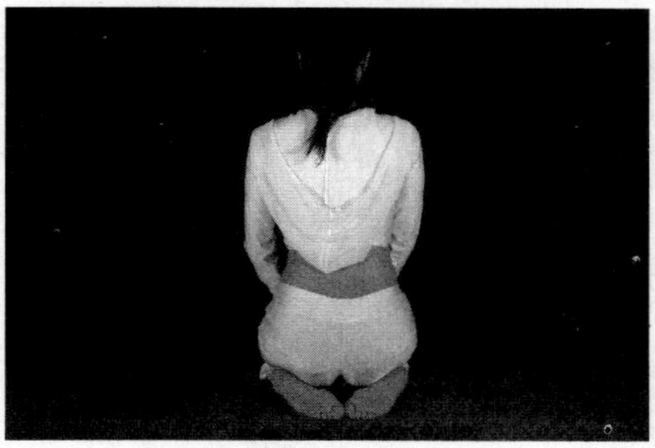

图 14-3

图 14-4

（1）注意事项：如果刚开始很难练习这个动作，那么可以练习简易坐，当习惯了之后再开始练习莲花坐。但是，在练习中一旦感到难受，便可以放弃这个姿势，如果间歇地做一个月后，还感到疼痛不能消失，那就改成其他的动作练习。

（2）健身作用：此动作可减慢下半身的血液循环，从而增加上半身特别是胸部和脑部区域的血液循环。因此，莲花坐对患有哮喘和支气管炎的人有益处。另外，此动作还可以增强神经系统，强壮脊椎和腹部脏器，附带地增强消化系统，放松两踝、两膝，使大腿结实，使两髋、两腿变柔软，并可预防和治疗风湿病。它可使人身体变得稳定而安静，身体的稳定带来了心神的稳定，心灵变得平和，有助于消除许多身体、神经和情绪上的疾病。

（二）体式练习

1. 颈部转动式

入定的姿势坐立，吸气，头顶向上领起。感觉到脖子向上拔长，颈椎节节拉开。呼气，抬头，伸展颈部前侧。吸气，头顶向上领起。呼气，慢慢地低头，以头顶为最远点向远伸展，用下颚去找锁骨，放松颈部，伸展颈部后侧。吸气，头顶向上领起。呼气，抬头，伸展颈部前侧。吸气，头顶向上领起。呼气，把头慢慢地向左边倒，放松颈部，伸展颈部右侧。吸气，头顶向上领起。呼气，把头慢慢向右边倒，放松颈部，伸展颈部左侧。保持自然呼吸，放松颈部，逆时针方向旋转一周。保持自然呼吸，放松颈部，顺时针方向旋转一周。

（1）要点提示：练习此动作要缓慢而轻柔，不要过于用力。两天做一次比较好。

（2）健身作用：此动作可以使人的神经、肌肉、韧带得到按摩，有助于消除紧张和头痛。在做此动作时，如果脖子发出“喀喀”的响声，是因为脖子的紧张得到舒缓放松，可使头脑变得清爽。

2. 屈肘和旋肩

直立，两脚开立，两臂伸开，掌心朝上，屈曲双肘，用手指触双肩。以肩关节为原点，做圆周运动，顺时针旋转 6 圈，逆时针旋转 6 圈。两肘向上，使相合。两肘尽量打开。可做两次。两肘向前，抬头，拉长颈部。可做两次。

健身作用：放松肩部，补养和加强上背部，治疗和预防肩周炎。

3. 三角伸展式

直立，双脚分开。吸气，两侧举双臂，形成一直线，并把髋关节推向一侧。呼气，转体向右，把左手放到左脚，使两臂成直线，向上看右手。吸气，恢复立式，双臂保持直线（见图 14-5）。换一边做同样的练习。

图 14-5

（1）要点提示：做此动作应尽力伸展双臂，不要把重心放在下面的手上，应放在上侧髋关节和侧面的伸展上。应每天练习三角伸展式。

（2）注意事项：怀孕 6 个月后，不应练习此动作。有眩晕或高血压症状的练习者，眼睛可以向前或向下看。

（3）健身作用：可调节神经，加强消化系统和各个器官的功能。改善脸部的血液循环，可治疗皮肤病，如雀斑、痤疮等。

4. 转体三角式

吸气，直立，两脚分开，两臂平举。呼气，转动身体向下弯，左手放在右脚旁，右手臂向上伸展，使得两手成一条直线。保持这个姿势做自然呼吸（见图 14-6）。慢慢地还原，另一边做同样的动作。

图 14-6

健身作用：（1）加强胸腔的发展，刺激肠胃的蠕动，有助于改善消化系统，减少腰周围的脂肪。（2）加强整个脊椎及腿部的关节和肌肉，防止消化系统的疾病及关节炎和坐骨神经痛。

5. 战士式

吸气，两脚分开，两臂向两侧平举。弓步尽量成 90 度，两手向两侧伸展。头顶向上领起。两手合十并向上伸，保持胯根松沉，腹部收紧向上，上身无限延展（见图 14-7、图 14-8）。

图 14-7

图 14-8

战士式的变形式的练习方法：使双臂、上身和右腿形成一条与地面平行的直线，而左腿与此线保持直角（见图 14-9）。换一边做同样的练习。

图 14-9

（1）要点提示：心脏衰弱的练习者不要做这个动作。

（2）健身作用：加强全身各个关节，消除颈部和背部的紧张疲劳。扩展胸部，增进深呼吸，对肺部有益。减少胯部的脂肪。加强腿部和背部的韧带肌肉，防止痉挛。

6. 树式

直立，右脚抬离地面，抵住左大腿内侧，同时把膝关节向外打开。双手合十于胸前。双手举过头顶，保持手臂伸直，腹部收紧向上拔起，自然地呼吸（见图 14-10）。

图 14-10

（1）要点提示：初学者可以根据自己的平衡能力，让一侧脚抵住另一侧的脚踝、膝关节、胯根等，慢慢地提高。

（2）健身作用：树式可以提高平衡能力，加强钙质的吸收；辅助治疗驼背、恐高症、肩周炎；可调整身体的线条等。

树式变形式的练习方法：呼气，双手下落合十于胸前。吸气，左手向上，右手向下落于腹前，保持食指与大拇指相合（见图 14-11）。

图 14-11

7. 风摆树干式

两脚并拢直立，两手交叉，转动手腕，使手心朝天，两臂高举过头顶，吸气，脚跟抬起，身体无限向上延展。呼气，上体躯干从腰部弯曲，倾向右侧，保持身体成一个平面，面向前方（见图 14-12）。慢慢地还原，另一边做同样的动作。

图 14-12

（1）要点提示：屈曲动作应来自腰部，每侧屈曲腰部时，应放松身体，保持平衡；刚开始练习时，可用全脚着地。

（2）健身作用：扩展胸部，伸展背部、腰部、胯部及内脏器官；改善体态、增强灵活性、提高平衡能力。

8. 拜日式

A. 祈祷式：直立，双脚并拢。双掌相合，放在胸前，放松全身，正常呼吸（见图 14-13）。

图 14-13

B. 展臂式：吸气，向上向后划弧伸展双臂，同时把髋关节向前推，减少腰部的压力。双腿自然伸直，放松颈部（见图 14-14）。

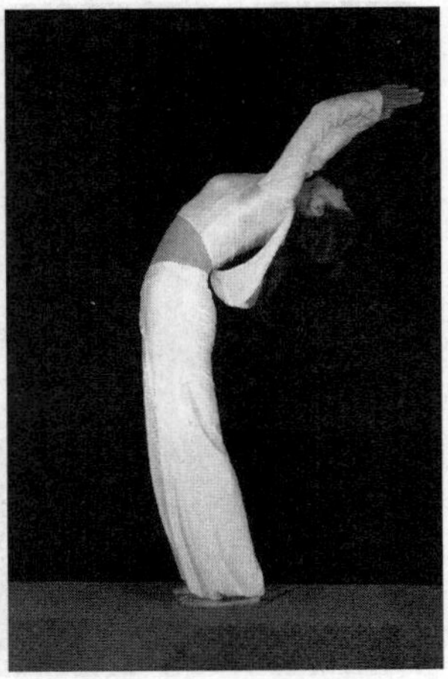

图 14-14

C．前屈式（手触脚式）：呼气，用腰腹部带动上身向下屈体，上身尽可能地接近腿部，之后，使上身整个放松（见图 14-15）。

图 14-15

D．骑马式：吸气，左腿向后伸直，右腿弯曲，成弓步，伸展脊椎，向前看（见图 14-16）。

图 14-16

E．直板式：保持自然呼吸，右脚向后退，使身体成一直线，腹部和腰部要尽量收紧、拔长（见图 14-17）。

图 14-17

F.“八体投地”式：屏住呼吸，使膝盖着地，然后放松胸部，髋部抬高，放松腰部和伸展胸部（见图 14-18）。

图 14-18

G．眼镜蛇式：髋部落下，使之催动上身头部、肩部、胸部、腹部等节节抬起，保持上身后仰，眼睛看上方（见图 14-19）。

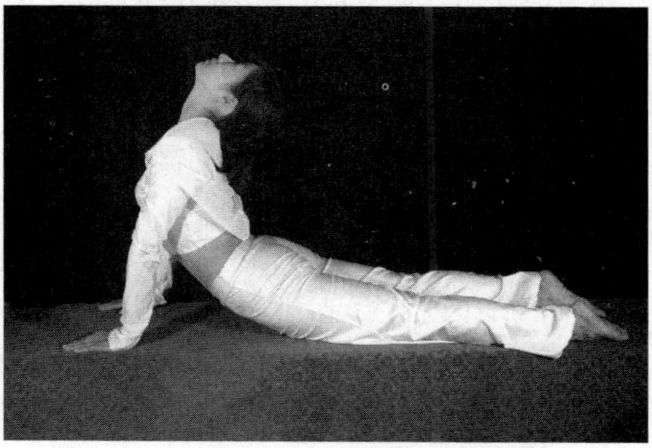

图 14-19

H．山岳式：呼气，抬高髋部，使得身体呈“V”形，两脚跟用力向下踩，肩肘下压（见图 14-20）。

图 14-20

I. 骑马式：同图 14-16，但方向相反，左脚在前。

J. 前屈式（手触脚式）：同图 14-15。

K. 展臂式：同图 14-14。

L. 祈祷式：同图 14-13。

注意事项：发烧或头晕的人不要练习此动作。

健身作用：拜日式由连贯的十二个动作组成，它包括前弯、后仰、伸展等动作，配合呼吸，可加强全身的肌肉，提高其柔韧性，促进全身的血液循环，增强消化系统、呼吸系统、循环系统、神经系统、内分泌系统的平衡，从而使全身达到阴阳平衡状态。

9. 眼镜蛇式变形式

俯卧，两脚并拢，两手掌平放在身体的两侧，下颚着地；吸气，抬高头部，慢慢地把上身牵起离开地面；随后用双手推地面，尽可能地抬高胸部，头部和躯干往上往后卷起，使脊椎到腰部完全的伸展。呼气，身体慢慢地转向左边，眼睛向后看，尽可能地看到脚尖。意识停留在肾脏部位。吸气时还原，换另外一边做同样的动作。

（1）要点提示：头转向哪个方向，腰部也随之转向哪个方向。

（2）注意事项：患胃溃疡者不要练习此式。

（3）健身作用：加速肠胃的蠕动，对肠脏和腹部器官有益。

10. 顶峰式变形式

跪立，两脚踩住地面，抬起臀部，使得身体呈“V”形，伸直双膝。背和两臂应与在两肘间的头成一直线。吸气，脚跟向上抬起。呼气，两脚跟用力向下踩，肩肘下压。

（1）注意事项：练习时应把意识放在上身的伸展上。

（2）健身作用：强化腿部的韧带和肌肉，消除紧张和疲劳，治疗关节炎、坐骨神经痛等；改善面部的血液循环，治疗粉刺秃顶等。

11. 猫弓背式

抬起臀部，双膝跪地，同时双手放在身体前的地上，吸气，脊椎下沉，抬头（见图 14-21）。

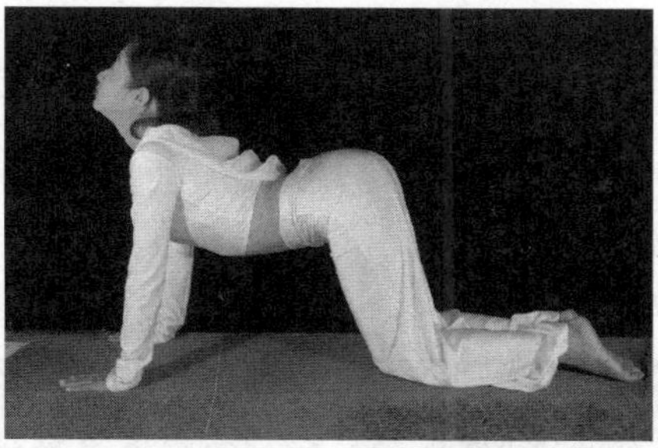

图 14-21

头低下，使后背成弓形时，呼气。脊椎再次抬起，头抬起。手臂保持垂直和笔挺（见图 14-22）。

图 14-22

（1）健身作用：这个姿势可使颈部、两肩和脊柱柔软。它柔和地增强女性的生殖系统，并对孕妇效果较好。妇女患月经不调和白带过多时，可从此姿势中得到很大缓解。在月经期做这个姿势可缓解痛经。

（2）注意事项：如果在呼气时收缩胃部，该姿势的效果会大大提高。

12. 船式

平躺，双腿伸向体前，保持腿部伸直。两臂平放体侧，掌心朝下。吸气，把两手、两脚一起向上提，使得上身和两腿离开地面 30 度角左右。双臂与地面平行（见图 14-23）。这时屏住呼吸，保持此姿势，尽自己所能控制一会儿。呼气，还原。握住双拳，使全身的肌肉紧张起来，使得上身和两腿离开地面 30 度角左右。双臂与地面平行。这时屏住呼吸，保持此姿势，尽自己所能控制一会儿。

图 14-23

健身作用：强壮腰背部；加强腹部器官和肌肉，促进肠胃蠕动，改善消化功能；放松全身的许多关节和肌肉，对神经质和生活紧张的人有益。

13. 推磨式（船式变式）

保持坐位，两腿外伸，两臂平举，两手握拳，吸气，上身保持挺直，慢慢地向后倾斜，到自己的最大幅度，呼气，上身慢慢向前到最大限度。后两臂做圆周水平运动，手臂伸直，想象自己正在磨小麦。只从腰部移动身体（见图 14-24、图 14-25）。朝顺时针方向做此练习 10 次，然后朝逆时针方向做 10 次。

图 14-24

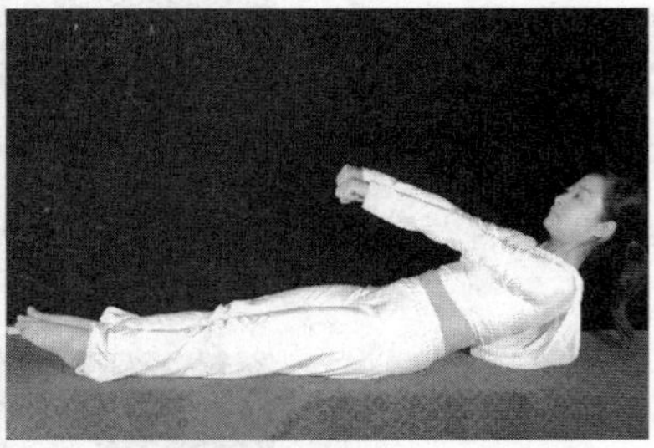
图 14-25

（1）注意事项：应尽可能地保持上身脊椎伸直，两腿贴住垫子；以头顶、两拳为最远点做圆周运动，这个圆圈可慢慢地加大。

（2）健身作用：按摩子宫肌和腹肌。

14. 桥式

仰卧，双腿在膝处屈曲，双踵触臀部。双手握住两踝。屏住呼吸，抬臀拱背，双足平放地上（见图 14-26）。切勿移动双手或双肩的位置。身体应由双足、颈、双肩和双臂支撑。

图 14-26

健身作用：伸展背部和腰部，消除颈椎和肩部的紧张，治疗肩周炎、驼背、腿脚乏力等。

15. 桥式变形式

仰卧，双腿在膝处屈曲，双踵触臀部，双手支撑住腰部，尽可能地向上抬高髋部，之后慢慢地向前伸直双腿，两手放在垫子上，保持尽可能长的时间（见图 14-27）。

图 14-27

健身作用：按摩内脏器官，增强腿部的肌肉和韧带的柔韧度。

16. 轮式

仰卧，双腿在膝处屈曲，双踵触臀部，两手扶在头的两侧，吸气，把髋、腰、腹部向上抬起，伸直两腿和两臂，使身体抬到“满弓”的程度（见图 14-28）。把身体慢慢放低，头触地后，改为仰卧。

图 14-28

（1）注意事项：高血压、冠心病、胃溃疡、肠中毒、半聋或毛细血管扩张患者不应练习。近期骨折或做过腹部手术者也不能练。除非练习者已适应较初步的后屈姿势，否则不要练习此式。刚开始练习此式时，可以屏住呼吸，在熟练后可保持正常的呼吸。

（2）健身作用：对整个神经系统和内分泌系统有利。它影响激素的分泌，并对妇女生殖系统各种疾病具有治疗作用。此姿势完全伸展背肌和股肌，增强其柔韧度，也可有力地按摩腹部脏器。

17. 肩倒立式

仰卧，两腿并拢，两手放在两旁，手掌平放地上。两脚向上抬起，以两臂做杠杆，举起两腿和背部，成垂直位置。屈曲双臂作支撑，以手掌压迫背部来稳定背部。身体和两腿应向上伸直，和颈部成直角，下巴抵住胸部（见图 14-29）。

图 14-29

（1）注意事项：甲状腺、肝脾肿大、高血压患者或心脏病患者不宜练。

（2）健身作用：此式刺激甲状腺，从而改善循环、消化、生殖、神经和内分泌系统的平衡。

（三）冥想放松

（1）练习方法：仰卧，全身放松。两手放在身体两侧，与身体并排，掌心向上。双脚稍微分开至舒适位置。闭上双眼，放松身体。让呼吸变得有节奏、自然。让思想意识到吸气和呼气。使用胸部呼吸的话，将增加心脏的负担，最好缓慢地运用腹式呼吸（见图 14-30）。左手放在胸口上，右手轻轻放在腹部上，吸、吐气的时间长一点，最好在 5 秒钟以上。吐气时，毛细血管会张开，血流就很容易流遍全身。同时，自律神经的副交感神经也会发生作用，身心自然就会感到舒畅。

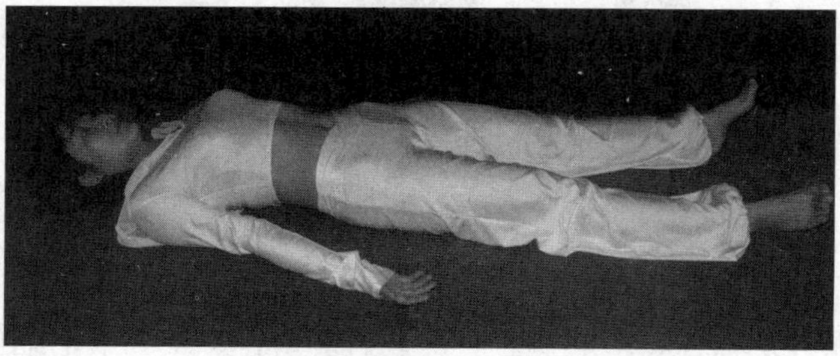

图 14-30

（2）健身作用：及时、充分、有效地放松关节、肌肉和韧带；可治疗神经衰弱、失眠、哮喘、高血压、月经不调、消化不良等；此式让人身心更易放松。

（3）注意事项：此式配上轻音乐，可使人更容易放松，入静效果更佳。

二、双人瑜伽与瑜伽提斯简介

（一）双人瑜伽

在方兴未艾的瑜伽热潮中，双人瑜伽逐渐受到关注。与个人修习相比，双人瑜伽更重视分享、交流和互助，较单人瑜伽更有乐趣。双人，可以是夫妻、朋友、同学等，双人瑜伽并不是随便什么人都可以共同练习，也并不是任何伴侣都愿意陪你共同练习，练习双人瑜伽需要一定的默契。瑜伽能创造一种神奇的能量。所以在双人瑜伽的练习中，你能感受强大的能量交集、聚积，从而达到最佳的修身养性效果。双人瑜伽练习须注意以下事项。

和个人瑜伽修习一样，相对私密的双人瑜伽也不能忽略教练的指导，否则很有可能造成伤害。教练不仅能传授正确的知识，而且能及时纠正错误。

练习双人瑜伽最好是两人都有瑜伽经历。如果只有一个人练过瑜伽，也可以尝试一些简单的双人动作，比如让不会瑜伽的一方做一些辅助性的动作。不要一味追求姿势的优美，记住，让自己最舒适的程度，就是瑜伽动作的最佳程度。同时，还要注意对方的感觉，千万不要为了追求造型而强迫对方。

书面资料中展示的双人瑜伽，大多是瑜伽体位法的练习。其实，练习瑜伽最重要的是意志的集中和呼吸配合。练习双人瑜伽对饮食、场地、着装等的要求和练习单人瑜伽相同。

1. V式

两人手拉手，两腿屈膝坐在垫子上，两人脚心相对，先抬起两人的一侧腿，后再抬起另一侧。尽量保持两腿伸直、上身脊椎竖直（见图 14-31）。

图 14-31

（1）注意事项：身体僵硬者可以稍稍弯曲腿部，但应尽量保持脊椎挺直。

（2）健身作用：强壮腹部肌肉，改善内脏下垂，矫正腰椎，调节荷尔蒙阴阳平衡；消除腹部脂肪，有美臀的功效；促进颈部的血液循环，消除肩痛和偏头痛。

2. 脊柱扭转式

两人坐在垫子上，一人在另一人的一侧，保持两腿向前伸直，上身挺直。然后一方保持右腿在地面，左膝屈回，上身左转 90 度，左手放在右腰侧，右肘关节搭在右膝的外侧，另一人则方向相反，两人手拉手，眼睛都向右后方看（见图 14-32）。

图 14-32

（1）注意事项：疲劳、腹泻、失眠时不要练习此动作，女性经期应避免做这种扭转的动作。

（2）健身作用：转动时按颈、胸、腰的顺序有意识地自上而下依次扭转，要用颈引领脊柱上挺；可消除肩、颈的瘀血，使脊柱更加柔软，防止背痛和腰部风湿痛。

3. 双莲花式

两人面对面坐好，左脚放在右腿上，贴近肚脐，右脚再放在左腿之上，贴近肚脐，莲花式坐立，一方手臂拉住另一方手臂，正常呼吸。吸气，保持脊椎伸直。呼气，抬头（见图 14-33）。

图 14-33

（1）注意事项：做此动作要尽量保持脊椎伸直，脚踝有伤的不要练习。

（2）健身作用：可加速上半身的血液循环；强健脊柱，改善内脏功能，预防和治疗脚部疾病，使心灵平和、活跃而警觉。还可刺激腹部器官，改善消化系统的功能，促进排泄，起到排毒养颜的功效。

4. 幻椅式

两人面对面，手掌心相对，手臂伸直，与肩同宽。双脚并拢，身体下蹲，随后两脚开立与肩同宽。吸气，两人一起将手臂举起，保持手臂伸直。呼气，抬头（见图 14-34、图 14-35）。练习的次数可以根据自己的体质决定。

图 14-34

图 14-35

（1）注意事项：初学者不要强迫自己蹲得很低。

（2）健身作用：这个姿势可以使两腿更强健，增进体态平衡稳定，矫正不良姿势，并可扩展胸部，增强双踝，强壮腹部器官，按摩心脏，缓解颈部不适症状。

5. 单脚背部伸展式

一人坐，左腿伸直贴住垫子，保持脚面绷平。右腿屈膝，脚跟贴近左大腿根部，吸气，两手手心相对，与肩同宽，向上伸展，使得脊椎拔长，呼气，上身慢慢向左腿靠近。另一人可在身后用双掌按压其腰部帮助伸展韧带。此动作有助于挤压内脏器官，放松背部肌肉，消除腹部瘀血，增强胃肠功能（见图 14-36）。

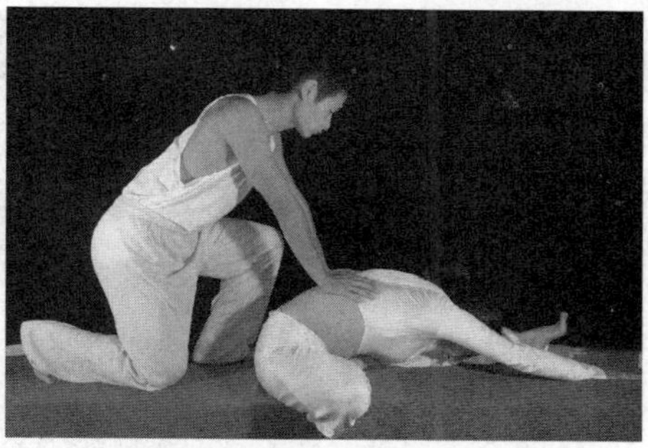

图 14-36

注意事项：帮助者不可过于用力，以免练习者受伤。

6. 弓式

一人俯卧，两臂靠近体侧平放，使得脚腿全部并拢，屈膝，将小腿尽量收回臀部，抓住两脚或脚踝，把两脚向后伸，这时另一人抓住这人的两手腕，吸气，尽量翘起躯干，背部成凹拱形，头部尽量向后抬。完成动作后呼气，还原（见图 14-37）。

图 14-37

（1）注意事项：帮助者不可过于用力，以免练习者受伤。

（2）健身作用：这个姿势可以刺激、强化整个脊柱，促进造血功能，使腰部纤细、胸部发达、臀部结实。

7. 三角式和战士式

一人直立，双脚分开。吸气，两侧举双臂，形成一直线，并把髋关节推向一侧。呼气，转体向右，把左手放到左脚，使两臂相互成直线，向上看右手。另一人吸气，两脚分开，两臂向两侧平举。左弓步尽量成 90 度，两手向两侧伸展。头顶向上领起，呼气，后者左手搭在背后，右手去拉对方的右手，使得两手呈拱形（见图 14-38）。

（1）注意事项：帮助者不可过于用力，以免练习者受伤。

（2）健身作用：可调节神经，加强消化系统和各个器官的功能。改善面部的血液循环，可治疗皮肤病，如雀斑、痤疮等。加强全身各个关节的灵活性，消除颈部和背部的紧张疲劳。扩展胸部，增进呼吸量，对肺部有益。减少胯部的脂肪，加强腿部和背部的韧带肌肉，防止痉挛。

图 14-38

（二）瑜伽提斯简介

瑜伽提斯（Yogalates）是近年来兴起的一项把东方的瑜伽与西方的普拉提斯结合起来的健身运动。瑜伽强调身体与心灵的完美结合，除了增强肌肉力量、有氧耐力、柔软度、平衡感以外，更是心灵修行的最佳练习手段。普拉提斯虽然发展时间不久，但由于它强调用意志力来引导肢体运动，主要训练所谓的核心肌群，即腹背部的肌肉群，兼具治疗与运动的效果，近年来深受广大人民喜爱。这两项运动有许多相似的地方，例如它们都有一些特殊的姿势，强调正确的呼吸，以及意志与运动配合等。这两项运动的结合，可以使你动用到全身不同部位的肌肉群，又可以达到身体特定部位的塑身效果。

瑜伽提斯的练习要点、注意事项与单人瑜伽练习基本上相同。

第十五章　中国象棋

第一节　中国象棋概况

中国象棋具有悠久的历史。战国时期，已经有了关于象棋的正式记载。经过 1000 多年的发展，象棋于北宋末年定型为近代模式：32 枚棋子，有河界的棋盘，将（帅）在九宫之中等。中华人民共和国成立之后，象棋进入了一个崭新的发展阶段。1956 年，象棋成为国家正式体育项目。1962 年，中国象棋协会成立，其是中华全国体育总会的下属组织之一，此后各地也相应建立了下属协会机构。50 多年来，在群众性棋类活动和比赛的推动下，中国象棋运动得到了长足发展，优秀棋手不断涌现。

棋类教育旨在以棋为教育工具，促进学生在德、智、体、美各方面全面发展。在学校积极组织开展棋类活动，对深化教育改革、促进学生的素质提高是非常必要的，有利于培养学生独立解决问题的思维能力、操作能力，有利于提高学生的文化素养。在棋类教育过程中，学生既是美的追求者，也是美的欣赏者，同时又是美的创造者。

象棋作为一种比赛智力的竞技运动项目，并不单单是棋艺的较量，还是身体条件、心理素质、意志品质、计算能力、临场经验和智谋韬略等方面的较量。棋枰上的局势千变万化，没有固定的对策可以一劳永逸地解决问题，即所谓“谱不能尽弈之变，法不可尽战之奇”。这也为象棋爱好者发挥想象力和创造力提供了广阔的空间。

一、怎样尽快提高棋艺水平

（一）实战锻炼

学习象棋最主要的实践形式就是对局实战，通过对局可以感悟棋局中的奥妙，提高局面判断力，每一步好棋都源于棋手对象棋本身的思考和练习，下棋会有灵光一现的时候，但那也是对象棋的理解和练习到了一定程度后表现出来的，初学者没有积累，常常随手乱走，错漏百出，因此必须通过实战演练吸取经验教训，逐步提高棋艺水平。

（二）观摩读谱

练习者应根据自身水平选择棋谱，系统学习象棋的基本杀法、常见战术手段、残局例胜（和）规律、常用开局定式、名家精彩对局等；通过理论学习，体会象棋审局决策和计算方法，理解名家对局心理、战略构思和战术手段的实施，逐步培养战略思想与战术意识的结合能力。学习过程中一定要贯彻由简到繁、从易到难的原则。

二、象棋子力价值和行棋规定

（一）棋盘与棋子

象棋棋盘由 9 道纵线和 10 道横线交叉组成。棋盘上共有 90 个交叉点，棋子就在这些交叉点上摆放和活动。双方都从自己的右边数起，例如，红方的一路纵线就是黑方的 9 路纵线，红方的二路纵线就是黑方的 8 路纵线。

棋盘中间没有划通纵线的地方，叫作“河界”；划有斜交叉线的地方，叫作“九宫”。棋子共有 32 个，分为红、黑两组。红、黑各有 7 个兵种。红子包括帅 1 个，车、马、炮、士、相各 2 个，兵 5 个；黑子包括将 1 个，车、马、炮、士、象各 2 个，卒 5 个（见图 15-1）。

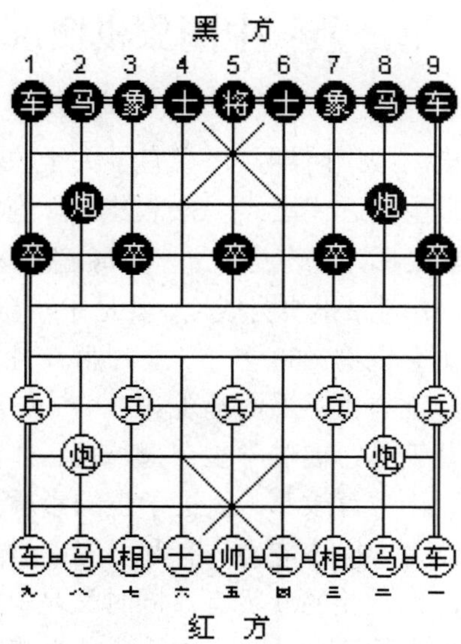

图 15-1

（二）记录方法

红方着法用大写数字一到九表示。黑方着法用阿拉伯数字 1 到 9 表示。

完整记录是将每一着棋用四个字表示，第一个字是棋子的名称，如“车”“卒”“相”等；第二个字是棋子所在纵线的号码，如“三”“5”等；第三个字是棋子的运动方向，对双方相对而言，向前走为“进”，向后走为“退”，横向走为“平”。第四个字是棋子进、退后的状态，步数（纵向走棋时）或是到达纵线的号码（横向、斜向走棋时）。试走：

1. 炮二平五　马 8 进 7　　2. 马二进三　车 9 进 1
3. 车一平二　炮 8 退 1　　4. 马八进九　象 3 进 5
5. 士四进五　卒 7 进 1　　6. 车二进四

即成图 15-2 所示棋形。

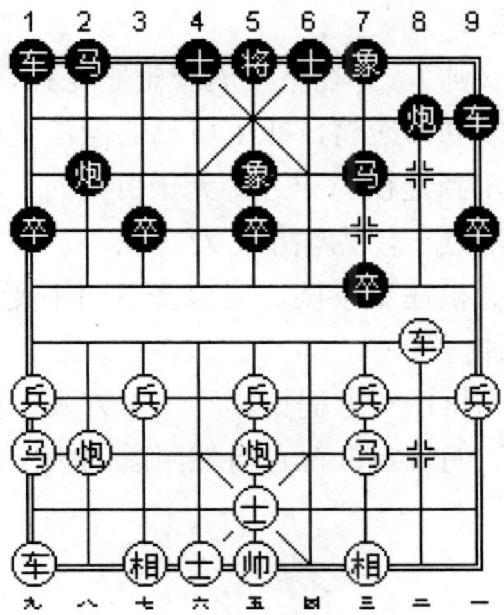

图 15-2

（三）行棋与吃子

对局时，由执红的一方先行，双方轮流各走一着，直至分出结果。

轮到走棋的一方，将某个棋子从一个交叉点走到另外一个交叉点，或者吃掉对方的棋子而占据其交叉点，都视为走了一着。双方各走一着，称为一个回合。

帅（将）每一着只允许走一步，前进、后退、横走都可以，但不能走出九宫。帅与将不许在相同的纵线上直接对面，如果一方已经抢先占据，另外一方必须回避。

士每一着只允许按照九宫中的斜线走一步，可进可退。

相（象）不能越过河界，每一步斜走两步，可进可退，俗称“走田字”。当田字中心有其他棋子时，俗称“塞相（象）眼”，则不许走过去。

马每着走一直一斜或一横一斜，可进可退，俗称“马走日”。如果在要去的方向有其他棋子挡道，俗称“蹩马腿”，则不许走过去。

车每一着可以直进、直退、横走，不限制步数。

炮在不吃子的时候，走法同车一样。吃子时必须隔一个棋子跳吃，俗称“炮打隔子”。

兵（卒）在没有越过河界前，每着只允许向前直走一步；越过河界之后，每着可以向前直走或横走一步，但任何时候都不能后退。

走一着棋时，如果自己的棋子能够走到的位置有对方棋子存在，就可以把对方的棋子吃掉并占领那个位置。除了将、帅以外，其他棋子都可以听任对方吃掉，或主动送吃。吃子的一方，必须把吃掉的棋子从棋盘上拿走。

（四）子力价值

从孤立、静止的角度看，象棋七兵种具有不同的价值。根据经验大致如下：车 9 分、炮 4.5 分、马 4 分、相（象）2 分、士 2 分、兵（卒）1 分、过河兵（卒）2 分。将（帅）的地位最高，是象棋胜负的标志，不能被对方吃掉，不存在与对方棋子进行交换的问题，因此不需要对其子力价值做出具体评价。关于兵种的价值判定，只是适用于平稳局势的一种参考，实际中棋子的价值往往由它的位置和自身价值综合决定。

（五）胜、负、和的判定

一方棋子攻击对方的将（帅），并在下一着要把它吃掉，称为“照将”或“将”。照将不必声明，被照将的一方必须立即应将，即用自己的着法化解被照将的状态。如果被照将而无法应将，就算被将死。轮到走棋的一方，无子可走时，就算被困毙。

对局时一方出现下列情况之一，为输棋，对方获胜：将（帅）被对方将死；被困毙；超时；走棋违反行棋规定；走棋违反禁例，应该变着而不变；在同一局棋中，三次犯规；主动宣布认输；严重违反纪律。

出现下列情况之一，为和棋：一方提议作和，对方表示同意；双方走棋出现循环反复达到三次，符合“不变作和”的规定；符合自然限着的规定，即在六十回合中，双方都没有吃过一个棋子。

三、规则简介

象棋规则规定每走一步棋，如果属于以下三种情况，则这步棋性质为“打”，否则性质为“闲”。

（1）将军：走子准备下一步直接吃掉对方将（帅）的走法。

（2）要杀：走子准备下一步通过将军或连续将军，将死对方的走法。

（3）捉子：走子后可以白白吃掉对方某个子并造成对方子力损失的走法。

如果双方走法出现循环反复，则按照以下规定处理。

（1）禁止着法的认定：凡是单方面走出的长将（连续将军）、长杀（连续要杀）、长捉（连续捉子，捉吃未过河的兵、卒，不算捉子）等“长打”的着法，属于禁止着法。有一条特殊规定是：如果将（帅）或兵（卒）长捉对方的子力算作允许着法。

（2）允许着法的认定：凡是单方面走出的“长兑子”“一步为打、一步为闲”等着法，均为允许着法。

（3）判罚原则：双方均为允许着法，则双方不变判和。双方均为禁止着法（不包括一方为长将），则双方不变判和。一方为禁止着法，另一方为允许着法，应由前者变着，不变判负。

第二节　实用残局

熟练掌握残局实用技巧，准确判断各种胜负、和棋的棋形，意义非常重大。因为这些定式性的局面，有其内在的规律，前人经过总结已经给出相应的取胜或守和方法，熟练掌握可以少走弯路，避免临局时手足无措。本节对几例残局进行具体分析。

（一）单马例胜单士

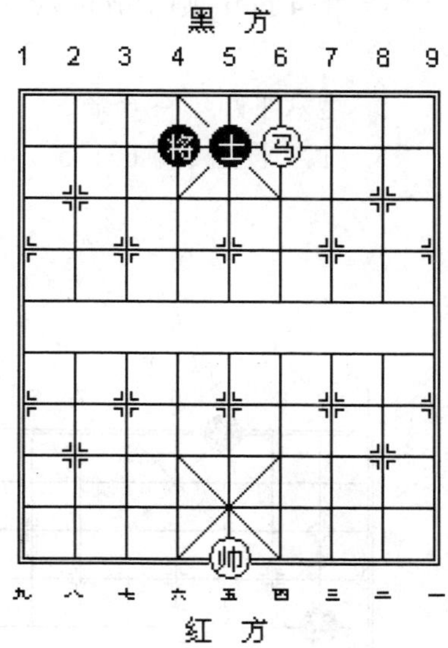

图 15-3

如图 15-3 ，单马取士需要 7 步棋。

1. 马四退五　将 4 进 1　　2. 马五进三　士 5 进 6

3. 马三退四　士 6 退 5（如果退将，马进六捉死黑士）

4. 马四进六　士 5 退 6　　5. 马六进八　士 6 进 5

6. 马八进七　将 4 退 1　　7. 马七退五

至此黑方困毙作负。

（二）炮士例胜双士

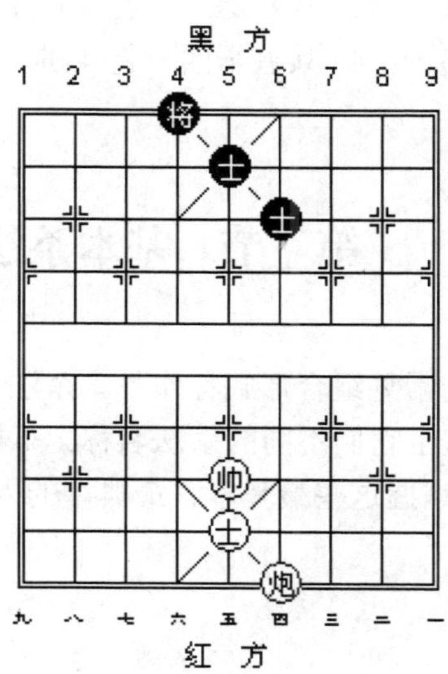

图 15-4

如图 15-4，红先。

1. 炮四平六　将 4 平 5（如果将 4 进 1 则士五进六　士 5 进 4　炮六进一　士 6 退 5 士六退五 闷宫胜）

2. 帅五平六　将 5 平 6　　3. 炮六平四　将 6 平 5

4. 士五进四　将 5 平 6　　5. 帅六平五　将 6 平 5

6. 炮四进七

得士胜。

（三）双兵双士例和单车

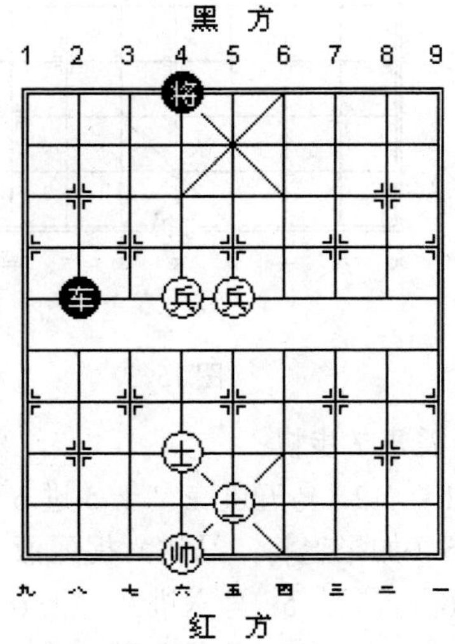

图 15-5

如图 15-5，双兵与双士相互保护，用帅或兵走闲棋，而黑将不能参与助攻，简明成和。

1. 帅六进一　将 4 进 1　　2. 帅六退一　将 4 退 1

3. 帅六进一　车 2 进 5　　4. 兵五平四　将 4 进 1

5. 兵四平五

第三节　基本杀法

用少量棋子将死对方的常见组合形式称作基本杀法。根据不同棋子的组合特点以及它们将死对方的具体形式，赋予它们不同的杀法名称。下棋的最终目的，就是要将对方的将（帅）杀死，为此双方都要掌握这些最基本、最典型的入局手法。

一、闷宫杀法

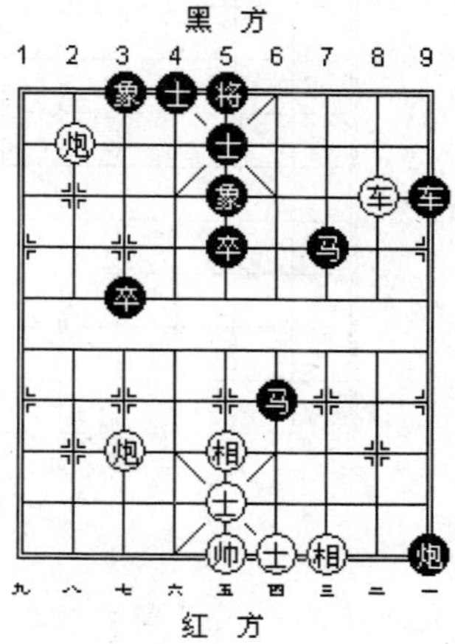

图 15-6

如图 15-6，红先。

1. 车二平五　象 3 进 5（红吃中象一击中的，黑象看似重兵把守，实则为黑阵一处薄弱环节。此时红方兑车或避兑都是俗手）

2. 炮八进一　象 5 退 3

3. 炮七进七

红胜。

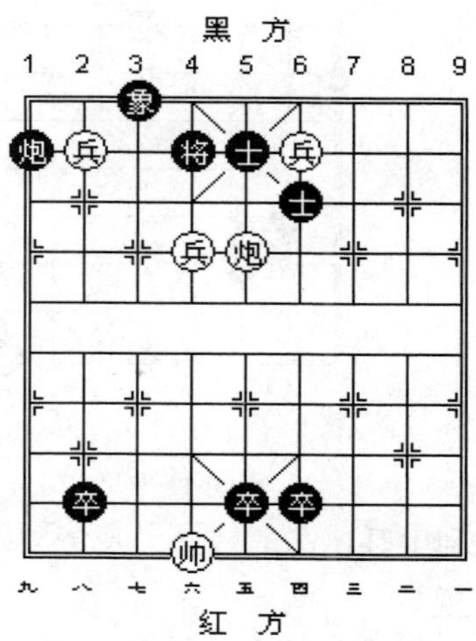

图 15-7

如图 15-7，红先。

1. 兵八平七　将 4 退 1　　　2. 兵六进一　士 5 进 4

3. 兵四平五　炮 1 平 5（红方小兵坐大堂，出人意料）

4. 兵七平六　将 4 进 1　5. 炮五平六　　（连弃三个小兵，独炮闷杀）

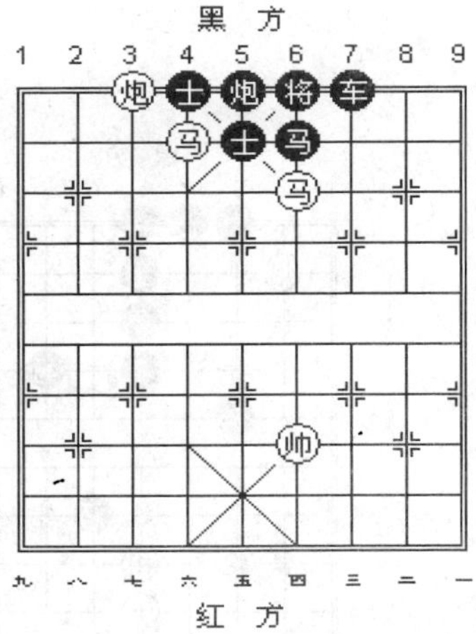

图 15-8

图 15-8 选自一则排局的末尾阶段，虽然寥寥数着，却藏神来之笔。

1. 马四进二　车 7 进 1　　2. 炮七退二　车 7 平 8

3. 炮七平六

二、卧槽马杀法

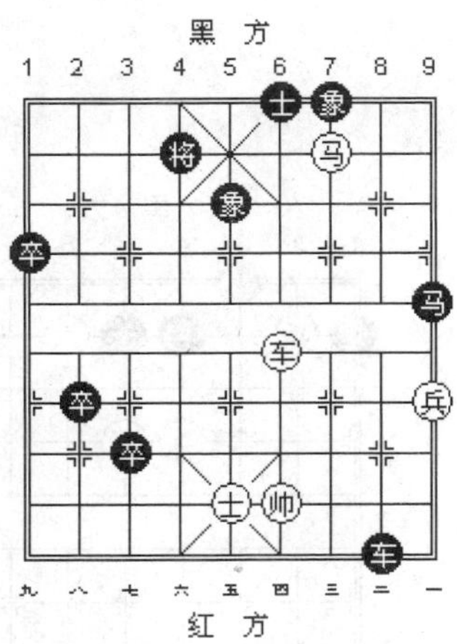

图 15-9

如图 15-9 所示，红方利用卧槽马的威胁，反复将军、要杀，最终各个击破，扭转了少兵缺相的颓势，弈来赏心悦目。

1. 车四平六　将 4 平 5　　2. 车六平八　将 5 平 4

3. 车八进四　将 4 退 1　　4. 车八退五　将 4 进 1

5. 车八平六　将 4 平 5　　6. 车六平七　将 5 平 4

7. 车七进五　将 4 退 1　　8. 车七退六　将 4 进 1

9. 车七进六　将 4 退 1　　10. 车七退二　将 4 进 1

11. 车七平六　将 4 平 5　　12. 车六平九　将 5 平 4

13. 车九进二　将 4 退 1　　14. 车九退三　将 4 进 1

15. 车九平六　将 4 平 5　　16. 车六平一　红方胜势

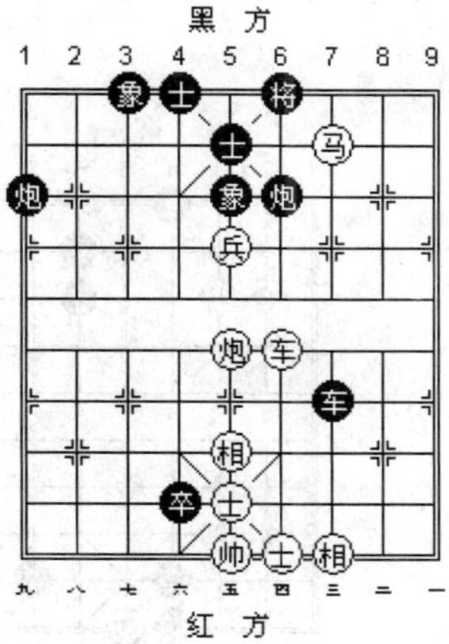

图 15-10

如图 15-10，红先。

1. 车四进三　炮 1 平 6（红方用车吃炮是突破对手防线的关键一步）
2. 炮五平四　炮 6 平 8
3. 兵五平四　士 5 进 6
4. 兵四进一

红方胜。

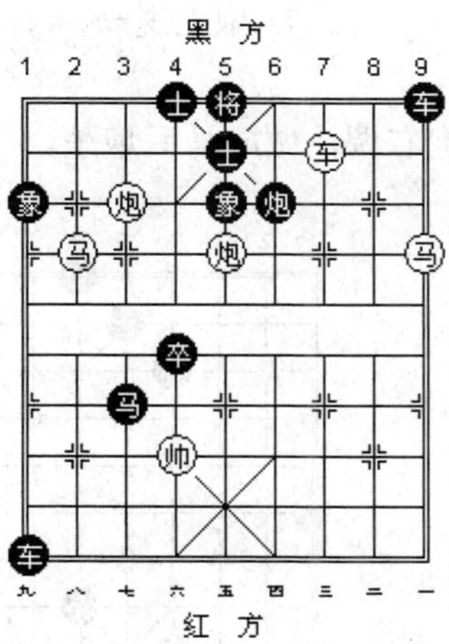

图 15-11

如图 15-11，红先。

1. 炮七进二　象 1 退 3
2. 车三进一　车 9 平 7（先送掉碍事的子力，最后仅用了马、炮两个子完成杀局）
3. 马八进七　将 5 平 6　　　　4. 马一进三　车 7 进 2
5. 炮五平四

三、马后炮杀法

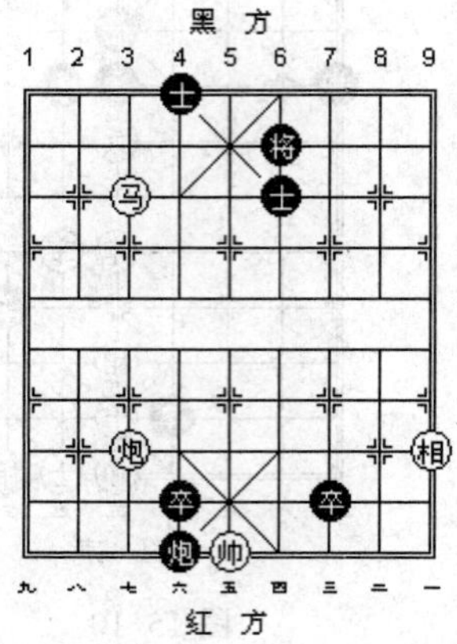

图 15-12

如图 15-12，红先。

1. 马七退五　将 6 退 1　　　　2. 马五进三　将 6 进 1

3. 炮七进七　士 6 退 5（如果没有红方边相，此时简单走马三进二，将 6 退 1，炮七平一再沉底，用马后炮杀棋。现在炮径直底线要杀，目的是和马呼应起来）

4. 马三退五　将 6 进 1　　　　5. 马五退三　将 6 退 1

6. 马三进二　将 6 进 1　　　　7. 炮七退一　士 5 进 4

8. 炮七平一

再次利用要杀机会，左炮右调，做成马后炮杀。

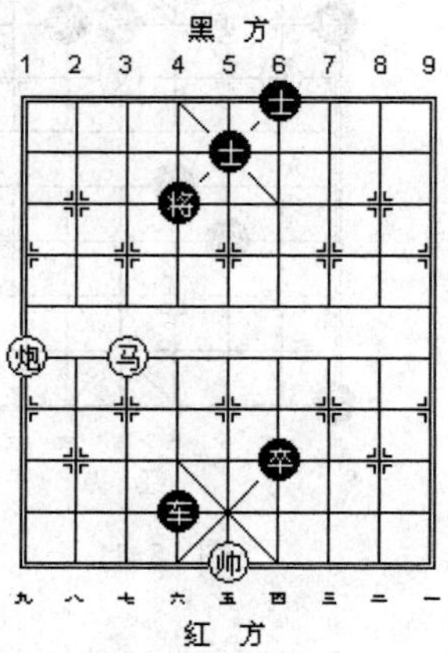

图 15-13

如图 15-13，红先。

1. 马七进五　将 4 退 1　　　　2. 马五进七　将 4 退 1

3. 马七进八　将 4 平 5　　　　4. 炮九平三　车 4 平 7（调离黑车，乘虚而入）

5. 马八退六　将 5 平 4　　　　6. 炮三平六 马后炮杀

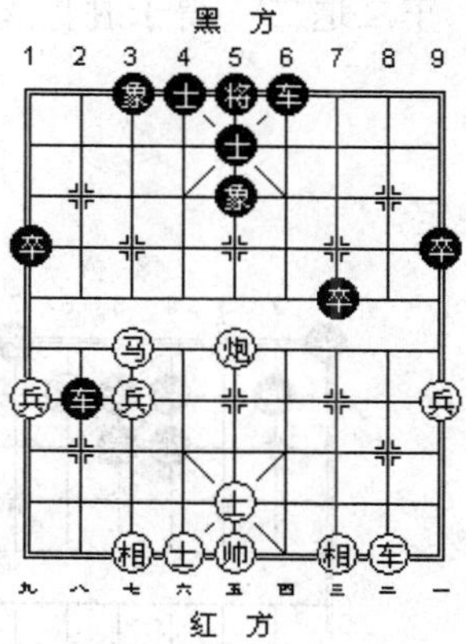

图 15-14

如图 15-14，类似棋形有可能在实战中出现，留意沉底弃车方能快速入局。

1. 马七进六　车 2 平 3　　　　2. 车二进九　车 6 平 8
3. 马六进四　将 5 平 6　　　　4. 炮五平四

第四节　中局战术

象棋开局后，攻防阵形基本定型，这时就进入中局阶段。中局阶段棋路广阔，子力错综复杂，攻防矛盾突出、明显，形势发展具有多变性，是对弈中承上启下的关键阶段。

一、闪击战术

走开“前”子露出“后”子，形成前后两子同时威胁对方，使其顾此失彼的下法称为“闪击战术”。如果被攻击的子力包括将（帅），我们称之为“抽将”或“闪将”，是闪击中的特例。闪击战术杀伤力大、隐蔽性强，进攻方式富有立体感、层次感。

如图 15-15，红先。

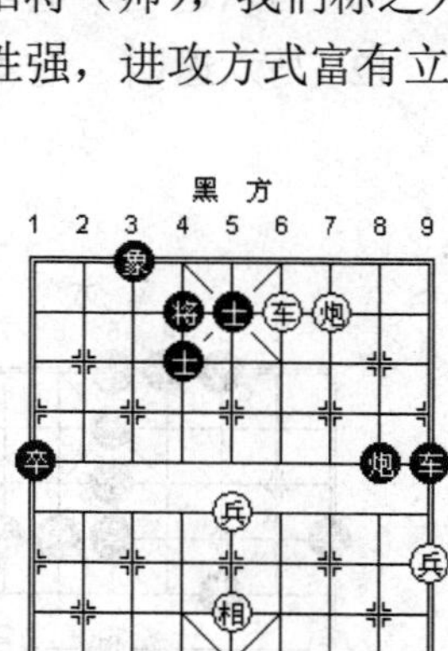

图 15-15

1. 兵一进一　炮 8 进 5　（红方车炮无子可以闪击，小兵欺车企图引出黑车成为袭击目标）［如果车 9 退 3，则炮三退三，车 9 进 2（如先炮 8 进 5，则相三进一，车 9 进 2，炮三平六，车 9 平 4，兵五进一，下步退车捉死黑车）车四平二　炮 8 退 1　兵一进一　车

9 进 1　炮三进三　将 4 退 1　车二退二　得子胜]

2. 车四退八　将 4 退 1

3. 兵一进一

解将反将，吃掉黑车后胜定。

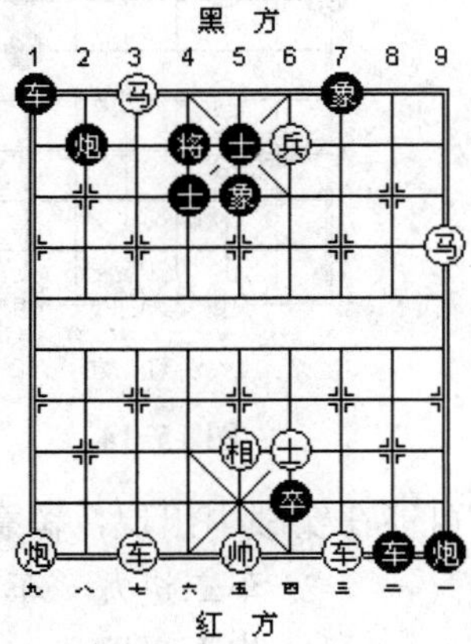

图 15-16

如图 15-16，红先。

1. 车七进八　将 4 退 1　　2. 炮九平六　将 4 平 5

3. 车七平五　士 4 退 5

4. 兵四平五　将 5 平 4（如果平 6 则马一进三胜）

5. 马七退六　炮 2 平 4（由此展开连续闪击，“借炮使马”是排局中的常见手法，关键是通过闪击运子到何处）

6. 马六退八　炮 4 平 2　　7. 马八退六　炮 2 平 4

8. 马六进五　炮 4 平 2（顺手吃掉黑象是必不可少的进攻步骤）

9. 马五退六　炮 2 平 4　　10. 马六退七　炮 4 平 2

11. 马七退六　炮 2 平 4　　12. 马六退四　炮 4 平 2

13. 车三进九

红胜。

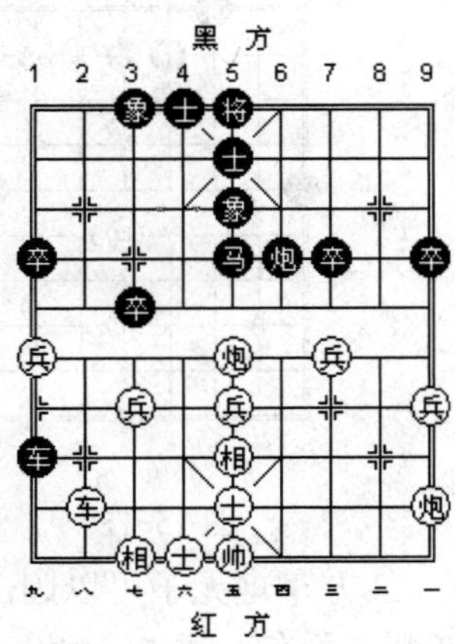

图 15-17

如图 15-17，红先。

1. 兵三进一 卒 7 进 1（考虑到黑车可能遭到闪击，红方突然过兵发难，抓住了关键。如果黑车 1 退 2，则兵三平四 炮 6 退 3 车八进五 马 5 进 6 车八平三 红方大占优势）

2. 炮一进五（黑方无论是躲马还是躲炮，红方都可以车八进五闪击得子）

二、先弃后取战术

古人云：“将欲取之，必先予之。”有时恰要进攻方先做出主动牺牲，然后再通过若干步“命令式”走法夺回失地，唯此才可打开局面，争得优势。我们把这种着眼全局、先赔后赚、取舍有方的下法称为“先弃后取”战术。

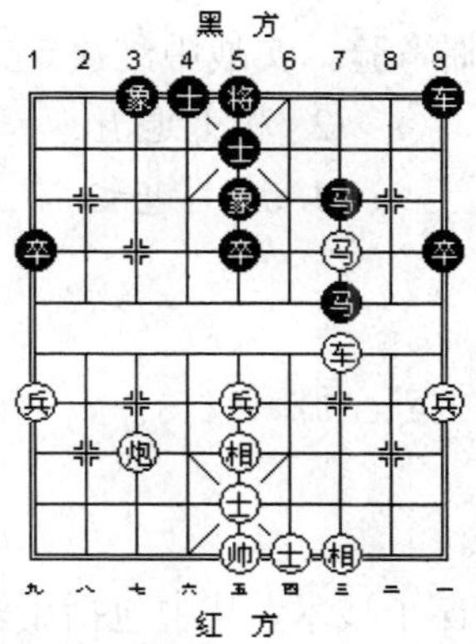

图 15-18

如图 15-18，双方子力均等，红方借助先弃后取谋得优势残局。

1. 马三进五 象 3 进 5

2. 车三进一（借红炮闷宫牵制得回失子，至此多相且兵种优，大有胜望）

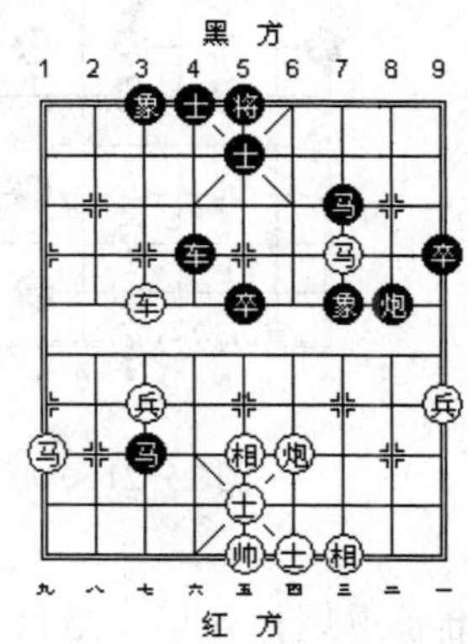

图 15-19

如图 15-19，红若直接炮四平七，则车 4 平 7，车七进四，仅多得一象难言必胜，于是红改变策略，主动弃子。

1. 车七进一 车 4 平 3（不兑车也要白丢黑马）

2. 炮四平七 卒 5 进 1

3. 炮七进四

多赚一子胜定。

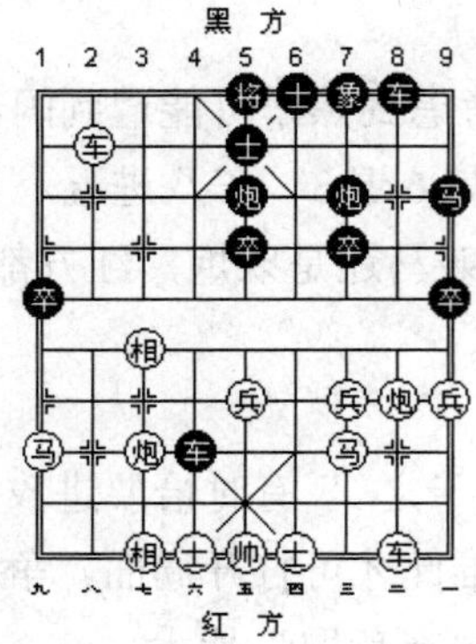

图 15-20

如图 15-20，红被捉双面临考验。实战中红决定保炮弃马，着法轻灵飘逸。

1. 车八退六　车 4 平 7　　2. 相七退五　车 7 进 1

3. 车八进七　士 5 退 4　　4. 炮七进七　士 4 进 5

5. 炮七平四　士 5 退 4

6. 炮四平二

红方连续追回一车一士，大获全胜。

三、谋子战术

设计擒获对方的强子称为谋子战术，其中包括用较弱（少）的子力交换对方较强（多）的子力。谋子过程要求紧凑严密，事先需要仔细估算得子后是否有风险，切忌得子而失先。

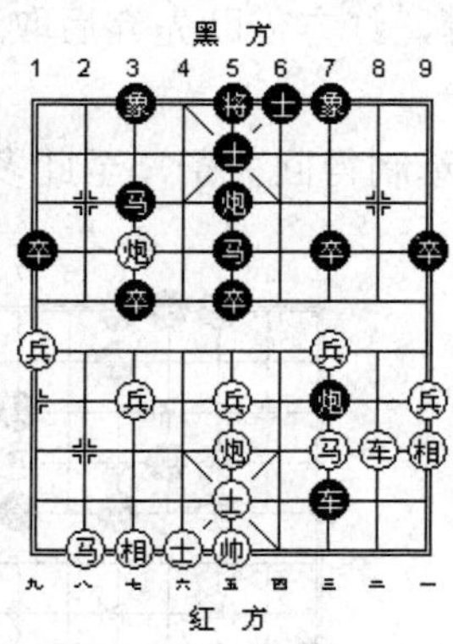

图 15-21

如图 15-21，红先。

1. 炮五平六　炮 7 平 6（准备退炮打死车，是预谋子力的下法）

如果甲：车 7 平 9，车二进一，车 9 进 1，士五退四；

乙：车 7 平 6，车二进一，车 6 退 2（如果炮 7 平 6，炮六退一捉死车），炮六进一，炮 7 平 5，马三进五均为红优。

2. 炮六退一　炮 6 进 2

黑以为用炮可以营救，没有料到红连续走士，妙手擒车。

3. 士五进四　炮 6 进 1

4. 士六进五　炮 6 退 1

5. 士五退四

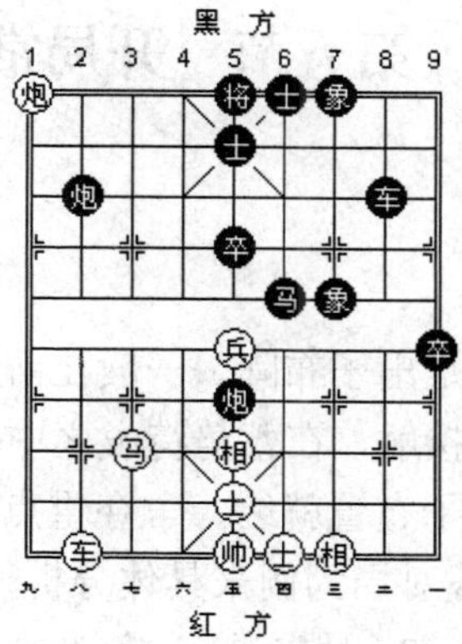

图 15-22

如图 15-22，现在红方净亏一炮，如何追回失子关乎能否守和。如果急于攻击河头黑马走车八进五，则车 8 平 3 互捉，红方一无所获。

1. 马七进五　马 6 进 5

2. 车八进三　马 5 进 7

经过深入计算，红方主动换子，现在黑方如马逃向 3 路线，则车八平七，伏抽从而得回子力。

3. 炮九退二　炮 2 退 1

4. 炮九退五

利用黑马，形成捉双之势，巧妙扳平。

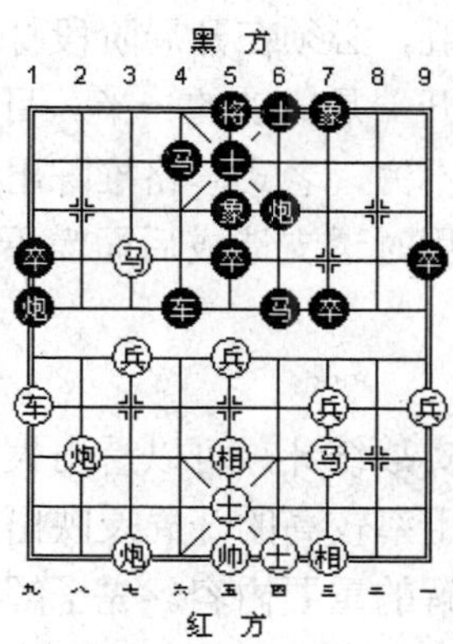

图 15-23

如图 15-23，黑方河沿一线子力局促，似有弱点，如何设计进攻方案呢？

1. 兵七进一　象 5 进 3

弃兵机警，是谋子的关键走法。如果黑方车 4 退 1，则马七进六，车 4 退 2，兵七平八，红炮被捉死。

2. 马七退九　卒 1 进 1

3. 炮八平六　下面续以炮七平六必得一子。

第五节 开局常识

一、开局的划分

对弈双方交战伊始，首先是出子布阵。一般在前十回合左右，子力安置初现雏形。这一阶段，彼此子力基本上互不接触，在蓄势待发之中孕育着阵形的强弱、攻守的方向、相互的制约。当车、马、炮等强子布置就绪，争夺重点已经明确之时，开局阶段即告结束。下面以1998年全国团体赛实战对局为例来具体分析一下开局的过程。

1. 兵七进一 炮2平3　　2. 马二进三 卒3进1
3. 马八进九 卒3进1　　4. 炮二平一 象7进5
5. 车一平二 马2进1　　6. 车二进四 马1进3
7. 炮八平四 车1平2　　8. 相七进五 卒7进1

双方以常见的仙人指路对卒底炮开局。第二回合红方跳右马是1997年流行起来的变例。至此，红方通过弃掉七路兵，抢先出动右巡河车；红左炮右移，瞄住了黑左马拐角的去处，加上红右车的牵制，顿使黑左马难于处置，但是黑借机抢先拱起7路卒，也限制了红三路马的发展。这一段双方扬己抑彼，强子基本到位，开局过程已经完成。围绕上述矛盾，对局慢慢过渡到中局。

二、开局的重要性

要想取得优势局面进而谋胜，必须在开局阶段打下良好的基础，这样才能以有利态势进入中局搏杀，正可谓良好的开端是成功的一半。目前棋坛高手越来越注重开局的研究，这体现在新潮定式、变例层出不穷，老式套路推陈出新。如果忽视开局的研究，或开盘中套而无力自拔，导致速败；或用时透支造成后面慌不择路。

三、开局的简单分类

象棋开局多种多样，通过实战统计，可以看出大部分棋手更加偏爱那些攻防明确、变化复杂、富有深意的变例。使用率较高的开局反映出本身的合理与完善，是适合初学者模仿学习、通过实战不断加深理解的重要内容。先了解一下开局的简单分类，对于确定开局方向，进而有侧重地钻研自己喜好的变例是很有必要的。

从红方的首着来分类，主要为中炮类、飞相类、仙人指路（进兵）类三种。

应付中炮类布局，以20世纪90年代的统计为基础，屏风马的使用率在七成左右，其本身就是一个庞大的分支，也是整个布局研究的“重头戏”；反宫马和顺炮也占有相当的比例，只不过与20世纪80年代相比有所下降；其他如列炮、单提马等后手布局尚难与中炮抗衡，使用上处于次要地位。

应付飞相类布局，没有一枝独秀的分支。士角炮、过宫炮、跳正马、左中炮、顺手象、逆手象是主要变化。

应付仙人指路布局，现在以卒底炮最为流行，经过多年的持续发展，已经形成了内涵丰富的首选套路。除此之外，互进卒、飞象、跳正马也属于常见的应法。

上述只是简单的分类，没有包罗其内的布局有时作为冷门使用，也常常收到出其不意的效果。

四、开局的基本原则

（一）迅速出动子力

开局阶段抢出子力非常重要。要使每个大子都能充分发挥作用，切忌频繁地走动某一个子，以至于影响其他主力的开动，影响开局完成的速度，甚至造成布局失当，各子力之间配置失调。更不要孤军深入，以免造成被动。

（二）抢占要位

重要的战略据点是兵家必争之地。哪一方抢占了重要据点，也就争得了主动，争到了控制权。因此，在开局阶段要尽快抢占重要据点。

（三）子力协调

出于防守和进攻的需要，开局阶段一定要注意子力的协调性。左右两翼战斗力的配备要大体上均等。切忌出现一边子力拥塞，另一边空虚的弱点，以致授人以隙。一旦出现薄弱环节，一定要很好地通过运子技巧弥补漏洞，不让对方有空子可钻。但有时在特殊情况下，基于某种战略目的，为了进行一场特殊的战斗，有时可在开局阶段有意识地把子力集中在一侧，以便向对方实施突然袭击。这种情况毕竟是少见的，因为自己空虚的一侧也暴露给对方，也要承担很大的风险。

（四）子路通畅

在开局阶段，要尽量做到保持自己的子力出路通畅。拿车来讲，车的控制威力最大，因此车的占位一般要抢占四通八达的位置，以便充分发挥作用。而双马则需要抢先挺起马头的兵卒，以保证马路通畅，这是由于马怕蹩腿的特定条件决定的。如果自己双马的马头都被对方制约住，局势就会被动。炮的位置则是根据需要，架中炮是为了从中路进攻，威胁对方中兵或中卒，三路炮或七路炮的作用则是瞄住对方三路或七路的兵卒，同时兼窥对方三路或七路马相（象）。而八、九路炮也各有其独特的作用，需视具体情况和个人喜好而定。

第十六章　国际象棋

第一节　国际象棋基础知识

关于国际象棋的起源流传着很多神秘的传说。其中最著名的一则来源于印度：古代印度有一位国王，厌倦了每日按部就班的宫廷生活，于是非常渴望新奇有趣的游戏所带来的刺激。一天，一个远道而来的老者为国王带来了一种被称为“国际象棋”的游戏，下了几盘之后国王大喜过望，把老者留在宫中一连下了三天三夜，最后心满意足的国王问老者要什么作为报答的时候，老者这样说道：“我的要求很简单，只要您在棋盘的第一个格子里放上一粒米，第二个格子里放上两粒米，第三个格子里放上四粒，第四个格子放上八粒……就这样每次增加一倍，直到第 64 个格子为止。”初看这是一个非常简单的要求，于是国王满口答应并按照老者要求开始摆放，可是米拿完了一袋又一袋，到最后整个国库的粮食都搬空了，还是不到 64 个格，最后认为受到戏弄的国王勃然大怒，下令把老者杀了。上面是一则流传很广的国际象棋传说。以我们今天的数学知识来看，老者提出的的确是一个不可能完成的任务。要达成这个要求需要约 2587 亿吨米，实在是个天文数字！

国际象棋最初的确是作为一种游戏出现在历史舞台上的。它的发明人与发源地由于历史的久远如今已不可考，我们唯一能够确定的是有文字记载的国际象棋史至少可以追溯至 1500 年以前。关于国际象棋的发源地，有中国、印度以及欧洲之说，莫衷一是，不过后来国际象棋在欧洲得到普及，并由民间游戏逐渐转变为现代体育运动的看法，是世所公认的。

一、棋盘与坐标记录法

国际象棋对局是由双方在一块称为棋盘（board）的正方形区域中交替走动各自的棋子来进行的。棋子分为白棋（white）和黑棋（black）两种。白方先行，黑棋后走，以后双方轮流行棋。

下面让我们来具体看一下棋盘的构成（见图 16-1）。

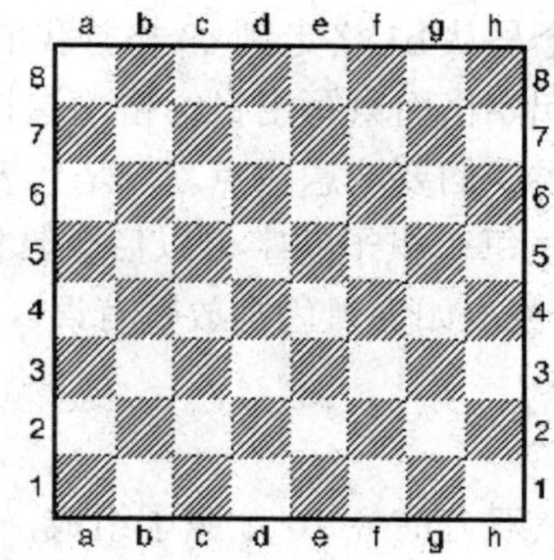

图 16-1

国际象棋的棋盘是由 64 个黑白相间的方格组成的 8×8 的正方形。在横向和竖向上黑白格交替出现，而在斜线上颜色统一。棋盘正中间的四个格子称为中心（center）；以中心纵向分界，位于右面的区域称为王翼（kingside），位于左面的称为后翼（queenside）；另外还有棋盘的四条边（side），以及四个角（corner）（见图 16-2）。牢记这些概念对我们以后的学习会有很大帮助。

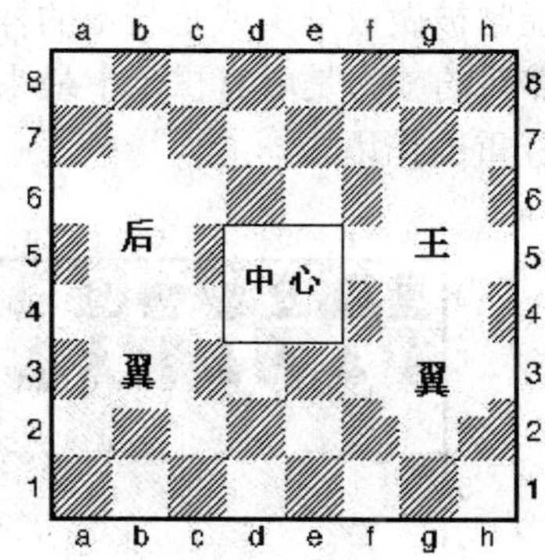

图 16-2

相信大家注意到了，围绕着棋盘四周有一些由字母和数字组成的刻度，它们的作用是用来标记棋盘上每个格子的名称，这也是下一步我们要学习到的坐标记录法。棋盘的 64 个方格是由 8 列 8 行构成的。我们用小写英文字母 a 到 h 分别代表棋盘的 8 列纵线，用数字 1 至 8 分别代表棋盘的 8 条横线（见图 16-3）。每个格子的名称用纵线上的字母加上横线上的数字得来。

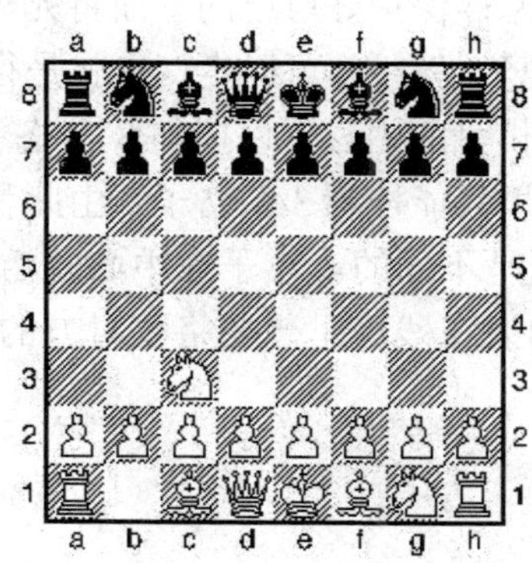

图 16-3

做记录的时候，如果一个马从 b1 格走到 c3 格，我们可以写作“Nc3”，这是现在流行的简易记录法，省略棋子的起始格而只写出目标格，这样做的目的是节省时间。

在学习坐标记录法的时候我们要注意两点。一是代表纵线的英文字母要小写，以区别开代表棋子的大写字母（代表每个棋子的字母以后会具体讲解）。二是放置棋盘的时候，白方右下角的格子 h1 应为白色，如为黑色则放置有误。

二、棋子

国际象棋的棋子由白、黑双方的各 16 个棋子组成，总共 32 个（见图 16-4）。它们按照兵种的不同各司其职，其中最重要的棋子称作“王”，每方只有一个。之所以重要是因为王的牺牲同时也代表着整盘棋的失败，其地位不言而喻。另一个每方独有的棋子是后。后是所有兵种当中威力最为强大的棋子。棋子威力的大小是从控制范围的大小与使用灵活性的角度来考量的，从这两点上来判断，后的威力无疑是首屈一指的，它在棋盘的中心可以控制 27 个格子。威力仅次于后的兵种是车，它的走法类似于象棋的车，每方各有两个。站在王和后两边的棋子是象，和象棋一样它只能斜线行走。象的左右两侧是马，这是国际象棋中最为拟人化的棋子，经常被做成马头或是骑士的样子。最后要介绍的是棋盘上数量最为庞大的兵种——兵。虽然兵的威力是所有棋子中最小的，但由于数量上的庞大往往对一局棋的战略部署起着举足轻重的作用。

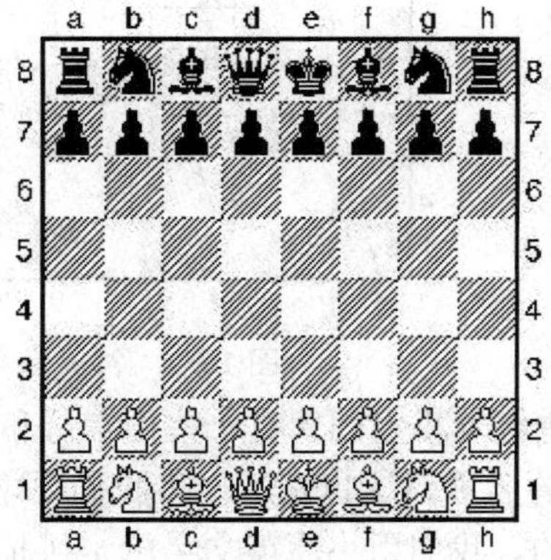

图 16-4

（一）王

王是全局的关键人物，怎样保护好自己的王而将死对方的王，就是一局棋贯穿始终的战略思想。王在棋局中横、竖、斜线都可以走，也就是行走方向不受限制，但每次只能挪动一个格子，这样一来王在棋盘的中心可以控制 8 个格子（见图 16-5），在棋盘的边上可以控制 5 个格子，而在角落里只能控制 3 个格子。由此我们可以看出，棋子处于棋盘的不同位置，其控制与活动范围是不同的。棋子在中心的活动范围最大，边上次之，在角落里的活动范围最小，所以如果在残局里想要将死对方的王，最好的办法就是把它赶到角落里做杀。

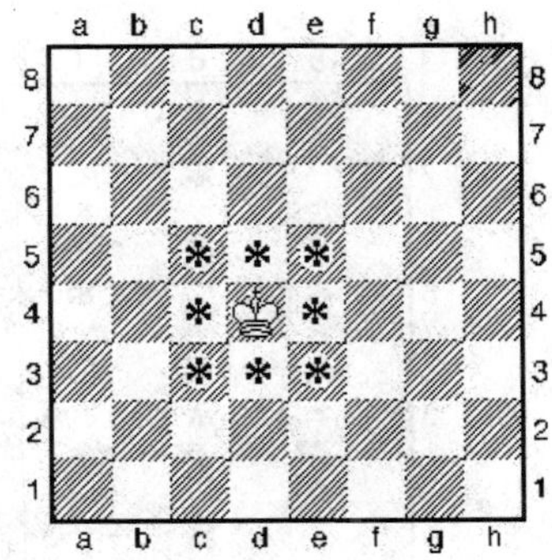

图 16-5

王的英文为“king”，我们在使用坐标记录法的时候用大写字头“K”来代表王，如王从 d3 格走到 d4 格，那么应该写作“Kd4”，其中代表王的 K 要大写，代表格子名称的 d 要小写。

（二）后

后由于控制的区域范围大，行走灵活不受任何限制，所以其威力在所有兵种中傲视群雄，如果用具体的数值来衡量的话，可以把后的威力看作 10 分。和王一样，后的行走方向为横、竖、斜线，和王不同的是，后的行走格数不受限制，它在中心可以控制多达 27 个格，几乎相当于半个棋盘（见图 16-6）。需要注意的是，后是可以被吃掉（capture）的，但不同于王，它的牺牲并不意味着输棋，所以在很多情况下后扮演的是攻击性角色，如果能够成功地将后置于对方王的跟前往往意味着将死获胜。

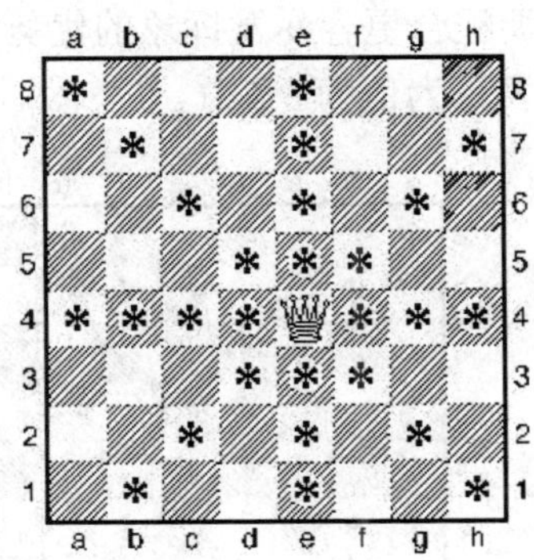

图 16-6

后的英文为“queen”，所以它的大写字头为“Q”。虽然这是一个带有女性色彩的单词，不过千万不要被它的表面现象迷惑。如果当你记录的时候经常发现对方的 Q 和你的 K 总是一起出现，此时的局面可就不妙了。

（三）车

车的走法和象棋基本相同，即所谓“车走一溜烟”，也就是没有了后的斜线行走和控制功能。车这个棋子有个有趣的特点，你可以试一下，无论它处在棋盘上哪个位置，永远可以控制 14 个格子，这也是其他棋子所不具备的“特异功能”（见图 16-7）。在开始的时候每方各有两个车，它们加起来可以控制 28 个方格，和后控制的 27 个格子差不多，于是我们可以认为车的威力约等于后的一半，用数值来表示的话是 5 分。另外车还具有王车易位的特殊走法，在以后的章节会具体讲到。

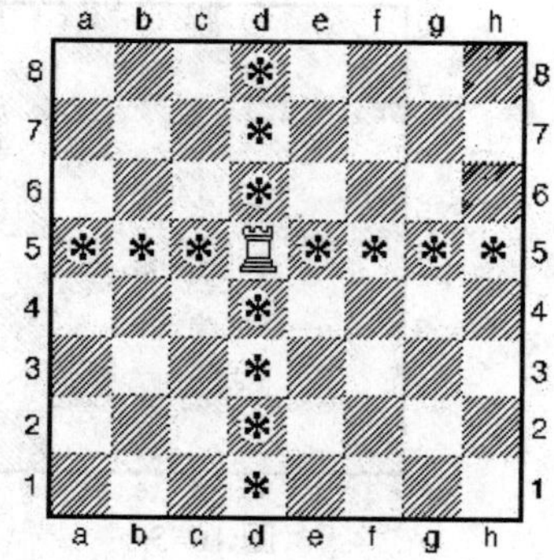

图 16-7

车的英文是“rook”，大写字头是“R”。有一种情况需要我们注意：当两个车处在同一条线上的时候，比如一个位于 a1，另一个位于 h1，此时如果把 a1 的车走到 d1，那么应当写作 Rad1，如果是 h1 的车走到 d1 就是 Rhd1，这里我们不能省略 a 和 h 是为了避免造成混淆。

（四）象

象的行走方向与象棋也是一致的，都是沿斜线行走，不同的地方是国际象棋的象行走距离是不受限制的，这一点比象棋要来得自由。象在中心可以控制 13 个方格（见图 16-8），稍逊于车，而且由于斜线相连的格子颜色相同，所以单个象只能沿一种颜色棋格行走，最多也只能控制 32 个格子，另外 32 个格子就只能交由它的同僚——另一个象来负责了。在大部分情况下，两个象的协调配合更容易发挥象的优势，若是只剩下一个象就显得孤掌难鸣了。象的棋子威力用数值表示为值为 3.5 分。

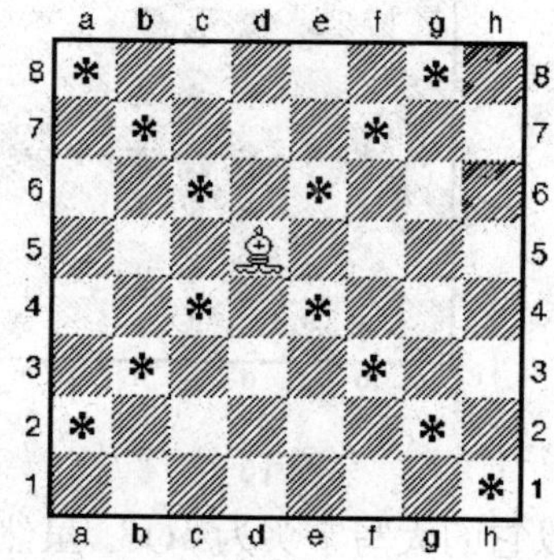

图 16-8

象的英文为“bishop”，用大写字头“B”来表示。如果记录中出现“Bb5”的字样是完全正确的，因为第一个 B 代表象，而第二个小写的 b 代表棋格。

（五）马

马的走法最为复杂，因为它并不像其他棋子按照横、竖、斜的方向移动。具体说来，马首先上下或左右移动两个格，之后如果是纵向移动的，那么其左右两个格就是马的落脚点。如果是横向移动，其上下两个格就是马的落脚点。一个很简单的方法可以检验马的走法正确与否，如果马是从白格起跳的，那么它的落脚点应当为黑格，反之亦然。马在中心的话一共有 8 个落脚点，也就是可以控制 8 个棋格（见图 16-9）。虽然比象少一些，但马可以越过其他棋子直接控制目标格，这多少有些类似象棋的炮，再加上马的控制区域包括黑白两色棋格，其综合价值并不亚于象，所以马的棋子威力值同样为 3.5 分。

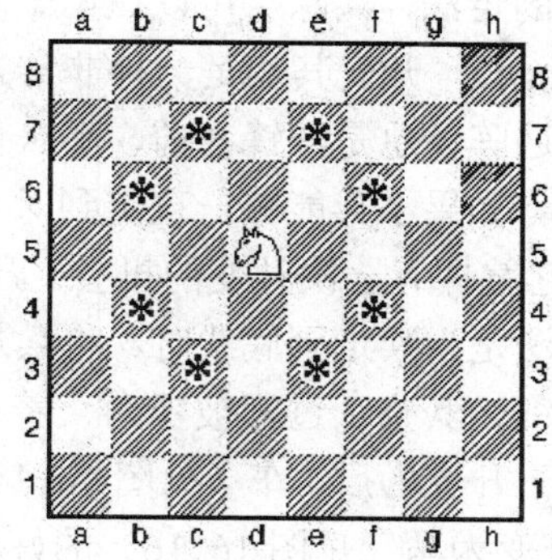

图 16-9

在国际象棋中，虽然马的英文为“knight”，但是代表它的字头并不是“K”，这是因为 K 已经被王占用了，拥有骑士风度的马只好谦让一下了，于是在坐标记录法中用大写字头 N 来代表马。

（六）兵

兵是最后登场的，但这并不是说兵是微不足道的，恰恰相反，虽然兵的控制范围只有两个格（见图 16-10），威力值也只有 1 分，但 8 个兵的数量足以使对手不敢小觑。兵的行走方向为纵向，而且只能向前不得后退，值得注意的是，不像其他棋子，兵的行走和控制区域不是一个概念，它的控制区域为斜前方的两个格子，而不是行走路线正前方的格子。兵每次只允许向前移动一个格子，但在未曾移动过的时候它拥有一个“特权”——如果兵处于原始位置，它可以选择移动两个格子，但这种特权只能行使一次，以后兵还是要按部就班地以每次一步的速度前进。

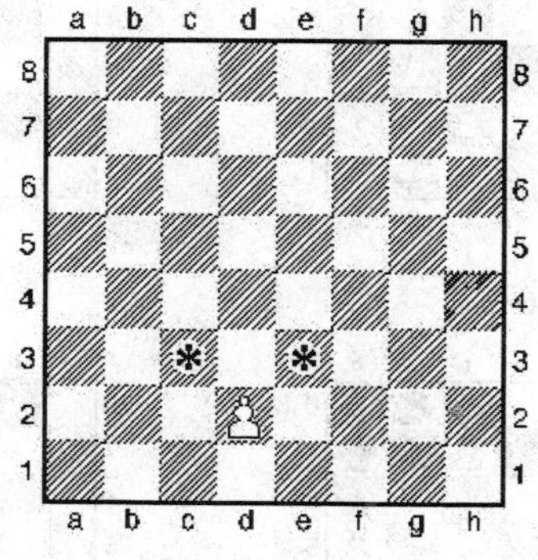

图 16-10

兵的英文为“pawn”，不过在记录的时候是不要求写出它的字头 P 的，比如 d2 的兵走到 d4，可以直接写作 d4，这种缺省方式还是很有道理的，设想一下双方加起来共有 16 个兵，如此设计无疑节省了许多笔墨。

三、兵的升变、王车易位与吃过路兵

下面我们主要讨论国际象棋的几种特殊行棋规定。

在前面我们已经学习了兵的走法，兵除了可以在第一步走两格以外，还拥有另外一个“特权”，这就是“升变”(change)。升变其实是一种非常人性化的设计，我们知道如果在现实中一个小兵作战勇敢，每遇阵仗总是冲锋在前，那么他定会得到封官爵的奖赏，国际象棋的升变就是这样一种概念。如果小兵能够一直走到对方的底线（白棋走到 8 线，黑棋走到 1 线）而不被吃掉，那么它就拥有一次升变的机会。升变的时候可以选择变为后、车、象、马中的任意一个棋子。方法是当兵走到底线时，将兵从棋盘上拿掉，再将需要变成的棋子拿到兵的升变格上完成升变，其整个过程被视为一着棋。图 16-11 和图 16-12 是兵升变的过程。在图 16-13 的情况下升变为后、车（见图 16-14）都可以达到杀死黑王的目的。图 16-15 的局面兵应该走 f8 升变为马（见图 16-16）的好棋才能迅速将死黑王。

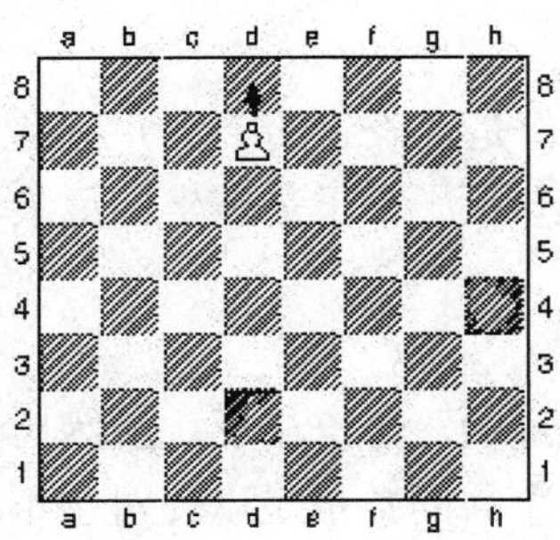

图 16-11

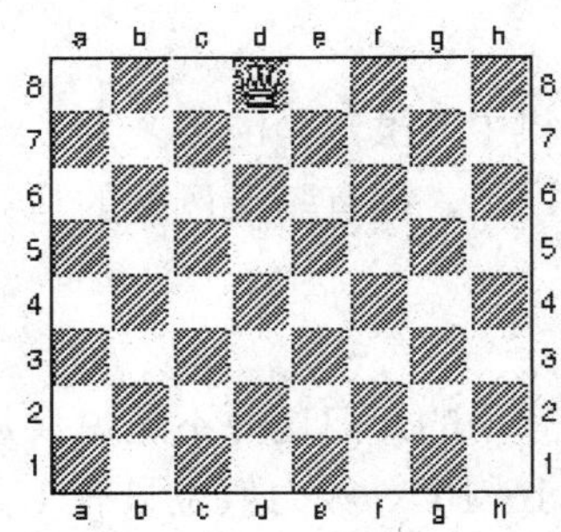

图 16-12

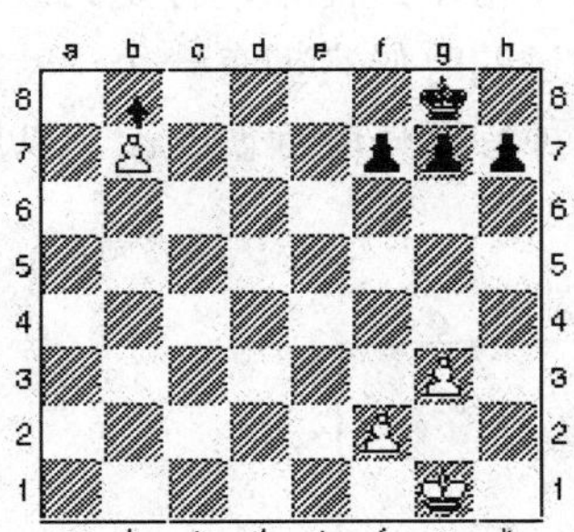

图 16-13

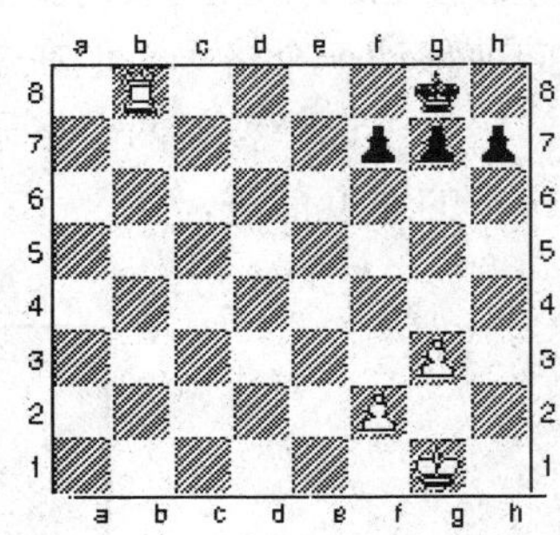

图 16-14

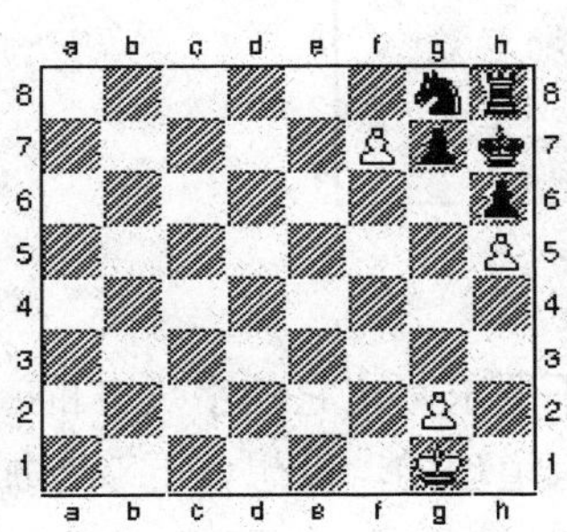

图 16-15

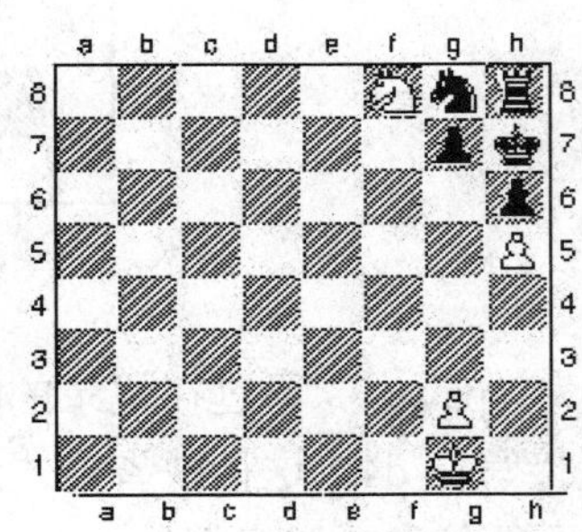

图 16-16

王车易位的英文是“castling”,“castle”的原义是城堡，加上“ing”的后缀给人一种正在建筑城堡的感觉。没错，在国际象棋中是可以建筑城堡的，这就是王车易位。这是一种可以同时移动王和车的走法。这样做既使王受到保护，又可以使车投入战斗。具体的方法为王首先横向移动两个格，然后把车越过王之后放在王旁边相邻的格子上，这个过程视为一着棋。王可以选择和王翼的车做短易位，也可以选择和后翼的车做长易位。如果是短易位那么王应该落在 g1（黑方为 g8）而车应该在 f1（黑方为 f8）；如果是长易位那么王应该在 c1（黑方为 c8）而车应该在 d1（黑方为 d8）。

在坐标记录法中短易位写作“0—0”，长易位写作“0—0—0”。

在图 16-17、图 16-18 中，白方做的是短易位，而黑方选择了长易位。

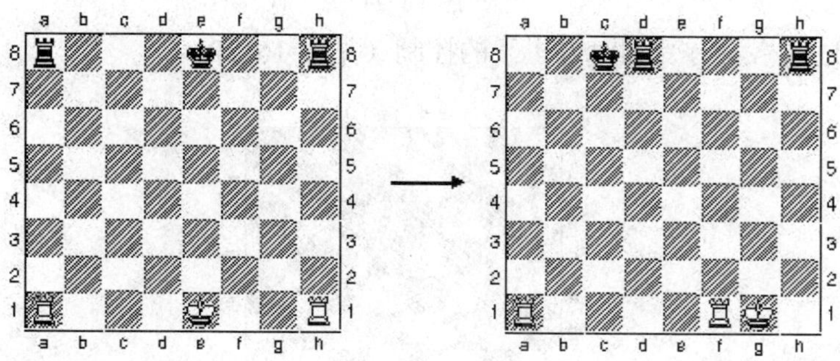

图 16-17　　　　图 16-18

下面我们来看一下对王车易位的四条限制：

（1）王和车之间不能有任何其他棋子（见图 16-19）；

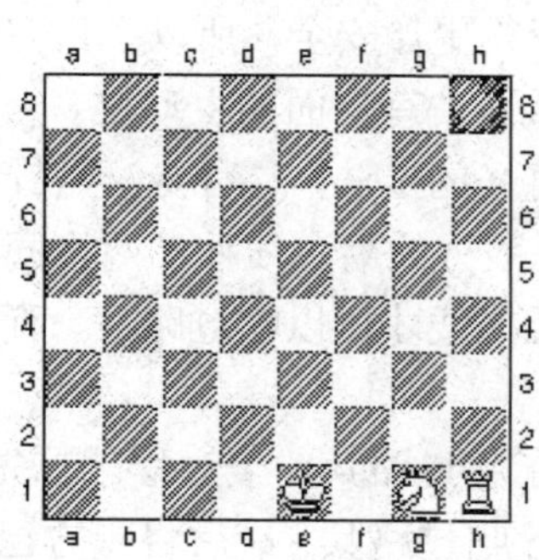

图 16-19

（2）王和车必须没有移动过（见图 16-20）；

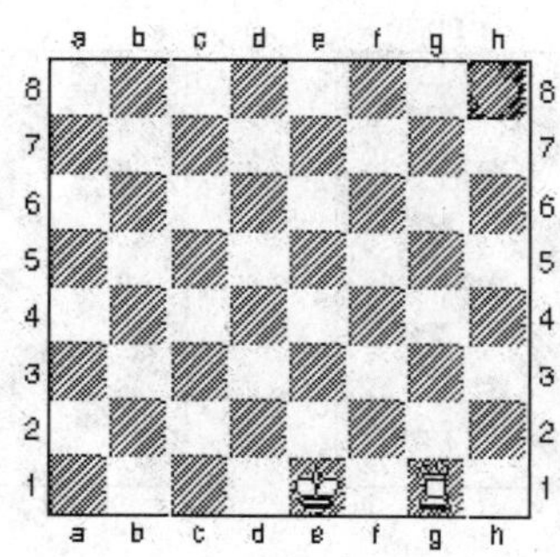

图 16-20

（3）王没有被将军（见图 16-21）；

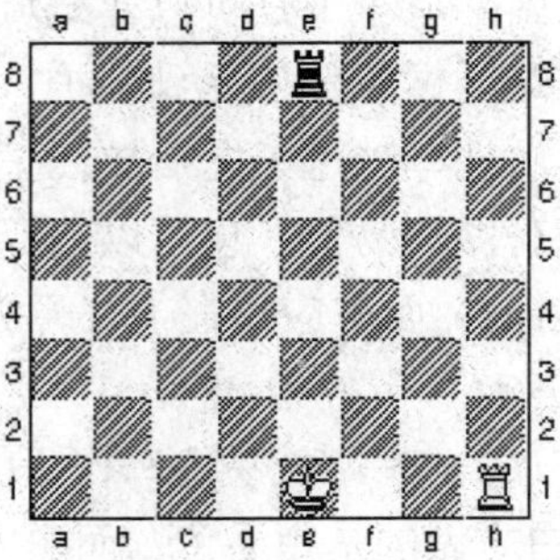

图 16-21

（4）王走过的格没有受到对方棋子的控制（见图 16-22）。

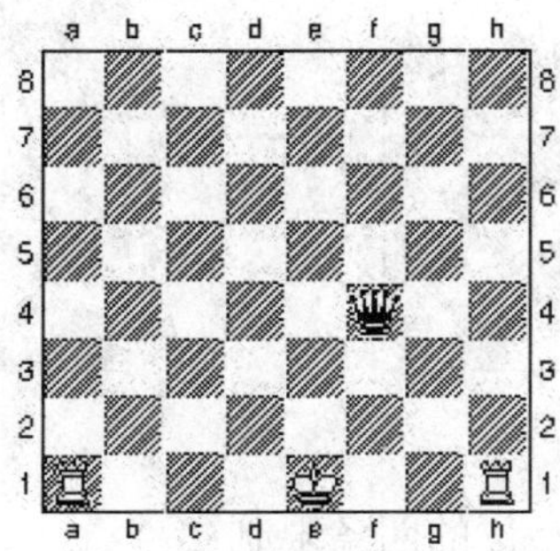

图 16-22

提示：王车易位可以使王变得更加安全，所以率先完成王车易位的一方往往能先敌一步组织力量向对方发起进攻，从而占有局面的主动权。

吃过路兵是国际象棋中最奇怪的走法，这种走法是针对敌方可以走两步的原始位置兵的。这种特殊的吃子方式只有在敌方的兵直线移动两格同时又紧挨着己方所在的兵时才能发生。换言之，白兵只有在第五横线才可以吃过路兵，而黑兵只能在第四横线吃过路兵。下面让我们看一下例子。

图 16-23 至图 16-24 表示了吃过路兵的全过程。首先黑方的 d7 兵向前行走两格；其次白方将自己的 c5 兵移动到 d6 吃过路兵；最后将黑方已经走到 d5 的兵拿掉完成吃过路兵。其吃子过程就好像黑方的小兵只走动了一格一样。这样的设计多少有些拦路抢劫的味道。

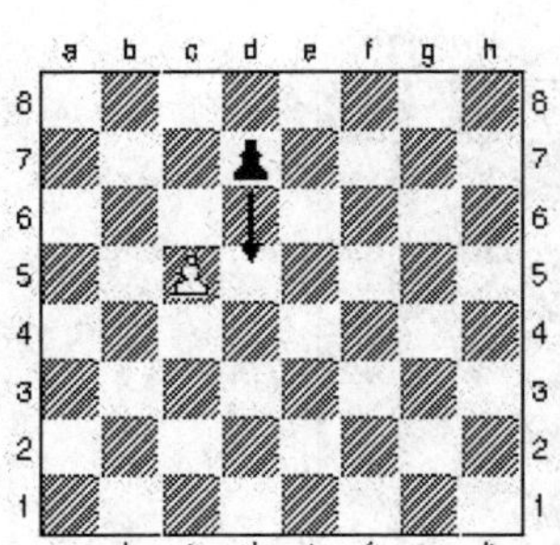

图 16-23

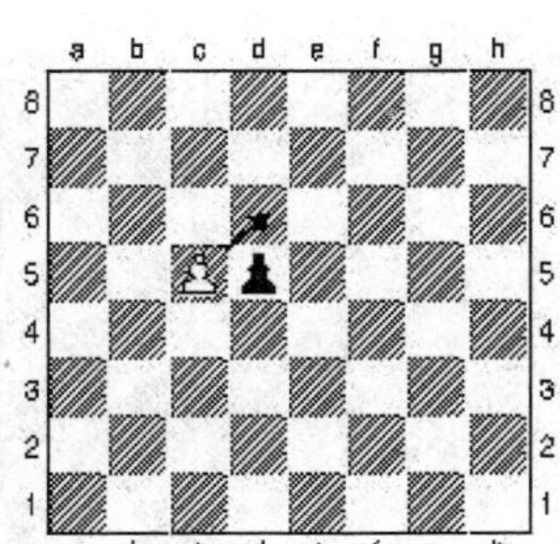

图 16-24

提示：吃过路兵只有一次机会，也就是说如果当黑方走出 d5 之后，白方没有马上吃过路兵，而是选择了其他着法，那么以后白方就不再拥有如图 16-25 那样吃黑方 d5 过路兵的权利了。

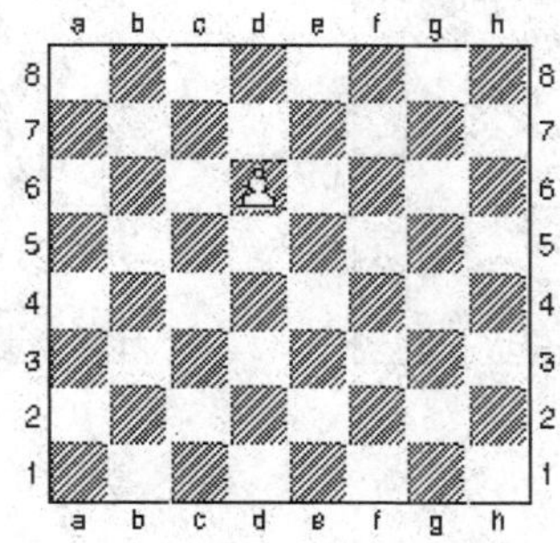

图 16-25

四、胜负与和棋

如果一方走动棋子来捉对方的王，威胁在下一着吃掉对方的王，称为“将军”（check），简称为“将”。被将军的一方一定要走一步棋以使自己的王不被吃掉，称为“应将”。应将有三种方式，即：

（1）吃掉对方正在将军的棋子（见图 16-26、图 16-27）；

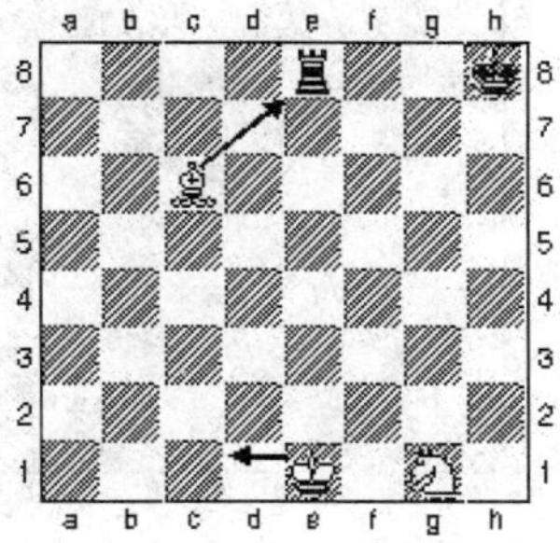

图 16-26

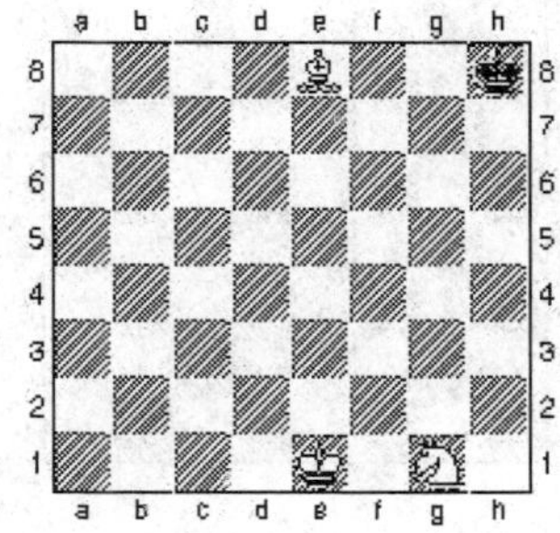

图 16-27

（2）王离开被对方棋子攻击的区域（见图 16-28、图 16-29）；

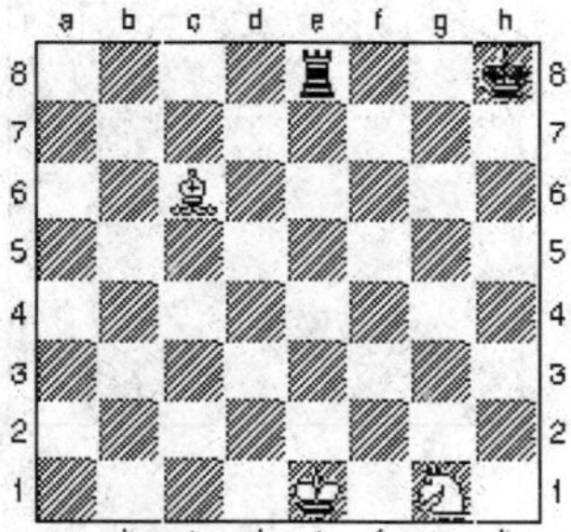

图 16-28

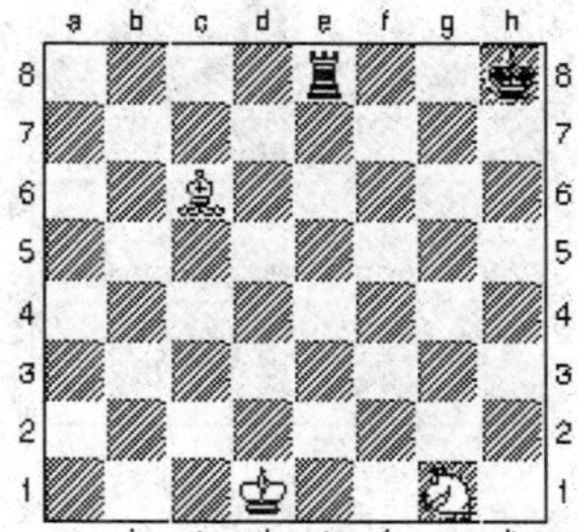

图 16-29

（3）把一个棋子走到王和对方进行将军的棋子之间，从而阻断对方的攻击（见图 16-30、图 16-31）。

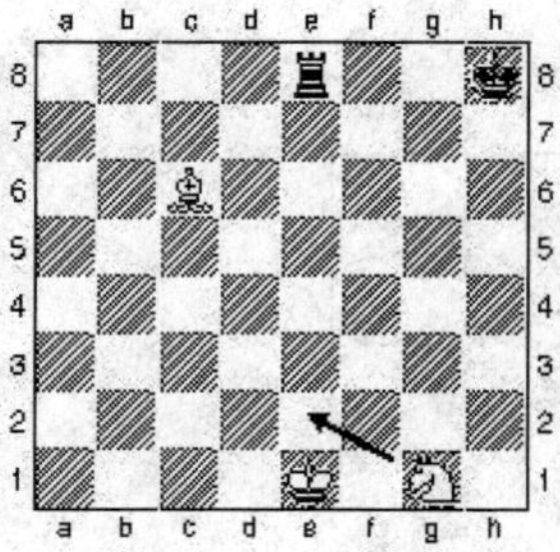

图 16-30

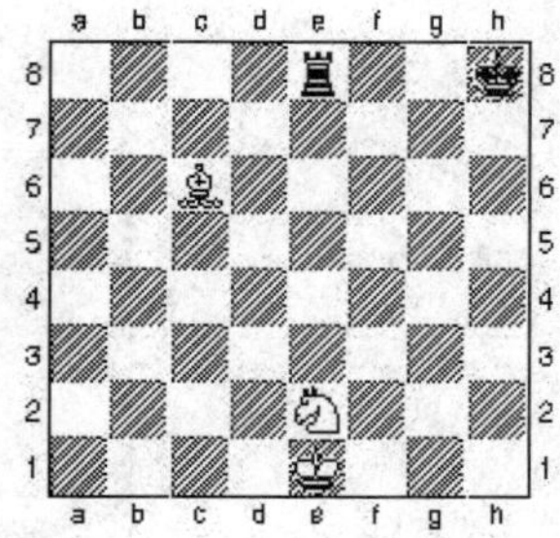

图 16-31

需要注意的是，除了王以外的其他子力，包括后、车、象、马、兵都可以听凭对方吃掉或者主动送给对方吃掉，但王是不可以这样做的，如果出现这种情况，比如黑方将王，白方没有应将而走动了其他棋子，则已走的一步棋作废，重走一步并给予违例一次的警告。

下一盘棋的目标是“将死”（checkmate）对方的王。所谓“将死”指的是置对方王于受攻击状态，且对方无符合规则的着法避免王在下一步被俘获（capture）。那么，达到上述目的的棋手在对局中为赢棋，王被将死的一方为输棋。图 16-32 至图 16-35 是几种将死的形式。

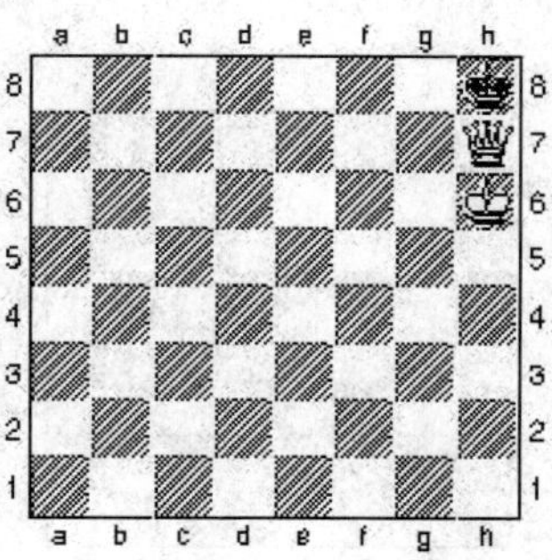

图 16-32

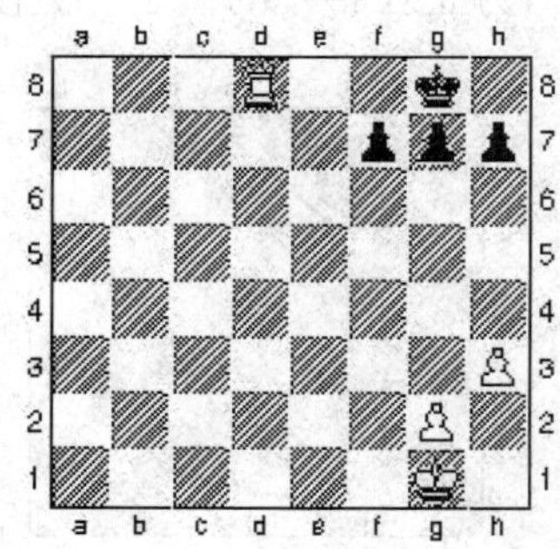

图 16-33

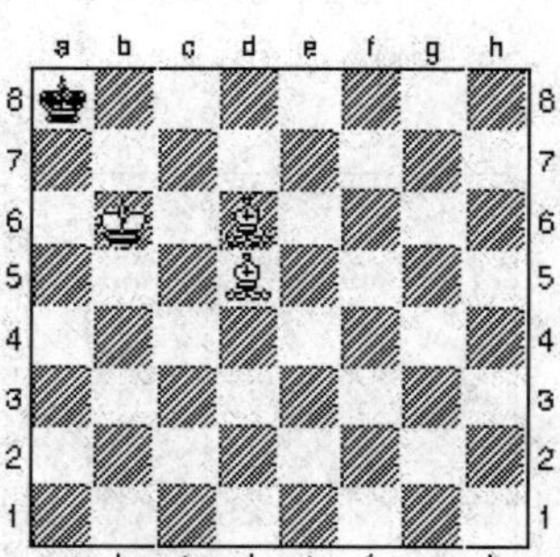

图 16-34

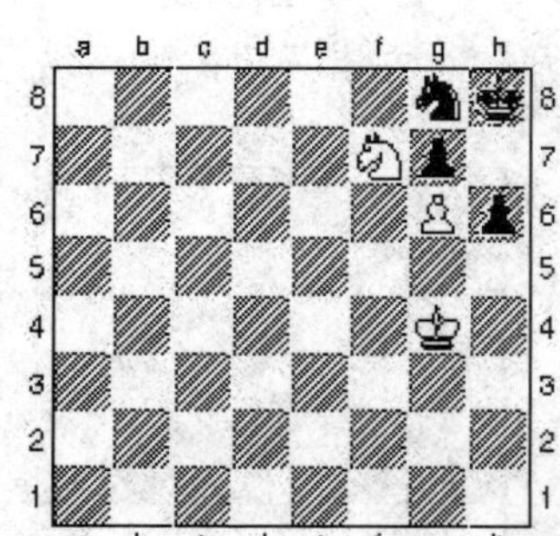

图 16-35

在正规比赛中还存在一种胜负方式称作“超时判负”，意为在规定时间内没有完成规定的步数，这是由一种被称作棋钟的比赛用具来测量的。在一般的情况下要求每方在两个小时内必须走满四十步棋。

除了赢和输之外，下一盘棋还存在第三种结果：和棋（draw）。从广义上来看，和棋是指任何一方都不可能将死对方的局面。具体来说和棋一般具有四种形式，即三次重复局面和棋、理论和棋、协议和棋与逼和。

三次重复局面和棋指的是双方所弈着法多次重复（至少三次以上），局面停滞不前，这种情况多出现在一方用后多次重复将军，而对方又不能够使王避开这种将军的局面下。

在图 16-36 的局面中，白方对于黑方 1.…Qg4 的将军只能应以 2.Kh1，那么之后黑方继续走 2.…Qf3 3.Kg1 Qg4 4.Kh1 Qf3 5.Kg1 Qg4，局面将出现三次重复和棋。

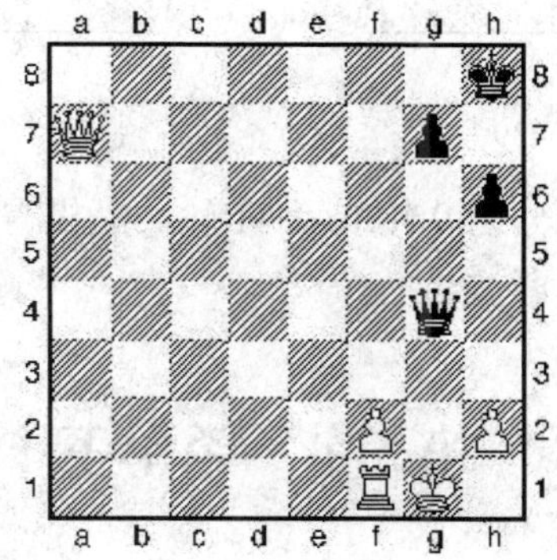

图 16-36

理论和棋指的是棋盘上剩余子力已不能对对方的王构成杀局，无论在任何可能的情况下也不能将死对方王的局面。图 16-37、图 16-38 的单象对单王和单马对单王，强方通过任何着法都是不能取胜的，所以都属于理论和棋的范畴。

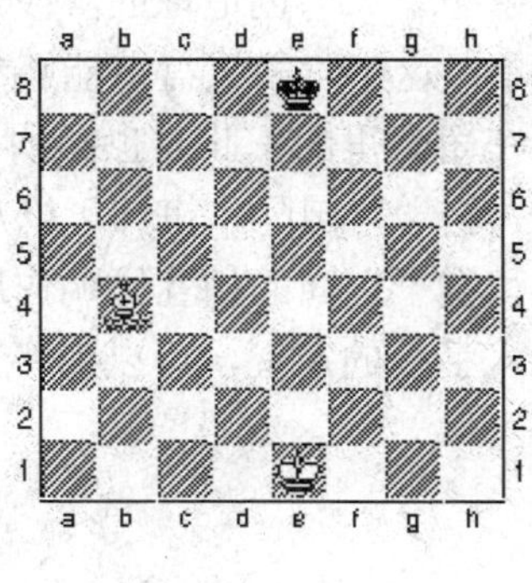

图 16-37

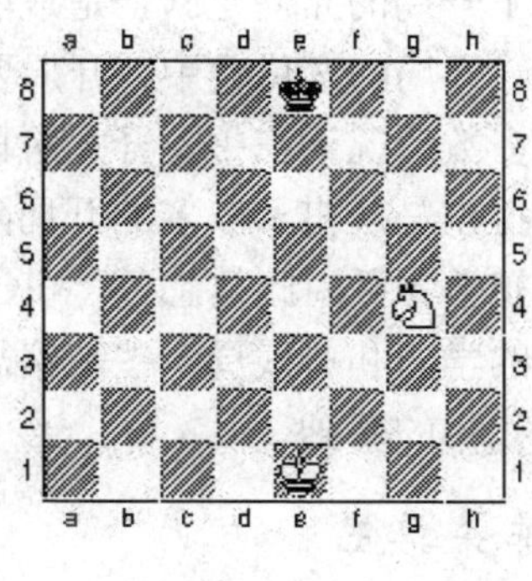

图 16-38

协议和棋比较容易理解。一方在对局过程中向对手提议和棋，如对手同意即为和棋。逼和比较特殊，指的是一种无子可动的局面，类似于象棋的“困毙”，不过值得注意的是，象棋的“困毙”作负，而国际象棋在同样的情形下作逼和。让我们来看两个例子。

在图 16-39、图 16-40 的局面中白方的王都面临被将死的危险，处于明显的劣势，但都可以通过一步好棋化险为夷，造成无子可动的逼和结果。图 16-39 白方可以走 1.Qg8！逼黑方吃后，当黑棋走 1.…Kg8 之后白方所剩下的唯一一粒棋子王便处在无子可动的情形下了，于是局面作逼和。图 16-40 的局面大同小异。白方走 1.Rf3！黑棋必须接受白方的弃车，要是黑王躲开的话会因此丢后。那么在 1.…Kf3 之后，白方的王没有任何地方可以移动，局面作逼和。

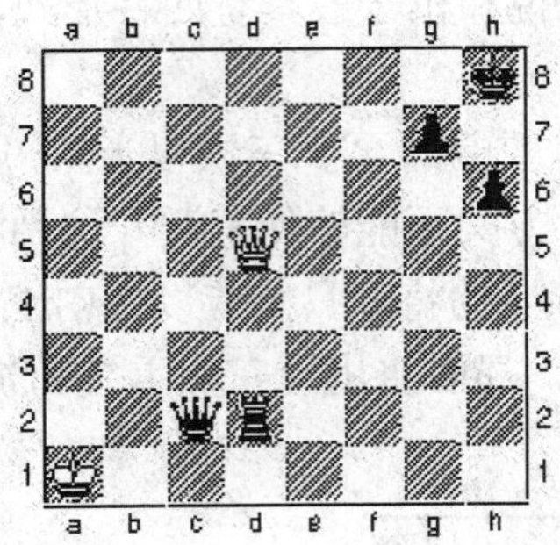

图 16-39

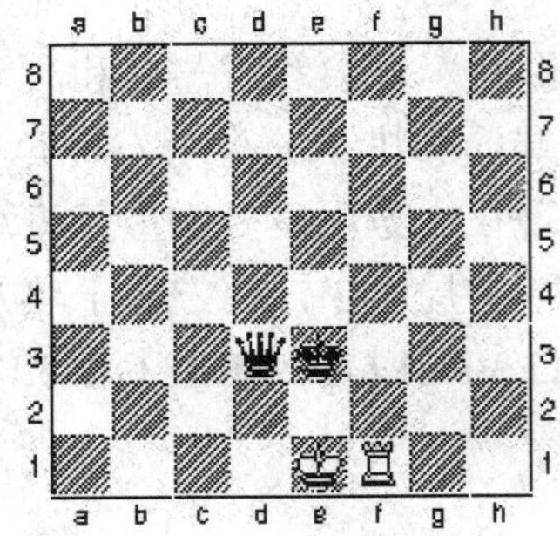

图 16-40

在正规比赛中，赛制一般分为 9 轮或者 11 轮。赢棋得 1 分，输棋为 0 分，和棋是 0.5 分，最后把所有得分相加计算名次。

第二节　杀单王

一盘完整的对局从开始到结束一般分为三个阶段，即开局、中局和残局。开局指的是从对局开始一直到中局的这一段时间。一般认为开局阶段的任务是王车易位、大部分子力出动，做到这些大体需要 15～20 回合。中局是双方实施战术手段、实现战略计划的重要阶段，双方投入战斗的棋子较多，开始出现大量的兑子、弃子、运子等斗争。中局的复杂变化已经脱离了开局的布局定式，是最能体现棋手想象力与创造性的阶段，所以也是一盘棋的核心阶段。残局的变化较中、开局要来得简单。这个阶段棋盘上能够参加战斗的棋子所剩无几，大多数情况下在中、开局阶段一直躲在角落里的王此时也必须参战。

虽然下一盘棋是从棋子较多的开局阶段开始，但学习国际象棋却可以从棋子较少的残局阶段着手，初学者可由此熟悉各种棋子的特性和棋子之间的相互协调作用。通过对各种简单杀王定式的学习和对残局一些战略思想及战术手段的掌握，可以为将来对复杂的中、开局学习奠定扎实的基础。

一、双车杀单王

当对局双方的其中一方在棋盘上只剩下自己的王，而对方除了王以外还有其他子力可以调动的时候，往往会出现一种被称为“杀单王”的定式。虽然这时弱方的王已经不再拥有任何防守力量，但试想一下，王在中心的话仍然有 8 个方向可以逃跑，所以如果不掌握一定的技巧，想要杀死单王仍然是很困难的。下面我们就分别介绍各种子力在杀单王残局中的定式，第一个要学习的是比较基础的双车杀单王。

请大家首先看一下图 16-41 和图 16-42 的例子。在这两个例子中黑王已经被白方的双车将死，所不同的是图 16-41 中白方的双车采用的是纵向控制，而图 16-42 改纵向控制为横向控制。其实两幅图只是方向有异，它们在杀王定式中采用的方法是相同的。

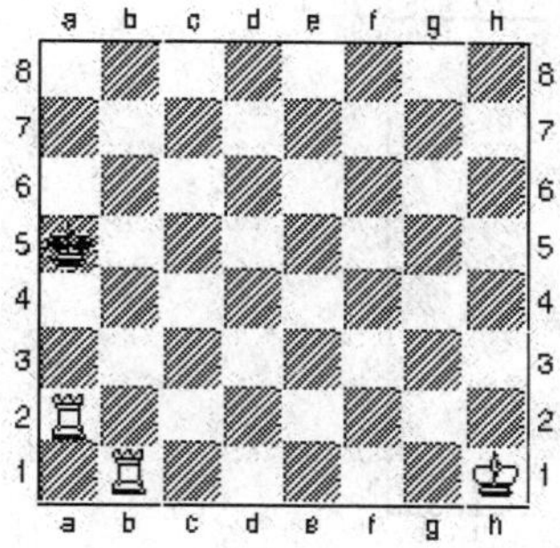

图 16-41

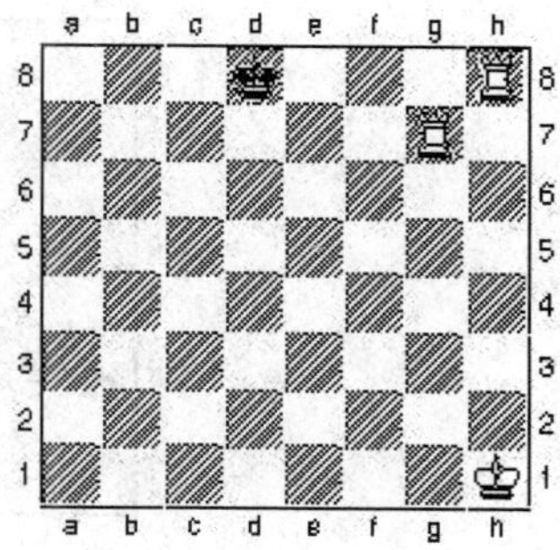

图 16-42

下面请大家照图 16-43 的样子把自己的棋盘摆好。

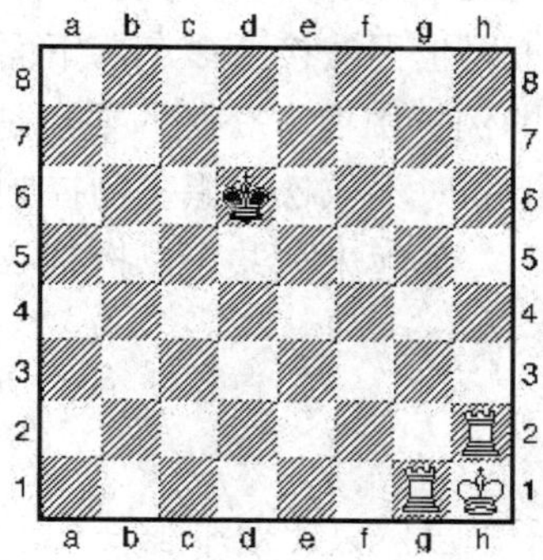

图 16-43

从图 16-41、图 16-42 的例子中我们可以看出，想要杀死单王必须设法将它驱赶至棋盘的边角，那么我们第一步要做的就是控制住黑方的王，以限制它的活动范围。

以图 16-43 为例，1. Re2，将两个车的其中之一放到 e 线上来，作用是控制住整条 e 线，从纵向上把黑王隔离在由 a 线到 d 线组成的半个棋盘之内。黑方的王无法跨越 e 线，于是应以 1. …Kd5。下面白方接走 2.Rd1，另一个车投入战斗，其目的是在 e 线被控制的情况下进而抢占 d 线，继续压缩黑王的活动范围。现在黑王无法走到 e 线，d 线又被白车占领了，于是只能选择向 c 线逃跑。2. …Kc5。白方接着走 3.Rc2 继续抢占 c 线，要注意此时两个车是交替行走的。剩下的着法比较简单。3. …Kb5 4.Rb1 Ka5 5. Ra2# 将死！至此白方成功地将局面走成了图 16-41 的样子。整个过程中需要注意的要点是，双车一定要交替行走，一个控制，一个打将，这就好像是象棋中的“二车错”。

现在我们已经知道双车杀单王的基本战略思路了，不过弱方肯定不甘心就死，于是会想方设法为我们增加一些“困难”。下面请大家再恢复图 16-43 的局面。在 1.Re2 Kd5 2.Rd1 之后，黑方改进着法，续走 2. …Kc4 3.Rc2 Kb3，此时一定要小心，如果按部就班地接走 4.Rb1 的话就会丢掉 c2 的另一个车，那么现在怎么办呢？（见图 16-44）

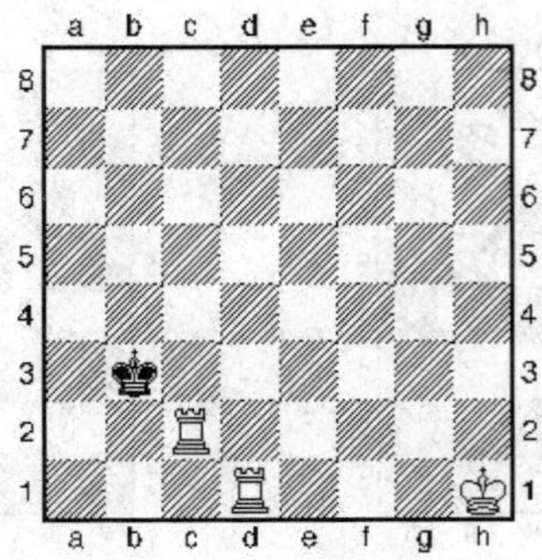

图 16-44

此时应接走 4.Rc8！好棋！作用是避开对方王的斜线攻击，同时拉远王车之间距离并继续控制 c 线。黑方接走 4.…Kb2 继续控制白方的车在 b 线打将。5.Rd7！如法炮制，将另一个车也拉远，这样一来黑王再也无法接近白车。下面的着法是：5. …Kb3 6.Rb7 Ka4 7.Ra8# 至此白方获胜。在上面的例子中白方获胜的要点是利用了车的远距离优势，即车在受到威胁的情况下尽量拉远，但同时不放松对黑王的控制。

提示：双车控制的范围很广，加起来一共可以控制 28 个格，所以双车杀单王并不需要本方王的协助。

二、单后杀单王

后的控制范围是 27 个格子，虽然只比双车少一格，但由于人单势孤、分身乏术，因此要想杀死对方的王一定要得到本方王的协助。下面我们先来看几个用后将死对方的局面（见图 16-45 至图 16-48）。

形式很多，不过都具有两个特点：首先都得到了本方王的协助，其次杀王都是发生在棋盘的边、角。

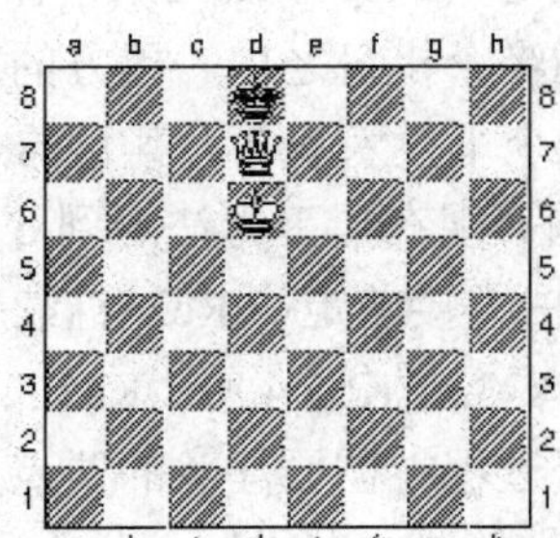

图 16-45

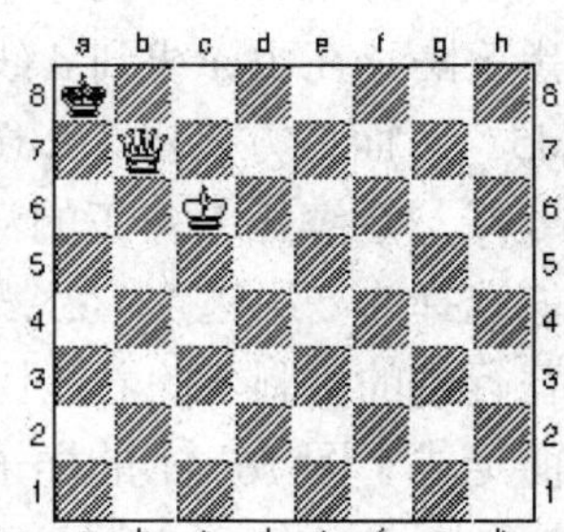

图 16-46

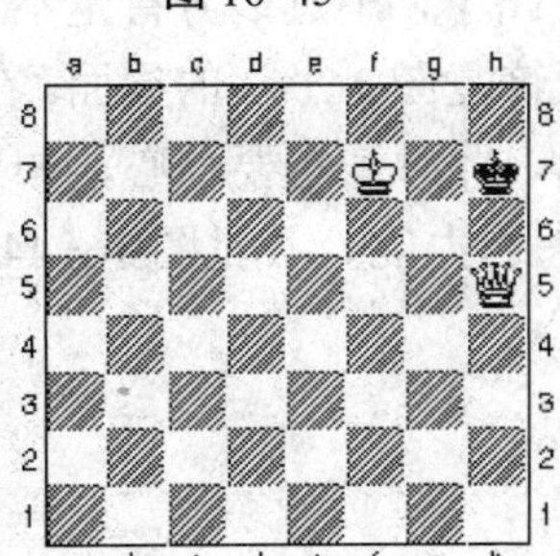

图 16-47

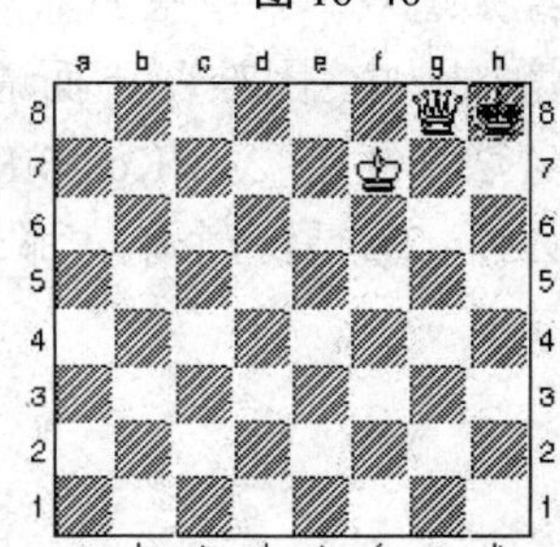

图 16-48

下面我们来具体分析一下过程。请大家按照图 16-49 的样子将自己的棋盘摆好。

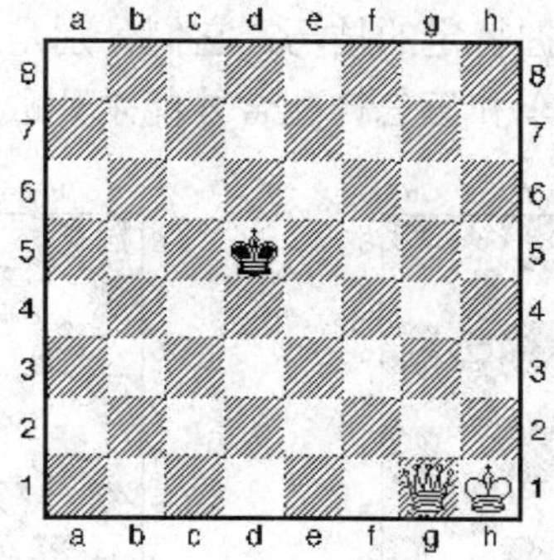

图 16-49

可以看出我们为黑方的王找了一个不错的位置，在中心它是没有什么危险的，所以对于白方来说第一步应该做到的就是设法将黑王驱赶至边、角，这个任务白后自己就可以胜任。1.Qe3 和双车杀单王一样，一开始白后就给黑王设置了隔离区域。黑王只能在纵向上 e 线以内，横向上 3 线以上活动。白方要做的就是一步步缩小这个区域，直到黑王被驱赶到棋盘的角落（见图 16-50）。

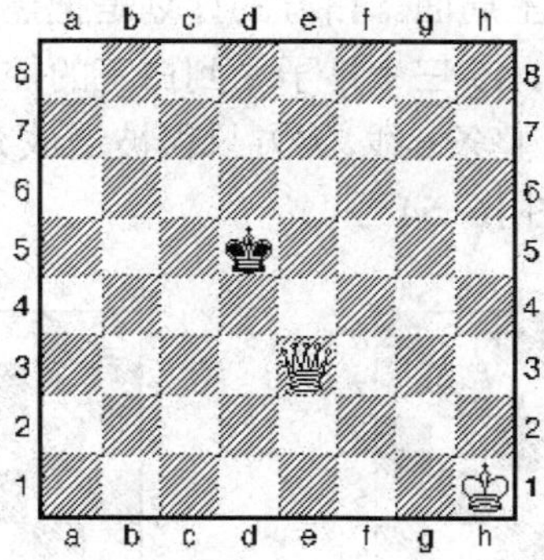

图 16-50

下面的着法是 1.… Kd6 2.Qe4 Kd7 3.Qe5 Kc6 4.Qd4 Kb5 5.Qc3 Kb6 6.Qc4 Ka5 7.Qb3 Ka6 8.Qb4 Ka7 9.Qb5 Ka8。至此，成功地将黑王驱赶至 a8 角落。下面轮到白方的王出场了。10.Kg2 Ka7 11.Kf3 Ka8 12.Ke4 Ka7 13.Kd5 Ka8 14.Kc6 Ka7 15.Qb7#。黑方的王只能“原地踏步”，直到白方的王赶来和自己的后配合做杀。

在后杀单王的过程中需要注意下面几点。首先要注意避免逼和。如果在刚才的例子中白方把 10.Kg2 错走为 10.Qb6？黑方将出现无子可动的逼和局面，白方前面所做的努力也就白费了。再者，要注意在驱赶黑王的过程中白方的后和对方的王始终保持了一个“马步”，只有用这种方式才能确保黑王的活动范围逐渐缩小。

提示：单后杀单王还存在另一种方式，那就是强方的王从一开始就加入战斗，王和后一起配合将弱方的王逼入死角。有兴趣的同学可以自行尝试一下。

三、单车杀单王

相比双车和单后杀王，单车杀王的难度有所增加。单车不似后那样具备斜线上的威慑力量，弱方的王可以从斜线上贴近单车，所以想要对弱方的王形成控制，强方的王必须参加战斗，和车一起协同配合才能达到杀王的目的。类似双车杀王的交替行进和单后杀王的马步控制，单车杀王也需要掌握特定的技巧，它们分别是对王打将和等着，一会儿我们会具体讲到。下面先来看一下单车和王怎样配合才能杀死敌王（见图 16-51、图 16-52）。

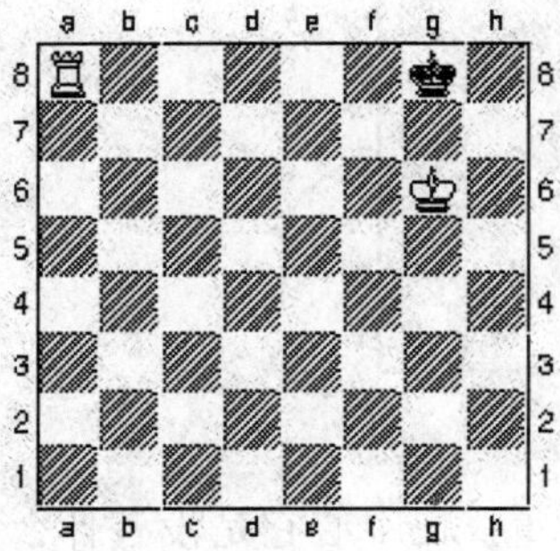

图 16-51

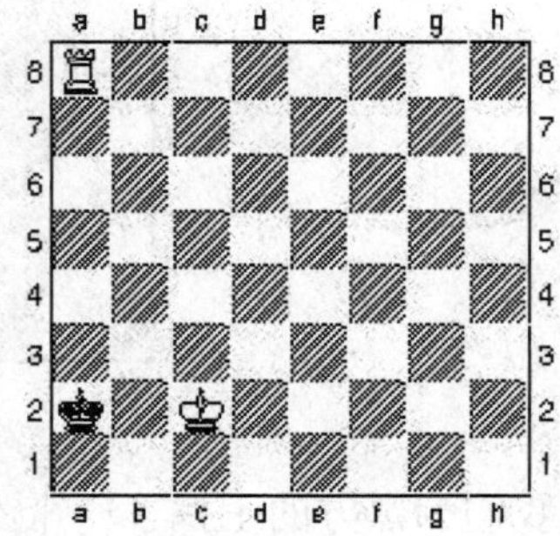

图 16-52

两图中的例子都是用自己的王控制住敌方王，之后用车做杀。双方的王形成了一种被称作“对王”的阵形，这时如果弱方的王遭到强方车的将军，那么它将被迫放弃一条线，而一步步地走向棋盘的边角。如果这种对王打将的情形出现在最后一条线上将意味着将死。

图 16-53 是一个标准的对王局面。白方的计划是把黑王逼到 8 线上做杀。

1. Ra6+ Ke7。图中 d5、e5、f5 三个格子受到白王的控制，黑王遭到白车打将的时候不能向 5 线逃窜，同时白车抢占了整条 6 线，黑方只得被逼放弃六线。2.Kd5 Kd7？ 3.Ra7+ Ke8 4.Kd6 Kd8 5.Ra8#。将死（见图 16-54）。

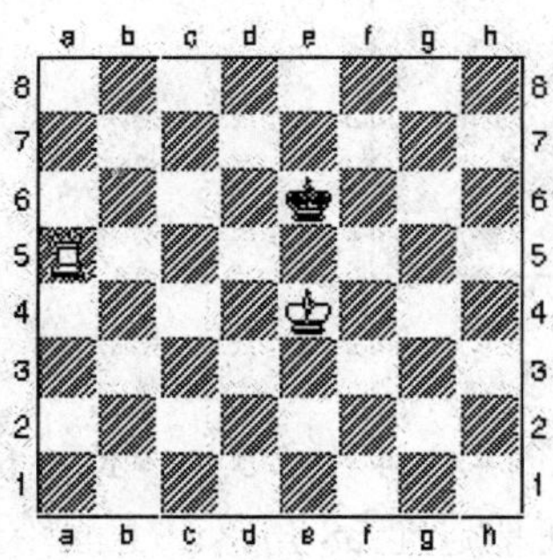

图 16-53

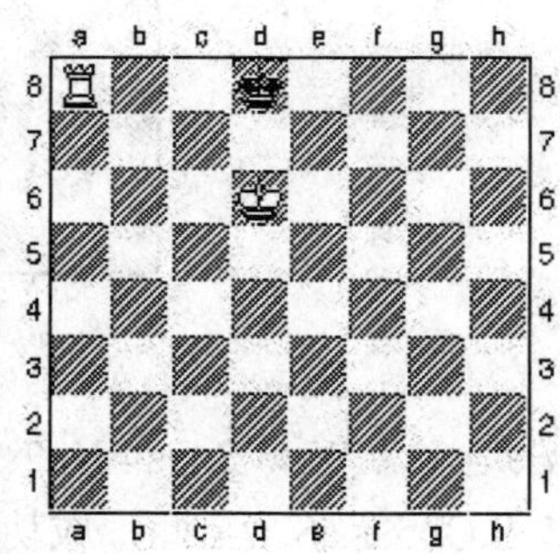

图 16-54

事情之所以变得如此容易，主要还是黑棋“配合”得好。相信大家都注意到了，我们在黑棋的第二手后面打了一个问号，黑王总是错误地主动和白棋对王，此时黑方的防守将是不堪一击的。

弱方的正确防守策略是尽量减少这种让强方走成对王打将的局面。下面我们把黑方第二回合的着法改为：2 ….Kf7。这次黑棋明智地选择向另一侧逃跑，不过白方还是能够设法追到它。 3.Ke5 Kg7 4.Kf5 Kh7 5.Kg5 Kg7 6.Ra7+。再次成功地走成了对王打将（见图 16-55）。

6. …Kf8 7.Kg6 Ke8 8.Kf6 Kd8 9.Ke6 Kc8 10.Kd6 Kb8 11.Rh7 Kc8 12.Rg7！好棋！（见图 16-56）这就是之前提到的等着，就是走一着看似无用的棋，把行棋的权力再次交还给黑方。要注意的是虽然看似无用，但也不能随意乱走。在使用等着的时候一定要注意不能放松对敌王的控制。在本例中白车等着的同时注意了对 7 线的控制。

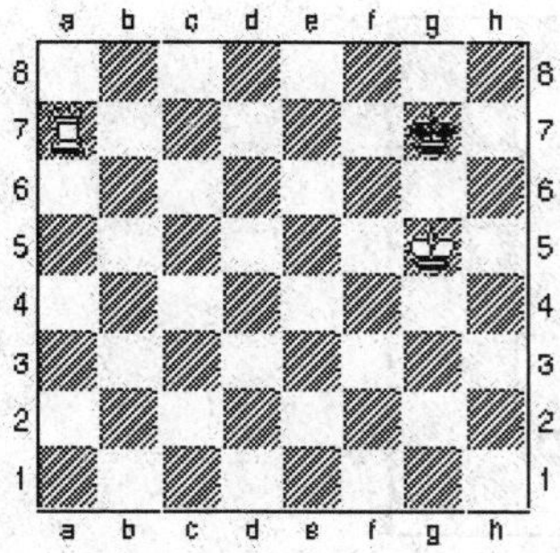

图 16-55

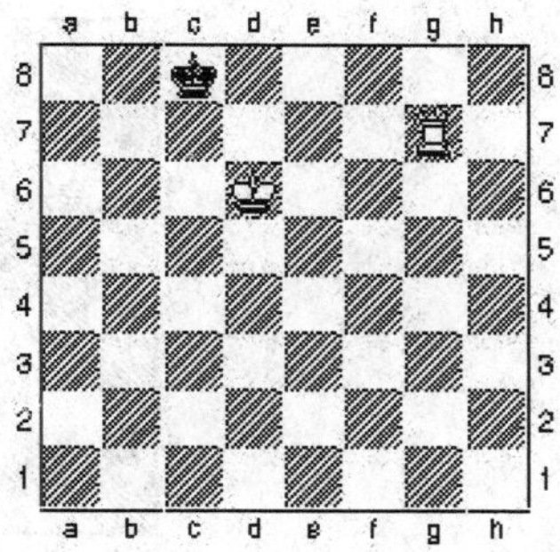

图 16-56

12. …Kb8 13.Kc6 Ka8 14.Kb6 Kb8 15.Rg8#。最终黑王退路已尽，对于底线的对王打将无力防守。

提示：在单车杀王的定式中，强方的王总是和弱方的王保持一个“马步”，这有些类似之前所讲的单后杀王，我们在对弈的过程中可以留意一下。

四、双象杀单王

用双象将死王的情况大多出现在棋盘的角落。其基本思想是两个不同颜色的象相互协调配合，在斜线上对弱方的王形成控制并与本方的王一起将包围圈逐步缩小，最终把弱方的王逼到角落做杀。下面来看一盘例局（见图 16-57）。

1. Bf4 Kc5 2.Kc3 Kd5 3.Bf5 Kc5 4.Be4 Kb5 5.Kb3 Kc5 6.Be5 Kb5 7.Bd4 Ka5 8.Kc4 Ka6 9.Bc6！（见图 16-58）。

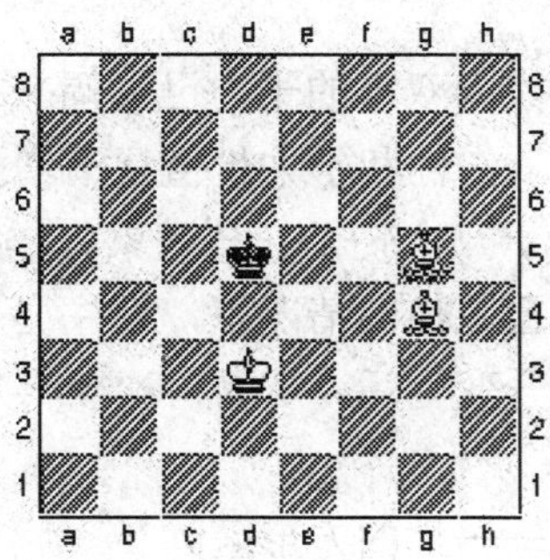

图 16-57

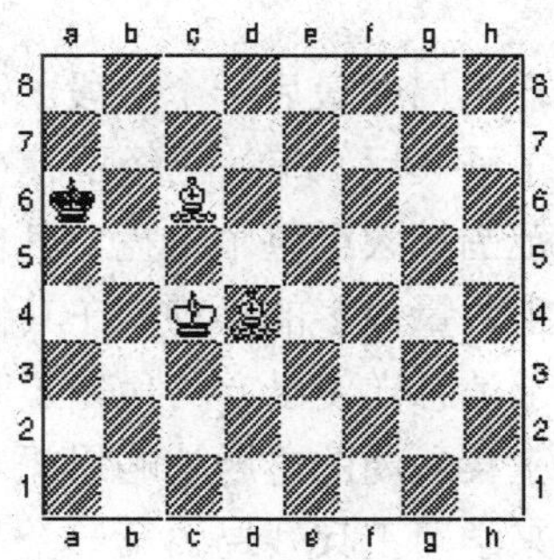

图 16-58

这是一步等着，目的是等黑方自动让出 a6 格。9. …Ka5 10.Bb7 Ka4 11.Bb6 Ka3 12.Kc3 Ka4 13.Bc6+ Ka3 14.Bc5+ Ka2 15.Kc2 Ka1 16.Bb5！好棋！再次运用等着。16. …Ka2 17.Bc4+ Ka1 18.Bd4# 将死。

第十二回合黑方若改走 12. …Ka2（见图 16-59）则 13.Be4 Ka3 14.Bc6 Ka2 15.Kc2 Ka3 16.Bc5+ Ka2 17.Bd5+ Ka1 18.Bd4# 结果还是一样，黑王无法逃出白方双象构成的火力网。

提示：双象杀王并不拘泥于一种形式，只要本着王象配合协同作战、逐步缩小弱方王的活动范围的正确指导思想，将死对方也只是时间问题了。

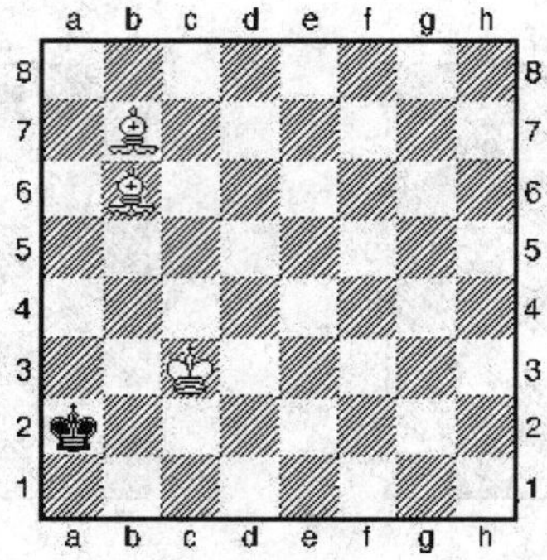

图 16-59

第三节 王兵残局

学习残局的意义不仅仅是掌握一些定式，更重要的是残局是一盘棋局的终点，也是最能淋漓尽致地体现某种子力特性的阶段。无论多么复杂、深奥的开局、中局，最终都要转化成一定形式的残局，这三者之间形成了一条不可分割的纽带关系。无论是制定开局计划还是执行中局战术，都要做到对将要形成的残局心中有数才不至于盲目草率，所以即便是一盘棋没有弈到残局就结束了，但对残局知识的了解仍会对整盘棋产生重大乃至决定性的作用。

一、兵的方形区

残局是整盘棋局的最后一个阶段。残局的特点为双方的子力已大幅减少，由于能够对王产生威胁的重子（后、车）已经不存在，王的攻击性和子力价值逐渐增强，在大部分情况下王的活动范围扩大至整个棋盘，其作用不亚于一个轻子（马、象）。

兵是棋盘上数量最多的兵种，在其他子力都已兑换的情况下，兵往往是最有机会幸存下来的棋子。于是怎样使己方的兵先于对方一步升变为后，从而再次获得足以制胜的武力便构成了各种王兵残局的主题战略思想。

下面我们来学习王兵残局的第一个基本知识——兵的方形区。

在图 16-60 的局面中，白方的 a3 兵打算冲到底线升变为后，而黑方能否守和关键就看王能否追到并拦截白兵的升变了。局势一目了然，完全是一场速度竞赛。在这种情况下如果简单地一步步来交替计算黑王能否赶上兵，不仅速度慢还容易产生误差，所以这里我们应当采用兵的方形区来测量双方的速度。方形区是这样划定的：先把图 327 中的 a3 兵看作正方形的一个角，然后从 a3 向黑王的方向画一条斜线到底也就是 f8 格，这就是方形的第二个角，正方形的第三个角就是 a3 兵的升变格 a8，找到这三个点之后也就不难发现最后一个角位于 f3。好，现在我们得到了一个完整的正方形，这就是所谓的方形区（见图 16-61）。

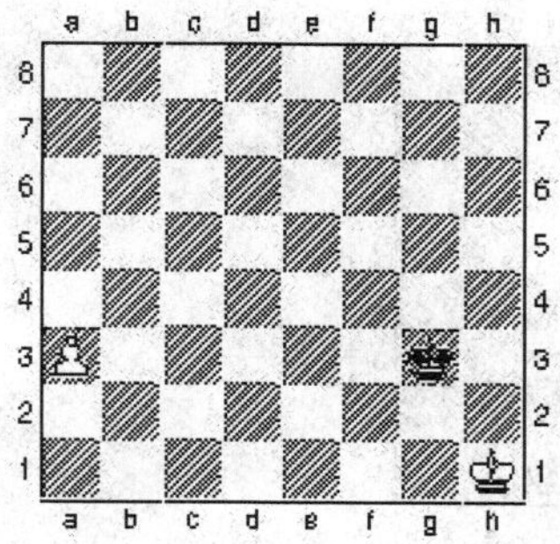

图 16-60

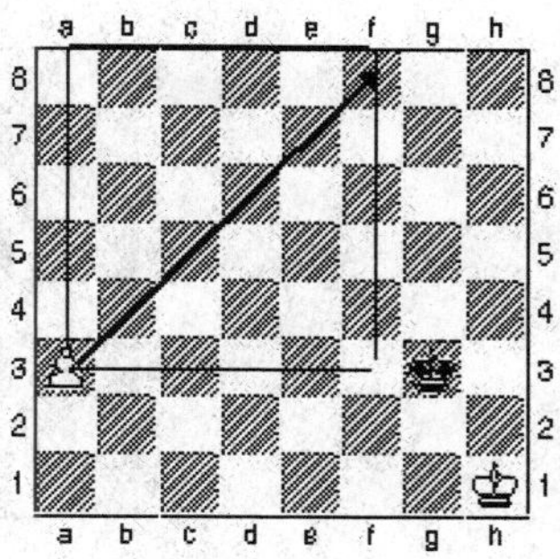

图 16-61

如果黑方的王能够走进兵的方形区，黑方就来得及阻止并消灭这个兵，否则兵就能成功地升变。在图 327 中，如果黑方先行就能够走进 a3 兵的方形区，结果白兵会被吃掉，局面作和。如果白方先走，则在 1.a4 之后兵的方形区发生了变化，由原来的 a3、a8、f8、f3 缩小为 a4、a8、e8、e4（见图 16-62）。黑方再走 1. …Kf4 已经不能进入兵的方形区，所以白兵可以成功地升变为后，结果为白胜。

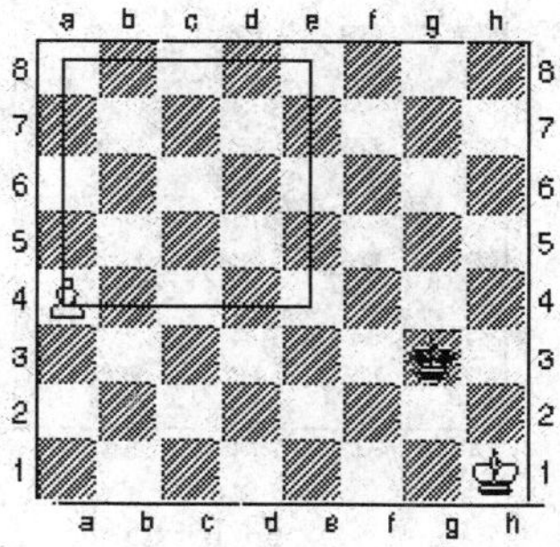

图 16-62

值得注意的是，在原始位置上的兵第一步可以前进两格。遇到这种情况我们可以把方形区提前一格进行计算。比如图 16-63 中 a2 兵的方形区应为：a3、a8、f8、f3，和兵处于 a3 位置时是一样的。

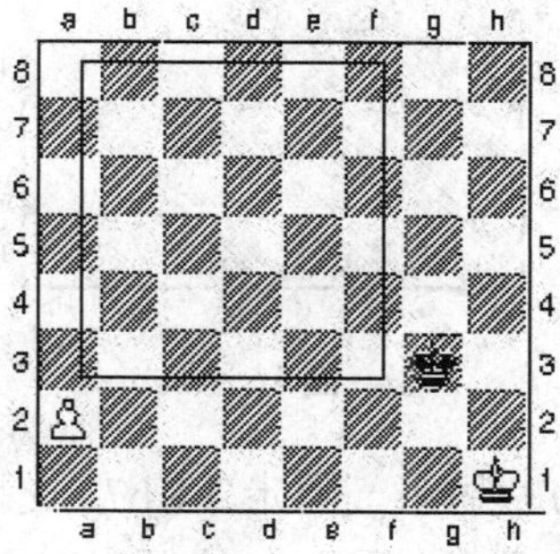

图 16-63

另外，如果方形区里还存在别的棋子，则必须考虑它们所带来的影响（见图 16-64）。

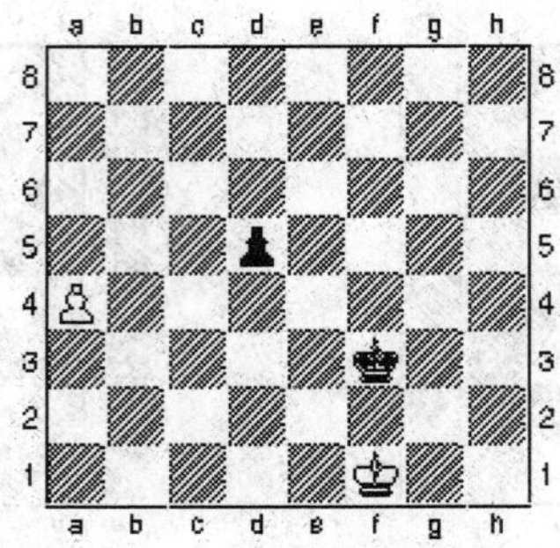

图 16-64

1.Ke4 2.a5 Ke5。这里由于己方 d5 兵的阻碍，使王被逼只能绕行。3.a6 Kd6 4.a7 Kc7 5.a8Q 白胜。

在图 16-65 中白方同样是利用了这种思想取胜。

1.d5！好棋！设置障碍。exd5 2.a4 形成了和图 16-64 一样的胜局。

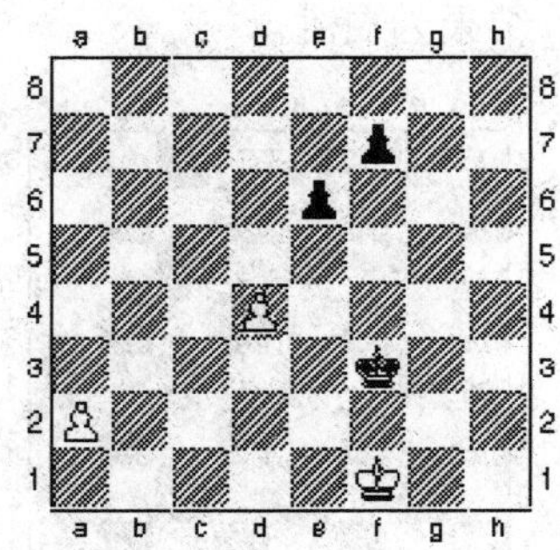

图 16-65

最后我们再来看一种把用方形区中的障碍“变废为宝”、加以利用的情况（见图 16-66）。

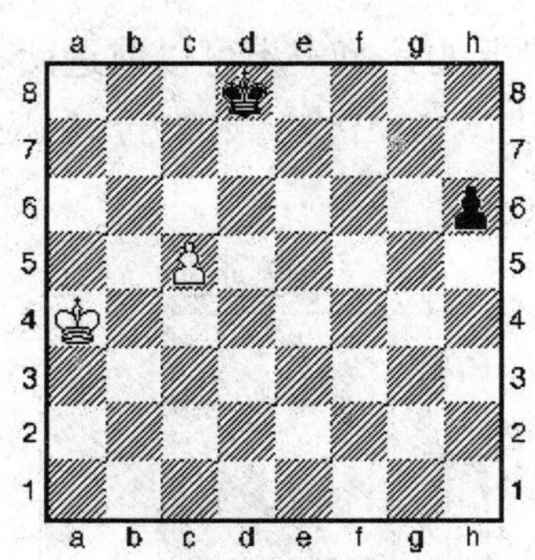

图 16-66

1.Kb5 h5 2.Kc6！好棋！白方威胁下一着走 3.Kb7，支持己方兵升后。2. …Kc8 3.Kd5 白方成功地进入了 h 兵的方形区，局面作和。如果黑方对于第二回合白方的 2.Kc6 不加以理睬，而走 2. …h4 3.Kb7 h3 4.c6 h2 5.c7+ Ke7 6.c8Q，那么结果是白兵先变后。

二、对王

我们学习了当王离兵距离较远时采用的方形区理论，不过在大多数王兵残局中，弱方的王都是处于强方兵的方形区以内，如果只靠兵自身的力量并不能突破对方王的封锁线，于是在这种情况下兵想要升变就必须得到本方王的支持。王与王之间的战斗很有意思，它们并不能像其他子力那样互相兑换，所以就算是最激烈的情况下两个王之间也会隔开一定距离。最常见的形式就是两个王处于同一条直线，中间只隔开一行的相同颜色格子内遥遥相对（见图 16-67）。

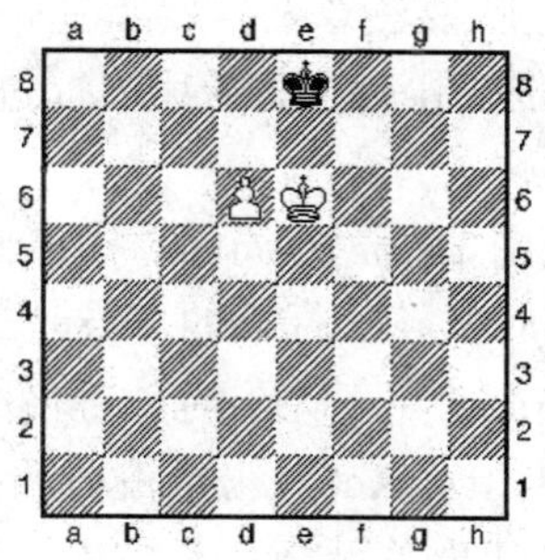

图 16-67

图 16-67 是一个标准的“对王”局面。在这种情况下，轮到行棋的一方较为被动，因为它的王必须选择平移或者向后退让，这样做等于为对方让开了中间的道路，而此时对方往往握有主动权，可以自由选择继续对王，或者是占领对方已经让出来的格子。

在图 16-67 的局面中若是黑棋先走：1. …Kd8 2.d7 Kc7 3.Ke7，则白方在下一着定可升后，黑方无法防御。

如果这个局面轮到白方先走则大不一样：1.Kf6 Kd7 2.Ke5 Kd8 3.Kd5 Kd7 4.Ke5 Kd8 5.Ke6 Ke8，局面没有任何进展，白方要想赢棋只能冲兵，6.d7+ Kd8 7.Kd6，逼和。

从上面的分析可以看出，图 16-67 的局面是“黑先白胜”“白先和”。对王的时候轮到哪一方先走决定了整个对局的结果。

三、关键格

图 16-68 中三个星号的位置是这一章要掌握的重点，它们就是 d3 兵的“关键格”。顾名思义，“关键格”的意思就是对于兵能否升变起到至关重要影响的一些格子。如果强方的王能够成功地占领己方兵的关键格，则兵可以升变，反之则不能升变。

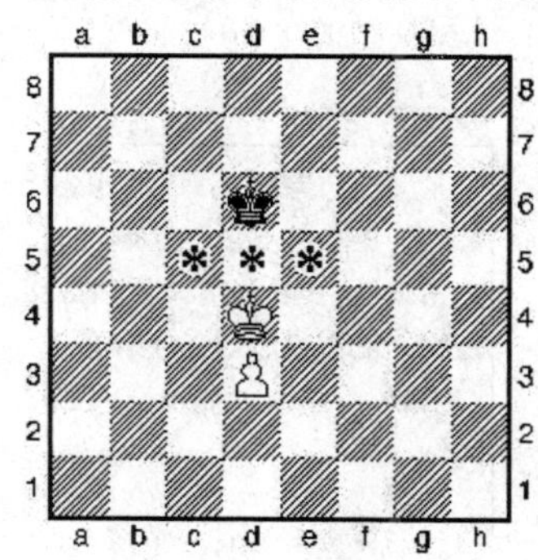

图 16-68

图 16-68 中如果轮到黑方先走，那么黑王只能在白方对王的逼迫下让开对“关键格”的控制。1. …Kc6 2.Ke5，占领“关键格”！2. …Kc5 3.d4+ Kc6 4.Ke6 Kc7 5.d5（此时走 5.Ke7

没有作用，黑棋走 5. …Kc6 之后白王还要回来保兵），5. …Kd8 6.Kd6 Kc8 7.Ke7。至此白王已经控制了兵的升变路线，接下来只要连冲三步兵就可变后，黑方无法阻挡。

如黑方改进第二回合的走法：2. …Kd7 3.Kd5 Kc7 4.Ke6 Kd8 5.d4 Ke8。虽然成功地和白方先手对王，但白方可借由下一着冲兵反客为主：6.d5 Kd8 7.Kd6 Kc8。结果对王的时候还是轮到黑方行棋，黑方只得再次被迫让出关键格：8.Ke7，白胜。

在上面的例子中强方想要获胜要注意两点：首先，王始终位于兵前方的“关键格”区域，为兵开路；其次，如果对方用王阻塞了兵的行进路线，则可利用对王的方法迫使其离开。

下面再来分析一下，同样是图 16-68 的局面，如果轮到白棋先走会是怎样的结果呢？

前面我们曾经讲到，对王的时候轮到行棋的一方是非常被动的，具体到图 16-68 的局面，如果轮到白棋先行，则无法迫使黑王让出对关键格的控制。

1.Ke4 Ke6（此时注意不可走 1. …Kc5? 来抢占白兵的关键格，否则在 2.Ke5 Kc6 3.d4 Kd7 4.Kd5 Kc7，黑方不得不再次让出关键格。这里黑方不应急功冒进主动去抢占白兵的关键格，正确的防守策略是摆出一种“守株待兔”的架势，只要能够阻止白王占领兵的关键格就能确保和棋）2.Kd4 Kd6 3.Kc4 Kc6。黑方始终利用对王来阻碍对关键格跃跃欲试的白王，4.d4（见图 16-69）。

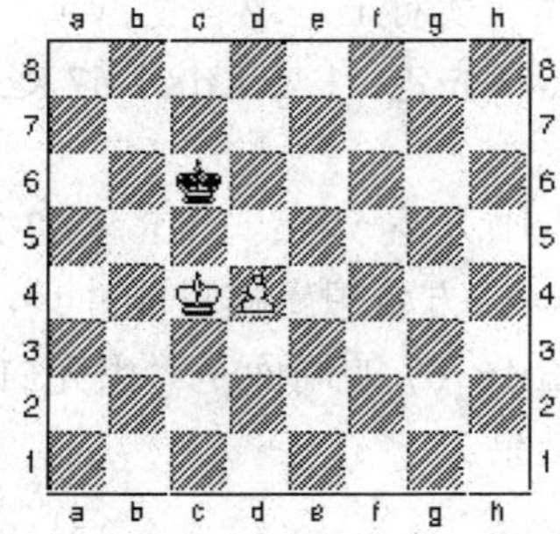

图 16-69

白方迫不得已，想要局面有所进展只能冲兵，不过这样一来兵的关键格提前了一排，由 c5、d5、e5 变成了 c6、d6、e6，所有关键格已陷入黑王的掌控，接下来 4. …Kd6 5.d5 Kd7 6.Kc5 Kc7 7.d6+ Kd7 8.Kd5 Kd8 9.Kc6 Kc8 10.d7+ Kd8 11.Kd6，无子可动，和棋（见图 16-70）。

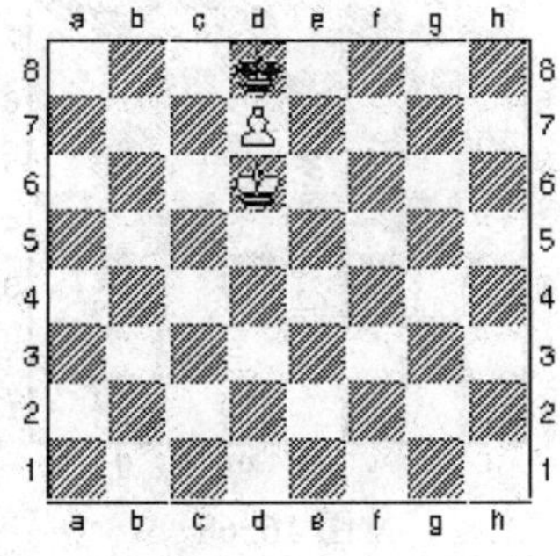

图 16-70

提示：黑方守和的技巧是牢牢掌握对关键格的控制，每当白王从兵的两侧移出试图为兵“开道”的时候，黑方可利用“对王”的技巧挫败白方的企图。

下面来看几种特殊情况。

先来看看兵冲到 5 线（对于黑棋是 4 线）的情况（见图 16-71）。

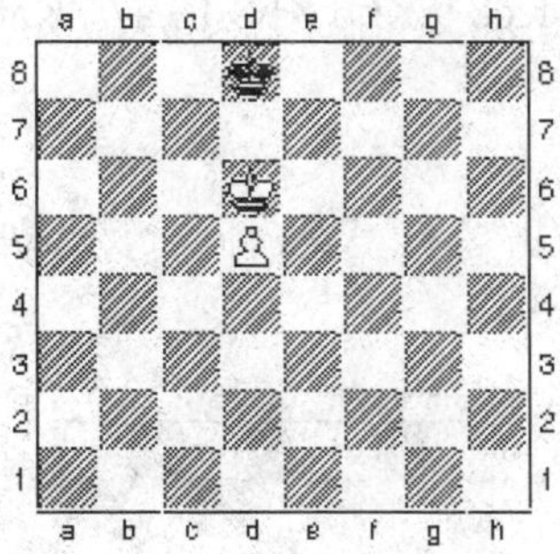

图 16-71

图 16-71 形成了一种称为“底线对王”的阵势，这种情况下无论谁先走均为白胜。1.Ke6 Ke8 2.d6 Kd8 3.d7 Kc7 4.Ke7，这样的结果是由于黑王位于底线，缺乏回旋余地造成的。

如果即将升变的是马前兵，我们也须谨慎处理（见图 16-72）。

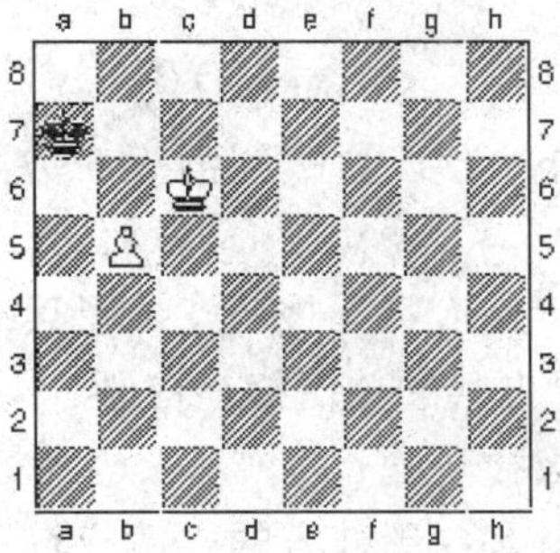

图 16-72

如果第一着错走 1.b6+？则 Ka8 2.Kc7，形成无子可动的逼和局面。

正确的着法应为：1.Kc7 Ka8 2.Kb6 Kb8 3.Ka6 Ka8 4.b6 Kb8 5.b7 Kc7 6.Ka7，白胜。

车前兵的情况比较特殊，由于是边兵，只要弱方的王设法抢占住兵前进路线上的格子，强方便无计可施，大多数情况下会形成逼和的局面。下面来看一下边兵的关键格（见图 16-73）。

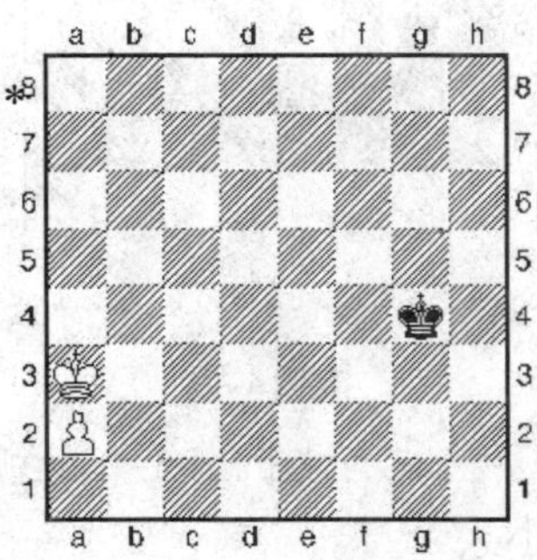

图 16-73

图中星号的位置就是 a2 兵的关键格。白方如果能用王抢到关键格就能获胜，否则就是和棋。

1.Kb4 Kf5 2.Kb5 Ke6 3.Kb6 Kd6 4.a4 Kd7 5.Kb7，之后连续冲兵就可获胜。如果是黑方先走则是和棋：1.…Kf5 2.Kb4 Ke6 3.Kb5 Kd7 4.Kb6 Kc8 5.Ka7。否则黑王将抢占关键格：5.…Kc7 6.a4 Kc8 7.a5 Kc7 8.a6 Kc8 9.Kb6 Kb8 10.a7+ Ka8 11.Ka6，逼和。

四、适应点

“适应点”技巧是应用在双方各有一兵，同时又是处在一条直线上的“互顶兵”的情形下的（见图 16-74）。

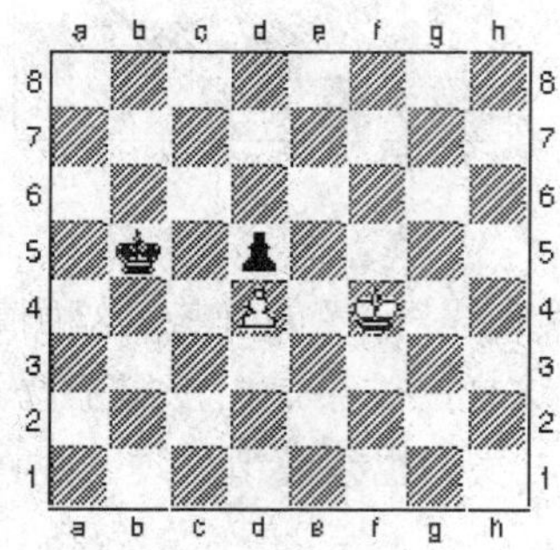

图 16-74

在这种局势中想要取胜的一方必须做到消灭对方兵的同时能够用王保护自己的兵升变。

先来看一下白方怎样利用“适应点”技巧吃掉黑兵：1.Kf5 Kb4 2.Ke6 Kc4 3.Ke5 Kb5 4.Kxd5 Kb6 5.Kd6，已经占领己方兵的关键格，白胜。

那么白王的行走方式有什么技巧呢？

图 16-75 中用记号标出的就是白黑双方的“适应点”。用星号标记的位置是“坏点”，而用圆点标记的位置为“好点”。王在行走的时候应该尽量避开坏点走向好点，所以白方第一着应走 1.Kf5，如果错走 1.Ke5 Kc4，则白方丢兵。同理，如果黑方在 1.Kf5 之后走 1.…Kc4 Ke5，则黑方会更早失去兵。

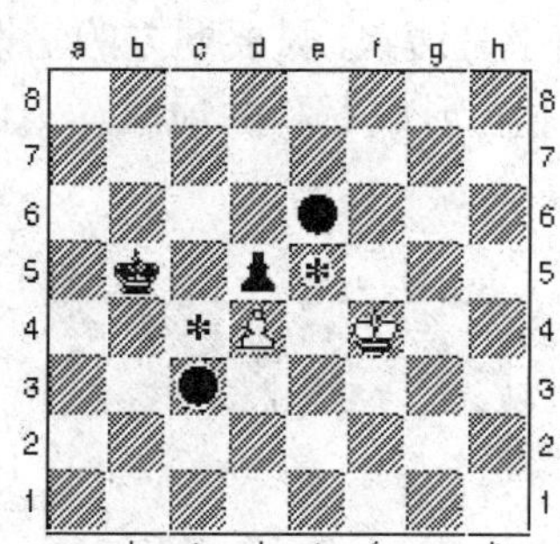

图 16-75

总之，在这种局势中先行的一方占有先机，先一步到达“好点”就能迫使对方的王走入“坏点”，从而确保消灭对方小兵。

不过，进一步分析图 16-75 会发现黑方仍有守和的机会。如果黑方放弃和白方对攻的错误计划，而是采取冷静的防守就不难发现如下着法：1.Kf5 Kc6 2.Ke6 Kc7 3.Kxd5 Kd7，从而利用对王成功地阻止白王侵占关键格，白棋无法取胜。

在这种情况下强方要想取胜就必须将整个局面向底线移动一行（见图 16-76）。

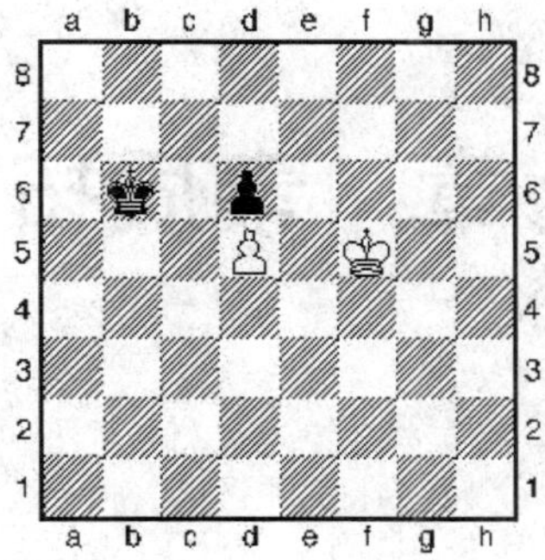

图 16-76

1.Kf6 Kc7 2.Ke7 Kc8 3.Kxd6 Kd8 4.Ke6 Ke8 5.d6 Kd8 6.d7 Kc7 7.Ke7。由于形成了“底线对王”，黑方采用同样的方式已不能求和，具体可参见前面一节。

第十七章　素质拓展训练

第一节　拓展训练概述

一、拓展训练的起源

拓展训练，又称“外展训练”，英文为Outward Bound。最初的Outward Bound主要在航海中使用，是船出发前用于召唤船员上船的旗语，表明船出发的时候到了。从字面上解释，Outward Bound就是出海的船，而进一步引申的意义就是“一艘小船离开安全的港湾，义无反顾地投向未知领域去迎接一次次挑战，战胜一次次困难”。

二、拓展训练的概念

（一）拓展训练是一种体验式学习

体验式学习是为学习者提供真实或模拟的环境和活动，让学习者通过个人在人际活动中的充分参与来获得个人的经验、感受、觉悟并进行分享和交流，然后通过反思和总结提升为理论或成果，最后将理论或成果投入应用实践中的一种学习方式。换一种说法，凡是以活动开始的，先行后知的，都可以算是“体验式学习”。体验式学习与传统的教育模式最根本的区别是，前者以学生为中心（以学为主），而后者以教师为中心（以教为主），但“教”不一定导致“学”，更不一定产生“会”。因此美国的组织行为学教授大卫·库伯（David Kolb）于20世纪80年代初提出了体验式学习理论，他构建了一个体验式学习模型（体验学习圈）：活动（体验）→发表看法→反思→形成理论→应用→活动（体验），依次循环。他认为有效的学习应从体验开始，进而发表看法，然后进行反思，再总结形成理论，最后将理论应用于实践。目前，体验式学习理论已经成为很多培训和学习行为的指导理论，体验式学习理论对设计和开发终身学习模式有着深刻的影响，这种强调“做中学”的体验式学习，能够将学习者掌握的知识、潜能真正发挥出来，是提高学习效率的有效学习模式。

（二）拓展训练发展趋势

拓展训练发展到现在，出现了新的发展趋势，主要有以下三类。

第一类是以管理培训为主导的拓展训练。这种拓展训练主要是培训企事业团体人员，激发员工的潜能与激情，培养员工团队精神与团体意识，提高领导与主管的管理水平，最终为企业创造高绩效的工作氛围。

第二类是以休闲旅游为主导的拓展训练。这种拓展训练主要是为了提高都市人的生活质量，让人们在余暇走出城市，走进自然去愉悦身心、享受生活，主要方式是到旅游景点或度假村等专门的场地和体育场所中边玩儿、边练、边学。

第三类是以课程教育为主导的拓展训练。这种拓展训练以学校课程为主要开设方式，以心理学、管理学和体育学科为载体进行有针对性的学习。绝大多数学校是以体育课为主要载体，以拓展训练来弥补传统学校体育教育的不足。

三、高校拓展课程理论基础

拓展训练进入高校以来，从事拓展的教育工作者从高校教学角度根据现代拓展的发展理念，赋予了拓展更现代、更深刻的含义：拓展是通过专门设计的具有针对性和挑战性的课程，利用典型的场景和活动方式，让团队成员共同经历一系列的考验，磨炼克服困难的意志、培养健康的心理素质和积极进取的人生态度、增强团队合作意识的一种体验式学习方式。拓展训练对大学生的身体健康、心理健康、社会适应等综合素质的提高有重要意义。

（一）拓展训练课程的作用

拓展训练之所以在高校受到青睐，是因为其有如下几方面的作用。

1. 训练心理素质。拓展训练是一项旨在提升队员综合素质的训练方式。它的训练内容丰富生动、寓意深刻，以体验启发作为教育手段，能够有效挖掘每个人的潜能，提升和强化个人心理素质，帮助个体建立高尚的品格。

2. 训练团队合作。团队训练是一种塑造团队活力、推动组织成长的集体活动，是为配合现代社会对团队建设的需要而设计的体验式模拟训练。在拓展训练课程中，团队成员可以更深刻地体验个人与团队之间唇齿相依的关系，从而激发出团队高昂的工作热情和团结一致的向心力，使团队更富有生机和活力。

总的来说，通过拓展训练，学生可以挖掘自身潜能，增强自信心，提升自我形象，克服惰性心理，磨炼战胜困难的毅力，启发想象力与创造力，提高解决问题的能力，认识群体的作用，增进对集体的感情与责任心，改善人际关系，更为融洽地与群体其他成员合作。

（二）高校拓展项目分类

为了突出校园拓展特色，根据高校拓展的特点以及教育教学规律，拓展项目可以分为室内项目、场地项目和其他项目三大类。

1. 室内项目。室内项目通常是所有学生一起进行的项目。室内教学环境和教学条件有利于教学过程的实施和教学目标的实现。在室内进行的项目主要分为两类。

第一类是团队破冰项目。比如第一次课的理论部分：介绍拓展基本知识、常识，课上要求；组建团队，对学生进行分组并进行团队建设，如起队名、编队歌、讲队训，制作队徽、队旗并进行展示等。

第二类是心智项目，或遇恶劣天气必须在室内安排的项目。这类项目一般是锻炼逻辑思维能力、应变能力、创新能力，比如“感恩的心”“穿越 A4”“牵手结”“解绳”“盲人排序”“听替代口号行动”“智慧轮”“人体多米诺”“坐地起身”等等。

2. 场地项目。场地项目是指在训练场所利用一些特别设计和搭建的训练设施在场地上完成的项目。场地项目又分为地面项目和空中项目。

地面项目在学校便于实施，因为这类项目安全性高、器材简单、不需要很多经费投入，更适合教学的组织与管理。经典项目有“盲人方阵”“穿越电网”“挑战时间极限”“有轨电车”“勇攀高峰”等等。

空中项目又可分为高空项目、中空项目、低空项目。高空项目一般需要特殊的场地和高空架及绳网等设施，并需要配备必要的安全保护设施，而且这些安全保护设施必须经过专业部门的检验方可投入使用。不过以上设施造价都较高，专业性也很强，配备了这些设施的学校就可以开展“空中单杠”“空中断桥”“天梯”“速降”等项目。中空项目有“信任背摔”“罐头鞋”“高台演讲”等。低空项目有“穿越电网”“蜻蜓点水”“孤岛求生”“梅花桩”等。

一般来说，地面项目难度和风险相对较低，主要是培养学生的团队意识、团队精神、沟通能力、协作能力、解决问题的能力等。高空项目风险和难度相对较高，主要是提高个人心理素质、激发个人潜能、挑战心理极限。低空项目的难度与风险介于地面项目和高空项目之间。

3. 其他项目。其他项目包括户外项目和水上项目。户外项目有“徒步”“校园定向”“远足露营”“登山攀岩”“定向越野”“野外生存”“神秘拼图”等等。水上项目有“游泳”“扎筏”“划艇”“浮桶架桥”“水上单索”等等。户外项目和水上项目一般需要在自然环境中进行，不确定因素较多，有时条件艰苦，而且需要成员具备很好的体能和野外生存的知识，所以一般学校都是组织学生到校外专门的训练机构进行体验，但应注意组织好学生，确保其安全。

第二节　拓展项目介绍

一、地面项目

（一）穿越风险

1. 项目概述

这个项目是一个典型的中空低风险团队合作项目，也叫“蜘蛛网”“电网”，具体操作为：在全体队员面前悬挂一张“电网”，网上的洞口大小不一，要求队员在一定时间内，依次从网的一侧穿越至另一侧，在此过程中队员的任何部位都不允许触及电网，否则视为犯规。“穿越风险”可以被用来培养学生的团队合作精神、协调沟通能力、领导才能及冲突处理能力。在这个活动中，所有参与者都需要尽最大努力，因为一个人的失误将会给别人造成更大的麻烦，甚至会让所有人前功尽弃。

2. 目的

（1）增强相互合作的团队精神；

（2）体会计划、整合、分配资源和精心操作的重要性；

（3）培养学生合理策划、有效组织、统一行动、亲密协作的意识；

（4）了解如何有效地认识、分配资源；

（5）认识合理分工与服从组织安排的重要性；

（6）培养团队的科学决策方法和严谨细致的工作作风；

（7）认识合理节约时间的意义和作用；

（8）体验如何通过协作克服困难并达到目标；

（9）培养个人在团队中自我定位的意识。

（二）盲人方阵

1. 项目概述

这个项目也叫“黑夜协作”，是一个以团队挑战为主的项目。每队 8～16 人，为了真实地表现情境，所有队员带好眼罩，并保证完全看不到亮光，利用教师给大家的绳子围成个面积最大的正方形（或其他规则形状），所有人相对均匀地分布在正方形（或其他形状）的四条边（或几条边）上（见图 17-1）。

图 17-1

2. 目的

（1）培养团队队员的沟通意识，提高沟通技巧和决策能力；

（2）感受特殊情境下完成任务的合作方式；

（3）了解团队领导人的领导风格对完成任务的影响和重要作用；

（4）培养队员科学的思维方式和对知识的运用能力；

（5）使队员理解角色定位及尽职尽责地完成本职工作的重要性；

（6）理解“失与得”的辩证关系。

（三）击鼓颠球

1. 项目概述

这个项目也叫“鼓上飞球”“动感颠球”，是一个以团队挑战为主的项目，检验团队高度协作的能力。每队 8～16 人，每个队员牵拉一根或两根鼓上的绳子，集体用力颠球，达到规则要求即完成任务（见图 17-2）。

2. 目的

（1）培养全体队员取长补短、团结协作完成共同目标的能力；

（2）培养队员不怕挫折、不断进取、争创佳绩的意识；

（3）感受互相鼓励对完成任务的积极作用；

（4）学会在遇到挫折时以平和心态对待，不气馁；

（5）培养队员的平衡控制和及时调适的能力。

图 17-2

（四）植树造林

1. 项目概述

这个项目是一个以团队挑战为主的项目，挑战我们团结协作的能力。每队 8～14 人。全体队员围成一个圆圈，单手扶立杆，同时松手，并向前移动扶住前面的立杆，不间断完成与本队人数相同的个数（或完成教师规定的个数）（见图 17-3）。

图 17-3

2. 目的

（1）培养学生合理策划、有效组织、统一行动、亲密协作的意识；

（2）培养必胜的信念、勇争第一的品质；

（3）体验领导力和执行力在达成目标的过程中的重要作用。

（五）U 型管道

1. 项目概述

这是一个以团队挑战为主的项目，挑战学生团结协作的能力。每队 8～14 人，全体队员每人手持一个半圆形滑槽（也可以用硬纸替代），利用手中的滑槽组成一个轨道，使高尔夫球沿轨道滚动并落入指定距离处的指定容器内（见图 17-4）。

2. 目的

（1）培养学生合理策划、有效组织、统一行动、亲密协作的意识；

（2）培养必胜的信念、勇争第一的品质；

（3）体验领导力和执行力在达成目标的过程中的重要作用；

（4）正确对待成功与失败的结果。

图 17-4

（六）有轨电车

1. 项目概述

这是一个以团队挑战为主的项目，考验的是团队统一组织、协调一致、团结协作的能力。每队 8～11 人（按木板上的绳子数量决定人数），2 块木板（长约 3.6 米，宽约 0.15 米）模拟一双鞋子，队员同时站在木板上面，双手拉住提拉绳，统一口令，步调一致，共同前进，在规定的时间内走过一段 30 米长的路程。

2. 目的

（1）培养队员获取胜利的信心和勇于向前的精神；

（2）了解提前演练对实际工作的价值、策划与实践相互结合的意义；

（3）了解协作的一致性与指挥方式的选用方法；

（4）培养团队的整体意识和集体的凝聚力；

（5）感受个人与集体的关系。

二、中低空项目

（一）孤岛求生

1. 项目概述

这是一个以团队挑战为主的项目，考验的是团队之间相互配合的综合能力。这个看似简单的项目，所蕴含的道理、揭示的问题、对人的震撼能够让人回味无穷，每个队员都会在这个项目中有更深的感悟。项目任务是将队员分成三组，分别安置在“盲人岛”（基层员工)、“哑人岛”（中层管理者）、“珍珠岛”（高层决策者）3 个岛上，要求在规定时间内完成各自的任务并集合在一处安全的地方。此项目强调主动沟通、信息共享的重要性，尤其说明了主管者运用资源和决策的重要性。虚拟场景为大家在同一艘航船上，在海上遭遇了暴风雨，被冲向不同的岛屿。每个岛屿上只有一张任务书和相关物品，团队需据此完成任务。

2. 目的

（1）培养团队对时间的管理及运筹帷幄的能力；

（2）培养人与人之间、部门与部门之间、领导与下属之间有效沟通的能力；

（3）体会层级、部门之间合作的理念与方法；

（4）突破思维定式，培养创新与风险意识，寻求有效的沟通方法；

（5）体会人与人之间相互信任与相互合作的价值，强调主动工作的重要性；

（6）体会信息的公开与共享对完成共同目标的价值；

（7）培养领导力及学习领导艺术；

（8）强调领导力以及领导对下属的激励，掌握换位思考的意识；

（9）培养队员全局观念与责任意识。

（二）信任背摔

1. 项目概述

“信任背摔”是最为经典的拓展训练项目之一，是一个以团队挑战为主、个人挑战与团队配合相结合的项目，而且是一个完全不依赖器械、只靠人来做保护的项目。该项目分为两部分：一是个人挑战，也就是背摔（后倒）；二是团队配合，任务是接人。每一位队员将轮流到台上，按照要求后倒，其他所有队友将其接住。

2. 目的

（1）培养团队内部的相互信任，打破人与人之间的陌生感与隔膜；

（2）增强队员挑战自我的勇气，挑战自我心理的极限；

（3）发扬团队精神、互相帮助，体会团队激励对个人的作用；

（4）通过挑战懂得合理突破本能的重要意义；

（5）感悟制度的制定与保障对完成任务的价值；

（6）培养队员换位思考的意识。

（三）毕业墙

1. 项目概述

这是体验团队合作精神的项目。所有队员在不借助任何器械的情况下，在规定的时间内爬上 4 米高的墙。

2. 目的

（1）培养团队意识，激发士气，提升团队凝聚力，感受个人的归属感；

（2）培养队员全面考虑问题的能力，注意细节决定成败；

（3）培养队员的奉献精神，了解奉献是自己和团队成功的唯一途径；

（4）体会团队合作的方式方法，用人之长，容人之短，尊重差异；

（5）培养队员紧密沟通与协调的能力；

（6）体会计划的完整性和科学性是决定自己和团队成功的关键；

（7）学会用感恩的心态去面对他人；

（8）培养每个人的责任感、严谨性。

三、高空项目

（一）空中断桥

1. 项目概述

“高空断桥”是一个以个人挑战为主的项目，属于高空心理冲击项目，整个过程需要成员独立完成，风险性偏高。“断桥一小步，人生一大步”这句话体现了这个项目的精华。“断桥”为两块宽30厘米的木板，顶端间隔1.2～1.8米，距地面高8米，做项目的队员必须从一块木板跃起跨到另一木板上并返回。

2. 目的

（1）考验个人胆量与身体平衡能力；

（2）认识自我，战胜自我，不断进取，克服心理障碍，增强自信心；

（3）正确地看待目标和困难；

（4）认识心态对行为的影响，学会舒缓心理压力；

（5）学会用平常心对待新的、严峻的挑战；

（6）培养面对困难时的互助精神和团队意识；

（7）学会换位思考，站在不同的角度看问题；

（8）理解自我说服与自我鼓励、鼓励他人和获取鼓励的重要性；

（9）体会在团队里挑战顺序与内部组织方法对完成任务的重要性。

（二）天梯

1. 项目概述

这个项目也叫“巨人梯”，是一个以两人协作挑战为主，辅以团队配合的项目，具有一定的难度和心理冲击力，消耗的体力也相对较大。两名队员要配合爬上一组8米高的巨型天梯，每一档天梯的距离在1.5米左右，两位队员必须通过相互帮助和合作，才能爬到天梯的顶端。

2. 目的

（1）考验个人胆量与技巧，以及身体的灵活性；

（2）激励队员全力以赴、合理分工、互相鼓励、充满信心、克服心理障碍去实现目标；

（3）培养队员的协作意识；

（4）体会团队内部人员合理搭配对实现整体目标的意义；

（5）体会阶段性目标对于实现最终目标的重要意义；

（6）体会共同学习、总结经验对提高整体工作效率的重要性；

（7）了解珍惜别人的帮助，懂得感恩是继续前进的无形动力；

（8）培养甘为人梯的精神。

第十八章　啦啦操

第一节　啦啦操运动简介

一、啦啦操运动的发展

啦啦操运动（Cheerleading exercise）起源于美国，是一种在音乐的衬托下，通过运动员完成高超的特殊动作并结合各种舞蹈动作，集体展现青春活力和健康向上的团队精神，并追求团队荣誉感的一项体育运动项目。经过 100 多年的发展，啦啦操已从为体育竞赛加油助威的一种形式发展成为一项国际性体育竞赛项目，特别是近 10 年，啦啦操运动发展飞速，风靡全球，受到世界各地不同国家民众的广泛喜爱。

啦啦操在项目类别上主要分为两种：技巧啦啦操与舞蹈啦啦操。技巧啦啦操包含翻腾、托举、抛接、金字塔组合、舞蹈动作、过渡连接及口号等基本内容。舞蹈啦啦操不同于技巧啦啦操，它并不完全追求高度的竞技性和技巧性，而是以通过展示不同元素的舞蹈动作并集合各种舞蹈技巧展现运动员力与美，舞蹈啦啦操的成套动作主要包括舞蹈、难度动作、过渡与连接、托举与配合等。

1998 年，随着中国大学生篮球联赛（China University Basketball Association，缩写：CUBA）的举行，充满着朝气和洋溢着青春气息的大学生啦啦操表演成为篮球场上一道亮丽的风景线，给观众留下了深刻的印象。在 2008 年北京奥运会后，啦啦操逐渐成为风靡全国的一项大众健康体育项目。目前，啦啦操运动在我国大、中、小学校园，甚至幼儿园中都开展得如火如荼，并凭借其独特的运动魅力，深受学生们的喜爱。

二、啦啦操运动的分类

啦啦操运动分为两大类，技巧啦啦操和舞蹈啦啦操；同时根据不同的内容和表演形式，又可细分为多种类型。

（一）技巧啦啦操

根据参与人数的不同，啦啦操运动可分为：集体技巧啦啦操、五人配合技巧啦啦操、双人配合技巧啦啦操。技巧啦啦操需要运动员具备较好的身体素质，通过队员之间高度的默契、完美的配合，完成托举、抛接、金字塔组合、翻腾和过渡连接等各种高难度的技巧动作。

（二）舞蹈啦啦操

当前国际上根据成套动作表演形式的不同将舞蹈啦啦操比赛项目分为三种：花球啦啦操、爵士啦啦操和街舞啦啦操。

1. 花球啦啦操

花球啦啦操分为集体花球啦啦操和双人花球啦啦操。运动员需在音乐的伴奏下双手持花球完成成套动作，它包括难度、舞蹈动作、托举与配合等动作内容，项目特征为发力快速、迅猛、定位准确等。花球啦啦操的伴奏音乐多为节奏感强的流行舞曲，这能让人深切感受到振奋、激动的情绪。该项目强调同步性和视觉效果，动作要求干净、准确，技术水平要求高，并融合各种类型的舞蹈元素和舞蹈风格。视觉效果包括动作变化、团队合作、队形变换、不同颜色花球的使用等，同时强调舞蹈编排的创意性、技巧实施步骤的衔接性以及团队配合的统一性。

2. 爵士啦啦操

爵士啦啦操分为集体爵士啦啦操和双人爵士啦啦操，主要是通过各种动作以展现不同的舞蹈风格、舞伴间配合程度及相关技术水平。爵士舞蹈所强调的是适当地表现动作的难易程度、肢体的伸展和控制水平、舞台站位、啦啦操风格以及动作的连续性和团队的统一性。

3. 街舞啦啦操

街舞啦啦操分为集体街舞啦啦操和双人街舞啦啦操。成套动作主要由街舞风格的舞蹈动作构成，强调街头舞蹈形式，注重动作的风格特征以及身体各部位的律动与控制，要求动作的节奏与音乐和谐一致，同时也可附加一定的难度动作，如不同跳步的变化及组合，或其他配合动作。

三、啦啦操运动的特点

（一）观赏性

啦啦操运动要求成套动作具备一致性，动作完成干净利落。音乐多选择节奏强烈、热情奔放，并且具有震撼力和感染力的流行舞曲。表演者可手持不同颜色的花球，通过空间、方向与队形的变化表现出不同的风格与特点。成套动作个性分明，层次多变，具有较强的观赏性。

（二）多样性

啦啦操动作的风格多样，表现形式相对灵活，它可以由一种风格的动作组成，如爵士、街舞拉丁等，也可以将几种不同风格的舞蹈动作融合在一起。

（三）艺术性

啦啦操成套动作主要由 32 个基本手臂动作组成，可以加入个性舞蹈动作，配合节奏鲜明的音乐，有较大的自由发挥空间。高超的难度动作和巧妙的舞蹈技巧使得成套动作的完成更具艺术性。

（四）合作性

啦啦操运动通常是以集体的形式表现，因此团队合作性是其非常显著的一个特点。为保证成套动作完成的质量，队员之间需要进行密切的配合与交流，互相激励、鼓舞斗志，以此提高团队凝聚力，共同完成团队目标，同时通过团队的精彩表现传达强大的集体主义观念与朝气蓬勃、积极向上的团队精神。

四、啦啦操运动的锻炼价值

（一）全面发展身体素质

啦啦操运动对参与者的速度、力量、耐力、柔韧性、灵活性与协调性等身体素质有一定的要求，随着参与者技术水平的提高，对动作难度、幅度、节奏等方面的要求也会不断提高。经过一定时间的科学训练，能够增加参与者的上肢力量、下肢力量与核心力量。因此，长时间进行啦啦操训练有助于全面发展身体素质。

（二）逐渐改善身体形态

啦啦操运动属于技能主导类表现难美性项群，因此在练习过程中对身体姿态方面有较高的要求，要求运动员时刻保持抬头、挺胸、收腹、夹臀的姿势，所有动作均需体现姿态美和运动美。因此，长期练习啦啦操，有助于改善身体形态，保持健美的体形。

（三）不断增强个人自信

啦啦操运动是一项充满激情、青春洋溢、健康向上的新兴体育项目，通过表演者肢体动作的展现、热情活力的笑容感染观众，烘托现场氛围，展现表演者的自信美。

（四）培养终身体育意识

啦啦操成套动作简单易学，根据参与者的身体条件，可调整运动量的大小和动作的难易程度；对练习场地要求简单，适合不同年龄段、不同性别、不同运动需求的人参加，有助于培养参与者的终身体育意识，具有较高的大众体育价值。

五、啦啦操竞赛的评判标准

（一）艺术编排

艺术编排标准要从成套动作的设计、风格的确立、各段落的布局、队形的变化、难度的选择与分布、音乐的选择与运用、团队的表演与包装等方面进行综合性评价。

（二）完成情况

完成情况标准主要针对个性舞蹈动作、基本手位、难度动作、过渡连接动作、音乐与队形等内容的完成规格及质量进行评价。舞蹈动作必须风格准确，同时符合啦啦操的项目特征。

（三）难度动作

技巧啦啦操难度分为 4 类：翻腾、托举、抛接、金字塔。舞蹈啦啦操难度分为 4 类：平衡与柔韧、转体、跳跃、翻腾。成套动作中出现的难度级别、数量不受限制，并对在规定时间内达到完成标准的难度给予分值。

六、啦啦操组织与赛事

（一）国际啦啦操

1. ICU（International Cheer Union），即国际啦啦操联盟。主要赛事包括：ICU 世界啦啦操锦标赛、ICU 世界大学生啦啦操锦标赛、ICU 世界中学生啦啦操锦标赛、ICU 公开赛、ICU 区域锦标赛等。

2. IASF（International All Star Federation），即国际全明星啦啦队联盟。该组织是在美国全明星啦啦队联盟（USASF）基础上发展出来的一个国际组织，主要面向全世界各个俱乐部和学校组织开展各项啦啦操赛事和活动。主要赛事包括：国际全明星啦啦操俱乐部赛、美国全明星啦啦操俱乐部赛（代表世界啦啦操运动最高水平的赛事）等。

3. IFC（International Federation of Cheerleading），即国际啦啦操联合会。这是一个非营利性的国际体育组织，目标是促进竞技啦啦操这项运动在全球开展，以传播竞技啦啦操知识，发展成员协会/联合会之间的友好运动关系为主。主要赛事包括：啦啦操世界锦标赛、亚太啦啦操公开赛、国家啦啦操锦标赛等。

（二）国内啦啦操

CCA（China Cheerleading Association），即全国啦啦操委员会，主要负责中国啦啦操运动项目的发展政策的制定与颁布，培训推广与展示，竞赛组织与策划，裁判员、运动员和教练员的资格认证与注册等工作。主要赛事包括：全国啦啦操锦标赛、全国啦啦操冠军赛、全国啦啦操联赛、中国啦啦操之星争霸赛、中国啦啦操公开赛、各省市啦啦操比赛等。

第二节　啦啦操基本技术与套路编排

一、啦啦操的基本技术

（一）36 个基本手臂动作

啦啦操运动以手臂动作为主，由 36 个基本手臂动作组合为成套动作。啦啦操手臂发力特征为短暂快速、定位制动，动作到位后没有延伸，手臂位置控制准确。

1. M：上 M（双手屈臂抱头）、下 M（双臂腰间屈）、后 M。

2. V：高 V（双臂侧上举）、倒 V（双臂侧下举）。

3. T：T（双臂侧平举）、短 T（双臂胸前平屈）。

4. X：X（双臂头后屈）、前 X（双臂交叉体前举）、高 X（双臂交叉上举）、低 X（双臂交叉体前下举）、屈臂 X（双臂胸前交叉）。

5. A：上 A（双臂上举两手相碰）、下 A（双臂下举两手相碰）。

6. H：上 H（双臂上举）、下 H（双臂下举）、小 H（左手屈臂，右臂上举）、前 H（拳心相对）、前 H（拳心向下）、屈臂 H。

7. L：上 L（左臂平举，右臂上举）、下 L（左臂平举，右臂体前平举）。

8. K：K（左臂体前下举，右臂体前上举）、侧 K（左臂体前下举，右臂体前上举）。

9. W：W（双臂肩上屈臂 90 度）。

10. R：R（左臂屈臂抱头，右臂体前下举）。

11. 短剑（左臂叉腰，右臂体前屈臂）。

12. 斜线（右臂侧上举，左臂侧下举）。

13. 加油（双臂体前屈臂两手相碰）。

14. 弓箭：弓箭（左臂侧平举，右臂平举屈臂）、小弓箭（左手叉腰，右臂侧平举）。

15. 冲拳：高冲拳（左手叉腰，右臂上举）、侧上冲拳（左手叉腰，右手侧上）、侧下冲拳（左手叉腰，右臂侧下举）、斜上冲拳（左手叉腰，右臂左侧上举）、斜下冲拳（左手叉腰，右臂左侧下举）。

（二）啦啦操的基本步伐

啦啦操运动不同于健美操，没有固定的基本步伐。在移动的过程中，步伐要稳定扎实，体现出踩实地面的感觉，并且身体重心不需要很大的起伏。

二、啦啦操的套路编排

（一）根据目的和任务进行编排

以健身为目的时，成套动作的难度可降低，创编的动作可以简单并且重复，主要激发参与者的兴趣和积极性。

以表演为目的时，应首先考虑带给观众的视觉、听觉感受，动作、服装、道具、头饰应与音乐风格一致。

以竞赛为目的时，动作的编排、难度的选用应以规则为依据，根据参赛者的身体能力，选择可以突显参赛者长处的成套内容。

（二）成套设计

1. 动作的编排

啦啦操动作的编排一定要具备项目特征，即发力迅速、定位准确、动作干净并具有冲击力。成套动作应先确定一种风格，在个性舞蹈编排中，再适当加入不同舞种动作，使成套风格多元化。手臂动作与步伐的多样性组合可以体现成套动作的复杂多样。通过表演者时尚绚丽的动作配合激情动感的音乐，给人以强烈的视觉和听觉感受。

2. 队形的设计

队形是啦啦操项目中尤为重要的组成部分，新颖多变的队形不仅可以使成套动作充满活力，还有利于动作风格的展现，使参与者更自信地进行套路展示。队形变化包括两方面：固定队形和流动队形。固定队形是指一个队形保持不变；流动队形是指一个队形经过位移变换成另外一个队形。

常用的队形有方形、梯形、三角形、菱形、圆形等，一个成套动作中队形的变化要有流畅感。除了变换队形，还要有空间的变化，包括地面、站立和腾空。在动作编排中，可设计地面动作、跳跃技巧等来实现空间转换，创造良好的空间效果。当然，队形和空间层次的变化并不是越多越好，变化巧妙才是队形编排的最高要求。

3. 音乐的选择

音乐应选择快节奏、动感、激情的流行舞曲，动作需与音乐的节奏一致。可选取一首音乐与动作搭配成套，也可以选择多首音乐剪辑在一起，剪接要完整连贯，注意旋律流畅性。音乐特殊效果音的完美融合也是啦啦操成套动作在音乐运用上的一大亮点。

（三）表演与包装

啦啦操是一个富于青春活力、健康向上的体育项目，无论是动作、形体还是服装，都能够带给人们强烈的视觉冲击。参与者的表演情绪要与成套动作、音乐风格相吻合。团队表演要干净利落、热情洋溢、激动人心，将运动、舞蹈、激情、表演、难度融为一体，才可显出团队表现的独特性与整体性，展现出表演者完美展示成套动作的能力。队伍表演要从各个方面打造团队鲜明的特征和独特的风格，场上的舞美效果要追求完美，表演要具有强烈的视觉冲击力，从而营造最佳表演气氛。

第十九章　击 剑

第一节　击剑运动简述

一、击剑运动发展简史

击剑是一项历史悠久的传统体育运动项目。远古时代，剑是人类同野兽进行搏斗和猎食所使用的工具。随着人类历史的发展，剑由最初的石制、骨制发展到青铜制、铁制，最后到钢制，并作为战争的武器，逐步走上历史舞台。击剑在古代埃及、古代中国、古希腊、古罗马、阿拉伯等国家和地区十分盛行。西班牙被认为是现代击剑运动的摇篮，14 世纪在西班牙、法国和意大利出现了一个令人炫目的骑士阶层，他们以精湛的剑术纵横天下，博得了广泛的美誉。此后各国贵族纷纷效仿，一时间击剑成为时尚，以致发展到贵族之间解决纠纷时动辄拔剑相向，一剑定生死。

现代击剑运动是奥运会的传统项目。1896 年在雅典举行的第 1 届现代奥运会就设有男子花剑、佩剑的比赛。1900 年在巴黎举行的第 2 届奥运会增加了男子重剑比赛。1924 年在巴黎举行的第 8 届奥运会又增加了女子花剑比赛。1992 年在巴塞罗那举行的第 25 届奥运会上，女子重剑被列为正式比赛项目。女子佩剑于 2004 年雅典奥运会上被正式列为奥运会项目。

二、比赛场地

比赛场地，也叫剑道，长 14 米，宽约 2 米，两端各有 1.5 米到 2 米的延伸部分。场地中央的一条线是中线，离中线各 2 米处为双方运动员的开始线，两端开始线再往后各 5 米为端线。两名运动员在这 14 米长的区域内做出任何刺中都是有效的。两端距端线各有 2 米的警告区。

三、剑种分类

击剑运动有三种武器：重剑、花剑、佩剑。三种武器的有效击中点及比赛规则亦有不同，故每种武器都有其竞技特点。相比而言，重剑更具运动性，佩剑速度最快，花剑则更需要技巧和准确性。

（一）重剑

重剑是击剑运动比赛项目之一，出现于 19 世纪中叶，起初主要用于格斗。击剑防护服主要是起保护作用，包括短上衣、护臂、胸甲、面罩、手套、短裤或马裤以及特制的击剑鞋。针对不同剑式的有效部位、防护部位，防护衣的设计也有所不同。

重剑的用剑全长不超过 110 厘米，重量不超过 770 克，剑身长不超过 90 厘米，横断面为三棱形，剑身为钢制，较硬而不易弯曲。剑身与剑柄间有直径不超过 13.5 厘米的圆形护手盘（见图 19-1）。只准刺，不得劈打。有效部位为全身，手臂、腿、脚也是主要攻击目标。1931 年起使用电动裁判器。分男子重剑比赛和女子重剑比赛，均有个人赛和团体赛。

图 19-1

重剑是最早采用电动裁判器的击剑运动项目。双方在 1/4 秒内同时击中为“互中”，一方在另一方击中 1/4 秒以后击中，电动裁判器判定先击中的一方得分。现代五项运动比赛中，击剑项目用剑为重剑，并以击中一剑决胜负。由于有效部位大，无优先裁判权规则，故运动员在比赛时比较谨慎，重视时机的选择。

（二）佩剑

佩剑又称军刀或马刀，大部分有着弯曲的刀身与单面刀锋（因真实军队使用的军刀未必都是单刃的刀，所以后来也译“佩剑”），原是匈牙利人所使用的武器，使用的历史最早可追溯到公元九世纪前后。其多为骑兵所使用，为了方便在马上单手使用，故造得轻巧，刀身也尽量造得较长。刀身共有直刀身、微弯刀身、大弯刀身三种。根据国际击剑联合会（International Fencing Federation，缩写：FIE）剑种说明，现代的运动项目用的佩剑是由 19 世纪末海军用的佩剑发展而来。（见图 19-2）

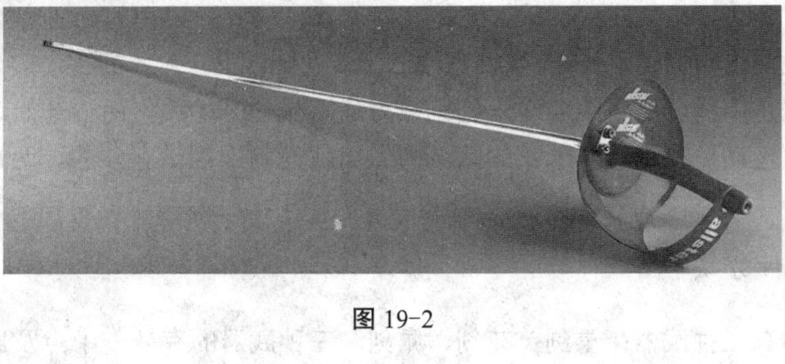

图 19-2

（三）花剑

中国曾称其为“轻剑”，1973 年改名为花剑。花剑总长 110 厘米，重量不超过 500 克。剑身长 90 厘米，钢制，横断面为矩形，护手盘小。剑柄长度不超过 20 厘米。剑头直径在 5.5～7 毫米之间，长为 1.5 厘米左右。护手盘的最大直径为 12 厘米，圆形，装于剑身与剑柄之间，禁止偏心，弯曲角度小于 1 厘米。（见图 19-3）

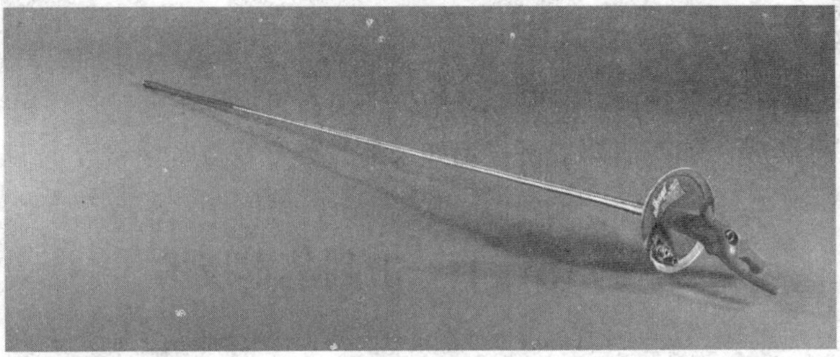

图 19-3

四、竞赛规则

击剑（Fencing）是体育运动项目的一种。运动员穿戴击剑服装和护具，在击剑场上以一手持剑互相刺击，被先击中身体有效部位的一方为被击中一方。其有多种进攻技术和防守技术，运动员在规则许可的范围内运用各种战术取胜。比赛项目有男子花剑、重剑、佩剑，女子花剑、重剑、佩剑，均有个人赛和团体赛。团体赛为每队 3 人的队际相遇赛；个人赛先进行分组循环赛，然后根据组内成绩指数排位，进行单败淘汰赛。循环小组赛中 3 分钟内先击中 5 剑者为胜。单败淘汰赛每局 3 分钟，击中剑数累计，先击中 15 剑者或计时停止后击中对方次数多者为胜。最多打 3 局，每局之间休息 1 分钟。团体赛则根据个人赛成绩，直接进行单败淘汰赛，最先击中对方达 45 次的团队为胜。

（一）预备

当裁判宣布准备比赛时，双方队员在离中心线 2 米处就位。队员们应侧身站立，手中的剑必须指着对手，未握剑的手靠在背后，且每得一分都得回到这个姿势重新比赛。

（二）得分

击剑运动中，以击中对手为得分依据。击中，就是用剑尖刺击对手，使剑尖清楚地、准确无误地刺在有效部位并具有刺入的性质。对对手身体的任何部位的击中，都应是有形的、实体的、实质性的击中。为了使之成为有效的击中并得分，剑尖落点必须在有关剑种规定的有效部位内。

重剑是完全的刺击武器，只有剑尖击中有效，剑身横击无效。击中有效部位包括全身，即躯干、腿脚、手、臂以及头盔。与花剑及佩剑不同，重剑每次击中都有效。若双方在 1/4 秒内相互击中，双方各得一次击中数。最容易被击中的部位是手，所以，重剑比赛需高度准确性，攻击对方的好机会常常是当对方开始攻击的时候。

花剑是完全的刺击武器。只有剑尖刺中才有效，剑身横击无效。有效击中部位是躯干。有效部位由金属衣裹覆，这样，电子仪器便可以分辨有效击中和无效击中。花剑比赛讲究击中优先权，先攻击而击中者得分，被攻击者须先做出有效抵挡动作后再进攻击中才有效，双方同时击中均不得分。

佩剑是既可劈又可刺的武器。在实战中，以劈中得分为多。击中有效部位是躯干、头盔及手臂。佩剑速度最快，比赛时间也往往最短，且佩剑比赛也讲究击中优先权。

如果电子仪器显示一位队员得分，裁判会当即中止比赛，双方队员恢复预备姿势后继续进行比赛。

（三）平局

单人比赛中，在 9 分钟内，如果双方平分，那么将加赛 1 分钟，使用突然死亡法。为了防止双方过分防守，加赛前即抽签决定如果加时赛中双方都未得分，谁是胜者。

第二节 击剑基本技术

一、手上技术

（一）握剑

目前运动员主要使用枪柄剑，但也有少数重剑运动员使用直柄剑，手柄有左右之分，枪柄形状也不尽相同，但持剑的方法大体相同。

持剑主要依靠大拇指和食指控制剑尖。大拇指和食指稍屈相对握，中指、无名指、小指压紧手柄，使剑柄压紧在手掌根的中线（佩剑压在小拇指根处）。掌心要与剑柄有一定的间隙，手腕要保持一定的紧张度，有利于控制剑的动作。（见图 19-4）

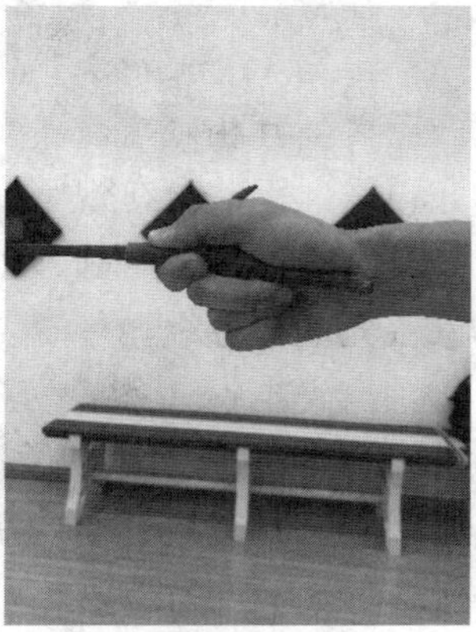

图 19-4

（二）直刺

直刺也称为简单进攻，指运动员移动到合适的距离直接出剑刺向对方。

（三）转移刺

转移刺是剑尖沿对手护手盘经过剑身刺中对手有效部位的动作方法。

（四）防守动作（以重剑为例）

重剑的防守和花剑击剑一样。由于拿武器的手臂和身体的右边向着对手最近的一面，故其最容易受到对手的进攻。

重剑用得最多的是以下几种防守动作。

1. 第六姿势防守。当对手从上面和侧面向手和小臂刺时，或者当对手向躯干右上部和头刺时，都可以用第六姿势防守。将护手盘从刺中面积的外侧向右面转移一手掌的长度，同时提起剑身，使剑尖与肩部同高，并使剑尖指向对手的肩部。（见图 19-5）

2. 第六姿势绕环防守。防守从下方、从内上方刺手，和向身体中部刺时使用。

3. 第二姿势防守。防守从里面、从下面刺手，刺向身体下部，刺右脚的时候使用。在防守到最后的姿势中手掌应当是向右下方，并根据对手所刺的方向来确定剑尖是高于髋关节或低于髋关节。（见图 19-6）

4. 第四姿势防守。防守从里面刺手、刺躯干左面和刺头时使用。

图 19-5

图 19-6

由于重剑的刺中面积大，所有的防守动作都使用得更为广泛。

二、实战姿势

实战姿势是击剑运动所特有的姿势。是击剑运动员进行战斗的姿势。一切击剑活动都是在这样一个特定姿势下进行的。根据各剑种技战术特点和实战需要，实战姿势各有不同。击剑运动的不断发展，要求实战姿势更加自然灵活，以适应击剑远距离和连续前后移动大、步法间连接变换多而快、起动快、突然性强的需要。

实战姿势有以下两个要求：一是保持身体在移动中平稳且要活，能随时向任何方向快速移动，步法间的变换速度快、连接协调，并时刻为下一个动作做好准备；二是保持肌肉群和关节自然放松（适度紧张），有利于攻防动作。根据上述两点要求，实战姿势的合理性，要从身体重心在两脚间的前后和高低位置（有偏前、偏后、偏高和偏低）及两脚间的距离来分析。

重心的高低和前后位置直接影响移动的平稳程度，两脚间距离的长短又直接影响两腿承受力及两膝的弯曲度和小腿与地面形成的发力角度。重心偏高则移动阻力小，但身体不平稳且预兆明显；重心偏低则移动较平稳，但两腿弯曲度大，承受力也大，因而会影响发力角度，导致起动慢、步幅小；重心偏前则前腿受力过大，影响向前移动的起动和速度；重心偏后则后腿受力过大，影响向后移动时的起动和速度。因此在实战姿势中，身体重心要置于适当的位置，两脚间距离也应适当。

合理的实战姿势，要以生物力学原理为依据，从击剑一对一激烈对抗的特点出发，以辩证的观点来认识。实战姿势的个体差异较大，且在复杂多变的交锋中，随着交战双方的距离、节奏、时机的变化和战术动作的需要，实战姿势也需要不断进行微调。具体如下。

脚的位置：右脚在前，脚尖向前方；左脚在后，垂直于右脚跟的延长线上，脚尖向外；两脚成直角，两脚间的距离为一脚半，约与肩同宽。

腿的位置：前腿膝盖在前足背的垂直线上，身体重心位于两脚之间。

持剑臂的位置：持剑手手心向内斜上方，剑身与前臂在同一直线上，剑尖与自己颈部同高，且指向对手第三部位；剑身、前臂、上臂与躯干保持在同一纵面上。

非持剑臂的位置：手臂于体侧自然放松。

头与躯干的位置：躯干正直略含胸，两肩自然放松，头正直，面向前方对手，两眼平视。

三、击剑步法

（一）一般步法

向前移步，翘起前脚尖，摆小腿向前移动一脚掌，脚跟先着地，过渡到全脚掌，后脚跟上相同距离。注意后脚要离地向前挪动，不要拖地向前。（见图 19-7）

图 19-7

向后移步，提起后脚向后挪动一脚掌，前脚紧接着向后移动同样距离。（见图 19-8）

图 19-8

（二）进攻步法

1. 弓步

弓步是击剑技术中最基本的进攻步法。姿势为：前腿屈成直角，后腿挺直成弓步。特点是：进攻速度快，回收方便，便于运用各种进攻技术。用于进攻时，须先伸出手臂，剑尖威胁对方有效部位，然后出脚，由慢加快向前攻击。（见图 19-9）

弓步作为击剑比赛的进攻动作，在击剑步伐中占据了很重要的地位。多数的有效进攻都由弓步配合手上动作完成。

由实战姿势开始，完成弓步动作的三个环节摆、伸、蹬，是有机的、一气呵成的、连贯的整体动作。

弓步技术性相对较强，不容易正确地掌握。运动员在训练中要注意每个环节的正确性。

（1）弓步动作要点（以右手为惯用手的运动员为例）：右腿弯曲，小腿与地面垂直，膝关节成 90 度角；脚尖向前，全脚掌着地；左腿充分伸展，全脚着地脚尖向内偏后；上体稍前倾，双眼平视，腰部自然挺直，身体重心置于两脚间略偏前；右臂伸向前方，左臂伸直于体侧。

（2）动作方法：先出手，勾脚尖，同时以膝关节为轴，足跟紧擦地面，小腿向前摆出；在前腿向前摆出，而膝关节尚未完全伸直时，大腿在小腿前摆的带动下积极前伸，重心随同移动；随着重心前移，以前脚掌蹬地送胯，在前脚脚跟着地之前，后腿充分伸展；前脚落地时足跟先着地再过渡到全脚掌着地，并随着重心前移使小腿与地面垂直，同时不持剑手臂在最后一刻猛力向后下挥摆，以保持平衡；成弓步姿势，弓步的长度取决于运动员的放松程度、体力、双腿的长度、大小腿的比例以及做弓步的目的与战术的要求等。

图 19-9

2. 冲刺

先伸持剑臂，带动躯干前移，当身体重心超过前脚时后脚蹬地提膝，经前腿内侧交叉向前摆动，前腿同时蹬地伸直，充分伸展，后腿交叉着地在前脚前，前脚也交叉向前冲跑。（见图 19-10）

图 19-10

第二十章　健康理论与体育法规

第一节　体育与健康

一、体育锻炼对人身心健康的影响

（一）体育锻炼对新陈代谢的影响

体育锻炼消耗热量，可以提高体脂的代谢过程，消耗脂肪并避免失去肌肉组织，使血液中胆固醇含量降低，帮助人保持理想的体重和脂肪百分比，有利于人保持更健美、更健康的体态。体育锻炼能够增强机体消耗脂肪的能力，还可以提高脂肪转化为能量的能力，有利于防止动脉粥样硬化和冠状动脉疾病及心脏病等。

（二）体育锻炼对运动系统的影响

体育锻炼时骨的血液供给得到改善，骨的形态结构和性能发生良好的改变，使骨变得更加粗壮和坚固，从而提高了骨的抗折、抗弯、抗压缩和抗扭转等方面的能力。

体育锻炼可以增强关节的稳固性同时提高关节的灵活性；可使肌纤维变粗，肌肉体积增大，使肌肉显得发达、结实、健壮、匀称有力；使肌肉组织的化学成分发生变化，如肌肉中的肌糖原、肌球蛋白、肌动蛋白和肌红蛋白等含量都有所增加，从而促进肌肉内氧储备量的增加；增强肌肉的耐力，使肌纤维内的线粒体的大小和数量成倍增加，还可使肌肉中的毛细血管大量开放，增加肌肉的血液供应量。

（三）体育锻炼对心血管系统的影响

体育锻炼对心血管的形态结构和机能都会产生不同程度的积极影响。

长期进行体育锻炼可以改善心脏肌肉的收缩能力，使心肌纤维增粗、心壁增厚、心脏增大（以左心室增大为主），从而增加心输出量，使心脏能以较低心率来满足锻炼的需要。体育锻炼还有如下作用：使人安静时脉搏徐缓、血压降低，以使心脏收缩后有较长的休息时间，为心脏运作提供力量储备；影响血管的结构，改变血管在器官内的分布；增强血液中抗凝血系统的功能，降低血液中尿酸含量，预防血小板的聚集，以免发生血管栓塞；增加血液的氧容量和机体碱储备，提高血液的缓冲性。

（四）体育锻炼对呼吸系统的影响

体育锻炼能提高人的呼吸机能，主要表现为呼吸肌发达、收缩力增强、最大通气量和肺活量增大、呼吸差较大。长期坚持锻炼，人的负氧债能力增强，缺氧耐受力增强，氧的吸收利用率也会有所提高，调节呼吸节奏和形式的能力也会增强。

（五）体育锻炼对消化系统的影响

体育锻炼能使胃肠的蠕动增强，消化液的分泌增多，改善肝脏、胰腺的功能，从而使消化和吸收的能力提高，为人的健康和长寿提供良好的保证。

（六）体育锻炼对中枢神经系统的影响

体育锻炼可以改善和提高中枢神经系统的工作能力，使中枢神经及其主导的部分大脑皮质的兴奋性增强、抑制加深，使得兴奋和抑制更加集中，从而提高神经系统的均衡性和灵活性，提高大脑分析能力和综合能力，增强机体适应变化能力和工作能力。

（七）体育锻炼对人体免疫能力的影响

适度运动能使机体免疫功能增强，这是因为运动可作为引起免疫系统应答性反应的刺激源，直接刺激人体免疫系统，免疫系统通过其复杂的识别系统感受运动时体内环境的变化，激发一系列免疫反应，维持机体内环境新的稳定。经常参加体育活动，能够对人的免疫系统产生持久的作用，从而增强人机体免疫功能。

（八）体育锻炼对心理健康的影响

体育锻炼有助于非认知因素的发展，即可增强人的自信心、责任感、荣誉感和集体主义精神，培养坚韧、果断、自制、独立等个性品质，树立悦纳自己的态度。体育锻炼还可以健全人的情绪生活，减轻心理压力，有助于建立良好的人际关系，能陶冶情操，使人产生充实感、美感和满足感。

二、体能的分类

体能也叫体适能，主要通过体育锻炼获得。保持良好的体能，可以使我们的身体更健康、精力更旺盛、生活更美好，可以延长人的寿命，使生命更有价值。

体能分为两类，即与人体健康有关的体能和与动作技能有关的体能。前者包括心肺耐力、肌肉力量、肌肉耐力、身体成分等，后者是指从事运动所需的速度、力量、柔韧性、灵敏性、协调性、平衡能力和反应能力等。

（一）与健康有关的体能

1. 心肺耐力

心肺耐力指一个人进行持续身体活动时心肺功能表现出来的能力。心肺功能和血管功能对于分配氧和营养物、清除体内垃圾等具有极其重要的作用，尤其是人在进行有一定强度的持续活动时，良好的心肺功能就显得更加重要。

2. 肌肉力量

肌肉力量是指一块肌肉或肌肉群在一次竭尽全力从事抵抗阻力活动时表现出的能力，也叫作肌肉绝对力量或爆发力。人的所有的身体活动均需要肌肉运动产生力量，肌肉强壮有助于预防关节扭伤、肌肉疼痛和身体疲劳等问题。

3. 肌肉耐力

肌肉耐力指一块肌肉或肌肉群在一段时间内进行重复肌肉收缩的能力，持续重复收缩的时间越长，说明肌肉耐力越好。肌肉耐力与肌肉力量密切相关。

4. 身体成分

身体成分是指组成人体的各种组织，包括肌肉、骨骼、脂肪等。

（二）与动作技能有关的体能

1. 速度

速度指运动者快速移动的能力，即在单位时间内移动的距离。在许多竞技运动项目中，速度对于个体取得优异成绩至关重要。

2. 力量

力量指运动者肌肉短时间内克服阻力的能力，即其肌肉对抗阻力的大小。举重、投铅球、掷标枪等项目均能显示一个人的力量大小。

3. 柔韧性

柔韧性是指人体关节活动幅度以及关节韧带、肌肉、肌腱、皮肤和其他组织的弹性和伸展能力。柔韧性可以通过经常性的练习得到提高。

4. 灵敏性

灵敏性是指在活动过程中，既快速又准确地变化身体移动方向的能力。灵敏性在很大程度上取决于神经肌肉的协调性和反应时间，因此可以通过提高这两方面的能力来改善人的灵敏性。

5. 协调性

协调性是反映一个人的视觉、听觉和平衡感与熟练的动作技能相结合的能力。在球类运动中，这一能力显得尤为重要。

6. 平衡能力

平衡能力指一个人在运动时或静止时保持身体稳定性的能力。滑冰、滑雪、体操、舞蹈等项目对于提高人的平衡能力有很大的帮助，闭目单足站立练习也有相当好的锻炼效果。

7. 反应能力

反应能力是指人对外界刺激产生反应的能力，由反应时和反应速度两方面组成。反应时是指人对外部刺激做出生理反应的时间，反应速度则指人对外界刺激产生反应的快慢。反应能力良好是许多优秀运动员的主要特征。

三、锻炼计划的制订与锻炼方法的选择

（一）锻炼计划的制订

锻炼计划应适合个人的实际情况和健身需要。锻炼计划一般应包括了解健康和体能现状、确定锻炼目标、选择锻炼模式、明确措施与要求等四部分。

1. 了解健康和体能现状

通过测试，确定锻炼之前的健康状况和体能水平，将其作为基础数据同开始锻炼以后的数据进行比较。

2. 确定锻炼目标

制定锻炼目标时，要遵循以下建议：设置目标要有针对性，必须是可行的，包括短期目标和长期目标；制定总体锻炼目标，还要有起始阶段目标、渐进阶段目标和维持阶段目标等。

3. 选择锻炼模式

锻炼模式包括锻炼方式、锻炼频率、运动强度和锻炼持续时间等。

锻炼方式指个体进行某种专门性的身体练习活动，每一位参加体育锻炼的人要选择适合自己的运动项目。如为了提高心肺功能，可以选择健身跑、健身操、游泳等。

锻炼频率指每周锻炼的次数，为提高健康和体能水平，每周应保持一定的锻炼次数，一般来讲每周应锻炼 3～5 次。

运动强度是指锻炼时人体承受的生理负荷量。运动强度应根据锻炼者自身健康和体能状况以及所进行的运动类型来确定，同时，随着锻炼水平的提高，运动强度应当有所变化。

锻炼持续时间是指每次锻炼用在主要锻炼内容上的总时间。锻炼持续时间不包括准备活动和整理活动的时间。研究表明，如果要有效地提高健康与体能水平，每次锻炼的时间至少需要 20～30 分钟，且每周至少锻炼 3 次。

锻炼过程一般分为 3 个阶段，即起始阶段、渐进阶段、保持阶段。各个阶段应根据阶段目标合理安排锻炼强度和频率，并保持足够的持续时间。

4. 明确措施和要求

应了解保证锻炼计划顺利进行需采取的方法措施和应注意的安全事项。

（二）提高心肺功能适应水平的练习方法

心血管循环系统的机能可以说是身体健康素质中最重要的组成要素，直接影响到人们的工作成绩、学习效率、生活质量及健康寿命。有氧运动能够有效提高人的心血管功能适应水平，降低人们患心血管疾病的概率。

1. 有氧运动的有效方法

（1）综合练习

综合练习是指将几种不同的锻炼内容进行组合的锻炼方法，如第一天跑步，第二天骑自行车，第三天游泳，等等。其优点是，能够避免日复一日进行单一练习而产生枯燥感。

（2）持续练习

持续练习是指长时间、长距离、中等强度的锻炼方法，这是一种最受欢迎的有氧运动锻炼方法。锻炼者一次锻炼可持续 30～60 分钟，且能够轻松地完成锻炼内容。

（3）间歇练习

间歇练习是指重复进行强度、时间、距离和间隔时间等都较固定的锻炼方法。练习持续时间各不相同，但一般为 3～5 分钟，每组练习之间有一定的休息时间，休息时间一般稍长于练习时间。

2. 有氧运动的锻炼模式

（1）锻炼方式

常见的有氧运动锻炼方式有步行、慢跑、游泳、骑自行车、跳绳、打太极拳、做有氧健身操等。其实，凡是有大肌群参与的运动都可以作为有氧运动的锻炼方式。

（2）锻炼频率

一周进行 3 次有氧锻炼就可增加心肺功能适应能力，一周有氧锻炼 4～5 次，可使心肺功能达到最佳。

（3）运动强度

有氧运动强度接近 50%的最大吸氧量时即可增强心肺功能适应能力。目前推荐的有氧运动强度范围为 50%～80%最大吸氧量，50%～80%最大吸氧量对应的心率值分别为60%～85%最大心率。因此，有氧运动目标心率是 60%～85%最大心率。

学生目标心率计算如下：

最大心率：220－年龄

目标心率：60%最大心率～85%最大心率。

（4）持续时间

持续时间是指一次有氧锻炼的时间，一般应为 20～60 分钟（不包括准备活动和整理活动）。对水平较低的锻炼者而言，开始锻炼时 30 分钟的锻炼就可以提高心肺功能水平，水平较高者可能需要 40～60 分钟。低强度的锻炼时间要长于高强度锻炼时间，如以 50%的最大吸氧量强度进行锻炼，需要 40～50 分钟才能有效提高心肺功能适应水平，而以 70%最大吸氧量强度进行锻炼，需要 20～30 分钟锻炼时间。

（5）有氧运动锻炼过程安排

起始阶段：起始阶段最重要的是让机体慢慢适应运动，锻炼强度不应超过 70%最大心率，根据不同适应水平，起始阶段可持续 2～6 周的时间。

渐进阶段：渐进阶段时间较长，应持续 10～20 周。在这一阶段，锻炼强度、频率和持续时间应逐渐增加：锻炼频率应达到每周 3～4 次，每次锻炼持续时间不短于 30 分钟，锻炼强度应达到 70%～90%最大心率。

维持阶段：锻炼者经过 16～28 周的锻炼即进入维持阶段。如果锻炼者已达到自己的锻炼目标，没有必要增加运动量。但怎样才能维持已获得的锻炼效果呢？一般来说，若运动强度和锻炼持续时间都维持在渐进阶段最后一周的水平时，锻炼频率即使降至每周 2 次，心肺功能适应水平也无明显降低；若保持渐进阶段的锻炼频率和强度，锻炼持续时间可减至 20～25 分钟。相反，在锻炼频率和持续锻炼时间不变的情况下，强度减少 1/3 就会使心肺适应水平明显降低。

3. 安全提示

（1）每次锻炼前应做好准备活动；

（2）每次锻炼后应做好整理活动，整理活动至少应包括 5 分钟的小强度练习（如步行、放松、柔韧性练习等）；

（3）在运动中感觉不适或有疼痛感时应停止运动或减小运动量；

（4）每次运动时都要注意监测心率。

4. 有氧运动锻炼计划

有氧锻炼计划旨在指导大学生有目的、有计划地进行科学锻炼，包括健身走、健身跑、游泳等锻炼计划。对于肥胖、超重和体质健康水平较差的同学，可以选择从健身走开始锻炼；体质健康水平较好的同学则应从健身跑开始锻炼；在有条件的学校还可以选择从游泳开始锻炼。

锻炼指导：（1）每次锻炼前做准备活动；（2）感觉不适时不要增加运动量；（3）每次锻炼都监测心率；（4）锻炼后要做整理活动；（5）为预防受伤，开始锻炼时最好选择冲击力小的锻炼方式，每次锻炼时间为 20～30 分钟，以后可适当延长。

（三）增强肌肉力量与肌肉耐力的练习方法

增强肌肉力量和耐力不仅可以增加肌肉体积、提高运动成绩，而且对人的身体健康有相当重要的作用；不仅可以减少脂肪、改善身体成分及塑造强壮健美的身材，有利于心血管机能的发展和提高，改善骨骼状况和推迟骨质疏松症的发生，加强关节周围肌肉的力量，防止肌肉、肌腱和韧带损伤，提高工作效率和生活质量，同时还可以很好地应付日常生活中不可预测的突发事件。

1. 发展肌肉力量与耐力的原则

（1）渐增阻力原则

渐增阻力是指进行肌肉力量与耐力练习的负荷，应随着肌肉力量与耐力的增长而逐渐增加。

（2）专门性原则

提高肌肉的力量和耐力应采用不同的运动强度。大强度、重复次数少的练习（举起重物时仅能重复 4～6 次）能增加肌肉力量和体积，但不能增加肌肉耐力；低强度、重复次数多的练习（举起重物时能重复 15 次或者更多）可提高肌肉耐力，但肌肉力量增加不明显。

（3）系统性原则

根据用进废退的原理，力量练习应全年系统进行。每周进行 3～4 次的力量练习，可使肌肉力量、耐力明显增长。对于大学生来讲力量练习每次间隔一天为好，这样可以使疲劳的肌肉在 48 小时内得到完全的恢复，力量练习才能获得最佳效果。

2. 发展肌肉力量与耐力锻炼模式

（1）最高重复次数（RM）组数（SET）

在力量练习中常用 RM 来表示运动强度。RM 是表示能重复某一重量的最高次数，如果练习者对某一重量只能连续举起 6 次，则该重量对练习者来说是 6RM。

SET 是表示练习的组数。不同的 RM 和 SET 对发展肌肉力量与耐力的效果是不同的，不同 RM 和 SET 的力量练习对肌肉的影响也不同。经过一段时间的训练后力量增加，原重量的重复次数已超过规定的次数，可考虑增加练习重量，一般按原练习重量的 10%左右增加，但也要考虑练习者的具体情况。

（2）每组练习的间隔时间

各组力量练习间的间隔时间，一般以肌肉能完全恢复为准。肌肉在练习后 3～5 秒时已恢复 50%，2 分钟时完全恢复。如果练习是为了增强肌肉力量，练习的间隔时间不太重要，一般 1～2 分钟即可，如果是为了增加肌肉耐力，则练习间隔时间应从 2 分钟逐渐减至 30 秒钟。

（3）每次练习间隔时间

如果进行全身肌肉力量练习，每隔一天进行练习会获得最佳锻炼效果，这样可以使疲劳的肌肉在 48 小时内得到充分的恢复。如果每天都坚持力量练习，则每天应训练不同的肌群。

（4）合理安排不同肌群的练习顺序

为了保证大肌群承受适当的超量负荷及练习的安全，大肌群必须在小肌群疲劳前进行练习。

典型的力量练习顺序模式为：大腿肌肉（股四头肌）→肩部和胸部肌肉（三角肌、胸大肌）→背肌和大腿后肌群→小腿肌→肱三头肌→腹肌→肱二头肌。

（5）注意控制力量练习时的动作速度

在进行力量练习时，动作还原阶段的速度应为主动用力阶段的动作速度的一半，这样做可以通过一次负重练习使肌肉得到二次锻炼。

（6）力量练习过程安排

一般来说，力量练习的过程分三个阶段：开始阶段、慢速增长阶段和保持阶段。下面介绍的力量练习过程安排仅供参考。

在力量练习开始阶段应避免举最大重量，应采用较轻的重量，如最高重复次数为12～15次的负荷，如果能以选定的重量能轻松自如地完成确定的重复次数，则可以增加重量。经过开始阶段的力量练习，如果肌肉已经适应练习动作，就可以增加重量；当肌肉力量得到增强时，可再增加重量，直到达到练习者制定的目标为止。达到目标后，每周1～2次练习即可保持原增长水平。若不训练，30周后原增长水平完全消退。

3. 安全提示

（1）当用杠铃练习时，必须有同伴帮助、保护运动者完成练习。

（2）进行负重练习前，应仔细检查设备。

（3）在进行负重练习前应充分做好准备活动，练习后应做好放松活动。

（4）在进行负重练习时，如感到不适，应立即停止练习。

（5）目前，业界在采取快速还是慢速举起重量问题上仍存在着争议，建议学生在练习时不采用快速举起重量的方式。研究表明，慢速举起重量也可增加力量和肌肉体积。

（6）锻炼结束后，肌肉有酸痛僵硬感，直到下次锻炼前这种感觉仍未消失，就应停止练习，让肌肉充分恢复。

（四）提高柔韧性的练习方法

柔韧性是身体健康素质的重要组成部分，它是指身体各个关节的活动幅度以及关节韧带、肌腱、肌肉、皮肤和其他组织的弹性和伸展能力。经常做伸展练习，可以保持肌腱、肌肉及韧带等的弹性。柔韧性得到充分发展后，人体关节的活动范围将明显加大，关节灵活性也将增强。这样做动作会更加协调、准确、优美，同时在体育活动和日常生活中可以减少由于动作幅度加大、扭转过猛而产生的关节、肌肉及其他软组织的损伤。

1. 发展柔韧性的练习方法

（1）主动或被动的静力性伸展法

主动或被动的静力性伸展练习是一种行之有效且比较流行的伸展方法，它是指缓慢地将肌肉、肌腱、韧带拉伸到有一定酸、胀和痛的感觉的位置，并维持此姿势一段时间。一般认为停留10～30秒是理想时间，每种练习连续重复4～6次为最好。这种方法可以比较好地控制使用力量，比较安全，尤其适合活动少和未经训练的人，其由于拉伸缓慢可避免拉伤。

（2）主动或被动的动力性伸展法

主动或被动的动力性（弹性）伸展练习是指有节奏、速度较快、幅度逐渐加大、多次重复一个动作的拉伸方法。主动的弹性伸展是靠自己的力量拉伸，被动的弹性伸展是靠同伴的帮助或借助外力的拉伸。利用主动或被动的动力性伸展法进行练习时，所用的力量应与被拉伸的关节的可能伸展力相适应，如果大于肌肉组织的可伸展能力，肌肉或韧带就会被拉伤。在运用该方法时用力不宜过猛，幅度一定要由小到大，先做几次小幅度的预备拉伸，再逐渐加大幅度，从而避免拉伤。

2. 发展柔韧性锻炼模式

（1）柔韧性练习强度

柔韧性练习应采用缓慢、放松、有节制和无疼痛的练习，做到“酸加、痛停、麻停”。只有通过适当的练习柔韧性才会提高。随着柔韧性在锻炼过程中的提高，练习强度应逐渐加大。

（2）柔韧性练习的时间和次数

柔韧性练习中每种姿势练习的时间和次数应逐渐增加，应从最初的 10 秒练习时间，逐渐增加至 30 秒，每种姿势重复次数应在 3 次以上。如果是平时体育锻炼时的柔韧性练习，5～10 分钟的时间就足够了，如果是专门为了提高柔韧性的练习或运动员的训练，则练习时间必须要达到 15～30 分钟。

（3）循序渐进、持之以恒

初次练习易产生不适感，甚至酸痛感，经过一个时期的练习，疼痛感和不适感才能消除。如果柔韧性练习停止一段时期，已获得的效果就会有所消退。因此，柔韧性练习要持之以恒才能见效。

（4）柔韧性练习要全面

不论是准备活动中的伸展练习，还是专门发展某些关节柔韧性的练习，都要兼顾身体各关节柔韧性全面发展。因为在身体活动中，完成动作要涉及几个相互关联的部位甚至全身。

（5）柔韧性练习之后应结合放松练习

每次伸展练习之后，应做些相反方向的练习，使供血供能机能加强，这有助于伸展肌群的放松和恢复。如压腿后做几次屈膝下蹲动作。

3. 安全提示

（1）在进行较大强度肌肉伸展练习前，必须做热身活动，使身体微微出汗。

（2）肌肉伸展产生了紧绷感或感到疼痛时就应该停止练习，防止拉伤。

第二节　运动处方及其制定方法

一、运动处方概述

运动处方这一概念，自 20 世纪 50 年代被提出，20 世纪 60 年代被世界卫生组织采用至今，已得到世界各国的广泛认可。运动处方可以理解为由体育教师、健身教练、社会体育指导员或者康复医师、康复治疗师等，根据体育健身者或运动康复者的一般医学检查、康复医学检查、运动试验、身体素质、体适能测试结果，结合其年龄、性别、健康状况、身体素质及其心血管和运动器官的功能状况等主客观条件，用处方的形式制定适合体育健身者或运动康复者自身的运动内容、运动强度、运动时间及频率等，并强调指出运动中的有关注意事项，以达到科学、有计划地进行体育健身或康复治疗的目的。从某种意义上来说，制定运动处方其实也就是制定个人的体育锻炼计划。运动处方与药物处方的形式对比与运动处方分类详见表 20-1 和表 20-2。

表 20-1 运动处方与药物处方的形式对比

运动处方	临床医学药物处方
运动项目	药物名称
运动量：持续的时间/运动强度	剂量/次
锻炼频率	次/日
锻炼注意事项	用药方法及注意事项

表 20-2 运动处方分类

分类	内容
根据对象分类： ❖ 健身、健美运动处方 ❖ 治疗性运动处方 ❖ 预防性运动处方 ❖ 竞技训练运动处方	FITT ❖ 锻炼目标 ❖ 锻炼的内容 ❖ 运动量： 运动强度；
根据锻炼作用分类： ❖ 全身耐力运动处方 ❖ 力量运动处方 ❖ 柔韧性运动处方	持续时间； 重复次数、完成组数、间隔时间； 运动频率。 ❖ 注意事项

注：FITT 是频度（Frequency）、强度（Intensity）、时间（Time）和类型（Type）这四个英文单词的缩写。

在美国、欧洲、日本等发达国家和地区，运动处方是由受过专门培训的康复医生、心脏康复治疗师、运动疗法治疗师、运动队的随队治疗师、社区的健康志愿者、私人健身指导员等人负责制定。在我国，目前真正受过这方面培训的人员实在太少，能够制定运动处方的人员，主要是某些康复部门的康复医生和治疗师，以及体育院校体育保健康复专业人员和部分体育健身专业人员。随着我国康复事业和全民健身运动的发展，经过专业培训的运动疗法治疗师、社区医疗的全科医生、体育教师、全民健身指导员等将担负起制定运动处方的任务。

二、运动处方制定流程

首先为受试者进行一般的身体健康指标，如身高、体重、心率、血压、心电图、体脂百分数、血尿等的检查，再通过填表调查及询问确定受试者心脏发病危险性的高低，对其个性进行评定，并按照受试者自己登记的饮食情况，计算其饮食结构是否合理。其次，在心脏专家的直接参与下，进行专门的“递增负荷运动试验”。这是利用自行车记功器或固定跑台检查心脏“功能能力”的一种试验方法，试验时每 2～3 分钟增加一次蹬车或跑步的负荷，同时测定和观察受试者的心率、血压、心电图等的变化，直到测出其所能达到的最大强度。最后，专家就可以像医生给病人开处方一样，告诉其最适合的锻炼项目是什么、运动的强度应当多大、运动时心率维持在多少、每日锻炼多长时间、每周最好锻炼几次等，形成完整的运动处方。经过 1～2 月锻炼之后，请受试者回来进行复查，按照心脏功能能力提高的情况，为其修改运动处方。

三、运动处方制定依据

运动处方的制定，首先要根据我国当前评价健康体适能的标准，按照国民体质测定标准和学生体质健康标准以及普通人群体育锻炼标准，确定不同人群的健康标准和锻炼标准，再针对不同个体的具体情况，确定不同的、具有针对性的运动处方，以解决不同人的健康和康复问题。制定运动处方需要参考的身体素质包括身体成分、心肺耐力、柔韧性、肌肉力量等。

（一）身体成分测定与评价

体重是构成身体成分各要素的总量。身体成分主要指骨骼、肌肉、脂肪、血液、皮肤和内脏六个部分，因此身体成分常划分为脂肪部分和非脂肪部分。身体成分的测定，可以准确地说明人体的胖瘦程度。同样体重的人，由于身体内肌肉、脂肪的含量不同，肥胖程度也是不同的。体重的大小并不能真正反映一个人是否肥胖。身体脂肪所占的百分比是评价一个人是否真正肥胖的主要依据，身体成分的测定结果，将成为确定是否需要减肥的依据。

人的身体成分测定有多种方法，同时受相关因素的影响使得测定方法有多种选择性。下面介绍几种常用的测定方法，供选择使用。

1. 皮脂厚度法

皮脂厚度测量（卡钳式）压强应保持在 98000 Pa，测量面积为 0.2～0.4 平方厘米。测量前应先校验卡钳，将砝码挂于钳口，调整指针至红色标记刻度的 0.15～0.25 平方厘米内。每次测试前将指针调至零点。受试者自然站立，暴露测试部位。测试者选准测量点，用左手拇指和食指、中指将皮脂捏起，右手持皮脂厚度计，将卡钳张开，卡在捏起部位下方约 1 厘米处，待指针停稳，立即读数并做记录。

测量部位主要有两个，一个是肱三头肌，另一个是肩胛下角。

成人身体密度（D）计算公式为：$D=1.0913-0.00116x$（男）

$D=1.0897-0.00133x$（女）

体脂百分比＝$(4.57\div D-4.142)\times 100\%$[①]

2. 生物电阻抗法

人体的电阻阻抗是由体内水分含量的多少来决定的。脂肪组织因水分含量低而不导电，而肌肉等其他组织的细胞因水分含量高，电阻率低，因而导电性能好，因此可根据人体的电阻阻抗来推定脂肪和其他组织的比例。（见表 20-3）

表 20-3　体脂百分比评定标准

评 定	女生体脂含量	男生体脂含量
体脂率很低	14%～16.9%	7%～9.9%
体脂率低	17%～19.9%	10%～12.9%
一般正常	20%～23.9%	13%～16.9%
高正常	24%～26.9%	17%～19.9%
体脂率很高	27%～29.9%	20%～24.9%
肥胖病	>30%	>25%

资料来源：杨静宜，戴红. 体疗康复[M]. 北京：北京体育大学出版社，1996 年.

① x＝上臂部皮褶厚度（mm）+肩胛下部皮褶厚度（mm）。引自全国体育学院教材委员会：《运动医学》，北京：人民体育出版社，1990 年。

3. 身体质量指数（BMI）

身体质量指数（BMI）=体重（kg）/身高（m）^{2}。

BMI 在亚洲与欧美标准并不相同，详见常用 BMI 评价标准（见表 20-4）。

表 20-4 常用 BMI 评价标准

中国标准		WHO 标准		ACSM 标准	
组别	BMI	组别	BMI	组别	BMI
体重过轻	BMI<18.5	轻	BMI<18.5	轻	BMI<18.5
体重正常	18.5≤BMI<24.0	正常	18.5≤BMI<25.0	正常	18.5≤BMI<24.9
超重	24.0≤BMI<28.0	超重	25.0≤BMI<30.0	超重	25.0≤BMI<29.9
肥胖	BMI≥28.0	肥胖I	30.0≤BMI<35.0	肥胖I	30.0≤BMI<34.9
		肥胖II	35.0≤BMI<40.0	肥胖II	35.0≤BMI<39.9
		肥胖III	BMI≥40.0	肥胖III	BMI≥40.0

资料来源：田野. 运动生理学高级教程[M]. 北京：高等教育出版社，2003 年.

4. 肥胖程度

肥胖程度是指一个人的实际体重占其同性别、同年龄组标准体重的百分比。肥胖程度计算公式为：肥胖程度（%）=实际体重/标准体重×100%。其中，标准体重参看《2000 年国民体质监测报告》。

一般认为，实际体重与标准体重相差在±10%以内为正常。故按照上述公式计算，肥胖程度在 90%～110%之间为正常体重；若在 110%～120%之间，属于超重；大于 120%，则诊断为肥胖。

（二）心肺耐力及其测定方法

1. 心肺耐力

心肺耐力是指个人的肺脏与心脏将氧气输送到组织细胞加以使用的能力。因此，心肺耐力是反映一个人的心脏、肺脏、血管与组织细胞有氧能力的指标，也是健康体适能各要素中最重要的一项，故又被称为“全身耐力”。从机能上讲，心肺耐力素质主要与人体的心血管系统、呼吸系统的机能有关。根据马萨奥（Mazzeo）等人研究的结果，成年人自 25 岁开始，在随后的每 10 年，心脏泵血及身体摄取氧气的能力便会下降 5%～15%。

有氧运动最有利于提高心肺功能。有氧运动是指人运动时有充足的氧气供应，以有氧代谢为主要能量来源的运动。有氧代谢是人体内最彻底的代谢形式，只产生二氧化碳和水，几乎不生成对身体有害的物质。进行有氧运动能够改善锻炼者的心肺功能，使心室容积增大，心肌变得强壮，搏动更加有力，提高心脏泵血能力。有氧运动能够提高血液中的高密度脂蛋白的含量，降低患冠心病和血管硬化的可能性，并能促进锻炼者呼吸加深、减慢，直接提高肺活量和吸入氧气的能力。有氧运动可以分为以下两类。

（1）周期性运动：指有固定的动作周期、在运动时不断重复固定动作的运动。如走、跑、骑车、游泳、爬楼梯、划船等运动。

（2）非周期性运动：指没有固定的动作周期、在运动时动作不断变化的运动。如球类运动、体操、健身操、舞蹈等。

2. 心肺耐力素质的测定方法

台阶试验是评定心肺耐力的主要测定方法；同时，还有适合不同人群的不同距离的走或跑、定时的上下楼梯以及跳绳等测定心肺耐力的方法。在《国民体质测定标准》《国家学生体质健康标准》以及《普通人群体育锻炼标准》中，测定心肺耐力的办法和标准也是不尽相同的。

（1）《国民体质测定标准》中的心肺耐力测定

台阶试验：通过观察受试者定量负荷所能持续运动的时间以及运动后心率恢复的速度来评定心肺耐力。

测试方法：设置台阶高度为男子 30 厘米，女子 25 厘米；上下台阶频率为 30 次/分钟，连续重复 3 分钟；完成后，受试者立刻静坐在椅子上，测量并记录运动后 1 分钟至 1 分 30 秒、 2 分钟至 2 分 30 秒、3 分钟至 3 分 30 秒的 3 次脉搏数；如果受试者不能坚持 3 分钟，应立即停止运动，记录其运动持续时间，并以同样方法记录 3 次脉搏数。

台阶试验指数=［运动持续时间（s）/（3 次测量脉搏数之和× 2）］×100

（2）《学生体质健康标准》中的心肺耐力测定

主要方法包括：台阶试验、50 米×8 往返跑、1000 米跑（男）和 800 米跑（女）。

台阶试验：设置台阶高度为男子 30 厘米，女子 25 厘米；上下台阶频率为 30 次/分钟，连续重复 3 分钟；完成后，受试者立刻静坐在椅子上，测量并记录运动后 1 分钟至 1 分 30 秒、 2 分钟至 2 分 30 秒、3 分钟至 3 分 30 秒的 3 次脉搏数；如果受试者不能坚持 3 分钟，应立即停止运动，记录其运动持续时间，并以同样方法记录 3 次脉搏数。

50 米×8 往返跑：50 米跑道若干条，在起点前 0.5 米和 49.5 米处的跑道正中，各立一个 1.2 米以上的标杆；至少两人一组，往返 4 次，按逆时针方向绕杆，记录跑 50 米×8 所用的时间。

1000 米跑（男）和 800 米跑（女）：至少 2 人一组进行测试，站立式起跑。

（3）《普通人群体育锻炼标准》中的心肺耐力测定

主要方法包括：9 分钟跑、5 分钟上下楼梯、1500 米跑（男）、3000 米健身走、2 分钟跳绳（女）。

9 分钟跑：根据受试者 9 分钟所跑的距离，判定其心肺耐力。

5 分钟上下楼梯：设置每阶楼梯 14～15 厘米，要求一步一阶地蹬楼梯，采用上几阶再下几阶的方式（9～14 阶为宜），记录受试者 5 分钟内上下台阶总数。

1500 米跑（男）：根据受试者跑 1500 米距离所用时间，判定其心肺耐力。

3000 米健身走：根据受试者走 3000 米距离所用时间，判定其心肺耐力。

2 分钟跳绳（女）：根据受试者跳绳 2 分钟的总次数，判定其心肺耐力。

（三）柔韧性素质及其测定方法

1. 柔韧性素质

柔韧性素质与人体关节活动幅度的大小，及关节的韧带、肌腱、肌肉等的延展性有关。目前对于柔韧性素质的测定，是通过各种仪器测量关节活动范围进行的。

2. 柔韧性素质的测定方法

测定方法主要包括坐位体前屈、持棍转肩、臂夹棍转体试验、双手背勾试验等。

（1）坐位体前屈：具体见《国家学生体质健康标准》测试实施办法。

（2）持棍转肩：受试对象（20～39 岁）身体直立，双脚开立与肩同宽，两臂向前伸直，双手虎口相对在体前握横杆；然后双臂直臂上抬至头顶，从头顶处开始向体后下方做翻动动作至体后，呈体后握杆姿势；在整个动作完成过程中，肘关节始终保持自然伸直状态；测量完成转肩后两手虎口间的最小握距，测试单位精确到 0.1 厘米。测试器材为长度 1.5 米左右、直径 2～2.5 厘米的圆柱形标杆和不短于 1.5 米的皮尺。注意测试前做好肩部的准备活动。

（3）臂夹棍转体试验：受试对象（20～59 岁）自然站立，双脚开立与肩同宽，站在一圆圈中央，身体垂直轴位于圆圈的圆心上，双肘关节弯曲将棍夹于体后，使棍保持与地面平行且两端长短一致，身体沿垂直轴尽量做转体动作，脚不能转动，膝关节不能弯曲；在测试场地（硬质平地）上，画一直径 1.5 米标有角度刻度（最小刻度为 5 度）、圆心和直径的圆圈；测量夹棍转过的角度，测试单位为度。测试器材为长约 1.5 米、直径 2～2.5 厘米的横杆、皮尺、量角器。

（4）双手背勾试验：受试对象（40～59 岁）自然直立，抬头挺胸，首先抬一侧臂至头顶，屈肘，手掌向下尽力伸展，同时另一侧臂向后夹肩屈肘，手背贴在背侧，尽力向上伸展，触及上方手指；测试时以正确动作规格完成动作，测试双手中指之间的最短距离；测试时要求手掌相对，手指伸直，贴紧背部。重叠计正值，反之计负值；测试单位为厘米（精确到 0.1 厘米）。

（四）肌肉力量素质及其测定方法

1. 肌肉力量素质

肌肉力量是人完成一切日常生活活动、体力活动和体育活动的基础。肌力的测定方法有两种：一种为测定肌肉一次用力收缩时所能产生的最大力量，以测定肌肉最大力量；另一种方法是测定肌肉在相当大的负荷下，能够重复收缩的次数或能够持续的时间，以测定肌肉的力量耐力。某一个测定方法只能用来评价某一块或一组肌群的力量，与身体其他肌群的力量大小没有绝对的关系。要想全面地对全身各主要肌群的力量进行评价，最好进行上肢、下肢、躯干肌力的多项测定，为确定运动处方锻炼目标提供更客观的依据。

2. 肌肉力量素质的测定方法

用于测定肌力的指标归纳起来有：握力、握力体重指数（测前臂、手屈肌力量），俯卧撑、跪卧撑、双手前投实心球（测上肢力量），仰卧起坐、仰卧举腿（测腹肌力量），俯卧背伸（测背肌力量），立定跳远、纵跳（测下肢力量）等。《国民体质测定标准》《国家学生体质健康标准》《普通人群体育锻炼标准》三者，对肌肉力量的评测方法也各有不同，兹列举如下：

（1）《国民体质测定标准》：握力测试；纵跳测试（20～39 岁）；俯卧撑（20～29 岁男性）测试、1 分钟仰卧起坐（20～29 岁女性）测试。

（2）《国家学生体质健康标准》：握力体重指数测试、立定跳远测试、仰卧起坐（女）测试。

（3）《普通人群体育锻炼标准》：双手前投实心球测试、仰卧起坐测试、原地纵跳摸高测试、俯卧背伸测试、跪卧撑测试、仰卧举腿测试等。

第三节 耐力运动处方的制定和实施

一、制定耐力运动处方应了解的基本概念

制定耐力运动处方必须了解一些基本概念，如梅脱（MET）、心脏功能能力（功能能力，F. C. ）、运动能力（E. C. ）、靶心率（THR）、自觉用力程度分级（RPE）。

（一）评定运动强度的指标

常用指标包括：心率（HR）、吸氧量（VO2）、梅脱（MET）、自觉用力程度分级（RPE）。

1. 心率（Heart Rate，缩写：HR）

测定方法：通过桡动脉、颈总动脉的脉搏来间接测定，或者用听诊器直接听心音，或者利用遥测心率计、心电图记录仪等仪器直接测定心率。

用心率这个指标来评定运动强度在国内外均被广泛采用。但这种评定方法有一定局限性，因为用同样强度做功时不同人的心率并不相同；反之，不同的人或同一个人在不同时期内，虽然心率相同，但是其做功强度可能并不相同。不过对于同一受试者，在一定时期内，他的心率与运动强度成正比，所以还是可以用心率来表示运动强度的。

2. 吸氧量（Volume of Oxygen，缩写：VO_2）

测试方法：比较复杂，需要一定的设备（如固定跑台、自行车记功器、气体分析仪等）和较复杂的测定方法。我国目前制定运动处方时，一般不直接测定吸氧量。

运动强度越大，吸氧量越大，二者之间有相对固定的关系，所以在制定心肺耐力处方时，可以用吸氧量来评定运动强度。人体的活动分两种类型：一种是参加者不需要负担自身的体重，可用每分钟吸氧量来衡量运动强度；另一类型的活动参加者必须克服自身的体重，运动强度用每千克体重每分钟吸氧量来计算。

3. 梅脱（Metabolic Equivalent of Energy，缩写：MET）

能量代谢当量，音译为梅脱，是以安静、坐位时的能量消耗为基础，表达各种活动时相对能量代谢水平的常用指标。每千克体重从事 1 分钟活动消耗 3.5 毫升的氧气，其运动强度即为 1MET。1MET 的活动强度只比健康成年人的基础代谢稍高一些，相当于健康成年人安静坐着时的代谢水平。梅脱由吸氧量计算而来，但其使用较吸氧量更为方便，不论活动是否需要克服自身体重，均可用 MET 来表示其运动强度。

MET 可用来评定各种不同运动的强度，也可对不同强度的运动进行比较（不同年龄、不同性别、体重的人，从事同一强度的活动时，其 MET 值基本相同）。MET 可以用来评定心脏功能的好坏（任何人尽力活动时，所能达到的吸氧量水平也可用 MET 表示）。MET 在心肺耐力运动处方中，是运动强度最主要的评定指标。

4. 自觉用力程度分级（Rating of Perceived Exertion，缩写：RPE）

目前 RPE 的中文译文很不统一，有“自觉疲劳（尽力）分级表”“主观感觉评估运动量表”“主观劳累程度分级表”“主观体力运动能力感觉”等。

心率、吸氧量、梅脱是反映运动负荷强度的客观指标，RPE 则是用主观感觉来反映身

体负荷强度的一种指标。RPE 不是对身体某一方面感觉的反映，而是运动中个体对自身适应能力水平、外界环境影响、身体疲劳情况等的整体自我感觉。它是检测运动负荷的一个有价值的、可信赖的指标，目前在国外已经广泛应用于心肺耐力的运动试验、运动处方的制定和对健身者锻炼的指导。

（二）评定心脏功能和制定耐力运动处方的常用指标

1. 功能能力（Functional Capacity，缩写：F. C.）

功能能力也称心脏功能能力，是指机体在尽力活动时所能达到的最大 MET 值，或在有氧范围内，机体所能完成的最大强度活动的 MET。F. C. 的单位为 MET。F. C. 是直接反映心脏功能好坏的指标，用 F. C. 来评价心脏功能，消除了个体差异，更直观，更具有可比性。心脏功能是其他功能的基础，直接决定一个人的运动能力，只有拥有良好的心脏功能，才能充分地发挥其他功能的作用。

2. 运动能力（Exercise Capacity，缩写：E.C.）

运动能力是指进行身体锻炼时，应该达到并保持的运动强度，其决定了有效且安全的运动强度范围。E. C. 的单位为 MET。E. C. 是确定运动强度最准确的指标，需要通过计算才能得到，在实际应用中一般通过它计算出相应的靶心率等指标，用靶心率来表示运动强度。在耐力运动处方中，根据对象和锻炼目的不同，E. C. 占功能能力的百分比也各不相同，最低可取 40%，而最高可取到 90%。

3. 靶心率（Target Heart Rate，缩写：THR）

靶心率是指在进行身体锻炼时要达到并保持的心率范围。它是体现运动强度最为实用的指标，可以有效地帮助锻炼者掌握运动强度。此外，在进行心脏耐力素质测定时，会用到预期心率（Predicated Target Heart Rate，缩写：PTHR），这是指进行功能能力评定之前，按受试者年龄预测的其心率可能达到的数值。常用“220－年龄”作为预期的最大心率。但实际最大心率与 PTHR 会有一些差异。

二、耐力运动处方的制定

（一）运动强度

运动强度指身体练习对人体生理刺激的程度，是构成运动量的因素之一。周期性练习的运动强度通常以运动中或运动后即刻的心率表示。非周期性练习的运动强度则以负荷量或重复次数表示。

1995 年，全美运动医学会提出“低强度、长时间与较高强度、较短时间相比，在提高心肺功能方面，可以收到同样的效果，而后者运动损伤的发生率可能增加”。我国有关的试验结果也说明，以强度较低的以次大强度心率（195－年龄）为基点制定的运动处方，锻炼效果并不比高强度的以最大心率（220－年龄）为基点的效果差。确定运动强度的常用指标有心率和吸氧量。

（二）活动内容

提高心肺耐力的主要手段是进行低强度、长时间、周期性、全身大肌肉群参加的有氧运动。某些球类运动和我国传统的体育运动，也可用来提高心肺耐力素质。近年来小负荷的力量练习常被用于提高心肺耐力的训练。选择适合的运动时还应当考虑处方对象的年龄、性别、锻炼经历及主观条件、客观条件等。

1. 周期性运动

包括走、跑、骑自行车（自行车记功器）、上下台阶等。周期性运动对技术要求不高，易于掌握运动强度，能量消耗的个体差异不大，为运动处方的首选内容，特别是心脏功能能力较低的锻炼者。

2. 技术复杂的周期性运动

常见技术复杂的周期性运动见表 20-5。

表 20-5 休闲活动（体育、游戏、舞蹈）的梅脱值

项目	平均值	范围	项目	平均值	范围
射箭	3.9	3～4	跳舞	—	3.7～7.4
羽毛球	5.9	4～9+	有氧舞蹈	—	6～9
篮球 比赛	8.3	7～12+	击剑	—	6～10+
非比赛	—	3～9	曲棍球	8.0	—
台球	2.5	—	钓鱼	—	—
保龄球	—	2～4	岸边钓	3.7	2～4
拳击 拳击台内	13.3	—	激流中	—	5～6
对练	8.3	—	触人美式足球	7.9	6～10
划船	—	3～8	高尔夫	—	—
素质练习	—	3～8+	机动车	—	2～3
爬山	7.2	5～10+	背包走或推车	5.1	4～7
板球	5.2	4.6～7.4	手球	—	8～12+
槌球（门球）游戏	3.5	—	远足	—	3～7
自行车	—	—	骑马	—	—
上班	—	3～8+	急驰	8.2	—
16.1 千米/小时	7.0	—	快步	6.6	—
走	2.4	—	帆船	—	2～5
掷马蹄铁	—	2～3	潜泳	—	5～10
打猎 短枪	—	3～7	掷木盘游戏	—	2～3
长枪	—	3～14	滑冰、滑旱冰	—	5～8
柔道	13.5	—	滑雪	—	—
乐器演奏	—	2～3	滑降	—	5～8
板拍式墙球	9	8～12	越野	—	6～12+
短网拍墙球	9	8～12	滑水	—	5～7
跳绳 60～80 次/分钟	9	—	雪车、雪橇	—	4～8
跳绳 120～140 次/分钟	—	11～12	穿雪鞋走	9.9	7～14
跑 134 米/分钟	8.7	—	网拍式墙球	—	8～12
跑 146 米/分钟	9.4	—	足球	—	5～12
跑 161 米/分钟	10.2	—	上台阶	—	4～8
跑 179 米/分钟	11.2	—	游泳	—	4～8+
跑 201 米/分钟	12.5	—	乒乓球	4.1	3～5
跑 230 米/分钟	14.1	—	网球	6.5	4～9+
跑 268 米/分钟	16.3	—	排球	—	3～6

资料来源：ACSM. ACMA’s Guidelines for Exercise Testing and Prescription (Fifth Edition), Philadelphia.: Lippincott Williams & Wilkins, 1995.

3. 非周期性有氧运动

球类运动是典型的非周期性有氧运动。由于技术多变和竞赛因素对能量消耗的影响，其只适用于功能能力较强的锻炼者，同样可以按照已确定的功能能力，选择适当的项目。

4. 我国传统体育项目

我国传统体育项目 MET 值见表 20-6。

表 20-6 传统体育项目的梅脱值

项目		MET
太极拳	简化	1.5～4
	杨式（108 式）	2～5.6
	吴式	4～5
	陈式	3～7
太极剑		6～7
少林拳		10～14

5. 力量练习

在心血管系统疾病康复开始阶段的中，曾禁用力量练习，特别是静力性力量练习。近年来据国内外报道，冠心病康复已不禁用静力性力量练习，但力量练习主要用于心脏康复的后期，目的是使患者得到维持日常生活所必需的力量。目前力量练习已经被纳入耐力处方的范畴，特别是在慢性疾病的运动处方中，力量练习的重要性已经受到重视。

耐力处方中的力量练习，偏重采用小强度、重复多次的力量耐力训练。可用多种力量练习器械和方法，进行循环训练，运动心率保持在靶心率范围之内。

（三）持续时间

强度和持续时间共同决定一次训练的运动量和热量消耗。对同一锻炼者来说，持续时间应与运动强度成反比，但以低强度、长时间的运动为好，可以减少心血管系统疾病和运动损伤的发生率。不同锻炼者运动持续时间又与心脏功能能力大小有关，一次锻炼所需持续时间的长短与锻炼目的（健身、提高心肺功能、减肥）也有关系。

运动心率在靶心率范围内，持续一定时间，才能提高和保持心肺耐力。一般健身锻炼，持续时间为每天 20～60 分钟，这个时间包括准备活动和整理活动，其中至少要有 20 分钟以上心率保持在靶心率范围内（原要求为 15 分钟以上）。功能能力水平不同的人，锻炼时间不完全相同。如果开始锻炼时不能一次完成，可分段进行，但每次活动时间至少在 10 分钟以上，累计达到上述总时间。

（四）运动频率

全美运动医学会建议：一般人每周可活动 3～5 次（常采用隔日锻炼一次），运动强度达到 70%～85%最高心率，3 次/周即可保持或提高心肺功能；采用低运动强度，每周需要活动 3 次以上。缺乏锻炼的人 2 次/周也可达到提高心肺功能的效果。

（五）热量消耗

运动强度、持续时间、运动频率共同决定每周运动消耗的总热量，而锻炼的效果与总的热量消耗相关。热量消耗的阈值因锻炼目的（提高心肺耐力、减肥、预防慢性病等）而异。在运动处方中，可以设定热量消耗的目标，再计算应当完成的运动量，特别是在减肥运动处方中，按照热量消耗确定运动量是主要方法。

ACSM 推荐运动的热量消耗目标是每天 150～400kcal。脑力劳动者，按照低限值来计算，每周运动的热量消耗应当至少为 1000kcal，通过一段时间锻炼，心肺耐力素质提高后，每天运动热量消耗推荐值的高限为 300～400kcal/d。

运动热量消耗：kcal/min=METs×3.5×体重（kg）÷200

（六）注意事项

进行提高心肺耐力锻炼时，如果功能能力低于 3METs，必须在心电图监护下进行锻炼；功能能力在 7METs 以下，可视情况决定是否需要心电监测，但必须严格按照靶心率进行锻炼；功能能力在 7METs（含）以上，锻炼时不需要专门的监护，但锻炼者应当按照运动处方规定的靶心率进行锻炼。

视锻炼者的具体情况，提出相应的注意事项，如：高血压患者应当避免做静力性练习和憋气，参加竞赛应小心谨慎；糖尿病患者锻炼应当注意血糖水平的变化；等等。

三、耐力运动处方的实施

（一）提高全身耐力的训练方法

用于提高全身耐力的常用训练方法，主要有持续训练法、循环训练法、间歇训练法、法特莱克速度游戏等。

1. 持续训练法

这是一种长时间、慢速度、长距离的训练（L.S.D. Training）。开始 4～6 分钟为准备活动，运动强度应低于运动处方的规定，目的是使心率逐渐提高至靶心率的低限。此后，至少有 20 分钟以上运动强度应保持在靶心率范围之内，以有氧训练为主。最后 5 分钟左右为整理活动，降低运动强度，使心率逐渐恢复。持续训练法由于运动强度易控制，适合于参加健身和康复锻炼的所有人群，特别是老年人、没有运动习惯者、体弱者及冠心病等慢性疾病康复期患者使用。

2. 循环训练法

有氧练习、力量练习、体操练习等交替进行。各练习之间只有短暂的休息，或根本无间隔。事先将各种练习的强度调整在运动能力的范围之内，锻炼时心率也正好保持在靶心率范围之内，这样可以达到提高活动时心率、增强全身耐力的目的。利用循环训练法，可集体进行锻炼。将心脏功能能力相近的人编为一组，并按处方的运动能力调整好各种练习的负荷，且集体锻炼可提高锻炼者的兴趣。

3. 间歇训练法

是 3 分钟的高强度活动（锻炼时心率可超过靶心率高限的 10%左右）与 3 分钟小强度活动交替进行。间歇训练法以无氧训练为主，是运动训练中的一种方法。由于运动强度较高，不适于一般健身人群和康复患者使用，功能能力接近或超过 16METs（运动员水平）的锻炼者，可以考虑使用。

4. 法特莱克速度游戏

是利用自然地形进行锻炼的一种方法。可走、跑交替，平地与上、下坡交替等，锻炼中允许心率在短时间内超过靶心率高限的 10%，锻炼时最好佩戴遥测心率计，设定靶心率的上、下限，听到报警信号时，及时调整运动强度。法特莱克速度游戏可提高锻炼者的兴趣，但运动强度不易掌握，适用于心脏功能能力较好的锻炼者（功能能力在 8METs 以上）。

（二）运动处方中各项内容的掌握

运动处方中应该掌握的内容包括：活动内容、运动强度持续时间、运动频率、热量消耗、运动中的监护等。

（三）锻炼时的监护标准

1. 功能能力大于 16METs

进行心率高于 THR 高限的大强度训练，一般没有危险，锻炼时可以不采取专门的监护措施。如果不是以提高运动成绩为锻炼目标，按照运动处方规定的 THR 执行，足以达到提高全身耐力的目的。

2. 功能能力为 10～16METs

功能能力超过 10METs 的人群，包括身体健康、经常参加体育活动的广大中青年人群。只要按照 THR 进行锻炼，一般不会出现意外，短时间内运动心率超过 THR1～2 次/10s 是允许的，可以不采取专门的监护措施。锻炼过程中注意一下自己的心率、RPE 即可。按照运动处方规定的靶心率，进行强度较低、时间稍长的锻炼，可以收到与高强度锻炼同样效果且易于坚持。

3. 功能能力为 7～10METs

功能能力可达到 7METs 以上，多为身体基本健康、有或无运动习惯的中青年人，及部分保持一定活动的老年人。这部分人群的心脏功能水平相对较低，锻炼时虽然不用专业人员给予监测，但本人应当关注自己运动中的心率，使其严格保持在靶心率范围之内，避免运动强度过大发生意外。

4. 功能能力为 3～7METs

一般为有症状的患者、病后恢复期、慢性病患者及老年人。按照要求，锻炼应当在专业人员监护下进行。冠心病患者及其他因心电图异常而终止试验的患者，必须在专业人员用包括心电图在内的监测下进行锻炼。无心脏病并发症的高血压患者，也必须在监护下进行锻炼，但重点监测心率和血压，心电监测可用可不用。其他人群可以在自我监督下进行锻炼，但一定要随时注意自己心率的变化，严格将其控制在靶心率范围内。最好能佩戴遥测心率计，设定靶心率上、下限。每次锻炼后填写锻炼日记。根据医嘱，每周、每两周，或每月在专业人员监督下锻炼一次，检查锻炼情况，及时调整处方。

5. 功能能力小于运动能力

不论是住院患者，还是已出院患者，必须在专业的康复机构中，在专业人员严格监护下进行锻炼，除定时测定心率、血压外，一定要对心电图进行监测，并用心电示波器随时观察心电的变化。

（四）监护锻炼的方法

检查锻炼者近期活动情况和身体情况、监护指标、锻炼安排、指标测定等。

（五）调整运动处方的原则

随着心脏功能能力的提高，锻炼的实际运动强度不变时，运动中心率逐渐下降，说明心脏的泵血功能提高，心脏每搏输出量加大。经过一个阶段的锻炼，如按原处方所设定的运动强度进行锻炼，心率达不到靶心率的底线，应及时提高锻炼时的运动强度，如增加蹬车功率、提高走跑的速度等，使心率保持在靶心率的范围之内，从而继续提高心肺功能。锻炼 1.5～2 个月时，可再进行 ETT 测定，根据功能能力提高的程度，重新制定运动处方。需要在监护下锻炼者的监护次数可逐渐减少，过渡到在自我监督下进行锻炼。

第四节　运动减肥处方的制定和实施

运动减肥是一种人们广泛采用并被普遍接受的减肥方法。由于运动破坏了人饮食的摄入量和消耗量之间的比例关系，此时如果辅之以饮食控制，其所需控制的量也比单纯饮食控制要少，因为适宜强度的运动可以使机体脑胰岛素水平升高，而脑胰岛素有抑制食欲、增加机体产热的作用，故而肥胖患者在运动后常出现食欲降低、摄食量下降的现象。研究结果显示：运动后人体内乳酸及脂肪酸氧化，运动消耗的糖原贮备的恢复也需要消耗能量；此外，运动引起的内分泌变化、体温增高均可使运动后的休息代谢率高于运动前，且至少持续 1～2 小时甚至更长的时间。

运动对人体成分的构成会产生一定影响，而影响的程度又受运动本身的限制。当人进行高强度、短时间的运动时脂肪一般不能被动用、释放和氧化，在进行中等强度运动的开始阶段，脂肪也不会氧化供能，脂肪的动用和释放有延迟效应，仅在低强度、长时间的运动中，脂肪才被动用。现在流行的减肥运动多为动力型有氧运动，如快步走、慢跑、自行车和有音乐伴奏的健身操等。减肥运动的运动强度可以用心率来评定，即运动的即刻心率保持在每分钟 120～140 次为宜，每次运动的持续时间一般应在 30 分钟以上。

一、运动减肥处方的制定

（一）制定减肥处方的前提

首先，确定减肥目标，可以根据肥胖者的体重或体脂率进行设计。运动减肥推崇稳健而理智的减肥方式，一般来说，每周体重下降 0.5 公斤左右不容易造成反弹。

其次，根据减肥目标，设计一个科学的膳食配方，改善饮食结构，通过减少脂肪的摄入量来减少能量的摄入。在保证营养和基本必需能量摄入的基础上，计算出每日膳食热能摄入量并制定合理的膳食配方（可参考《一般食物营养成分表》和《成人日消耗热能表》），这是实现减肥目标的重要工作。

最后，在确定了减肥目标和进行了每日热能摄入后，要确定运动的频度，并计算每次训练所消耗的热能，因为人体脂肪含有水分，所以一般认为消耗 1 克体脂肪需消耗 7kcal 热能。

制定运动处方时要确定合理的运动时间，青年人减肥的运动时间应在 1～2 小时，中年人应在 1 小时左右，儿童 45 分钟，幼儿 35 分钟。运动强度应选中低强度，为最大摄氧量的 40%～60%。

（二）运动减肥处方的构成

运动处方的构成主要包括以下内容：运动强度、运动项目、运动时间、运动频率以及运动注意事项等。

1. 运动强度

以减肥为目的的运动，宜为中小强度耐力运动，可有利于减少腹部脂肪。高强度运动虽对改善心肺功能有良好的作用，但不利于改善脂质代谢。一般用脉搏数反映运动中要求达到的个人“最适运动心率”，具体计算公式如下：

最适运动心率=（220－年龄数－安静心率）60%～80%＋安静心率

2. 运动项目

根据肥胖者的体质和个人爱好选择适合减肥的运动项目。目前流行有节律的动力性有氧运动，主要有长距离步行、慢跑、自行车、游泳、健身操以及水中运动（如水中行走、水中跑、水中跳跃、踢水等）。研究结果表明，水中运动是最有效的减肥运动。力量性的运动主要是进行躯干和四肢大肌群的锻炼运动，主要活动方式有仰卧起坐、下蹲起立、俯卧撑等，也可以利用哑铃或拉力器进行力量练习。

力量练习虽然不能有效地提高心肺的最大摄氧量，但却可以明显增加体内瘦体重的比例。瘦体重的增加可以提高人体安静状态下的代谢率，就是说瘦体重多的人消耗的能量要多。因此，有氧运动配合力量练习是最有效的减肥方法。

有氧运动减肥处方中各种类型的运动，以有氧运动对人体内脂肪代谢的影响最为明显。有氧运动可以直接影响脂肪组织中脂肪细胞的体积和代谢，也可以影响血浆脂肪代谢，降低血浆中甘油三酯的浓度，还可以影响骨骼肌对脂肪酸的氧化利用。研究结果证明，以70%最大摄氧量强度进行 30 分钟跑台运动，肌糖原动用速率下降 40%，脂肪酸氧化速率升高 32%。运动中可以更多地摄取与利用血浆游离脂肪酸从而提高脂肪的供能水平。

大量的研究表明，在进行长时间中等强度的运动时，尤其是在运动强度低于 50%～60%最大摄氧量水平的时候血浆游离脂肪酸是重要的化学能源，也有研究结果证明，运动时人体骨骼肌氧化脂肪酸 40%来自骨骼肌细胞内脂肪水解，60%来自脂肪组织和血浆甘油三酯水解后释放的游离脂肪酸。在进行运动时，各种供能物质的利用比例主要取决于运动强度及运动持续时间。一般来说，运动强度越小，持续时间越长，依靠脂肪氧化供能占人体总能量代谢的百分率越高。有氧运动的项目可因人而异，最好是选择快走、慢跑、游泳、骑自行车、滑雪和跳舞等运动项目（见表 20-7）。

表 20-7 有氧、无氧及混合运动项目示例

有氧运动	无氧运动	混合运动
步行	短距离全力跑	足球
慢跑	举重	篮球
骑自行车	拔河	间歇性练习
爬山	跳跃	冰球
爬楼梯	肌力练习	橄榄球
高尔夫球	潜泳	羽毛球
慢速游泳		网球
太极拳		摔跤
跳绳		

3. 运动时间

减肥运动比一般的健身活动时间要长些，以消耗更多的能量。运动持续时间与运动强度相互影响，强度增加则运动时间会减短，反之强度减小时则运动时间增加。一般初始锻炼者运动时间应控制在 30 分钟左右，经常锻炼者运动时间在 40～60 分钟。此外，运动时机的选择也很重要，晚餐前 2 小时锻炼比其他时间进行锻炼更能有效地减少脂肪。

4. 运动频率

运动持续时间与运动强度不同，每周的运动频率也不同，通常运动频率为每周 3～6 次为宜。

5. 注意事项

运动减肥应注意如下事项：①运动处方的制定要考虑个人的锻炼目的、身体状况、兴趣爱好等因素，并在处方实施过程中根据具体情况随时进行调整；②要遵循循序渐进的原则，少数肥胖者因不经常运动，肌肉关节比较僵硬，心肺负荷较大，因此初始运动量要小，以后逐步增加；③要持之以恒，运动减肥不会在短时间内就达到目的，它是一项长期任务，为了避免单调，可以变换运动种类；④运动结合饮食控制和生活方式的改变，是减重的最佳方法。

二、运动减肥处方的要点

（一）运动减肥与科学饮食相结合

减肥的关键在于科学合理的运动与合理科学的膳食相结合。运动应是在改善体脂/瘦体重比值的基础上减掉体重，同时防止肌肉张力下降及肌肉萎缩，恢复和保持全身各大关节的活动范围，增强心肺系统功能，使代谢正常化。科学饮食也是非常必要的，为人体机能和运动需要提供必要的能量，是保障人体机能正常和减肥效果的主要条件。

（二）运动强度和运动时间要科学

运动减肥的关键是维持较长时间的运动。研究结果表明，肌肉运动时能源的选择与肌肉收缩持续的时间、强度和营养状况有直接的关系。健康的人在安静时肌肉组织的能量来源以游离的脂肪酸为主（约占 96%）；较大强度的运动初期（5～10 分钟），肌肉利用的主要能源是肌肉组织中的糖原，其次则利用血液中的葡萄糖；中等强度的长时间持续运动，消耗的总能量明显增加，并以脂肪氧化供能为主。研究表明，在 40%最大摄氧量强度下运动时，脂肪氧化供能约占肌肉能量来源的 60%。

（三）选择合适的运动项目

减肥处方应以锻炼全身耐力的有氧运动为主，锻炼肌肉力量和耐力也应是减肥处方的主要内容，同时要注意选择能够改善各大关节的活动范围和具备伸展性、灵活性的运动项目。

三、运动减肥的认识误区

由于相关理论知识的不足，当前许多进行运动减肥的人员对运动减肥存在一些认识上的误区，导致对运动减肥的效果产生了一定的影响。这些误区主要表现在以下方面：

（1）只要多运动，便可达到减肥目的；（2）饭前运动有损健康；（3）每天坚持 30 分钟慢跑即可减肥；（4）运动减肥有全身或局部的选择；（5）运动强度越大，运动越剧烈，减肥效果越好。

第五节 肌肉力量运动处方的制定和实施

一、肌肉力量的测定

（一）测定肌肉力量的意义

通过体适能的测定，确定需要加强肌肉力量训练之后，在制定运动处方前，以及锻炼一个阶段后，都需要进一步对身体主要部位的肌肉力量进行测定。当前健康体适能中肌肉力量素质的监测项目包括：握力，测定的是前臂屈肌群的力量；纵跳、立定跳远，测定的是下肢肌群的力量；俯卧撑，测定上肢、肩带肌群的力量；仰卧起坐、仰卧举腿，测定腹肌的力量。不同测试标准、不同性别、不同年龄组，选测其中的某些项目。在制定运动处方之前，需要了解身体主要肌群的肌力水平，因此须进行一些专门的测定，以确定需要增强肌力的重点部位。

测定肌力，可以确定肌肉力量素质锻炼的目标，是制定运动处方的重要依据，用以评定锻炼的效果，建立健康档案或病例，以便追踪观察参与者个体的处方执行情况和身体变化情况。

（二）肌肉力量的测定方法

（1）传统测力计：握力计、背力计等；

（2）简易测定方法：立定跳远、纵跳、仰卧起坐、俯卧撑等；

（3）肢体围度；

（4）肌肉硬度；

（5）手法肌力试验；

（6）传感器测力装置；

（7）等速测力系统。

二、肌肉力量锻炼的手段方法

（一）力量练习的分类

（1）按肌肉收缩类型分类：静力性的等长练习和动力性的等张练习、等速练习。

（2）按照肌肉用力程度分类：被动运动、助力运动、主动运动和阻力运动。

（3）按照是否使用器械分类：器械练习和徒手练习。力量练习器械又分为大型器械（如健身房中的力量练习器、等速力量练习器等）、小型器械（又可统称为“自由重物”，常用的自由重物有哑铃、沙袋、铁鞋、弹簧、橡皮条等）。

（二）需要进行力量练习的主要肌群

1. 躯干

其包括腹肌（腹直肌、腹内斜肌、腹外斜肌）、腰背肌（竖脊肌、背阔肌等）、胸肌（胸大肌等）等。

2. 上肢

其包括肩带肌群（三角肌等）、屈肘肌群（肱二头肌等）、伸肘肌群（肱三头肌等）、屈腕肌群、伸腕肌群等。

3. 下肢

其包括屈髋伸膝肌群（股四头肌）、伸髋屈膝肌群（腘绳肌等）、髋关节外展肌群（臀中肌等）、髋关节外收肌群（大收肌等），以及小腿后肌群（小腿三头肌）等。

三、肌肉力量运动处方的制定

（一）肌肉力量、耐力练习的原则

1. 渐增阻力原则

渐增阻力原则是超负荷原则在肌肉力量、耐力练习中的应用。尽管超负荷原则与渐增阻力原则可以相互替换，但在力量练习中更常采用渐增阻力原则。渐增阻力原则指肌肉力量、耐力因超负荷训练而增加，但由于力量、耐力的增长，原来的超负荷则变成了非超负荷或低负荷，此时如果不增加负荷，则力量、耐力就不能持续增长，因此力量练习必须遵循渐增阻力原则。

2. 专门性原则

肌肉力量、耐力练习中要充分考虑不同的运动项目对运动者专项力量、耐力的需求程度。首先，得到锻炼的肌肉应该是在耐力和力量方面需要得到改善的肌肉，如腰痛，就应该增强腰部肌肉力量，若锻炼上肢力量则对腰痛的缓解没有多少益处。其次，提高肌肉的力量和耐力应采用不同的运动强度。大强度运动（举重物时仅能重复 4～6 次）能增加肌肉的力量和体积，但不能增加肌肉的耐力；采用低强度重复次数多的练习（能重复举起重物 15 次或者更多），可提高肌肉的耐力，而肌肉的力量增加不明显。

3. 系统性原则

根据用进废退的原理，力量练习应全年系统地进行。研究表明，练习频率高、肌肉力量增长很快者，停止练习后肌肉力量消退也快；而练习频率较低、训练时间较长、肌肉力量缓慢增长者，其肌肉力量保持的时间则相对较长。

（二）负重练习的类型

1. 等张练习

肌肉以等张收缩的形式进行负重或不负重的动力性抗阻练习，称为等张性力量练习或动力性练习。等张练习是最常用的力量练习法，能有效地发展动力性力量，改善神经肌肉的协调性，但不足之处是在整个动作过程中不能保证肌肉每一次收缩的负荷都相等，容易造成在某些关节运动角度上肌肉负荷不足，因此只能按照力量最弱的关节运动角度来安排负荷，所以在练习过程中整体负荷往往偏小。

2. 等长练习

肌肉以等长收缩的形式使人体保持某一特定位置或对抗固定的阻力练习，称为等长性力量练习或静力性练习，它能有效地发展静力最大力量和静力耐力。等长力量练习与等张力量练习主要有两个方面的区别：第一，等长练习中力量的发展是具有高度特异性的，如果采用等长练习来发展某一特定部位的力量，则需要在运动范围内某几点上进行不同的等长练习，而等张练习在整个动作的关节运动范围内肌肉力量都能得到发展；第二，高强度等长练习中，由于血液循环条件不良和憋气等影响，大脑血流量减少，容易引起头昏眼花等不良反应，等级练习则不然。

3. 等速练习

等速练习是借助专门的等动训练器在动力状态下完成练习的方法。在整个练习过程中，关节运动在各角度上均受到相同的较大负荷，从而使肌肉在整个练习过程中均能产生较大的张力。等速练习是相对比较新的力量练习方法，可以使肌肉在所有范围内得到训练，能在较短时间内明显提高肌肉力量，特别适合游泳运动员在陆上进行力量训练。等速练习的不足之处是其速度会受到控制，限制了爆发力并且很难适应大多数专项技术的要求。

（三）影响肌肉力量、耐力练习效果的因素

1. 最高重复次数（RM）和组数（SET）

在力量练习中常用 RM（Repetition Maximum）来表示运动强度，而不是用心率来加以推测。负重力量练习的持续过程不是用时间单位来表示，而是用组数（SET）来说明。

（1）RM 是表示练习能重复的最高次数，即进行某一重量的练习时，用一次连续练习的最大重复次数来衡量负荷的大小。如果练习者对该重量只能连续举起 6 次，则该重量对练习者来说是 6 RM；如果重量轻，可以连续举起 15 次，则该负荷为 15 RM。可见，RM 仅代表某一重量能最多重复多少次，而不反映重量的绝对值。

（2）以最高重复次数进行一次无间歇的练习，称为一组，即 SET。如练习者对某一重量只能连续举起 10 次，那么 10 次就算一组。组数的多少受多种因素的影响，如练习目的不同，练习的组数可有差异，一般认为一次练习可在 3～6 组之间。根据渐增阻力原则，随着力量增大，对某一重量的重复次数也增加。例如，肌肉力量的运动处方为 3 SET、16 RM，经过一段时间的训练后力量增加，该重量的重复次数达到 18 次，就应增加练习重量。增加的重量取决于练习者的情况，一般增加当前重量的 10%左右。研究表明，进行 3 SET、6 RM 的锻炼能有效地增加肌肉的力量，而改善肌肉耐力一般采用 4～6 SET，18～20 RM。

2. 每组练习的间隔时间

各组力量练习间的间隔时间，一般以肌肉能完全恢复为准。肌肉在练习后的 3～5 秒时已恢复 50%，2 分钟时完全恢复。如果练习目的是增强肌肉的力量，练习的间隔时间不太重要，一般在 1 分钟左右；如果是为了增加肌肉的耐力，在 6～8 周训练中，练习的间隔时间应从 2 分钟逐渐减少到 30 秒钟。

3. 每次练习的间隔时间

如果是进行全身的肌肉练习，每隔一天进行练习会获得最佳的锻炼效果。倘若休息时间较短，身体不能完全恢复，锻炼效果也会较差。假如每天坚持力量练习，则每天应训练不同的肌肉群。例如，每周一、三、五练习上肢力量，每周二、四、六练习下肢力量。但应注意恢复时间不能过长（4 天或 4 天以上），否则，练习获得的力量和耐力便会消退。

（四）发展肌肉力量、耐力的阶段处方

力量练习的运动处方分为三个阶段：开始阶段、慢速增长阶段和保持阶段。

1. 开始阶段

在计划的开始阶段应避免举最大重量，过大的重量会增加肌肉和关节损伤的危险性。采用较轻的重量（最高重复次数为 12～15 次的负荷），不会使肌肉产生过度疲劳。如果原来选定的重量能轻松自如地重复 12 次，则可以增加重量。如果练习者不能重复举起 12 次，则说明该重量过大。根据练习者最初的力量水平来确定开始阶段持续的时间，一般持续 1～3 周。没有训练经验的人的开始阶段可能需要 3 周，有训练经验的人只需 1～2 周。

2. 慢速增长阶段

经过开始阶段的力量练习，如果肌肉已经适应练习动作，就可以增加重量，保证能重复举起 6～8 次。当肌肉力量进一步增强时，可再增加重量，直至达到练习者预定的目标。此阶段的练习一般为每周 3 次，每次练习为 3SET，6～8RM。

3. 保持阶段

根据用进废退的原理，如果停止练习，获得的力量会自然消退。保持阶段力量练习的强度应比获得阶段小。研究表明，力量增长后，每周 1 次的练习即可保持原增长水平。若不训练，30 周后原增长水平完全消退。

具体阶段处方见表 20-8。

表 20-8　力量练习的运动处方

周 数	阶 段	频 率	组 数	最高重复次数
1～3	开始	2 次/周	2	15
4～20	慢速增长	2～3 次/周	3	6
20 以上	保持	1～2 次/周	4	6

注：开始和慢速增长阶段练习者应根据自己的初始力量水平在各个方面做适当调整。

（五）肌肉力量、耐力练习的生理适应

1. 力量练习导致的生理变化

力量练习可以增加骨骼肌体积，提高肌纤维募集能力。肌肉体积的增大主要是由于肌原纤维数量的增多、增粗而使肌纤维增粗。最近也有研究证实，通过大强度的力量练习，肌原纤维数量是可以增加的，有人将这种增加称为肌原纤维型数量性肥大，但数量性肥大在增大骨骼肌体积中的作用仍存在争议。一些竞技运动员和健美运动员相信，蛋白质中所含的氨基酸可以使人体的肌肉更强健，因而他们额外服用蛋白质补剂。但是，大多数含有多种氨基酸的补充剂并不能促进肌肉的生长和发育，只有精氨酸和鸟氨酸这两种氨基酸，确实能刺激生长激素，进而促使肌肉生长，但必须大剂量服用才有效，然而这对健康有害无益。

多数人，甚至运动员和健美练习者，所补充的蛋白质都超过人体正常所需的量。过多的蛋白质会在肝脏中被分解，并随尿液排出体外，有些则变成脂肪储存在体内。研究表明，一般人每天正常饮食所摄取的蛋白质的量足以确保其获得最大的锻炼效果。因此，锻炼者无需额外补充蛋白质。

力量练习导致骨骼肌体积变化时主要诱因有饮食、肌纤维类型（快肌纤维的肥大比慢肌纤维明显）、血睾酮水平和力量练习的种类等。力量练习对心肺功能的改善不明显，但有规律的力量练习对身体的组成成分和柔韧性的改善有积极的作用。对大多数人来说，严格的力量练习可以增加骨骼肌的体积，减少身体的脂肪。如果在力量练习中，锻炼者尽可能加大关节的活动范围，那么关节的柔韧性也可以得到改善。

2. 负重练习后力量增加的快慢

力量增加的快慢取决于锻炼者开始力量练习时的水平，未经练习的人经负重练习后力量的增长比中等训练水平的人要快。

3. 力量练习效果的性别差异

肌肉的力量、耐力对男性和女性同样重要，但许多女性由于担心力量练习会导致出现发达的肌肉块，而不敢进行肌肉力量、耐力的练习。其实，这种担心并没有科学依据。一般来说，女性通过适应练习是不会获得明显的肌肉块的。

男性、女性力量练习效果的基本差别在于肌肉的肥大程度。尽管力量的改善程度相同，但女性肌肉的围度增加远远小于男性。这是因为肌肉的功能性肥大程度取决于睾酮水平，尽管女性体内也含有睾酮，但含量非常少（男性是女性的 20～30 倍）。如果女性体内睾酮水平很高，就会表现出男性特征，如长胡须、体毛增多、声音低沉等，并具有发展肌肉块的潜力。睾酮对合成代谢和组织生长有很强的促进作用。

进行 12 周常规的负重练习后，以力量增加的百分比为标准，女性力量的增加明显大于男性，力量的增加达到高原期，但不一定伴有明显的肌肉肥大。若继续进行力量练习，力量增加则不明显。但在长期负重练习后，男性的肌肉体积增加大于女性。

4. 营养与体能、健康之间的关系

合成代谢类固醇可以增加肌肉体积，但有严重的副作用。在过去的几十年中，合成代谢类固醇在体育界的使用已达到泛滥的程度。当今体育比赛竞争愈来愈激烈，力量和爆发力已成为获胜的关键。许多运动员为了增加肌肉力量，宁愿冒着身体受到严重伤害的危险，不断服用合成代谢类固醇，然而此举决不可取。

合成代谢类固醇，主要是雄性激素睾酮的衍生物，睾酮的主要作用是促进蛋白质的合成以及增加肌肉的力量。滥用合成代谢类固醇的药物会导致血压升高，坏胆固醇的含量增加以及肝癌、前列腺癌和死亡发生的可能性大大增加。

β-羟基-β-甲基丁酸盐（β-hydroxy-β-methyl butyrate，缩写：HBM）现已成为合成代谢类固醇的替代品，被运动员疯狂地使用。HBM 是必需氨基酸亮氨酸的降解产物。尽管一些证据显示补充 HMB 可以增大动物肌肉的体积，但其对人的肌肉体积影响的研究目前还很少。有研究称，经 3 周的举重练习后，服用 HMB 组与对照组相比，实验组肌肉的体积和力量明显增加。这是因为在举重练习中 HMB 的主要作用是减少肌肉组织降解。但此结论还需更多的实验证实。

有些人还认为，HBM 是一种安慰剂。服用安慰剂，运动员由于心理作用会更加努力训练，运动成绩也会明显提高。但事实上这种提高应归功于训练量的增加，而不是服药的作用。人们在没有足够的证据能够表明补充该物质可以得到益处的前提下就补充，这不但会浪费金钱而且可能损害健康，因此一定要慎之又慎。

（六）肌肉力量练习的注意事项

1. 力量练习的安全要诀

（1）当运用杠铃进行力量练习时，必须在同伴的帮助下完成练习，以保证在不能完成练习的情况下，同伴可以及时进行保护；

（2）固定牢练习用的杠铃，以防其滑落砸伤身体；

（3）在进行负重练习之前应充分做好准备活动，防止练习中遭受损伤；

（4）在进行负重练习时，如果感觉到任何尖锐的刺痛，应立即停止练习；

（5）在进行负重练习时，应尽量避免憋气，举起阶段呼气，放下时吸气，可采用口和鼻呼吸；

（6）在采取快速还是慢速举起重量能获得更大力量的问题上业界仍存在着争议，但慢速举起重量可以减少受伤的可能性，而且慢速举起重量既可增加肌肉体积，也可增强肌肉力量。

2. 准备活动和放松活动

人体就像大多数机器一样，刚启动时无法达到最高的功率，因此要使肌肉充分发挥功能，并避免造成伤害，就需要热身。即使是体能状况良好的人，如果猛然迫使肌肉拉伸或收缩，也有可能受伤。负重练习的准备活动一般包括 4～5 分钟的慢跑、6～8 分钟的拉伸活动和 3 组 15～20 次重复负重。如果练习者打算举最大重量，还应增加准备活动的组数。

放松活动常包括走动和伸展运动，旨在让身体在几分钟内逐渐冷却下来。适当的放松活动，可以使血液持续地流经肌肉，并通过血液循环将肌肉细胞内堆积的乳酸带到肝脏后而分解。如果突然中断运动，留在肌肉内的乳酸可能会引起身体肌肉痉挛，也可能会使肌肉在以后的几天中更加疼痛。放松活动一般持续 4～5 分钟即可。

3. 完成动作的速度

在进行负重练习时，动作还原阶段的速度应比主动用力阶段慢一半。以卧推为例，如果举起的动作用 1 秒钟，放下还原阶段就要用 2 秒钟，这样可使一次负重练习得到两次（举起和放下）肌肉锻炼。如果还原阶段简单轻松地放下重量，肌肉就不能在还原阶段再一次得到有效的锻炼。

4. 练习时的呼吸

在主动用力阶段呼气，在还原阶段吸气。如果练习时呼吸频率太快，就会破坏呼气、吸气的节律性。应避免在主动用力阶段屏住呼吸，屏气会导致回心血量和流入大脑的血流量减少，从而产生头晕的现象。

5. 安排练习顺序

合理安排练习的顺序可以防止疲劳的发生。应先安排大肌肉群的练习，再安排小肌肉群的练习，原因是小肌肉群比大肌肉群更早产生疲劳。典型的力量练习顺序模式为：①大腿、腰部肌肉；②腿部（股四头肌、大腿后部肌群、小腿三头肌）；③躯干部（背、肩、胸）；④上臂（肱三头肌、肱二头肌、前臂肌肉）；⑤腹部；⑥颈部。

此外，还应注意不要在两个相继的练习中锻炼同一肌群，以保证肌肉在每次负荷后有足够的恢复时间。

6. 注意调整运动量

运动要安全，很重要的一点就是留意身体发出警告信号，这些信号往往是运动量过大或身体某部分受伤的反映。有些人为了短期内得到效果而竭尽全力，反而遭受伤害。即使是运动员，也会因过度训练而受到意外伤害。

力量练习的警告信号一般指：锻炼结束后，肌肉有酸痛僵硬感，直到下次锻炼前这种感觉仍未消失。针对性的处理方法为：延长锻炼间隔时间，让肌肉充分恢复。此外，还要做好热身和练习后的放松。

第六节　柔韧性运动处方的制定和实施

一、柔韧性的重要性和分类

（一）柔韧性的重要性

（1）保持正常的生活质量；

（2）维持正常的步态；

（3）预防损伤的发生，减轻损伤的程度；

（4）提高灵敏度、速度、平衡能力等其他身体素质。

（二）柔韧性的分类

1. 一般柔韧性和专项柔韧性

柔韧性从其与专项的关系上看，可分为一般柔韧性和专项柔韧性。一般柔韧性是指为适应一般技能发展所需要的柔韧体能；专项柔韧性是指专项运动技术所需要的特殊柔韧性。由于专项柔韧性具有较强的选择性，因此，同一身体部位具有的柔韧性由于项目的需求不同，在幅度、方向等表现上也有差异。

2. 动力柔韧性和静力柔韧性

柔韧性从其外部运动状态上看，可分为动力柔韧性和静力柔韧性。动力柔韧性是指肌肉、肌腱、韧带根据动力性动作需要，拉伸到解剖学允许的最大限度范围，随即利用强有力的弹性回缩力来完成所要完成的动作的能力。所有的爆发动作前的拉伸均属于动力柔韧性动作。静力柔韧性是指肌肉、肌腱、韧带根据静力性动作的需要，拉伸到动作所需要的位置角度，并控制其停留一定时间所表现出来的能力。动力柔韧性建立在静力柔韧性的基础上，但必须要有力量素质的表现。静力柔韧性好，动力柔韧性不一定好。

3. 主动柔韧性和被动柔韧性

从完成柔韧性练习的表现上看，可分为主动柔韧性和被动柔韧性。主动柔韧性是人在主动运动中表现出来的柔韧水平。被动柔韧性则是在一定外力协助下完成或在外力作用下（如同伴协助做压腿练习）表现出来的柔韧水平。主动柔韧性不仅能反映对抗肌的可伸展程度，而且可反映主动肌的收缩力量。一般来说，主动柔韧性比被动柔韧性要差，这种差距越小，说明柔韧性的发展水平越均衡。

此外，从柔韧性在身体不同部位的展现上看，还可分为上肢柔韧性、下肢柔韧性和腰部柔韧性等。

（三）柔韧性的重要性

根据人体生理解剖结构，柔韧包括四肢和躯干各关节的柔韧，主要有肩、肘、腕、髋、膝、踝及脊柱等各关节。在体育锻炼中，因项目不同对各关节活动幅度要求的程度也就不同。人体各关节柔韧性的全面发展是基础，只有在全面发展的基础上，才能突出某一项目需要的关节柔韧性的重要。如投掷、举重和游泳等项目需要肩关节柔韧性较好，篮球、排球和小球项目对腕部柔韧性要求较高，还有的项目，如体操、艺术体操、技巧和武术等项目对全身各关节的柔韧要求都很高。因此，增强柔韧性对掌握动作技能、改善健康状况的具体作用和重要性归纳如下：

（1）柔韧性是与健康有关的体能的重要标志之一；

（2）加大活动幅度，增强动作效果，有利于肌力和速度的发挥；

（3）提高关节的灵活性，使人的动作优美；

（4）加速动作掌握进程，使动作学习轻巧自如，做动作也更加协调和准确；

（5）减少肌肉等软组织损伤，防止伤害事故发生；

（6）有助于肌肉放松和情绪稳定。

（四）柔韧性素质的决定因素

人的柔韧性素质好坏取决于多重因素，主要有关节的解剖结构，关节囊、韧带的松紧程度，肌肉的延展性，准备活动的效果以及各种病理导致的改变等。

1. 关节结构及其周围组织

关节结构及其周围组织对柔韧性的影响程度见表 20-9。

表 20-9　不同软组织对关节柔韧性的影响程度

组织结构	柔韧性障碍（%）
韧 带	47
肌 肉	41
肌 腱	10
皮 肤	2

2. 年龄和性别

根据人体生长规律，初生婴儿柔性最好。随着年龄的增大、骨的骨化和肌肉的增长，人的韧性逐渐加强。人的柔韧性在 10 岁以前是自然获得发展的，10 岁以后柔韧性会相对降低。因此 10 岁以前进行适当的柔韧性练习，使自然增长的柔韧性得到更好的提高。10～13 岁是性成熟前期，肌肉韧带的弹性、伸展性仍有较大的可塑性，进行充分的柔韧练习仍可获得应有的效果，对身高增长也有利。超过这个年龄来发展柔韧性，将会使人经受较大痛苦，费时长、收效慢、易受伤。13～15 岁为生长期，骨骼生长速度超过肌肉生长速度，柔韧性有所下降，此阶段不要过分进行柔韧性练习，以免拉伤。16～20 岁身体发育趋向成熟，可加大柔韧练习的负荷和难度，在已有的基础上提高柔韧性。

根据生理解剖特点，女性的柔韧性通常比男性好。男性的肌纤维稍粗，横断面积大，收缩力较大，全部肌纤维的 3/4 强而有力；女性的肌纤维细长，横断面积小，伸展性好，1/2 的肌纤维强而有力。因此，女性关节的灵活性总体好于男性。

3. 温度

肌肉温度升高时，新陈代谢加强，供血增多，肌肉的黏滞性减少，肌肉的弹性和伸展性提高，从而柔韧性得以提高。影响柔韧性的温度有外界环境温度和体内温度，体内温度的调节用于缓解外界环境导致机体产生的不适应。

4. 其他因素

（1）神经过程转换：神经系统兴奋与抑制过程转换的灵活性越高，支配肌肉收缩与放松的能力越强，柔韧性越好，反之则越差。活动水平上，不爱活动的人比经常活动的人柔韧性差。

（2）心理因素：心理紧张度过高、时间过长会使神经过程由兴奋转为抑制，影响肌肉的协调能力，从而影响柔韧性。

（3）疲劳程度：当肌肉由于长时间工作产生疲劳时，其弹性、伸展性和兴奋性均降低，导致肌肉不能自如收缩与放松以及各肌群不能协调工作。

（4）时间：早晨柔韧性差，上、下午较好。

（5）遗传：有的人天生关节柔韧性好，有的人则差。

（6）营养：目前尚无研究表明哪种营养品能提高关节的柔韧性，但人体维生素 C 的摄入不足会影响关节活动的范围。维生素 C 在维持骨骼硬度和组织（如软骨组织和胶原纤维）

的接合上起着重要作用，因为软骨组织和胶原纤维是关节结构的关键连接组织，它们的数量决定着关节的牢固性。没有摄入足够的维生素 C 会导致维生素 C 缺乏症，进而会使关节松散。维生素 C 缺乏症导致的关节运动范围加大容易引起损伤。食用柑橘类水果、西红柿和青椒等可以避免维生素 C 的缺乏。

（五）柔韧性练习的作用

在健身活动中加入柔韧性练习（可在准备活动、整理活动时进行），可以延缓年龄因素引起的柔韧性降低，预防由于缺乏运动而导致的关节结构、周围软组织、跨关节肌肉改变，保持良好的身体柔韧性。

因伤病引起关节功能障碍时，通过主动或被动的练习，可预防因长期制动而引起的关节粘连、挛缩，保持肌肉的伸展能力，以保存现有的关节活动幅度。如果关节活动幅度已下降，可通过关节活动幅度的练习，恢复正常的关节活动幅度，或尽量加大关节活动幅度，使肢体的柔韧性能够尽量满足日常生活、劳动、运动的需要。

二、柔韧性的评定

柔韧性评定对运动员来讲，是选才的一个重要指标；对一般健身活动参加者来说，是制定运动处方的依据；对于康复锻炼者来说，则是评定其功能障碍的一个重要指标。

分别测量颈、躯干、髋关节、下肢、肩关节等部位的柔韧性。

简易测量法，可用于一般柔韧性素质的评定，在为健身活动参加者制定运动处方时有参考价值。精确的并节活动范围（Range of Motion，缩写：ROM）测量方法，常用于康复锻炼评定或科研工作中。

三、柔韧性练习的方法和手段

（一）柔韧训练的方法

柔韧性训练基本上采用拉伸法，分为动力拉伸法和静力拉伸法。

（1）动力拉伸法。这是指有节奏地通过多次重复同一动作练习，使肌肉、韧带等软组织逐渐拉长而逐渐增加柔韧性的一种练习方法。

（2）静力拉伸法。这是指通过动力拉伸的缓慢的动作，将肌肉、韧带等软组织拉长，当拉长到一定程度时静止不动且保持一定时间而逐渐增加柔韧性的一种练习方法。

（二）柔韧训练的主要手段

发展肩部、腿部、臂部和脚部的柔韧性主要手段有压、搬、劈、摆、踢、绷及绕环等练习。

发展腰部柔韧性的主要手段有站立体前屈、俯卧背伸、转体、甩腰及绕环等练习。

四、柔韧性运动处方的制定

柔韧性练习应是每次锻炼准备活动的一部分，我们经常看到有人并没有在活动开始前先慢跑至冒汗，而错误地拉伸未经活动的肌肉群，或未经伸展肌肉就直接进行剧烈运动，这是很危险的。如果事先做了热身运动，体温可以上升 2～4 度，这时再伸展肌肉就比较安全。在身体锻炼结束前的整理活动中进行柔韧性练习也是明智的，它不仅可以帮助肌肉恢复到正常放松状态，而且在锻炼结束时做伸展运动，肌肉组织的温度相对较高，可以有效扩大关节伸展幅度，降低锻炼后产生肌肉酸痛的可能性。

（一）柔韧性练习强度

柔韧性练习应采用缓慢、放松、有节制和无疼痛的练习，通过适当的努力提高柔韧性。肌肉伸展会有酸胀的感觉，但不应过分伸展而引起不适，拉伸的强度随关节的活动范围增加而改变。随着柔韧性在锻炼过程中的提高，练习强度应逐渐加大，做到“酸加、痛减、麻停”。

（二）柔韧性练习的时间和次数

柔韧性练习的时间由采用的伸展方式决定，它主要取决于重复的次数和伸展位置上停留的时间。每个姿势持续的时间和次数是逐渐增加的，应从最初的 10 秒，经过一段时间的练习增加至 30 秒，重复次数在 3 次以上。如果是平时体育锻炼中的柔韧性练习，5～10 分钟的时间就足够了；如果是专门为了提高柔韧性的练习或运动员的训练，则必须要有 15～30 分钟的时间安排。（见表 20-10）

表 20-10　柔韧性练习的时间、次数安排示例

周 次	阶 段	肌肉伸展持续时间（秒）	每种练习重复次数（次）	每周锻炼次数（次）
1	起始	15	1	1
2	逐步进步	20	2	2
3		25	3	3
4		30	4	3
5		30	4	3～4
6		30	4	4～5
7 周以上	保持	30	4	4～5

（三）柔韧性练习的基本原则

1. 循序渐进，持之以恒

柔韧性的锻炼需要意志力。练习时锻炼者易产生酸痛感，但若停止训练柔韧性会有所消退。初次练习易见效，第二次再练习就有痛感，第一次练习获得的效果会全部消退且总体水平低于第一次练习前的水平，这是由于肌肉被拉长回缩力增加，应继续将其慢慢拉开，这样才能消除痛感。经过一个时期的练习，身体已适应该长度的伸展，应进一步拉长肌肉、牵拉肌腱，使柔韧性上升到一个新的水平。但是，如果柔韧性练习停止一段时期，已获得的效果就会有所消退。因此，柔韧性练习要持之以恒才能见效。

2. 柔韧性练习要全面

不管是准备活动中的伸展练习，还是专门发展某些关节柔韧性的练习，都要兼顾到身体各关节柔韧性的发展。在身体活动中，完成动作不是仅靠一个关节或某个身体部位，而是要牵涉到几个相互关联的部位甚至全身。如果柔韧性练习只集中在部分关节而忽视其他部位，则完成动作会受阻甚至有受伤的可能。因此，如果发现某一关节柔韧性稍差，就应

采取针对性措施使其得到改善。

3. 柔韧性练习要因人而异、因项目而异

柔韧性练习必须根据所参加锻炼项目的特点和锻炼者的具体情况做出安排，在全面发展身体各部位柔韧性的基础上，要重点提高特定项目所需要的专门柔韧素质。例如，跳跃项目对腿部和髋部柔韧性要求较高，游泳项目要求肩关节和踝关节柔韧性要好等。另外，锻炼者应根据自己的情况，进行适合自己的柔韧性练习。

4. 柔韧性的发展应与力量发展相适应

力量练习是发展肌肉的收缩能力，柔韧性练习则是发展肌肉的伸展能力，因此力量结合柔韧性的练习对提高肌肉质量最为有效，既能使力量增长，又能保证关节灵活性的提高。

5. 柔韧性练习要注意外界的温度和时间

外界温度过高或过低，都会影响到肌肉的状态和伸展能力。外界温度高，稍微地热身后即可做伸展练习；外界温度低，则应做充分的热身运动至冒汗后方可进行柔韧性练习。一般来说，当外界温度在 18 度时，最有利于柔韧性发展，因为肌肉在这个温度下的伸展能力较好。一天之内在任何时间都可进行柔韧性练习，只是效果不同而已。早晨柔韧性会明显降低，而 10：00～18：00 时人体关节能表现出良好的柔韧性，此时可进行一些强度较大的柔韧性练习。

6. 柔韧性练习后应结合放松练习

每次伸展练习结束之后，应做些相反方向的练习，使供血供能机能加强，这有助于伸展肌群的放松和恢复。如压腿后做几次屈膝下蹲动作，体前屈练习之后做几次挺腹、挺髋动作等。

7. 柔韧性要从小培养

武术、体操、舞蹈等项目对全身各关节的柔韧性要求很高，应从小开始锻炼。5～10岁是柔韧性发展的敏感期，由于柔韧性受年龄的影响，在此时期内要抓紧练习，这样能使柔韧性易于保持和巩固，不易消退。

（四）柔韧性锻炼的注意事项

（1）在进行大强度的肌肉伸展之前必须做充分的热身运动，使身体出汗；

（2）肌肉、韧带等软组织只有进行略超正常范围的伸展练习，柔韧性才能提高，但练习不能太剧烈，防止疼痛和拉伤；

（3）肌肉拉伸产生了紧绷感或感到不舒服时就该停止练习，伸展练习不应让人感到疼痛；

（4）任何一个被伸展的关节只有感到动作幅度有所加大时，才说明练习已见效；

（5）伸展疼痛关节周围的肌肉时要小心，注意轻柔一些；

（6）既要伸展紧绷的、不柔韧的肌肉，又要加强薄弱的、松弛的肌肉力量；

（7）进行伸展练习时要保持正常的呼吸状态，不要屏气；

（8）本体感受神经肌肉促进法是效果最好的肌肉伸展法，静态伸展法也是一种简单易行、安全有效的常用方法；

（9）静态伸展以后才能进行弹性伸展，关节柔韧性好的人或习惯于伸展练习的人才能进行弹性伸展；

（10）如果想感觉到关节柔韧性有提高，至少每周要做 3 次伸展练习，每周 5～6 次练习则能产生明显的变化。

第七节　运动伤病的预防与处理

随着人类物质文明和精神文明的不断发展，人们越来越认识到体育锻炼对增进健康、防治疾病、延年益寿的重要作用，参与体育锻炼的人越来越多，体育锻炼的形式和内容也越来越丰富。但是，大多数人缺乏一定的体育运动技术和安全方面的知识，容易造成运动不当引发运动损伤，引起运动性疾病甚至运动性猝死。因此，大学生参与体育锻炼一定要认真学习和掌握科学的体育锻炼方法与知识，预防运动损伤和运动性疾病的发生。下面着重讲述运动损伤的起因和预防，介绍运动康复训练的有关问题，用以指导大学生进行科学而有效的体育锻炼。

一、运动损伤的预防与处置

（一）造成运动损伤的主要原因

在体育锻炼过程中，不管是直接还是间接原因造成的身体损伤，统称为运动损伤。造成运动损伤的原因是复杂多样的，根据国内外大量的相关研究发现，主要有以下几方面。

1. 思想麻痹大意

这是造成运动损伤最主要的因素之一。特别是一些青少年由于缺乏运动经验，而且好胜、好奇，常常盲目或冒失地进行锻炼而造成伤害，或由于急于求成造成身体某一部位的损伤。

2. 准备活动不当

体育锻炼前缺乏必要的准备活动或者准备活动量过小，人的机体尚未达到较好的运动状态就开始运动；或者准备活动量过大、时间过长，机体已经处在疲劳状态再去锻炼；或者由于准备活动的针对性不准确，使需要强烈运动的部位没有得到必要的活动，等等。上述情形都属于准备活动不当。

3. 技术上存在缺点和错误

锻炼者由于对体育项目技术掌握不准确，即动作不准确而造成运动损伤。例如传接篮球、排球时不正确的手型引起手指挫、扭伤，举重时上体不直立而过于后仰、跳水时两腿过于后摆造成腰部受伤等等。

4. 运动量过大或运动过于剧烈

运动时间过长，锻炼内容过多，特别是身体局部重复练习次数过多，超出了人体生理负荷承受能力时，非常容易发生运动损伤。

5. 身体机能状态和心理状态低下

人的身体机能状态低下时容易发生运动损伤，心理状态低下时同样容易导致伤害事故的发生，甚至是产生更加严重的运动损伤。如果一个人精神上受某种刺激或者受到慢性病的困扰，又缺乏自我保护能力，此时参加体育锻炼最容易造成运动损伤。

6. 教学组织不当

体育锻炼的开展必须按照一定运动规律进行，违背了运动规律就容易造成运动损伤。练习者人多、过于拥挤，缺乏科学和严密的组织，以及运动场地设施布局不合理等情况，都有可能导致运动损伤。另外，气温过高时进行大强度锻炼容易发生中暑现象，而气温过低时进行锻炼容易因为人的肌肉僵硬引起拉伤，造成运动损伤。

（二）运动损伤的预防

预防运动损伤的方法是多方面的，主要应做到以下几点。

1. 克服麻痹思想

锻炼者要提高预防运动损伤的意识，遵守体育锻炼的规律和原则，切不可随心所欲、急于求成，在思想上麻痹大意。同时，锻炼过程中要有团结互助精神，发扬良好的体育道德作风。

2. 做好准备活动

要根据个人的身体情况和运动特点，有针对性地做好准备活动。既要做好身体方面的准备，又要做好心理方面的准备，在身心准备充分的前提下再开始运动。

3. 加强保护与自我保护的能力和意识

在体育锻炼的过程中，不可避免地会出现一些危险状况，因此一定要具有良好的保护与自我保护的能力和意识。例如快要摔倒时，要顺势做屈膝、弯腰、低头、含胸、团身滚动，切不可用直臂或肘部撑地。平时要加强跳跃、滚翻等动作练习，以提高身体的灵敏度和应变能力。

4. 合理组织锻炼

在体育教学、训练和比赛中，要根据学生的年龄、性别、健康状况以及运动技术水平等情况，组织好锻炼的全过程，对各环节中有可能出现问题的地方，做好严格的预防措施。

5. 重视科学锻炼

体育运动具有非常强的技术性和规律性，违背则容易造成运动损伤。科学锻炼包括五个要素，即全面性、个别性、渐进性、量力性以及医务监督。当参与者的身体出现不良反应时，要找出原因并采取必要的保护措施。必要时需根据医生的建议，确定是否参加锻炼或者施加多大的运动量。

6. 创造安全适宜的锻炼环境

运动场地平坦舒适，运动器材及设备坚固安全，个人衣着适宜锻炼，周边环境良好安全。

（三）常见的运动损伤与处置方法

1. 肌肉拉伤

（1）发生的机制与症状

发生机制：肌肉拉伤通常是由于肌肉猛烈收缩或用力牵伸时超过肌肉本身的承受能力而造成的，分为主动拉伤和被动拉伤两种情况。造成肌肉拉伤的主要原因有准备活动不足、动作不协调，以及肌肉的韧性和弹性较差。

症状：拉伤后伤处肿胀，有压痛，肌肉痉挛，严重时可出现肌肉撕裂，产生剧烈疼痛。

（2）处置和预防

处置：轻者可即刻冷敷，局部加压包扎，抬高患肢，48 小时后可施行按摩或理疗。如果肌肉已大部分或完全撕裂时，在加压包扎后应立即送往医院手术治疗。

预防：主要针对发生的原因进行预防，特别是要做好运动前的准备活动，防止运动量过大和肌肉过度疲劳，注意加强身体的协调性和动作技巧锻炼。

2. 肌肉挫伤

（1）发生机制与症状

发生机制：练习者与器械发生碰撞，或练习者之间发生冲撞而造成肌肉挫伤。

症状：轻度挫伤时损伤处出现红肿、皮下出血现象，并有疼痛感觉。严重时会造成内脏器官损伤，并会出现头晕、脸色苍白、心慌气短、出虚汗、四肢发凉、烦躁不安等症状，严重时会出现休克现象。

（2）处置与预防

处置：立即冷敷后加压包扎，抬高患肢，以防止继续出血。48 小时后可施行按摩或理疗，也可用热敷活血消肿。如果怀疑内脏损伤，则送医院做进一步诊治。

预防：练习者要控制好运动量，避免在过于疲劳的状况下继续进行锻炼。锻炼时要注意身体的协调性和灵活性，避免不必要的冲撞，特别要提高自我保护能力。

3. 肌肉痉挛

（1）发生机制与症状

发生机制：肌肉痉挛俗称抽筋，这是一种常见的运动损伤，是肌肉不自主的强直收缩所致。在运动中常发生痉挛的肌肉是小腿腓肠肌、足屈拇肌和屈趾肌。在运动时，肌肉的快速连续收缩和放松，会导致肌肉收缩与放松的平衡被破坏，从而发生肌肉痉挛。同时，局部肌肉疲劳，特别是受到寒冷刺激也会引起肌肉痉挛。现代运动科学发现，因情绪过分紧张引起肌肉痉挛者，占有非常高的比例。

症状：肌肉发生痉挛时，局部肌肉紧缩、坚硬或隆起，疼痛难忍且短时间内不易缓解。

（2）处置与预防

处置：对痉挛部位的肌肉实行牵引，使之伸长和松弛。例如腓肠肌痉挛时，即强制性伸直膝关节，并将脚掌和脚趾缓慢地向上扳起。若足屈拇肌或屈趾肌痉挛，同样将脚趾上扳，但切忌施以暴力。

预防：锻炼前要做好准备活动，对容易发生痉挛的肌肉可事先做好按摩和拉伸；冬季在室外锻炼时要注意保暖，夏季锻炼时要适当补充淡盐水及维生素 B_1；游泳前要先用冷水淋浴，游泳时在水中停留时间不要太长；疲劳时不要进行剧烈运动；等等。

4. 韧带扭伤

（1）发生机制和症状

发生机制：韧带有较强的抗伤能力，以保护关节的正常活动，防止关节出现异常。但是，如果外力过大使关节活动超越韧带所能承受的范围时，就会发生韧带损伤。

症状：韧带轻度损伤，只是产生轻微的疼痛或局部水肿，关节功能也不会有明显的影响；严重时，会造成韧带撕裂，并丧失其功能，其主要症状表现为伤处疼痛、肿胀和皮下瘀血。

（2）处置与预防

处置：受伤后应立即冷敷，加压包扎并抬高伤肢。48 小时后对伤处进行热敷或按摩，重度损伤乃至韧带撕裂时，可用绷带固定伤肢后立即送医院治疗。

预防：韧带扭伤易发部位是踝关节、膝关节和腕关节，所以平时要加强这些易伤关节周围韧带、肌肉的练习，以提高其抗伤能力；对容易发生扭伤的部位，锻炼时可使用护踝、护膝、护腕等进行保护。

5. 腰扭伤

（1）发生的机制与症状

发生机制：人体的腰椎是由 5 个脊椎骨组成的，连接脊椎骨的是很多条韧带和细小肌肉群，腰部活动就是靠这些韧带、肌肉收缩牵动进行的。但是，如果人体腰部的运动幅度超过了肌肉韧带的伸展限度，或收缩不协调，就会造成腰部扭伤。例如举重时上体过于后仰、跳水时两腿过于后摆、做体操桥形时准备活动不充分等，均可使腰部直接受到损伤。

症状：腰部扭伤后，当场疼痛，有时会听到瞬间“格格”响声，有时出现肌肉痉挛，活动受阻。

（2）处置与预防

处置：发生腰扭伤后，立即停止运动，让患者平卧，一般不应扶动，如果疼痛剧烈，则应送医院诊治。处理后，应卧硬板床，腰下可垫个薄软枕头，以放松腰部肌肉，减轻疼痛。腰扭伤 48 小时后，可采用热敷和外敷伤药，也可施行按摩或针灸。

预防：运动前要做好全身性的准备活动，特别是腰部的准备活动，如前后弯腰，左右转身，身体绕环，上伸下蹲等；运动时注意姿势的正确性和动作的协调性，用力要得当，平时要加强腰部肌力的锻炼，以提高腰部肌力。

6. 骨折

（1）发生的机制与症状

发生机制：造成骨折的原因有两种，一种是受直接暴力撞击所致，如足球练习或比赛时，小腿直接被踢，造成胫骨骨折，或从高处跳下或奔跑时跪倒，引起髌骨骨折等；第二种是间接暴力，如从单杠上摔下时用手撑地，发生肱骨骨折或尺骨、桡骨骨折，足球守门员扑球时摔倒造成锁骨骨折等。

症状：骨折可分为完全性骨折和不完全骨折（如裂缝骨折、抑技骨折等），骨折后的症状一般都比较严重，主要表现为疼痛、肿胀、皮下瘀血、功能丧失、肌肉发生痉挛等，有时在骨折部位出现畸形，移动时可听到摩擦声，严重时，伴有出血、神经损伤、发烧、口渴等现象，甚至出现休克症状。

（2）处置与预防

处置：骨折发生后，立即停止运动，并进行急救。如果患者有休克症状，应先点按其人中穴，必要时进行人工呼吸或心脏胸外挤压急救；如伴有伤口出血时，应同时实施止血和包扎。骨折后切忌移动患肢，应用夹板或其他代用品固定伤肢，随后护送至医院诊治。

预防：运动前要做好充分的准备活动，运动时要提高动作的协调性和机体的灵敏性，并尽量减少冲撞性动作的发生。

7. 脑震荡

（1）发生的机制与症状

发生机制：脑震荡是脑部损伤中最轻而又多见的一种，指头部受到外力打击时神经细胞和神经纤维受到强烈震荡所引起的意识和机能的暂时性障碍，例如在体育运动中，头部直接被足球、棒垒球打击，或者从高处摔下头部撞地等，都可能发生脑震荡。

症状：①意识障碍。一般有轻度意识障碍，严重者可发生暂时性意识丧失，直至昏迷；时间短则几秒钟，长则几分钟至20～30分钟不等。在意识丧失时，呼吸表浅，脉搏徐缓，肌肉松弛，瞳孔稍大但对称，神经反射减弱或消失。②逆行性健忘。意识恢复后，不能回忆起受伤时情境。③自觉症状有头痛、头晕、恶心、呕吐（轻重不一）等。④出现情绪不稳定、易激动、不耐烦、注意力不集中、耳鸣、心悸、多汗、失眠等一系列植物性神经功能紊乱症状。

（2）处置与预防

处置：立即让患者安静平卧，头部冷敷，身上保暖。若有昏迷，可指压人中、内关穴；若呼吸发生障碍，立即施行人工呼吸。若昏迷时间较长，两瞳孔放大且不对称，或耳鼻口内出血，表明情况严重，进行一般处理后，应立即送医院诊治。在运送途中，要让患者半卧，头部固定，避免颠簸。

脑震荡一般都可自愈，无须住院治疗。但要注意休息和必要的药物治疗，保持情绪安定，减少脑力劳动。

（四）运动损伤的急救

1. 急救的意义和原则

急救是指在运动中对突然发生的损伤进行紧急、合理的处理，并为转送医院进一步诊治创造条件。正确和有效的处置，对减轻患者的痛苦、预防并发症和感染乃至挽救生命，都具有十分重要的意义。

急救是一项技术性和判断性强、分秒必争的紧急措施，因此必须遵循以下原则。

（1）对重大受伤进行急救。现场急救比较复杂，有时会同时出现多种损伤，此时急救者必须对重大受伤进行急救。如发现休克，应先进行抗休克措施（如针刺人中、内关穴，人工呼吸）；如伴有出血时，应同时施行止血，再做其他损伤处理。

（2）准确判断。急救者要准确地判断损伤的部位、性质和程度，并施行正确的抢救。

（3）分工明确，临危不惧。急救人员既要有高度的责任感和救死扶伤的崇高品德，又要能临危不惧、分工明确、有条不紊地进行抢救，并具有熟练的技术和丰富的临场经验。

（4）快抢、快救、快运送。急救必须分秒必争，当机立断，切勿延误时机。在得到初步处理后，尽快转送医院做进一步治疗。在运送途中，要确保患者的平稳安静，消除其紧张情绪，并随时观察病情变化，必要时继续进行人工呼吸。

2. 急救方法

（1）止血法

①冷敷法：这种止血法常用于急性闭合性软组织损伤。最简便的方法是用冷水冲洗或用冷毛巾敷于伤处，有条件的可使用氯化烷喷射。冷敷可以使血管收缩，减少局部充血，降低组织温度，抑制神经感觉功能，从而有止血、止痛和减轻局部肿胀的作用。

②抬高伤肢法：将出血的肢体抬高超过心脏水平。抬高伤肢可以降低出血部位的血压，以减少出血。即使已进行加压包扎，仍应抬高伤肢。

③压迫法：可以分为指压法、止血带法、包扎法等。

指压法：常用于动脉出血。方法是在出血部位盖上消毒纱布后，用手指腹压迫出血部位，也可指压出血部位的上端动脉管，以切断血流渠道。

止血带法：常用止血带有布条、皮带、皮管、毛巾等，进行缚扎时先将伤肢抬高，然后在患处上方缚扎止血，缚扎时最好在伤处加垫，其宽紧适中，以防肢体组织坏死。

包扎法：主要用绷带包扎，需根据不同部位和伤势进行不同方法的包扎，如环形包扎、螺丝形包扎、反折螺旋形包扎等。

（2）搬运法

伤员经过现场急救后，应迅速和安全地转运到安全处休息或直接送医院治疗，转运方法包括扶持法、托抱法、椅抬法和 3 人托抱法等。

①扶持法：此法适用于神志清醒、伤势较轻、自己基本能步行的伤员。施救时挽住伤员的腰部，并让伤员一臂搭扶在自己肩上。

②托抱法：急救者托抱住伤员，并让伤员一臂挽住自己的肩颈部位。此法适合于身体虚弱的伤员。

③椅抬法：两名急救者两手搭成椅子状，让患者像坐椅子一样进行运送。

④3 人托抱法：3 人站在同一侧，将伤员托抱起来，并协调地行走。此法适用于体力严重衰弱和神志不清的伤员。

（3）人工呼吸法

人工呼吸法有举臂压胸法、仰卧心脏胸外挤压法、俯卧压背法、口对口呼吸法等。其中以仰卧心脏胸外挤压法和口对口呼吸法效果最好。

①心脏胸外挤压法：将患者仰卧位平放，急救者两手上下重叠，用掌根置于患者的胸骨下半段处，借助于体重和肩臂力量，均匀而有节奏地向下施加压力，将胸骨下压 3～4 厘米，然后迅速将手轻轻提起，胸骨也自然地弹回，如此反复进行。每分钟以 60～80 次的节律进行，直至患者恢复心脏跳动为止。

②口对口人工呼吸法：将患者仰卧位平放，头部后仰，托住下颌，捏住鼻孔，压住环状软骨（即食管），防止空气吹入胃里，急救者深吸气，两口相对，将大口气吹入患者口中，吹气后将捏鼻子的手松开，如此反复进行。吹气频率每分钟 16～18 次，直至患者恢复自主呼吸为止。如患者牙关紧闭，一时撬不开，则采取口对鼻吹气法，进行时其他操作方法同上。

（4）溺水及其急救

①发病机制与症状：因技术错误或发生肌肉抽筋等各种原因，人体坠入水下，随后水经口鼻进入肺内而造成呼吸道阻塞，同时又因冷水或吸水的刺激引起咽喉痉挛而导致窒息，由于患者的不断挣扎，反使窒息加重，最终导致缺氧和昏迷。如果时间过长，会危及生命。

窒息昏迷后，患者脸色苍白而肿胀，双眼充血，口鼻充满泡沫，肢体冰冷，又因胃内充水而上腹部胀大，甚至出现呼吸、心跳停止现象。

②处置：第一步，立即就地抢救，清除患者口腔中分泌物和其他异物，并迅速进行倒水；第二步，若患者心跳已停止，应同时施行心脏胸外挤压法（以 1:4 频率进行）或口对口人工呼吸法，急救者之间应相互协调配合，积极、耐心，直至患者恢复自主呼吸为止；第三步，患者苏醒后，立即护送至医院，做进一步检查和治疗，在运送途中，必要时继续进行人工呼吸。

③溺水预防：入水前应做好充分的准备活动，对最易发生痉挛的小腿加强预防练习，入水后运动量要逐渐增加，在水中时间不要过长，切忌莽撞和冒险，初学者应在同伴看护下进行学练。

二、常见的运动性疾病与处置

（一）运动中腹痛

1. 发病机制与症状

运动中腹痛常在中长跑和剧烈运动时发生。据大量资料表明，运动中腹痛发生的主要原因是在运动前准备活动不充分，或者运动前吃得过饱、饮水过多，或者腹部受凉致使脏腑功能失调，引起腹痛；也有的因运动时间过长或过于剧烈，使下腔静脉压力上升，引起血液回流受阻造成；也有的因呼吸节奏紊乱，引起膈肌运动异常，或者肝脾积气瘀血，导致两肋部胀痛等。

2. 处置与预防

处置：如果没有器质性疾病，一般采用减慢运动速度、进行腹式呼吸、按压疼痛部位等方法，短时间内即可减轻疼痛，直至消失。数分钟后，如果疼痛仍不减轻甚至加重，就应停止运动。必要时可服十滴水或溴丙胺太林，或揉按内关、大肠俞等穴位。如仍不见效，应送医院诊治。

预防：运动前避免饮食或饮水过多，并做好准备活动（特别是腹部按摩），坚持循序渐进，注意呼吸节奏，夏季运动要适当补充盐分。

（二）运动性贫血

1. 发病机制与症状

人体血液中红细胞数与血红蛋白量低于正常值称为贫血。运动性贫血是由于运动引起血红蛋白量减小，并低于正常值。男性的血红蛋白低于 12 克/100 毫升，女性的血红蛋白低于 10.5 克/100 毫升即可断定为运动性贫血。通常情况下，女性发病率高于男性。

导致运动性贫血的主要原因是：①运动时肌肉对蛋白质和铁的需求量增多，摄入量不能满足需求时，即会引起贫血；②红细胞抗震力较弱，运动时造成红细胞破坏增加，致使红细胞的新生与衰亡之间的平衡遭到破坏，导致红细胞低于正常值。运动性贫血发病后，主要表现为头晕、呕吐、心率加快、脸色苍白、体力下降。

2. 处置与预防

处置：出现上述症状时应适当减少运动量，必要时进行休息。即刻饮服糖水或口服硫酸亚铁，并同时服用维生素 C 和胃蛋白酶合剂，促进铁的吸收。

预防：运动前做好准备活动，注意要循序渐进；调整膳食结构，平时增加富含蛋白质和铁的食物的摄入。

（三）运动性昏厥

1. 发病机制与症状

由于脑部突然供血不足或者因脑血管发生痉挛，而出现暂时性知觉丧失的现象称为运动性昏厥。

导致运动性昏厥的原因，主要是由于长时间运动或剧烈运动，大量血液聚集在下肢，回心血流量减少，因而心血输出量也减少，致使脑部缺血而引起昏厥。在日常生活中，因长时间站立，过久下蹲后骤然起立，或者情绪过分紧张、激动，或病后体弱参加剧烈性运动等情况，都可能发生类似昏厥的现象。昏厥前，患者感到全身软弱，头昏眼花，面色发白；昏倒后，面色苍白，手足发凉，出冷汗，脉搏减弱，血压下降，呼吸缓慢。

2. 处置与预防

处置：发病后，立即让病员平卧，松解衣领，抬高下肢，按压人中、合谷穴，并从小腿向心做推摩和揉捏。如果有昏迷现象，可嗅氨水或静脉注射 25%～50%葡萄糖 40～60毫升。在病员知觉未恢复前，禁止喝饮料或其他药物。如有呕吐，应将患者的头偏向一侧。如停止呼吸，应立即进行人工呼吸。

预防：坚持经常性锻炼，以增强体质；剧烈运动后不要立即停下来或坐下，而应继续慢跑，并做深呼吸；在饥饿情况下不要参加剧烈运动。

（四）运动中暑

1. 发病机制与症状

中暑是长时间受高温或热辐射引起的一种高温疾病。特别是在湿度高、通风不良或头部缺乏保护而被烈日直接照射等情况下，人体体温调节功能易发生障碍而导致中暑。

症状：中暑早期会头晕、头痛、呕吐，严重时体温升高，皮肤灼热干燥，甚至出现精神失常、虚脱、抽搐、心律失常、血压下降等症状，直至昏迷危及生命。

2. 处置与预防

处置：首先将患者安静护送至阴凉、通风处平卧休息，并采取降温措施，如解开衣领，服饮清凉饮料或人丹、十滴水等，也可补充葡萄糖盐水。严重患者，经临时处理后，即护送医院诊治。

预防：在高温炎热环境下锻炼时，应戴白色凉帽，穿宽松浅色运动服，适当减少运动量和锻炼时间，要尽量避免在烈日下锻炼。夏天在室内锻炼时，注意良好的通风，并准备低糖含盐的饮料。

第八节　大学生体质健康标准测试

2014 年 7 月 18 日，教育部发布了《国家学生体质健康标准（2014 年修订）》（以下简称《标准》），目的是继续建立健全国家学生体质健康监测评价机制，激励学生积极参加体育锻炼，引导学校深化体育教学改革，推动各地加强学校体育工作，促进青少年身心健康、体魄强健、全面发展。修订后的《标准》着重提高了《标准》应用的信度、效度和区分度，着重强化了其教育激励、反馈调整和引导锻炼的功能，着重提高了其教育监测和绩效评价的支撑能力。

一、说明

1.《标准》从身体形态、身体机能和身体素质等方面综合评定学生的体质健康水平，是促进学生体质健康发展、激励学生积极进行身体锻炼的教育手段，也是国家关于学生发展核心素养体系和学业质量评估的重要组成部分。

2.《标准》将大学一、二年级划分为一组，三、四年级划分为一组。大学各组别的测试指标均为必测指标。其中，身体形态类中的身高、体重，身体机能类中的肺活量，以及身体素质类中的 50 米跑、坐位体前屈为各年级学生共性指标。指标中不再设定选测指标。

3.《标准》的学年总分由标准分与附加分之和构成，满分为 120 分。标准分由各单项指标得分加权求和而来，满分为 100 分。附加分根据实测成绩确定，即对成绩超过 100 分的加分指标进行加分，满分为 20 分。大学的加分指标为男生引体向上和 1000 米跑，女生 1 分钟仰卧起坐和 800 米跑，各指标加分幅度均为 10 分。

4. 根据学生学年总分评定等级：90.0 分及以上为优秀，80.0～89.9 分为良好，60.0～79.9 分为及格，59.9 分及以下为不及格。

5. 每个学生每学年评定一次，记入《〈国家学生体质健康标准〉登记卡》（见附表 1）。学生毕业时的成绩和等级，按毕业当年学年总分的 50%与其他学年总分平均分的 50%之和进行评定。

6. 学生测试成绩评定达到良好及以上者，方可参加评优与评奖；成绩达到优秀者，方可获体育奖学分。测试成绩评定不及格者，在本学年度准予补测一次，补测仍不及格，则该学年成绩评定为不及格。普通高等学校学生毕业时，《标准》测试的成绩达不到 50 分者按结业或肄业处理。

7. 学生因病或残疾可向学校提交暂缓或免予执行《标准》的申请，经医疗单位证明，体育教学部门核准，可暂缓或免予执行《标准》，并填写《免予执行〈国家学生体质健康标准〉申请表》，存入学生档案。确实丧失运动能力、被免予执行《标准》的残疾学生，仍可参加评优与评奖，毕业时《标准》成绩需注明免测。

8. 各学校每学年开展覆盖本校各年级学生的《标准》测试工作，《标准》测试数据经当地教育行政部门按要求审核后，通过“中国学生体质健康网”上传至“国家学生体质健康标准数据管理系统”。测试和数据上传时间由教育行政部门确定。

9. 本《标准》由教育部负责解释。

二、单项指标与权重

表 20-11　单项指标与权重

测试对象	单项指标	权重（%）
大学各年级	体重指数（BMI）	15
	肺活量	15
	50 米跑	20
	坐位体前屈	10
	立定跳远	10
	引体向上（男）/1 分钟仰卧起坐（女）	10
	1000 米跑（男）/800 米跑（女）	20

注：体重指数（BMI）=体重（kg）/身高（m）^{2}。

三、评分表

（一）单项指标评分表

表 20-12 大学男生测试指标评分表

等级	单项得分	肺活量（毫升）		50 米跑（秒）		坐位体前屈（厘米）		立定跳远（厘米）		引体向上（次）		1000 米耐力跑（分·秒）	
		大一大二	大三大四	大一大二	大三大四	大一大二	大三大四	大一大二	大三大四	大一大二	大三大四	大一大二	大三大四
优秀	100	5040	5140	6.7	6.6	24.9	25.1	273	275	19	20	3'17"	3'15"
	95	4920	5020	6.8	6.7	23.1	23.3	268	270	18	19	3'22"	3'20"
	90	4800	4900	6.9	6.8	21.3	21.5	263	265	17	18	3'27"	3'25"
良好	85	4550	4650	7.0	6.9	19.5	19.9	256	258	16	17	3'34"	3'32"
	80	4300	4400	7.1	7.0	17.7	18.2	248	250	15	16	3'42"	3'40"
及格	78	4180	4280	7.3	7.2	16.3	16.8	244	246	—	—	3'47"	3'45"
	76	4060	4160	7.5	7.4	14.9	15.4	240	242	14	15	3'52"	3'50"
	74	3940	4040	7.7	7.6	13.5	14.0	236	238	—	—	3'57"	3'55"
	72	3820	3920	7.9	7.8	12.1	12.6	232	234	13	14	4'02"	4'00"
	70	3700	3800	8.1	8.0	10.7	11.2	228	230	—	—	4'07"	4'05"
	68	3580	3680	8.3	8.2	9.3	9.8	224	226	12	13	4'12"	4'10"
	66	3460	3560	8.5	8.4	7.9	8.4	220	222	—	—	4'17"	4'15"
	64	3340	3440	8.7	8.6	6.5	7.0	216	218	11	12	4'22"	4'20"
	62	3220	3320	8.9	8.8	5.1	5.6	212	214	—	—	4'27"	4'25"
	60	3100	3200	9.1	9.0	3.7	4.2	208	210	10	11	4'32"	4'30"
不及格	50	2940	3030	9.3	9.2	2.7	3.2	203	205	9	10	4'52"	4'50"
	40	2780	2860	9.5	9.4	1.7	2.2	198	200	8	9	5'12"	5'10"
	30	2620	2690	9.7	9.6	0.7	1.2	193	195	7	8	5'32"	5'30"
	20	2460	2520	9.9	9.8	-0.3	0.2	188	190	6	7	5'52"	5'50"
	10	2300	2350	10.1	10.0	-1.3	-0.8	183	185	5	6	6'12"	6'10"

表 20-13　大学女生测试指标评分表

等级	单项得分	肺活量（毫升）		50 米跑（秒）		坐位体前屈（厘米）		立定跳远（厘米）		1 分钟仰卧起坐（次）		800 米耐力跑（分·秒）	
		大一大二	大三大四	大一大二	大三大四	大一大二	大三大四	大一大二	大三大四	大一大二	大三大四	大一大二	大三大四
	100	3400	3450	7.5	7.4	25.8	26.3	207	208	56	57	3'18"	3'16"
优秀	95	3350	3400	7.6	7.5	24.0	24.4	201	202	54	55	3'24"	3'22"
	90	3300	3350	7.7	7.6	22.2	22.4	195	196	52	53	3'30"	3'28"
良好	85	3150	3200	8.0	7.9	20.6	21.0	188	189	49	50	3'37"	3'35"
	80	3000	3050	8.3	8.2	19.0	19.5	181	182	46	47	3'44"	3'42"
	78	2900	2950	8.5	8.4	17.7	18.2	178	179	44	45	3'49"	3'47"
	76	2800	2850	8.7	8.6	16.4	16.9	175	176	42	43	3'54"	3'52"
	74	2700	2750	8.9	8.8	15.1	15.6	172	173	40	41	3'59"	3'57"
	72	2600	2650	9.1	9.0	13.8	14.3	169	170	38	39	4'04"	4'02"
及格	70	2500	2550	9.3	9.2	12.5	13.0	166	167	36	37	4'09"	4'07"
	68	2400	2450	9.5	9.4	11.2	11.7	163	164	34	35	4'14"	4'12"
	66	2300	2350	9.7	9.6	9.9	10.4	160	161	32	33	4'19"	4'17"
	64	2200	2250	9.9	9.8	8.6	9.1	157	158	30	31	4'24"	4'22"
	62	2100	2150	10.1	10.0	7.3	7.8	154	155	28	29	4'29"	4'27"
	60	2000	2050	10.3	10.2	6.0	6.5	151	152	26	27	4'34"	4'32"
	50	1960	2010	10.5	10.4	5.2	5.7	146	147	24	25	4'44"	4'42"
	40	1920	1970	10.7	10.6	4.4	4.9	141	142	22	23	4'54"	4'52"
不及格	30	1880	1930	10.9	10.8	3.6	4.1	136	137	20	21	5'04"	5'02"
	20	1840	1890	11.1	11.0	2.8	3.3	131	132	18	19	5'14"	5'12"
	10	1800	1850	11.3	11.2	2.0	2.5	126	127	16	17	5'24"	5'22"

（二）加分指标评分表

表 20-14　大学男生加分指标评分表

加分	引体向上（次）		1000 米跑（分·秒）	
	大一大二	大三大四	大一大二	大三大四
10	10	10	-35"	-35"
9	9	9	-32"	-32"
8	8	8	-29"	-29"
7	7	7	-26"	-26"
6	6	6	-23"	-23"
5	5	5	-20"	-20"
4	4	4	-16"	-16"
3	3	3	-12"	-12"
2	2	2	-8"	-8"
1	1	1	-4"	-4"

表 20-15　大学女生加分指标评分表

加分	1 分钟仰卧起坐（次）		800 米跑（分·秒）	
	大一大二	大三大四	大一大二	大三大四
10	13	13	-50"	-50"
9	12	12	-45"	-45"
8	11	11	-40"	-40"
7	10	10	-35"	-35"
6	9	9	-30"	-30"
5	8	8	-25"	-25"
4	7	7	-20"	-20"
3	6	6	-15"	-15"
2	4	4	-10"	-10"
1	2	2	-5"	-5"

（三）大学生体重指数（BMI）单项评分表（见表 20-16）

表 20-16　大学生体重指数（BMI）单项评分表

单位：千克/米^2

等级	单项得分	男生	女生
正常	100	17.9～23.9	17.2～23.9
低体重	80	≤17.8	≤17.1
超重		24.0~27.9	24.0～27.9
肥胖	60	≥28.0	≥28.0

附表 1　《国家学生体质健康标准》登记卡（大学样表）

									学　校					
姓　名			性　别						学　号					
院（系）			民　族						出生日期					
单项指标	大一			大二			大三			大四			毕业成绩	
	成绩	得分	等级	成绩	得分	等级	成绩	得分	等级	成绩	得分	等级	得分	等级
体重指数（BMI）（千克/米^2）														
肺活量（毫升）														
50 米跑（秒）														
坐位体前屈（厘米）														
立定跳远（厘米）														
引体向上（男）/ 1 分钟仰卧起坐（女）（次）														
1000 米跑（男）/ 800 米跑（女）（分·秒）														
标准分														
加分指标	成绩	附加分		成绩	附加分		成绩	附加分		成绩	附加分			
引体向上（男）/ 1 分钟仰卧起坐（女）（次）														
1000 米跑（男）/ 800 米跑（女）（分·秒）														
学年总分														
等级评定														
体育教师签字														
辅导员签字														
						学校签章：				年	月	日		

第九节 体育法规

一、《中华人民共和国体育法》(2016 年修正本)

(1995 年 8 月 29 日第八届全国人民代表大会常务委员会第十五次会议通过。据 2009 年 8 月 27 日第十一届全国人民代表大会常务委员会第十次会议《关于修改部分法律的决定》第一次修正。据 2016 年 11 月 7 日第十二届全国人民代表大会常务委员会第二十四次会议《关于修改〈中华人民共和国对外贸易法〉等十二部法律的决定》第二次修正)

第一章 总 则

第一条 为了发展体育事业，增强人民体质，提高体育运动水平，促进社会主义物质文明和精神文明建设，根据宪法，制定本法。

第二条 国家发展体育事业，开展群众性的体育活动，提高全民族身体素质。体育工作坚持以开展全民健身活动为基础，实行普及与提高相结合，促进各类体育协调发展。

第三条 国家坚持体育为经济建设、国防建设和社会发展服务。体育事业应当纳入国民经济和社会发展计划。国家推进体育管理体制改革。国家鼓励企业事业组织、社会团体和公民兴办和支持体育事业。

第四条 国务院体育行政部门主管全国体育工作。国务院其他有关部门在各自的职权范围内管理体育工作。县级以上地方各级人民政府体育行政部门或者本级人民政府授权的机构主管本行政区域内的体育工作。

第五条 国家对青年、少年、儿童的体育活动给予特别保障，增进青年、少年、儿童的身心健康。

第六条 国家扶持少数民族地区发展体育事业，培养少数民族体育人才。

第七条 国家发展体育教育和体育科学研究，推广先进、实用的体育科学技术成果，依靠科学技术发展体育事业。

第八条 国家对在体育事业中做出贡献的组织和个人，给予奖励。

第九条 国家鼓励开展对外体育交往。对外体育交往坚持独立自主、平等互利、相互尊重的原则，维护国家主权和尊严、遵守中华人民共和国缔结或者参加的国际条约。

第二章 社会体育

第十条 国家提倡公民参加社会体育活动，增进身心健康。社会体育活动应当坚持业余、自愿、小型多样，遵循因地制宜和科学文明的原则。

第十一条 国家推行全民健身计划，实施体育锻炼标准，进行体质监测。国家实行社会体育指导员技术等级制度。社会体育指导员对社会体育活动进行指导。

第十二条 地方各级人民政府应当为公民参加社会体育活动创造必要的条件，支持、扶助群众性体育活动的开展。城市应当发挥居民委员会等社区基层组织的作用，组织居民开展体育活动。农村应当发挥村民委员会、基层文化体育组织的作用，开展适合农村特点的体育活动。

第十三条　国家机关、企业事业组织应当开展多种形式的体育活动，举办群众性体育竞赛。

第十四条　工会等社会团体应当根据各自特点，组织体育活动。

第十五条　国家鼓励、支持民族、民间传统体育项目的发掘、整理和提高。

第十六条　全社会应当关心、支持老年人、残疾人参加体育活动。各级人民政府应当采取措施，为老年人、残疾人参加体育活动提供方便。

第三章　学校体育

第十七条　教育行政部门和学校应当将体育作为学校教育的组成部分，培养德、智、体等方面全面发展的人才。

第十八条　学校必须开设体育课，并将体育课列为考核学生学业成绩的科目。学校应当创造条件为病残学生组织适合其特点的体育活动。

第十九条　学校必须实施国家体育锻炼标准，对学生在校期间每天用于体育活动的时间给予保证。

第二十条　学校应当组织多种形式的课外体育活动，开展课外训练和体育竞赛，并根据条件每学年举行一次全校性的体育运动会。

第二十一条　学校应当按照国家有关规定，配备合格的体育教师，保障体育教师享受与其工作特点有关的待遇。

第二十二条　学校应当按照国务院教育行政部门规定的标准配置体育场地、设施和器材。学校体育场地必须用于体育活动，不得挪作他用。

第二十三条　学校应当建立学生体格健康检查制度。教育、体育和卫生行政部门应当加强对学生体质的监测。

第四章　竞技体育

第二十四条　国家促进竞技体育发展，鼓励运动员提高体育运动技术水平，在体育竞赛中创造优异成绩，为国家争取荣誉。

第二十五条　国家鼓励、支持开展业余体育训练，培养优秀的体育后备人才。

第二十六条　参加国内、国际重大体育竞赛的运动员和运动队，应当按照公平、择优的原则选拔和组建。具体办法由国务院体育行政部门规定。

第二十七条　培养运动员必须实行严格、科学、文明的训练和管理，对运动员进行爱国主义、集体主义和社会主义教育，以及道德和纪律教育。

第二十八条　国家对优秀运动员在就业或者升学方面给予优待。

第二十九条　全国性的单项体育协会对本项目的运动员实行注册管理。经注册的运动员，可以根据国务院体育行政部门的规定，参加有关的体育竞赛和运动队之间的人员流动。

第三十条　国家实行运动员技术等级、裁判员技术等级和教练员专业技术职务等级制度。

第三十一条　国家对体育竞赛实行分级分类管理。

全国综合性运动会由国务院体育行政部门管理或者由国务院体育行政部门会同有关组织管理。全国单项体育竞赛由该项运动的全国性协会负责管理。地方综合性运动会和地方单项体育竞赛的管理办法由地方人民政府制定。

第三十二条　在竞技体育活动中发生纠纷，由体育仲裁机构负责调解、仲裁。

体育仲裁机构的设立办法和仲裁范围由国务院另行规定。

第三十三条　体育竞赛实行公平竞争的原则。体育竞赛的组织者和运动员、教练员、裁判员应当遵守体育道德，不得弄虚作假、营私舞弊。在体育运动中严禁使用禁用的药物和方法。禁用药物检测机构应当对禁用的药物和方法进行严格检查。严禁任何组织和个人利用体育竞赛从事赌博活动。

第三十四条　在中国境内举办的重大体育竞赛，其名称、徽记、旗帜及吉祥物等标志按照国家有关规定予以保护。

第五章　体育社会团体

第三十五条　国家鼓励、支持体育社会团体按照其章程，组织和开展体育活动，推动体育事业的发展。

第三十六条　各级体育总会是联系、团结运动员和体育工作者的群众性体育组织，应当在发展体育事业中发挥作用。

第三十七条　中国奥林匹克委员会是以发展和推动奥林匹克运动为主要任务的体育组织，代表中国参与国际奥林匹克事务。

第三十八条　体育科学社会团体是体育科学技术工作者的学术性群众组织，应当在发展体育科技事业中发挥作用。

第三十九条　全国性的单项体育协会管理该项运动的普及与提高工作，代表中国参加相应的国际单项体育组织。

第六章　保障条件

第四十条　县级以上各级人民政府应当将体育事业经费、体育基本建设资金列入本级财政预算和基本建设投资计划，并随着国民经济的发展逐步增加对体育事业的投入。

第四十一条　国家鼓励企业事业组织和社会团体自筹资金发展体育事业，鼓励组织和个人对体育事业的捐赠和赞助。

第四十二条　国家有关部门应当加强对体育资金的管理，任何组织和个人不得挪用、克扣体育资金。

第四十三条　县级以上各级人民政府体育行政部门对以健身、竞技等体育活动为内容的经营活动，应当按照国家有关规定加强管理和监督。

第四十四条　县级以上地方各级人民政府应当按照国家对城市公共体育设施用地定额指标的规定，将城市公共体育设施建设纳入城市建设规划和土地利用总体规划，合理布局，统一安排。城市在规划企业、学校、街道和居住区时，应当将体育设施纳入建设规划。乡、民族乡、镇应当随着经济发展，逐步建设和完善体育设施。

第四十五条　公共体育设施应当向社会开放，方便群众开展体育活动，对学生、老年人、残疾人实行优惠办法，提高体育设施的利用率。任何组织和个人不得侵占、破坏公共体育设施。因特殊情况需要临时占用体育设施的，必须经体育行政部门和建设规划部门批准，并及时归还；按照城市规划改变体育场地用途的，应当按照国家有关规定，先行择地新建偿还。

第四十六条　国家发展体育专业教育，建立各类体育专业院校、系、科，培养运动、训练、教学、科学研究、管理以及从事群众体育等方面的专业人员。国家鼓励企业事业组织、社会团体和公民依法举办体育专业教育。

第七章　法律责任

第四十七条　在竞技体育中从事弄虚作假等违反纪律和体育规则的行为，由体育社会团体按照章程规定给予处罚；对国家工作人员中的直接责任人员，依法给予行政处分。

第四十八条　在体育运动中使用禁用的药物和方法的，由体育社会团体按照章程规定给予处罚；对国家工作人员中的直接责任人员，依法给予行政处分。

第四十九条　利用竞技体育从事赌博活动的，由体育行政部门协助公安机关责令停止违法活动，并由公安机关依照治安管理处罚法的有关规定给予处罚。在竞技体育活动中，有贿赂、诈骗、组织赌博行为，构成犯罪的，依法追究刑事责任。

第五十条　侵占、破坏公共体育设施的，由体育行政部门责令限期改正，并依法承担民事责任。有前款所列行为，违反治安管理的，由公安机关依照治安管理处罚法的有关规定给予处罚；构成犯罪的，依法追究刑事责任。

第五十一条　在体育活动中，寻衅滋事、扰乱公共秩序的，给予批评、教育并予以制止；违反治安管理的，由公安机关依照治安管理处罚法的规定给予处罚；构成犯罪的，依法追究刑事责任。

第五十二条　违反国家财政制度、财务制度，挪用、克扣体育资金的，由上级机关责令限期归还被挪用、克扣的资金，并对直接负责的主管人员和其他直接责任人员，依法给予行政处分；构成犯罪的，依法追究刑事责任。

第八章　附则

第五十三条　军队开展体育活动的具体办法由中央军事委员会依照本法制定。

第五十四条　本法自 1995 年 10 月 1 日起施行。

二、《学校体育工作条例》(2017 年修正本)

（1990 年 2 月 20 日经国务院批准。1990 年 3 月 12 日国家教育委员会令第 8 号、国家体委第 11 号令联合发布。根据 2017 年 3 月 1 日《国务院关于修改和废止部分行政法规的决定》修正）

第一章　总 则

第一条　为保证学校体育工作的正常开展，促进学生身心的健康成长，制定本条例。

第二条　学校体育工作是指普通中小学校、农业中学、职业中学、中等专业学校、普通高等学校的体育课教学、课外体育活动、课余体育训练和体育竞赛。

第三条　学校体育工作的基本任务是：增进学生身心健康、增强学生体质；使学生掌握体育基本知识，培养学生体育运动能力和习惯；提高学生运动技术水平，为国家培养体育后备人才；对学生进行品德教育，增强组织纪律性，培养学生的勇敢、顽强、进取精神。

第四条　学校体育工作应当坚持普及与提高相结合、体育锻炼与安全卫生相结合的原则，积极开展多种形式的强身健体活动，重视继承和发扬民族传统体育，注意吸取国外学校体育的有益经验，积极开展体育科学研究工作。

第五条 学校体育工作应当面向全体学生，积极推行国家体育锻炼标准。

第六条 学校体育工作在教育行政部门领导下，由学校组织实施，并接受体育行政部门的指导。

第二章 体育课教学

第七条 学校应当根据教育行政部门的规定，组织实施体育课教学活动。普通中小学校、农业中学、职业中学、中等专业学校各年级和普通高等学校的一、二年级必须开设体育课。普通高等学校对三年级以上学生开设体育选修课。

第八条 体育课教学应当遵循学生身心发展的规律，教学内容应当符合教学大纲的要求，符合学生年龄、性别特点和所在地区地理、气候条件。体育课的教学形式应当灵活多样，不断改进教学方法，改善教学条件，提高教学质量。

第九条 体育课是学生毕业、升学考试科目。学生因病、残免修体育课或者免除体育课考试的，必须持医院证明，经学校体育教研室（组）审核同意，并报学校教务部门备案，记入学生健康档案。

第三章 课外体育活动

第十条 开展课外体育活动应当从实际情况出发，因地制宜，生动活泼。普通中小学校、农业中学、职业中学每天应当安排课间操，每周安排三次以上课外体育活动，保证学生每天有一小时体育活动的时间（含体育课）。中等专业学校、普通高等学校除安排有体育课、劳动课的当天外，每天应当组织学生开展各种课外体育活动。

第十一条 学校应当在学生中认真推行国家体育锻炼标准的达标活动和等级运动员制度。学校可根据条件有计划地组织学生远足、野营和举办夏（冬）令营等多种形式的体育活动。

第四章 课余体育训练与竞赛

第十二条 学校应当在体育课教学和课外体育活动的基础上，开展多种形式的课余体育训练，提高学生的运动技术水平。有条件的普通中小学校、农业中学、职业中学、中等专业学校经省级教育行政部门批准，普通高等学校经国家教育委员会批准，可以开展培养优秀体育后备人才的训练。

第十三条 学校对参加课余体育训练的学生，应当安排好文化课学习，加强思想品德教育，并注意改善他们的营养。普通高等学校对运动水平较高、具有培养前途的学生，报国家教育委员会批准，可适当延长学习年限。

第十四条 学校体育竞赛贯彻小型多样、单项分散、基层为主、勤俭节约的原则。学校每学年至少举行一次以田径项目为主的全校性运动会。

第十五条 全国中学生运动会每三年举行一次，全国大学生运动会每四年举行一次。特殊情况下，经国家教育委员会批准可提前或者延期举行。国家教育委员会根据需要，可以安排学生参加国际学生体育竞赛。

第十六条　学校体育竞赛应当执行国家有关的体育竞赛制度和规定，树立良好的赛风。

第五章　体育教师

第十七条　体育教师应当热爱学校体育工作，具有良好的思想品德、文化素养，掌握体育教育的理论和教学方法。

第十八条　学校应当在各级教育行政部门核定的教师总编制数内，按照教学计划中体育课授课时数所占的比例和开展课余体育活动的需要配备体育教师。除普通小学外，学校应当根据学校女生数量配备一定比例的女体育教师。承担培养优秀体育后备人才训练任务的学校，体育教师的配备应当相应增加。

第十九条　各级教育行政部门和学校应当有计划地安排体育教师进修培训。对体育教师的职务聘任、工资待遇应当与其他任课教师同等对待。按照国家有关规定，有关部门应当妥善解决体育教师的工作服装和粮食定量。体育教师组织课间操（早操）、课外体育活动和课余训练、体育竞赛应当计算工作量。学校对妊娠、产后的女体育教师，应当按照《女职工劳动保护规定》给予相应的照顾。

第六章　场地、器材、设备和经费

第二十条　学校的上级主管部门和学校应当按照国家或者地方制定的各类学校体育场地、器材、设备标准，有计划地逐步配齐。学校体育器材应当纳入教学仪器供应计划。新建、改建学校必须按照有关场地、器材的规定进行规划、设计和建设。在学校比较密集的城镇地区，逐步建立中小学体育活动中心，并纳入城市建设规划。社会的体育场（馆）和体育设施应当安排一定时间免费向学生开放。

第二十一条　学校应当制定体育场地、器材、设备的管理维修制度，并由专人负责管理。任何单位或者个人不得侵占、破坏学校体育场地或者破坏体育器材、设备。

第二十二条　各级教育行政部门和学校应当根据学校体育工作的实际需要，把学校体育经费纳入核定的年度教育经费预算内，予以妥善安排。地方各级人民政府在安排年度学校教育经费时，应当安排一定数额的体育经费，以保证学校体育工作的开展。国家和地方各级体育行政部门在经费上应当尽可能对学校体育工作给予支持。国家鼓励各种社会力量以及个人自愿捐资支援学校体育工作。

第七章　组织机构和管理

第二十三条　各级教育行政部门应当健全学校体育管理机构，加强对学校体育工作的指导和检查。学校体育工作应当作为考核学校工作的一项基本内容。普通中小学校的体育工作应当列入督导计划。

第二十四条　学校应当由一位副校（院）长主管体育工作，在制定计划、总结工作、评选先进时，应当把体育工作列为重要内容。

第二十五　条普通高等学校、中等专业学校和规模较大的普通中学，可以建立相应的体育管理部门，配备专职干部和管理人员。班主任、辅导员应当把学校体育工作作为一项工作内容，教育和督促学生积极参加体育活动。学校的卫生部门应当与体育管理部门互相配合，搞好体育卫生工作。总务部门应当搞好学校体育工作的后勤保障。学校应当充分发挥共青团、少先队、学生会以及大、中学生体育协会等组织在学校体育工作中的作用。

第八章 奖励与处罚

第二十六条 对在学校体育工作中成绩显著的单位和个人，各级教育、体育行政部门或者学校应当给予表彰、奖励。

第二十七条 对违反本条例，有下列行为之一的单位或者个人，由当地教育行政部门令其限期改正，并视情节轻重对直接责任人员给予批评教育或者行政处分：

（一）不按规定开设或者随意停止体育课的；

（二）未保证学生每天一小时体育活动时间（含体育课）的；

（三）在体育竞赛中违反纪律、弄虚作假的；

（四）不按国家规定解决体育教师工作服装、粮食定量的。

第二十八条 对违反本条例，侵占、破坏学校体育场地、器材、设备的单位或者个人，由当地人民政府或者教育行政部门令其限期清退和修复场地、赔偿或者修复器材、设备。

第九章 附则

第二十九条 高等体育院校和普通高等学校的体育专业的体育工作不适用本条例。技工学校、工读学校、特殊教育学校、成人学校的学校体育工作参照本条例执行。

第三十条 国家教育委员会、国家体育运动委员会可根据本条例制定实施办法。

第三十一条 本条例自发布之日起施行。原教育部、国家体育运动委员会 1979 年 10 月 5 日发布的《高等学校体育工作暂行规定（试行草案）》和《中、小学体育工作暂行规定（试行草案）》同时废止。

三、《学生伤害事故处理办法》（2010 年修正本）

教育部令第 30 号（2010-12-13）（2002 年 6 月 25 日教育部令第 12 号公布根据 2010 年 12 月 13 日教育部令第 30 号公布自公布之日起施行的《教育部关于修改和废止部分规章的决定》修正）

第一章 总则

第一条 为积极预防、妥善处理在校学生伤害事故，保护学生、学校的合法权益，根据《中华人民共和国教育法》、《中华人民共和国未成年人保护法》和其他相关法律、行政法规及有关规定，制定本办法。

第二条 在学校实施的教育教学活动或者学校组织的校外活动中，以及在学校负有管理责任的校舍、场地、其他教育教学设施、生活设施内发生的，造成在校学生人身损害后果的事故的处理，适用本办法。

第三条 学生伤害事故应当遵循依法、客观公正、合理适当的原则，及时、妥善地处理。

第四条 学校的举办者应当提供符合安全标准的校舍、场地、其他教育教学设施和生活设施。教育行政部门应当加强学校安全工作，指导学校落实预防学生伤害事故的措施，指导、协助学校妥善处理学生伤害事故，维护学校正常的教育教学秩序。

第五条　学校应当对在校学生进行必要的安全教育和自护自救教育；应当按照规定，建立健全安全制度，采取相应的管理措施，预防和消除教育教学环境中存在的安全隐患；当发生伤害事故时，应当及时采取措施救助受伤害学生。学校对学生进行安全教育、管理和保护，应当针对学生年龄、认知能力和法律行为能力的不同，采用相应的内容和预防措施。

第六条　学生应当遵守学校的规章制度和纪律；在不同的受教育阶段，应当根据自身的年龄、认知能力和法律行为能力，避免和消除相应的危险。

第七条　未成年学生的父母或者其他监护人（以下称为监护人）应当依法履行监护职责，配合学校对学生进行安全教育、管理和保护工作。学校对未成年学生不承担监护职责，但法律有规定的或者学校依法接受委托承担相应监护职责的情形除外。

第二章　事故与责任

第八条　发生学生伤害事故，造成学生人身损害的，学校应当按照《中华人民共和国侵权责任法》及相关法律、法规的规定，承担相应的事故责任。

第九条　因下列情形之一造成的学生伤害事故，学校应当依法承担相应的责任：

（一）学校的校舍、场地、其他公共设施，以及学校提供给学生使用的学具、教育教学和生活设施、设备不符合国家规定的标准，或者有明显不安全因素的；

（二）学校的安全保卫、消防、设施设备管理等安全管理制度有明显疏漏，或者管理混乱，存在重大安全隐患，而未及时采取措施的；

（三）学校向学生提供的药品、食品、饮用水等不符合国家或者行业的有关标准、要求的；

（四）学校组织学生参加教育教学活动或者校外活动，未对学生进行相应的安全教育，并未在可预见的范围内采取必要的安全措施的；

（五）学校知道教师或者其他工作人员患有不适宜担任教育教学工作的疾病，但未采取必要措施的；

（六）学校违反有关规定，组织或者安排未成年学生从事不宜未成年人参加的劳动、体育运动或者其他活动的；

（七）学生有特异体质或者特定疾病，不宜参加某种教育教学活动，学校知道或者应当知道，但未予以必要的注意的；

（八）学生在校期间突发疾病或者受到伤害，学校发现，但未根据实际情况及时采取相应措施，导致不良后果加重的；

（九）学校教师或者其他工作人员体罚或者变相体罚学生，或者在履行职责过程中违反工作要求、操作规程、职业道德或者其他有关规定的；

（十）学校教师或者其他工作人员在负有组织、管理未成年学生的职责期间，发现学生行为具有危险性，但未进行必要的管理、告诫或者制止的；

（十一）对未成年学生擅自离校等与学生人身安全直接相关的信息，学校发现或者知道，但未及时告知未成年学生的监护人，导致未成年学生因脱离监护人的保护而发生伤害的；

（十二）学校有未依法履行职责的其他情形的。

第十条　学生或者未成年学生监护人由于过错，有下列情形之一，造成学生伤害事故，应当依法承担相应的责任：

（一）学生违反法律法规的规定，违反社会公共行为准则、学校的规章制度或者纪律，实施按其年龄和认知能力应当知道具有危险或者可能危及他人的行为的；

（二）学生行为具有危险性，学校、教师已经告诫、纠正，但学生不听劝阻、拒不改正的；

（三）学生或者其监护人知道学生有特异体质，或者患有特定疾病，但未告知学校的；

（四）未成年学生的身体状况、行为、情绪等有异常情况，监护人知道或者已被学校告知，但未履行相应监护职责的；

（五）学生或者未成年学生监护人有其他过错的。

第十一条　学校安排学生参加活动，因提供场地、设备、交通工具、食品及其他消费与服务的经营者，或者学校以外的活动组织者的过错造成的学生伤害事故，有过错的当事人应当依法承担相应的责任。

第十二条　因下列情形之一造成的学生伤害事故，学校已履行了相应职责，行为并无不当的，无法律责任：

（一）地震、雷击、台风、洪水等不可抗的自然因素造成的；

（二）来自学校外部的突发性、偶发性侵害造成的；

（三）学生有特异体质、特定疾病或者异常心理状态，学校不知道或者难于知道的；

（四）学生自杀、自伤的；

（五）在对抗性或者具有风险性的体育竞赛活动中发生意外伤害的；

（六）其他意外因素造成的。

第十三条　下列情形下发生的造成学生人身损害后果的事故，学校行为并无不当的，不承担事故责任；事故责任应当按有关法律法规或者其他有关规定认定：

（一）在学生自行上学、放学、返校、离校途中发生的；

（二）在学生自行外出或者擅自离校期间发生的；

（三）在放学后、节假日或者假期等学校工作时间以外，学生自行滞留学校或者自行到校发生的；

（四）其他在学校管理职责范围外发生的。

第十四条　因学校教师或者其他工作人员与其职务无关的个人行为，或者因学生、教师及其他个人故意实施的违法犯罪行为，造成学生人身损害的，由致害人依法承担相应的责任。

第三章　事故处理程序

第十五条　发生学生伤害事故，学校应当及时救助受伤害学生，并应当及时告知未成年学生的监护人；有条件的，应当采取紧急救援等方式救助。

第十六条　发生学生伤害事故，情形严重的，学校应当及时向主管教育行政部门及有关部门报告；属于重大伤亡事故的，教育行政部门应当按照有关规定及时向同级人民政府和上一级教育行政部门报告。

第十七条　学校的主管教育行政部门应学校要求或者认为必要，可以指导、协助学校进行事故的处理工作，尽快恢复学校正常的教育教学秩序。

第十八条　发生学生伤害事故，学校与受伤害学生或者学生家长可以通过协商方式解决；双方自愿，可以书面请求主管教育行政部门进行调解。成年学生或者未成年学生的监护人也可以依法直接提起诉讼。

第十九条　教育行政部门收到调解申请，认为必要的，可以指定专门人员进行调解，并应当在受理申请之日起60日内完成调解。

第二十条　经教育行政部门调解，双方就事故处理达成一致意见的，应当在调解人员的见证下签订调解协议，结束调解；在调解期限内，双方不能达成一致意见，或者调解过程中一方提起诉讼，人民法院已经受理的，应当终止调解。调解结束或者终止，教育行政部门应当书面通知当事人。

第二十一条　对经调解达成的协议，一方当事人不履行或者反悔的，双方可以依法提起诉讼。

第二十二条　事故处理结束，学校应当将事故处理结果书面报告主管的教育行政部门；重大伤亡事故的处理结果，学校主管的教育行政部门应当向同级人民政府和上一级教育行政部门报告。

第四章　事故损害的赔偿

第二十三条　对发生学生伤害事故负有责任的组织或者个人，应当按照法律法规的有关规定，承担相应的损害赔偿责任

第二十四条　学生伤害事故赔偿的范围与标准，按照有关行政法规、地方性法规或者最高人民法院司法解释中的有关规定确定。教育行政部门进行调解时，认为学校有责任的，可以依照有关法律法规及国家有关规定，提出相应的调解方案。

第二十五条　对受伤害学生的伤残程度存在争议的，可以委托当地具有相应鉴定资格的医院或者有关机构，依据国家规定的人体伤残标准进行鉴定。

第二十六条　学校对学生伤害事故负有责任的，根据责任大小，适当予以经济赔偿，但不承担解决户口、住房、就业等与救助受伤害学生、赔偿相应经济损失无直接关系的其他事项。学校无责任的，如果有条件，可以根据实际情况，本着自愿和可能的原则，对受伤害学生给予适当的帮助。

第二十七条　因学校教师或者其他工作人员在履行职务中的故意或者重大过失造成的学生伤害事故，学校予以赔偿后，可以向有关责任人员追偿。

第二十八条　未成年学生对学生伤害事故负有责任的，由其监护人依法承担相应的赔偿责任。学生的行为侵害学校教师及其他工作人员以及其他组织、个人的合法权益，造成损失的，成年学生或者未成年学生的监护人应当依法予以赔偿。

第二十九条　根据双方达成的协议、经调解形成的协议或者人民法院的生效判决，应当由学校负担的赔偿金，学校应当负责筹措；学校无力完全筹措的，由学校的主管部门或者举办者协助筹措。

第三十条　县级以上人民政府教育行政部门或者学校举办者有条件的，可以通过设立学生伤害赔偿准备金等多种形式，依法筹措伤害赔偿金。

第三十一条　学校有条件的，应当依据保险法的有关规定，参加学校责任保险教育行政部门可以根据实际情况，鼓励中小学参加学校责任保险。提倡学生自愿参加意外伤害保

险。在尊重学生意愿的前提下，学校可以为学生参加意外伤害保险创造便利条件，但不得从中收取任何费用。

第五章　事故责任者的处理

第三十二条　发生学生伤害事故，学校负有责任且情节严重的，教育行政部门应当根据有关规定，对学校的直接负责的主管人员和其他直接责任人员，分别给予相应的行政处分；有关责任人的行为触犯刑律的，应当移送司法机关依法追究刑事责任。

第三十三条　学校管理混乱，存在重大安全隐患的，主管的教育行政部门或者其他有关部门应当责令其限期整顿；对情节严重或者拒不改正的，应当依据法律法规的有关规定，给予相应的行政处罚。

第三十四条　教育行政部门未履行相应职责，对学生伤害事故的发生负有责任的，由有关部门对直接负责的主管人员和其他直接责任人员分别给予相应的行政处分；有关责任人的行为触犯刑律的，应当移送司法机关依法追究刑事责任。

第三十五条　违反学校纪律，对造成学生伤害事故负有责任的学生，学校可以给予相应的处分；触犯刑律的，由司法机关依法追究刑事责任。

第三十六条　受伤害学生的监护人、亲属或者其他有关人员，在事故处理过程中无理取闹，扰乱学校正常教育教学秩序，或者侵犯学校、学校教师或者其他工作人员的合法权益的，学校应当报告公安机关依法处理；造成损失的，可以依法要求赔偿。

第六章　附则

第三十七条　本办法所称学校，是指国家或者社会力量举办的全日制的中小学（含特殊教育学校）、各类中等职业学校、高等学校。本办法所称学生是指在上述学校中全日制就读的受教育者。

第三十八条　幼儿园发生的幼儿伤害事故，应当根据幼儿为完全无行为能力人的特点，参照本办法处理。

第三十九条　其他教育机构发生的学生伤害事故，参照本办法处理。在学校注册的其他受教育者在学校管理范围内发生的伤害事故，参照本办法处理。

第四十条　本办法自 2002 年 9 月 1 日起实施，原国家教委、教育部颁布的与学生人身安全事故处理有关的规定，与本办法不符的，以本办法为准。

在本办法实施之前已处理完毕的学生伤害事故不再重新处理。

四、《中共中央 国务院关于加强青少年体育增强青少年体质的意见》

增强青少年体质、促进青少年健康成长，是关系国家和民族未来的大事。以迎接 2008 年北京奥运会为契机，进一步加强青少年体育、增强青少年体质，对于全面落实科学发展观，深入贯彻党的教育方针，大力推进素质教育，培养中国特色社会主义事业的合格建设者和接班人，具有重要意义。为此，提出如下意见。

一、高度重视青少年体育工作

1. 广大青少年身心健康、体魄强健、意志坚强、充满活力，是一个民族旺盛生命力的体现，是社会文明进步的标志，是国家综合实力的重要方面。党中央、国务院历来高度重视青少年的健康成长。改革开放以来，我国青少年体育事业蓬勃发展，学校体育工作取得很大成绩，青少年营养水平和形态发育水平不断提高，极大地提升了全民健康素质。但是，必须清醒地看到，一方面由于片面追求升学率的影响，社会和学校存在重智育、轻体育的倾向，学生课业负担过重，休息和锻炼时间严重不足；另一方面由于体育设施和条件不足，学生体育课和体育活动难以保证。近期体质健康监测表明，青少年耐力、力量、速度等体能指标持续下降，视力不良率居高不下，城市超重和肥胖青少年的比例明显增加，部分农村青少年营养状况亟待改善。这些问题如不切实加以解决，将严重影响青少年的健康成长，乃至影响国家和民族的未来。

2. 青少年时期是身心健康和各项身体素质发展的关键时期。青少年的体质健康水平不仅关系个人健康成长和幸福生活，而且关系整个民族健康素质，关系我国人才培养的质量。体育锻炼和体育运动，是加强爱国主义和集体主义教育、磨炼坚强意志、培养良好品德的重要途径，是促进青少年全面发展的重要方式，对青少年思想品德、智力发育、审美素养的形成都有不可替代的重要作用。各地和各级各类学校必须全面贯彻党的教育方针，高度重视青少年体育工作，使广大青少年在增长知识、培养品德的同时，锻炼和发展身体的各项素质和能力，成长为中国特色社会主义事业的合格建设者和接班人。

3. 当前和今后一个时期，加强青少年体育工作的总体要求是：认真落实健康第一的指导思想，把增强学生体质作为学校教育的基本目标之一，建立健全学校体育工作机制，充分保证学校体育课和学生体育活动，广泛开展群众性青少年体育活动和竞赛，加强体育卫生设施和师资队伍建设，全面完善学校、社区、家庭相结合的青少年体育网络，培养青少年良好的体育锻炼习惯和健康的生活方式，形成青少年热爱体育、崇尚运动、健康向上的良好风气和全社会珍视健康、重视体育的浓厚氛围。通过 5 年左右的时间，使我国青少年普遍达到国家体质健康的基本要求，耐力、力量、速度等体能素质明显提高，营养不良、肥胖和近视的发生率明显下降。通过全党全社会的共同努力，坚持不懈地推动青少年体育运动的发展，不断提高青少年乃至全民族的健康素质。

二、认真落实加强青少年体育、增强青少年体质的各项措施

4. 全面实施《国家学生体质健康标准》，把健康素质作为评价学生全面健康发展的重要指标。加快建立符合素质教育要求的考试评价制度，发挥其对增强青少年体质的积极导向作用。全面组织实施初中毕业升学体育考试，并逐步加大体育成绩在学生综合素质评价和中考成绩中的分量；积极推行在高中阶段学校毕业学业考试中增加体育考试的做法。普遍推行《国家学生体质健康标准》测试报告书制度、公告制度和新生入学体质健康测试制度。认真贯彻《学校体育工作条例》，建立和完善学校体育工作规章制度。

5. 广泛开展“全国亿万学生阳光体育运动”。鼓励学生走向操场、走进大自然、走到阳光下，形成青少年体育锻炼的热潮。要根据学生的年龄、性别和体质状况，积极探索适应青少年特点的体育教学与活动形式，指导学生开展有计划、有目的、有规律的体育锻炼，努力改善学生的身体形态和机能，提高运动能力，达到体质健康标准。对达到合格等级的学生颁发“阳光体育证章”，优秀等级的颁发“阳光体育奖章”，增强学生参加体育锻炼的荣誉感和自觉性。

6. 切实减轻学生过重的课业负担。各级各类学校要进一步端正办学思想，加强素质教育，努力促进青少年学生生动活泼、积极主动地发展。中小学要切实纠正片面追求升学率的倾向，减轻学生过重的课业负担。深入推进基础教育课程改革，提高课堂教学的质量和效率，使学生有更多的时间参加体育锻炼。

7. 确保学生每天锻炼一小时。中小学要认真执行国家课程标准，保质保量上好体育课，其中小学1—2年级每周4课时，小学3—6年级和初中每周3课时，高中每周2课时；没有体育课的当天，学校必须在下午课后组织学生进行一小时集体体育锻炼并将其列入教学计划；全面实行大课间体育活动制度，每天上午统一安排25—30分钟的大课间体育活动，认真组织学生做好广播体操、开展集体体育活动；寄宿制学校要坚持每天出早操。高等学校要加强体育课程管理，把课外体育活动纳入学校日常教学计划，使每个学生每周至少参加三次课外体育锻炼。各级教育行政部门要提出每天锻炼一小时的具体要求并抓好落实。因地制宜地组织广大农村学生开展体育锻炼。有针对性地指导和支持残疾青少年的体育锻炼活动。要切实加强体育教师队伍建设，按照开设体育课和开展课外体育活动的需要，配齐配强体育教师。

8. 举办多层次多形式的学生体育运动会，积极开展竞技性和群众性体育活动。各级政府要定期组织综合性或专项性的学生体育运动会。学校每年要召开春、秋季运动会，因地制宜地经常开展以班级为单位的学生体育活动和竞赛，做到人人有体育项目、班班有体育活动、校校有体育特色。进一步办好体育传统项目学校和高等学校高水平运动队，充分发挥其对群众性体育的示范带动作用。完善高等学校和高中阶段学生军训制度，丰富军训内容，开展“少年军校”活动，发挥学生军训在增强体质、磨炼意志等方面的作用。注重发展学生的体育运动兴趣和特长，使每个学生都能掌握两项以上体育运动技能。

9. 帮助青少年掌握科学用眼知识和方法，降低青少年近视率。中小学教师和家长都要关注学生的用眼状况，坚持每天上下午组织学生做眼保健操，及时纠正不正确的阅读、写字姿势，控制近距离用眼时间。学校每学期要对学生视力状况进行两次监测。各级政府要进一步改善农村学校的办学条件，确保照明、课桌椅达到基本标准，改善学生用眼卫生条件。

10. 确保青少年休息睡眠时间，加强对卫生、保健、营养等方面的指导和保障。制定并落实科学规范的学生作息制度，保证小学生每天睡眠10小时，初中学生9小时，高中学生8小时。积极开展疾病预防、科学营养、卫生安全、禁毒控烟等青少年健康教育，并保证必要的健康教育时间。建立和完善学生健康体检制度，使青少年学生每年都能进行一次健康检查。建立和完善青少年营养干预机制，对城乡青少年及其家庭加强营养指导；通过财政资助、勤工俭学、社会捐助等方式提高农村寄宿制学校家庭经济困难学生伙食补贴标准，保证必要的营养需要。建立青少年营养状况监测机制，加强青少年食品卫生专项监督检查。根据新时期青少年青春期特征和成长过程中的心理特点，有针对性地加强心理健康教育，逐步建立健全青少年心理健康教育、指导和服务网络。

11. 加强学校体育设施建设。各级政府要认真落实《公共文化体育设施条例》，统筹协调、因地制宜，加强学校体育设施特别是体育场地建设。城市和社区的建设规划要充分考虑青少年体育锻炼设施的需要，为他们提供基本的设施和条件。公共体育设施建设要与学校体育设施建设统筹考虑、综合利用。把“农民体育健身工程”与农村中小学体育设施建设结合起来，改善农村学校体育条件。公共体育场馆和运动设施应免费或优惠向周边学校和学生开放，学校体育场馆在课余和节假日应向学生开放。

12. 加强体育安全管理，指导青少年科学锻炼。学校要对体育教师进行安全知识和技能培训，对学生加强安全意识教育。加强体育场馆、设施的维护管理，确保安全运行。完善学校体育和青少年校外体育活动的安全管理制度，明确安全责任，完善安全措施。针对青少年的特点，加强对大型体育活动的管理，做好应急预案，防止发生群体性安全事件。所有学校都要建立校园意外伤害事件的应急管理机制。建立和完善青少年意外伤害保险制度，推行由政府购买意外伤害校方责任险的办法，具体实施细则由财政部、保监会、教育部研究制定。要加强体育科学研究，积极开发适应青少年特点的锻炼项目和健身方法，加强社会体育指导员队伍建设，为青少年体育锻炼提供科学指导。

三、加强领导，齐抓共管，形成全社会支持青少年体育工作的合力

13. 各级党委和政府要把加强青少年体育工作摆上重要议事日程，纳入经济社会发展规划。加大对体育事业尤其是中小学体育设施的投入，正确评价学校的教育质量，为学校实施素质教育、促进学生全面发展创造良好条件。建立在党委和政府领导下，教育、体育、卫生部门和共青团组织等共同参加的联席会议制度，统筹协调解决青少年体育工作中的重要问题。

14. 各级政府和教育部门要加强对学校体育的督导检查。建立对学校体育的专项督导制度，实行督导结果公告制度。健全学生体质健康监测制度，定期监测并公告学生体质健康状况。加大体育工作和学生体质健康状况在教育督导、评估指标体系中的权重，并作为评价地方和学校工作的重要依据。对成绩突出的地方、部门、学校和个人进行表彰奖励。对青少年体质健康水平持续下降的地区和学校，实行合格性评估和评优评先一票否决。

15. 制定国家学校体育卫生条件基本标准，加大执法监督力度。通过制定国家学校体育卫生条件基本标准，进一步明确国家对各级各类学校体育场地、器材设施、卫生条件和师资的基本要求。各级政府要认真贯彻执行义务教育法和学校体育卫生工作法律法规，并加强督促检查。对学校体育卫生基本条件不达标的，要限期整改。

16. 充分发挥共青团、少先队、妇联组织的优势和特色，开展多种形式的课外体育锻炼活动。青少年活动中心、少年宫、妇女儿童中心和其他校外教育机构要把开展青少年体育活动作为重要职能。积极倡导和鼓励创建青少年体育俱乐部和青少年户外体育活动营地。通过开展丰富多彩的校外体育活动和团、队活动，充实课外生活，努力把更多的青少年吸引到健康向上的体育活动中来。

17. 切实加强对学校卫生的监督与指导。学校卫生是国家公共卫生服务体系建设的重点。要把城乡中小学生作为城镇居民基本医疗保险试点和新型农村合作医疗的重点覆盖人群。各级疾病预防控制机构和相关卫生医疗机构要明确专人负责指导和协助学校的卫生工作，按照国家有关规定为行政区域内学校提供预防保健等公共卫生服务，定期对学校的食品卫生、饮用水、传染病防治等开展卫生监督、监测，依法进行免疫预防接种，所需费用纳入公共卫生经费支付范围。中小学要依据《学校卫生工作条例》规定，设立卫生室，配备校医或专（兼）职保健教师，在卫生部门指导下开展学校卫生工作。各级教育行政部门要会同卫生行政部门建立巡查制度，加强行政区域内的学校卫生管理。

18. 加强家庭和社区的青少年体育活动，形成学校、家庭和社区的合力。家庭教育对加强青少年体育、增强青少年体质起关键作用。要在广大家长中倡导健康第一的理念，树立正确的教育观、成才观，注重从小培养青少年良好的体育锻炼习惯、饮食卫生习惯和文明健康的生活方式，鼓励家长和孩子共同参加体育锻炼。学校、社区要和家庭加强沟通与合作，组织开展多种多样的青少年体育活动，促进家庭、社会形成科学正确的教育观念和方式。

19. 进一步完善加强青少年体育的政策保障措施。中央设立专项资金，实施“全国亿万学生阳光体育运动”器材支持项目，帮助义务教育阶段中西部农村学校配备体育活动器材。在农村寄宿制学校建设工程、初中校舍改造工程和卫生新校园建设工程中，切实加大对学校食堂、饮用水设施、厕所、体育场地的改造力度。把义务教育阶段学生健康体检的费用纳入义务教育经费保障机制，其他学生由省级政府制定统一的费用标准和解决办法。学校要切实保证体育卫生工作的正常开展，所需经费从公用经费中提取和安排。

20. 努力营造重视青少年体育的舆论环境。大力宣传和普及科学的教育观、人才观、健康观，加大对群众性学生体育活动的宣传报道，形成鼓励青少年积极参加体育锻炼的社会氛围。要以迎接奥运会、举办奥运会为契机，开展丰富多彩的“迎奥运、讲文明、树新风”活动，使北京奥运会成为广大青少年积极参与、推动全民健身运动迈上新台阶的奥运会，让广大青少年以实际行动与奥运同行，充分展示新时期青少年健康向上的精神风貌。

五、《国务院办公厅转发教育部等部门关于进一步加强学校体育工作若干意见的通知》

各省、自治区、直辖市人民政府，国务院各部委、各直属机构：

教育部、发展改革委、财政部、体育总局《关于进一步加强学校体育工作的若干意见》已经国务院同意，现转发给你们，请认真贯彻执行。

国务院办公厅

2012 年 10 月 22 日

关于进一步加强学校体育工作的若干意见

教育部　发展改革委　财政部　体育总局

为深入贯彻落实《中共中央 国务院关于加强青少年体育增强青少年体质的意见》（中发〔2007〕7 号）和《国家中长期教育改革和发展规划纲要（2010—2020 年）》，推动学校体育科学发展，促进学生健康成长，现提出如下意见：

一、充分认识加强学校体育的重要性

1. 广大青少年身心健康、体魄强健、意志坚强、充满活力，是一个民族生命力旺盛的体现，是社会文明进步的标志，是国家综合实力的重要方面。体育锻炼是提高学生健康素质的有效途径，对青少年思想品德、智力发育、审美素养和健康生活方式的形成具有不可替代的作用。加强学校体育，增强学生体质，对于提高学生综合素质，实现教育现代化，建设人力资源强国，培养德智体美全面发展的社会主义建设者和接班人，具有重要战略意义。

2. 党中央、国务院历来高度重视青少年的健康成长，把加强青少年体育锻炼作为提高全民健康素质的基础工程，把加强学校体育作为贯彻党的教育方针、实施素质教育和提高教育质量的重要举措。多年来，各地不断完善和落实各项政策措施，广泛开展阳光体育运动，有力推进学校体育改革发展。但总体上看，学校体育仍是教育工作中的薄弱环节，学校体育未能得到足够重视，评价机制不够完善，体育教师短缺，场地设施缺乏，影响和制约了学生体质健康水平的提升。各地各部门要充分认识加强学校体育的重要性和紧迫性，把提高学生体质健康水平作为落实教育规划纲要和办好人民满意教育的重要任务，摆在更加突出位置，纳入重要议事日程，切实抓紧抓好。

二、明确加强学校体育的总体思路和主要目标

3. 加强学校体育要以科学发展观为指导，全面贯彻党的教育方针，全面实施素质教育，把增强学生体质作为学校教育的基本目标之一，加强政府统筹，加强条件保障，加强监督检查，确保学生体育课程和课余活动时间，切实提高学校体育质量，完善学校、家庭与社会密切结合的学校体育网络，促进体育与德育、智育、美育有机融合，不断提高学生体质健康水平和综合素质。

4. 当前和今后一个时期，要以中小学为重点全面加强学校体育，深入推进学校体育改革发展，力争到"十二五"期末，学校体育场地设施总体达到国家标准，初步配齐体育教师，基本形成学校体育持续健康发展的保障机制；学生体质健康监测制度更加完善，基本建成科学规范的学校体育评价机制；各方责任更加明确，基本形成政府主导、部门协调、社会参与的学校体育推进机制。

三、落实加强学校体育的重点任务

5. 实施好体育课程和课外体育活动。各地要规范办学行为，减轻学生课业负担，切实保证中小学生每天一小时校园体育活动，严禁挤占体育课和学生校园体育活动时间。要因地制宜制定并落实体育与健康课程的实施方案，在地方课程和校本课程中科学安排体育课时。建立健全学生体育竞赛体制，引导学校合理开展课余体育训练和竞赛活动。积极鼓励创建青少年体育俱乐部，组织开展丰富多彩的学生群众性体育活动。各级各类学校要制定和实施体育课程、大课间（课间操）和课外体育活动一体化的阳光体育运动方案。要创新体育活动内容、方式和载体，增强体育活动的趣味性和吸引力，着力培养学生的体育爱好、运动兴趣和技能特长，大力培养学生的意志品质、合作精神和交往能力，使学生掌握科学锻炼的基础知识、基本技能和有效方法，每个学生学会至少两项终身受益的体育锻炼项目，养成良好体育锻炼习惯和健康生活方式。

6. 加强学校体育教师队伍建设。要加快教师结构调整，制订并落实配齐专职体育教师计划，多渠道配备好中小学和职业学校体育教师。建立健全体育教师培养体系，办好高等学校体育教育专业，逐步扩大免费师范生和贫困地区定向招生专项计划中体育教育专业招生规模，完善农村学校教师特岗计划补充体育教师的机制。鼓励退役优秀运动员按照有关规定从事学校体育工作。加大国培计划培训体育教师的力度，拓宽体育教师培训渠道，到2015年各地要对中小学和职业学校体育教师进行一轮培训。要保障体育教师在职务评聘、福利待遇、评优表彰等方面与其他学科教师同等待遇。对体育教师组织学生开展课外体育活动以及组织学生体质健康测试等，要纳入教学工作量。

7. 加快学校体育设施建设。各地要按照《国家学校体育卫生条件试行基本标准》《中小学校体育设施技术规程》及相关学校建设标准和技术规范要求，加大学校体育设施建设力度，在基层公共体育设施建设中统筹规划学校体育设施，在义务教育经费保障机制和农村义务教育薄弱学校改造计划等项目中加大对体育设施建设和器材配备的支持力度，推动全国学校体育设施和器材逐步达到国家标准。大力推动公共体育场馆和运动设施向青少年学生免费或优惠开放，学校体育场馆设施在课余和节假日应向学生开放。

8. 健全学校体育风险管理体系。研究制定学校安全条例，组织修订《学校体育工作条例》和《学校卫生工作条例》。各地各有关部门要加强对学校体育安全的指导和监督，建立健全政府主导、社会参与的学校体育风险管理机制，形成包括安全教育培训、活动过程管理、保险赔付的学校体育风险管理制度，依法妥善处理学校体育意外伤害事故。各学校要制定和实施体育安全管理工作方案，明确管理责任人，落实安全责任制。加强对体育设施的维护和使用管理，切实保证使用安全。

四、建立健全学校体育的监测评价机制

9. 完善学生体质健康测试和评价制度。教育部会同有关部门修订并全面实施《国家学生体质健康标准》，做好学生健康检查制度、学生体质健康监测制度与国家学生体质健康标准测试制度的配套衔接。各学校每年对所有学生进行体质健康测试，并将测试结果经教育部门审核后上报纳入国家学生体质健康标准数据管理系统；同时，要按学生年级、班级、性别等不同类别在学校内公布学生体质健康测试总体结果，并将有关情况向学生家长通报。各地要加强管理，创造条件，保证学生体质健康测试工作的顺利开展。要把学生体质健康水平作为学生综合素质评价的重要指标，将学生日常参加体育活动情况、体育运动能力以及体质健康状况等作为重要评价内容。因地制宜组织实施好初中毕业升学体育考试。积极探索在高中学业水平考试中增加体育科目的做法，推进高考综合评价体系建设，有效发挥其对增强学生体质的引导作用。

10. 实施学校体育工作评估制度。教育部研究制定以评价学生体质健康水平和基本运动技能为主要内容的学校体育工作评估标准和实施办法。从 2013 年起组织开展中小学体育工作评估，县级教育部门要组织学校按照要求进行自我评估，地市级教育部门要对本地学校体育工作评估结果进行复核检查，省级教育部门要进行抽查和认定，并将经认定的评估结果汇总后报送教育部备案。教育部将组织制定高等学校体育工作基本标准和高等职业学校体育课程教学指导纲要，并适时组织开展高等学校体育工作评估。各级教育部门和学校要深入分析学生体质健康测试结果，动态把握学生体质健康发展变化趋势，有效指导学校体育工作。

11. 实行学校体育报告公示制度。各地教育部门要逐级上报本行政区域学校体育工作情况，上级教育部门对所报情况进行公示，重点报告和公示学校体育开课率、阳光体育运动情况、学校体育经费投入、教学条件改善、教师队伍建设和学生体质健康状况等。各地教育部门和学校要向社会公布学生阳光体育运动工作方案、基本要求和监督电话。学校要利用公告栏、家长会和校园网等定期通报学生体育活动情况。从 2013 年起，教育部组织编制和发布《全国学校体育工作年度报告》，按生源所在地分省（区、市）公布高等学校新生入学体质健康测试结果。

五、加强对学校体育的组织领导

12. 加强学校体育工作领导和管理。各地人民政府要认真履行发展学校体育的职责，将学校体育发展纳入本级政府年度工作报告，建立健全教育部门牵头、有关部门分工负责和社会参与的学校体育工作机制。教育部门要完善政策，制定标准，加强监督管理和科学指导，将学校体育纳入义务教育、普通高中、职业教育、高等教育等各类教育规划。发展改革部门要把提高青少年身心健康水平纳入当地经济社会发展规划，支持学校体育发展。财政部门要完善支持学校体育的投入政策。体育部门要把学校体育作为全民健身计划的重点，在技术、人才、场地和体育组织建设等方面加大对学校体育工作的支持。校长是所在学校体育工作的第一责任人，要确保学校体育各项工作任务的具体落实。

13. 加大学校体育投入力度。要统筹教育经费投入，切实保障学校体育经费。合理保证中小学校公用经费中用于体育的支出，并随公用经费标准提高而逐步增加。利用现有渠道，将学校体育场地设施建设、体育活动经费纳入本级财政预算和基本建设投资计划，并加大投入力度。优先支持农村和民族地区学校体育工作。

14. 实施学校体育三年行动计划。各地要结合本区域经济社会发展状况，找准学校体育的突出问题、重点领域和薄弱环节，特别是要在确保学生锻炼时间、提高学生体质健康水平、落实政府工作责任、完善学校体育政策体系、实施学校体育评价制度、改善学校体育办学条件等方面确定发展目标，逐年分解落实任务，以县为单位编制加强学校体育三年行动计划。2013 年 3 月底前，各省（区、市）行动计划报国家教育体制改革领导小组办公室备案。

15. 强化学校体育工作督导检查。国务院教育督导机构组织修订《中小学体育工作督导评估办法（试行）》。各级教育督导机构要研究制定和实施学校体育工作督导检查办法，坚持督政与督学相结合，健全目标考核机制，建立学校体育工作专项督导制度，定期联合有关部门开展学校体育工作专项督导，并将督导评估结果及时向社会公告。

16. 健全学校体育工作奖惩机制。各地要把学校体育和学生体质健康水平纳入工作考核指标体系，作为教育等有关部门和学校领导干部业绩考核的重要内容，加强学校体育工作绩效评估和行政问责。对学校体育工作成绩突出的地方、部门、学校和个人进行表彰奖励。对学生体质健康水平持续三年下降的地区和学校，在教育工作评估和评优评先中实行“一票否决”。

17. 营造学校体育发展良好环境。各地各有关部门要认真宣传学校体育工作的政策要求、典型经验和有效做法，采取多种方式加强校园体育文化建设，加大对群众性学生体育活动的宣传报道，广泛传播健康理念，引导广大青少年、各级各类学校和全社会树立科学的教育观、人才观和健康观，形成珍视健康、热爱体育、崇尚运动、积极向上的良好氛围。

六、《教育部关于印发〈高等学校体育工作基本标准〉的通知》

各省、自治区、直辖市教育厅（教委），新疆生产建设兵团教育局，有关部门（单位）教育司（局），部属各高等学校：

现将《高等学校体育工作基本标准》（以下简称《基本标准》）印发给你们，请遵照执行。

《基本标准》是对全日制普通高等学校体育工作的基本要求，也是评估、检查高等学校体育工作的重要依据，凡是达不到《基本标准》要求、学生体质健康水平连续三年下降的学校，在“高等学校本科教学工作水平评估”中不得评为合格等级，各省（区、市）不得批准其为高水平运动队建设学校。

各高等学校要充分认识加强学校体育工作的重要意义，牢固树立健康第一的指导思想，把体育工作摆上重要位置，切实加强领导和规范管理，认真落实《基本标准》。

教育部将适时组织开展面向所有高校的《基本标准》达标工作专项评估、检查，凡不达标的学校，将予以通报并限期整改，整改期间高水平运动队建设学校停止招收运动队新生。

请将此件转发至所属高校。

教育部

2014 年 6 月 11 日

高等学校体育工作基本标准

为落实立德树人根本任务，加强高等学校体育工作，切实提高高校学生体质健康水平，促进学生全面发展，根据国家有关规定，制定本标准。本标准适用于普通本科学校和高等职业学校的体育工作。

一、体育工作规划与发展

1. 全面贯彻党的教育方针，服务立德树人根本任务，将学校体育纳入学校全面实施素质教育的各项工作，认真执行国家教育发展规划、规章制度及各项要求。创新人才培养模式，使学生掌握科学锻炼的基础知识、基本技能和有效方法，学会至少两项终身受益的体育锻炼项目，养成良好锻炼习惯。挖掘学校体育在学生道德教育、智力发展、身心健康、审美素养和健康生活方式形成中的多元育人功能，有计划、有制度、有保障地促进学校体育与德育、智育、美育有机融合，提高学生综合素质。

2. 统筹规划学校体育发展，把增强学生体质和促进学生健康作为学校教育的基本目标之一和重要工作内容，纳入学校总体发展规划，全面发挥体育在学校人才培养、科学研究、社会服务和文化传承中不可替代的作用。制定阳光体育运动工作方案，明确工作目标、具体任务、保障措施和责任分工，并落实各项工作。

3. 设置体育工作机构，配备专职干部、教师和工作人员，并赋予其统筹开展学校体育工作的各项管理职能。实行学校领导分管负责制（或体育工作委员会制），每年至少召开一次体育工作专题会议，有针对性地解决实际问题。学校各有关部门积极协同配合，合理分工，明确人员，落实责任。

4. 加强学校体育工作管理，在学校体育改革发展、教育教学、教研科研、竞赛活动、社会服务等各项工作领域制定规范文件、健全管理制度、加强过程监测。建立科学规范的学校体育工作评价机制，并纳入综合办学水平和教育教学质量评价体系。

二、体育课程设置与实施

5. 严格执行《全国普通高等学校体育课程教学指导纲要》，必须为一、二年级本科学生开设不少于 144 学时（专科生不少于 108 学时）的体育必修课，每周安排体育课不少于 2 学时，每学时不少于 45 分钟。为其他年级学生和研究生开设体育选修课，选修课成绩计入学生学分。每节体育课学生人数原则上不超过 30 人。

6. 深入推进课程改革，合理安排教学内容，开设不少于 15 门的体育项目。每节体育课须保证一定的运动强度，其中提高学生心肺功能的锻炼内容不得少于 30%；要将反映学生心肺功能的素质锻炼项目作为考试内容，考试分数的权重不得少于 30%。

7. 创新教育教学方式，指导学生科学锻炼，增强体育教学的吸引力、特色性和实效性。

建立体育教研、科研制度，形成高水平研究团队，多渠道开展以提高学生体质健康、教学质量、课余训练、体育文化水平等为目标的战略性、前瞻性、应用性项目研究，带动学校体育工作整体水平提高。

三、课外体育活动与竞赛

8. 将课外体育活动纳入学校教学计划，健全制度、完善机制、加强保障。面向全体学生设置多样化、可选择、有实效的锻炼项目，组织学生每周至少参加三次课外体育锻炼，切实保证学生每天一小时体育活动时间。

9. 学校每年组织春、秋季综合性学生运动会（或体育文化节），设置学生喜闻乐见、易于参与的竞技性、健身性和民族性体育项目，参与运动会的学生达到50%以上。经常组织校内体育比赛，支持院系、专业或班级学生开展体育竞赛和交流等活动。

10. 注重培养学生体育特长，有效发挥体育特长生和学生体育骨干的示范作用，组建学生体育运动队，科学开展课余训练，组织学生参加教育和体育部门举办的体育竞赛。

11. 加强校园体育文化建设，促进中华优秀体育文化传承创新。学校成立不少于 20 个学生体育社团，采取鼓励和支持措施定期开展活动，形成良好的校园体育传统和特色。开展对外体育交流与合作。通过校报、公告栏和校园网等形式，定期通报学生体育活动情况，传播健康理念。

12. 因地制宜开展社会服务。支持体育教师适度参与国内外重大体育比赛的组织、裁判等社会实践工作。鼓励体育教师指导中小学体育教学、训练和参与社区健身辅导等公益活动。支持学校师生为政府及社会举办的体育活动提供志愿服务。

四、学生体质监测与评价

13. 全面实施《国家学生体质健康标准》，建立学生体质健康测试中心，安排专门人员负责，完善工作条件，每年对所有学生进行体质健康测试，测试成绩向学生反馈，并将测试结果经教育部门审核后上报国家学生体质健康标准数据管理系统，形成本校学生体质健康年度报告。及时在校内公布学生体质健康测试总体结果。

14. 建立健全《国家学生体质健康标准》管理制度，学生测试成绩列入学生档案，作为对学生评优、评先的重要依据。毕业时，学生测试成绩达不到 50 分者按结业处理（因病或残疾学生，凭医院证明向学校提出申请并经审核通过后可准予毕业）。毕业年级学生测试成绩及格率须达 95%以上。

15. 将学生体质健康状况作为衡量学校办学水平的重要指标。将体质健康状况、体育课成绩、参与体育活动等情况作为学生综合素质评价的重要内容。

七、《国家学生体质健康标准（2014 年修订）》（节选）

1. 《国家学生体质健康标准》（以下简称《标准》）是国家学校教育工作的基础性指导文件和教育质量基本标准，是评价学生综合素质、评估学校工作和衡量各地教育发展的重要依据，是《国家体育锻炼标准》在学校的具体实施，适用于全日制普通小学、初中、普通高中、中等职业学校、普通高等学校的学生。

2. 本《标准》的修订坚持健康第一，落实《国家中长期教育改革和发展规划纲要（2010—2020 年）》《国务院办公厅转发教育部等部门关于进一步加强学校体育工作若干意见的通知》（国办发〔2012〕53 号）和《教育部关于印发〈学生体质健康监测评价办法〉

等三个文件的通知》（教体艺〔2014〕3 号）有关要求，着重提高《标准》应用的信度、效度和区分度，着重强化其教育激励、反馈调整和引导锻炼的功能，着重提高其教育监测和绩效评价的支撑能力。

3. 本《标准》从身体形态、身体机能和身体素质等方面综合评定学生的体质健康水平，是促进学生体质健康发展、激励学生积极进行身体锻炼的教育手段，是国家学生发展核心素养体系和学业质量标准的重要组成部分，是学生体质健康的个体评价标准。

4. 本《标准》将适用对象划分为以下组别：小学、初中、高中按每个年级为一组，其中小学为 6 组、初中为 3 组、高中为 3 组。大学一、二年级为一组，三、四年级为一组。

5. 小学、初中、高中、大学各组别的测试指标均为必测指标。其中，身体形态类中的身高、体重，身体机能类中的肺活量，以及身体素质类中的 50 米跑、坐位体前屈为各年级学生共性指标。

6. 本《标准》的学年总分由标准分与附加分之和构成，满分为 120 分。标准分由各单项指标得分与权重乘积之和组成，满分为 100 分。附加分根据实测成绩确定，即对成绩超过 100 分的加分指标进行加分，满分为 20 分；小学的加分指标为 1 分钟跳绳，加分幅度为 20 分；初中、高中和大学的加分指标为男生引体向上和 1000 米跑，女生 1 分钟仰卧起坐和 800 米跑，各指标加分幅度均为 10 分。

7. 根据学生学年总分评定等级：90.0 分及以上为优秀，80.0～89.9 分为良好，60.0～79.9 分为及格，59.9 分及以下为不及格。

8. 每个学生每学年评定一次，记入《〈国家学生体质健康标准〉登记卡》。特殊学制的学校，在填写登记卡时可以按规定和需求相应地增减栏目。学生毕业时的成绩和等级，按毕业当年学年总分的 50%与其他学年总分平均得分的 50%之和进行评定。

9. 学生测试成绩评定达到良好及以上者，方可参加评优与评奖；成绩达到优秀者，方可获体育奖学分。测试成绩评定不及格者，在本学年度准予补测一次，补测仍不及格，则学年成绩评定为不及格。普通高中、中等职业学校和普通高等学校学生毕业时，《标准》测试的成绩达不到 50 分者按结业或肄业处理。

10. 学生因病或残疾可向学校提交暂缓或免予执行《标准》的申请，经医疗单位证明，体育教学部门核准，可暂缓或免予执行《标准》，并填写《免予执行〈国家学生体质健康标准〉申请表》，存入学生档案。确实丧失运动能力、被免予执行《标准》的残疾学生，仍可参加评优与评奖，毕业时《标准》成绩需注明免测。

11. 各学校每学年开展覆盖本校各年级学生的《标准》测试工作，《标准》测试数据经当地教育行政部门按要求审核后，通过“中国学生体质健康网”上传至“国家学生体质健康标准数据管理系统”。测试和数据上传时间由教育行政部门确定。